2015年主题出版重点出版物

依法治国研究系列

丛书执行主编
董彦斌

经济法治

THE
LAW-BASED
ECONOMY

王卫国 主编

社会科学文献出版社
SOCIAL SCIENCES ACADEMIC PRESS (CHINA)

丛书出版前言

改革开放以来，中国既创造出经济振兴的成绩，也深化了治理方式的探索、筑基与建设。法治的兴起，是这一过程中的里程碑事件。法治是一种需求和呼应，当经济发展到一定阶段，一定要求相应的良好的法律制度来固化成果、保护主体、形塑秩序；法治是一种勇气和执念，作为对任意之治和权力之治的否弃和超越，它并不像人们所喊的口号那么容易，其刚性触及利益，其锐度触及灵魂，所以艰难而有意义。

中国法治现代化是万众的事业，应立基于中国国情，但是，社会分工和分工之后的使命感，使得法学家对法治的贡献不小。中国的法学家群体以法治为业，又以法治为梦。法学家群体曾经"虽千万人吾往矣"，呼唤了法治的到来，曾经挑担牵马，助推了法治的成长，如今又不懈陈辞，翘首以盼法治的未来。

文章合为时而著。20世纪80年代，法治话语起于青蘋之末，逐步舞于松柏之下。20世纪90年代以来，法治话语层出迭现，并逐步精细化，21世纪后更呈多样化之势。法学理论有自身的逻辑，有学术的自我成长、自我演化，但其更是对实践的总结、论证、反思和促动，值得总结，值得萃选，值得温故而知新。

与世界范围内的法治话语比起来，中国的法治话语呈现三个特点。一是与较快的经济增速相适应，发展速度不慢，中国的法学院从三个到数百个，时间不过才三十来年。二是与非均衡的经济状况、法治状况相适应，法学研究水平参差不齐。三是在客观上形成了具有特殊性的表达方式，既不是中体西用，也不是西体中用。所以，法治话语在研究着法治和中国，而法治话语本身也属于有意味的研究对象。

鉴于为法治"添一把火"的考虑，又鉴于总结法治话语的考虑，还鉴于让各界检阅法治研究成果的考虑，我们组织了本套丛书。本丛书以萃选法治话语为出发点，努力呈现法治研究的优秀作品，既研究基本理论，也指向法治政府、刑事法治、商事法治等具体方面。文章千古事，得失寸心知。一篇好的文章，不怕品评，不怕批评，也值得阅读，值得传播和流传。我们努力以这样的文章作为遴选的对象，以有限的篇幅，现法治实践与理论的百种波澜。

各卷主编均系法学名家，所选作品的作者均系优秀学者。我们在此对各卷主编表示感谢，对每篇文章的作者表示感谢。我们更要对读者表示感谢。正因为关心法治并深具问题意识和国家发展情怀，作为读者的你才捧起了眼前的这本法治书卷。

目 录
CONTENTS

序　言 ·· 王卫国 / 1

财产法

平等保护原则：中国物权法的鲜明特色 ······················ 王利明 / 3
物权法定原则批判之思考 ··· 尹　田 / 21
现代财产法的理论建构 ··· 王卫国 / 32

合同法

从契约自由原则的基础看其在现代合同法上的地位 ······ 李永军 / 67
合同效力瑕疵探微 ·· 崔建远 / 102

公司法

中国公司法的进一步完善与现代化 ······························ 王家福 / 117
新《公司法》的突破与创新 ··· 赵旭东 / 124
现行公司资本制度检讨 ··· 彭　冰 / 145
公司法的自由主义及其法律政策
　　——兼论我国《公司法》的修改 ···························· 施天涛 / 160

破产法

新破产法：一部与时俱进的立法 ················· 王卫国 / 179
破产重整立法若干问题研究 ············ 王欣新　徐阳光 / 187
我国商业银行破产法律制度构建的反思
·· 赵万一　吴　敏 / 198

金融法

信托制度在中国的应用前景 ······················· 江　平 / 217
民间借贷规制的重点及立法建议 ··················· 岳彩申 / 222

土地法

后农业税时代农地权利体系与运行机理研究论纲
——以对我国十省农地问题立法调查为基础
························ 陈小君　高　飞　耿　卓　伦海波 / 253
宅基地如何进入市场？
——以画家村房屋买卖案为切入点 ········· 王卫国　朱庆育 / 292

经济法

论经济法的社会本位理念及其实现 ··················· 薛克鹏 / 311
求经世之道　思济民之法
——经济法之社会整体利益观诠释 ··········· 冯　果　万　江 / 330

反垄断法

经济体制改革与我国反垄断法 ······················· 王晓晔 / 351

《反垄断法》的出台与我国竞争法体系的协调完善 …… 王先林 / 379

消费者法

论消费者及消费者保护在经济法中的地位
——"以人为本"理念与经济法主体和体系的新思考
………………………………………… 徐孟洲　谢增毅 / 391
中国的消费者政策和消费者立法 ……………………… 梁慧星 / 406

劳动法和社会法

我国《劳动合同法》中的倾斜保护与利益平衡 ………… 董文军 / 423
《社会保险法》的价值与创新 …………………………… 林　嘉 / 432

环境法

中国环境资源法、能源法的现在与未来 ………………… 曹明德 / 453

丛书后记 ……………………………………………………… 董彦斌 / 461

序 言

2015年春天，社会科学文献出版社邀请我担任该社2015年主题出版重点出版物"依法治国研究系列"丛书中《经济法治》一书的主编。据我所知，编辑这套丛书的目的，是希望通过展示在推进依法治国过程中产生的法学研究成果，宣传中国法治建设的成就。

从1997年中共十五大政治报告提出"依法治国，是党领导人民治理国家的基本方略"和1999年九届全国人大将"中华人民共和国实行依法治国，建设社会主义法治国家"写进宪法，到2014年中共十八届四中全会做出《关于全面推进依法治国若干重大问题的决定》，中国在依法治国的道路上经历了艰辛，也经受了考验。在履行使命的过程中，坚定信念和不懈奋斗是法学界人士展现出来的共同品格。当新的历史篇章开启之际，能够以某种方式回顾一下十几年来我国法学研究的成果，不失为一件饶有兴味的事情。

十几年来的依法治国进程，与经济改革和社会发展紧密相连。在依法治国的体系中，经济法治始终是一个重要组成部分。十几年来，我国法学界同仁紧密联系改革和发展的实践，在理论上不断探索，收获了丰硕的成果。

我国的经济法治主要由民商法和经济法组成。在过去十几年的法治进程中，我国的经济法治紧紧围绕社会主义市场经济这条主线，以深化改革和推动发展为目标，以主体权利、创新活力、经济安全、社会公平为坐标，致力于法律制度的构建和完善，取得了长足的进步。在此期间，学界人士与立法、执法和司法部门密切合作，通过开拓性的学术研究，践行了他们的社会责任。

——财产法和合同法是市场经济秩序的两大基本法。2007年颁布的《物权法》和1999年颁布的《合同法》按照物权平等原则和合同自由原则建立的一系列基本法律制度，为我国的市场经济奠定了坚实的法制基础。在新的法治进程中，民法典编纂作为完善我国民法体系的浩大工程，为财产法和合同法的进一步完善提供了契机。本书收录的5篇文章，记载了学者们在这些领域的不懈探索。

——公司法和破产法是我国企业改革的重要制度基础。2005年和2013年两次修订的《公司法》和2006年颁布的新《企业破产法》是我国企业制度由有计划的商品经济轨道转入市场经济轨道的两大标志性法律。这两部法律一直是我国商法学研究的热门。从本书收录的7篇文章中，可以看出学者们为这些历史性制度变革所付出的努力。

——金融法是现代商法的新领域。当代金融法的一系列改革正围绕着金融安全和金融创新这两大主题不断深化。在全球金融危机和我国金融经济高速发展的背景下，我国金融法改革任重道远。本书收录的2篇文章，是学者们为此"上下求索"的一组剪影。

——土地权利是物权制度的基石。我国在20世纪90年代建立了基于出让国有土地使用权的城市房地产市场。21世纪以来，围绕集体土地使用权的物权化和流转化，我国进入了以城乡一体化为宗旨的土地法改革新阶段。本书收录的2篇文章，折射出学者们对土地法改革的执着努力。

——我国的经济法理论研究，在摆脱了计划经济体制的观念束缚后，正日益呈现新的面貌。在中国坚持走具有本国特色的改革和发展道路的背景下，人们乐于见到这样的学术局面。本书收录的2篇文章，可以让读者分享到学者们在这方面独立思考的一些心得。

——维护市场公平竞争和保护消费者权益是经济法的两个基本目标。2007年《反垄断法》的出台和2009年、2013年《消费者权益保护法》的两次修订，是我国21世纪经济立法的两大力作。其中凝聚了学者们的共同努力，本书收录的4篇文章可为佐证。

——进入21世纪后，随着劳动关系和分配关系中的弱者诉求成为关乎社会公平的普遍关切，劳动法和社会法在和谐社会建设中的地位日益凸显。2007年颁布的《劳动合同法》和2010年颁布的《社会保险法》是这一社会进步的两部标志性立法。本书收录的2篇文章，展示了学者们在这一进程中的理论思考。

——《环境保护法》是我国环境保护立法体系中的基础性法律。2014年，这部已经实施了25年的法律完成了重大修改，成为我国生态文明法治建设迈上新台阶的里程碑。本书收录的1篇文章，反映了学者们在这一修法过程中的学术主张。

当然，这样一本字数有限的论文集，不可能将我国学者十几年来在经济法治方面的研究成果充分展现，编者深以为憾。加上自身水平有限，管窥蠡测、淘沙漏金之事亦在所难免，编者诚以为愧。

本书收录的25篇文章，主要选自国内权威期刊和核心期刊。这些作品，有的立足理论研究，有的侧重实践探索；有的紧随立法进程，有的直面社会现实。它们在方法和风格上意趣各异，但都向往着一个共同愿景——法治中国。

是为序。

王卫国
2015年10月

财产法

平等保护原则：中国物权法的鲜明特色

王利明[*]

所谓物权法上的平等保护原则，是指物权的主体在法律地位上是平等的，其享有的所有权和其他物权在受到侵害后，应当受到物权法的平等保护。平等保护是物权法的首要原则，也是制定物权法的指导思想。平等保护原则充分体现了我国市场经济体制的社会主义的特色，因为在西方国家，物权法以维护私有财产为其主要功能，所以没有必要对所有权按照主体进行类型化，并在此基础上提出平等保护的问题。但是，在我国，由于实行的是以公有制为主体、多种所有制共同发展的基本经济制度，因此在法律中尤其是物权法中确立平等保护原则对维护社会主义基本经济制度具有重要意义。

一 平等保护原则完全符合我国宪法

物权是一定的财产关系在法律上的表现，物权法作为调整平等主体之间的财产归属和利用关系的法律，必须确认和体现一国宪法所确认的基本经济制度。一方面，物权法必须在宪法的框架内调整财产的归属与利用关系，"物权制度有关一国的经济，势不能不采取一贯的政策，以为社会的准绳"[①]。也就是说，物权法必须采用宪法所确定的政策作为其基本规则设计和体系构建的指导思想。另一方面，物权法也必须反映一个国家的所有制关系形态。正如德国法学家鲍尔所指出

---

[*] 王利明，中国人民大学常务副校长、教授、博士生导师。
[①] 郑玉波：《民法物权》，三民书局，1986，第15页。

的:"作为法律制度一部分的物权法,包含着人类对财务进行支配的根本规则。而该规则之构成,又取决于一个国家宪法制度所确立的基本决策。与此同时,国家的经济制度,也是建立在该基本决策之上,并将其予以具体化。"① 正因如此,物权法才具有浓厚的固有法和本土性的色彩。我国物权法作为调整平等主体之间财产归属和利用关系的法律,是宪法所确立的基本经济制度在民法上的表现,也是宪法中保护各类财产权利法律规则的具体化。因此,物权法必须体现宪法的精神,符合宪法的要求。

物权法作为基本财产法,必须反映宪法的所有制关系。西方国家的物权法以保护私有财产权作为其基本的功能,而我国物权法虽然也具有保护私有财产权的功能,但它对财产权的保护不是单一的。在我国社会主义初级阶段,由于多种所有制形式的存在,因而我国物权法必须确认平等保护原则,反映基本经济制度的要求和维护多种所有制的需要,平等保护国家、集体和个人的财产。物权法草案中确立的平等保护原则,正是宪法所确立的基本经济制度在物权法上的具体体现,也是对宪法的基本精神的反映。

之所以说平等保护原则完全符合我国宪法,是因为该原则符合我国宪法所确立的社会主义基本经济制度。我国是社会主义国家,按照《宪法》第6条的规定,我国目前处于社会主义初级阶段,在所有制形态上实行公有制为主体、多种所有制经济共同发展的基本经济制度。因此,"以公有制为主体多种所有制并存"构成我国的基本经济制度,物权法的平等保护原则正是对这种基本经济制度的充分反映和具体体现。

第一,"以公有制为主体多种所有制并存"的基本经济制度在内容上包括了各种所有制形式之间的地位平等。所谓"以公有制为主体",主要是强调各种公有制对国计民生、经济安全以及政府实现宏

---

① 〔德〕鲍尔、施蒂尔纳:《德国物权法》(上),张双根译,法律出版社,2004,第3页。

观调控等方面的基础性作用及其对国民经济的重要影响，也是为了保证生产关系的社会主义属性。笔者认为，"主体"的本意更多的是强调公有制对经济关系的影响力和对经济生活的基础性作用。比如说，对关系到国民经济命脉的钢铁、交通、汽车、能源等大型产业实行公有制，有利于保证基本的经济制度和属性，保护国家的经济安全和实现政府的调控能力。只有保证公有制的主体性的作用，才能保证社会主义的方向。《宪法》第6条虽然在措辞上存在主体和非主体的差别，但只能理解为各种所有制在国民经济中的作用是有差异的，而不能理解为各种所有制的法律地位是不平等的，不是说公有制为主体就意味着公有制处于主要的法律地位，其他所有制则处于次要的法律地位。正是因为在宪法上，多种所有制在法律地位上是平等的，因而决定了物权法草案需要规定对各类所有权的平等保护原则。

第二，平等保护完全符合宪法关于以公有制为主体的规定。有一种观点认为，不同的所有制形式在国民经济中的地位和作用是不同的，因为《宪法》第12条"社会主义的公共财产神圣不可侵犯"和第13条"公民的合法的私有财产不受侵犯"是社会主义初级阶段我国的核心条款和关键条款，两者并不是平等和同等的，否则不能表明我国物权法和西方国家物权法的区别。物权法坚持平等保护原则，与宪法的相关规定是不符合的。我们认为这种观点是对宪法的误解。《宪法》第12条的规定，作为一条宣示性的条款是具有其合理性的，在1982年制定该条时，针对"文革"期间一些人大搞"打、砸、抢"等破坏公共财产的现象，在宪法中宣示公共财产的神圣性是必要的。做出这种规定，从强化国家主权的角度，也有一定的道理。因为一些国有自然资源与国家主权具有密切的联系，有必要从强化国家主权的角度宣示公共财产的神圣性。但这一条的规定显然不是对基本经济制度的规定，不能因为存在"神圣"两个字就认为宪法所确认的各种所有制是不平等的，更不能从"神圣"两个字就引申出要对国有财产优先保护，而对私人财产另眼看待。还应指出的是，《宪法》第 12 条的规定并不是关于我国社会主义基本经济制度的规定，《宪法》第 6 条关于"坚持公有制为主体、多种所有制经济共同发展"的规定才是对基本经济制度的规定。

第三，宪法关于基本经济制度的规定强调多种所有制的共同发展，而共同发展的基础和前提就是平等保护。一方面，按照《宪法》第 6 条的规定，我国目前处于社会主义初级阶段，在所有制形态上实行公有制为主体、多种所有制经济共同发展的基本经济制度。宪法虽然规定了国有经济是国民经济的主导力量，但同时维护多种所有制经济的共同发展。这样一种所有制所采取的战略取向，意味着我们不是搞私有化，而是实行多元化，鼓励和保护多种所有制的共同发展。这就是我国社会主义初级阶段所有制的基本特点。既然要实行多种经济成分的共同发展，就要对各种经济成分给予同等保护。所以，强调物权法对不同所有制的平等保护，这也是对宪法同等保护各种所有制成分唯一符合逻辑的解释。没有平等保护就难以有共同发展，失去了共同发展，平等保护也就失去了其存在的应有的目的。另一方面，只有通过物权法规定平等保护的原则，才能巩固社会主义初级阶段的基本经济制度，排除各种"左"的和右的干扰，坚定社会主义改革开放的正确方向。宪法规定多种所有制经济共同发展，也是对社会主义初级阶段经济发展规律的总结。实践证明，只有努力促进多种所有制经济共同发展，才能巩固社会主义的基本经济制度。从长远来看，物权法之所以要确认平等保护原则，就是要使多种所有制共同发展成为我国的一项基本国策长期存在。通过平等保护，促进多种所有制共同发展，才能真正发挥物权法在维护社会主义基本经济制度方面的作用。

第四，平等保护与产业政策等方面的差异并不矛盾。应当承认，在我国，不同的所有制在公共资源配置、市场准入、银行贷款等方面有所区别，对不同类型的企业，国家在税收、信贷、市场准入和用人指标等方面确实存在一些政策上的差异,对一些国有企业在贷款上确实存在倾斜。对关系国家安全和国民经济命脉的重要行业和关键领域,必须确保国有经济的控制力,但这些区别与平等保护原则并不矛盾。物权法是私法,它确立的是财产的归属和利用,而国家的宏观调控政策以及关于市场准入等方面的特别规定,其属于公法调整的范畴,而不属于物权法的内容。事实上,各国在产业政策上针对不同的领域和不同的主体都存在一定的差异,但这并不影响对私有财产的平等与统一的保护。而且,产业政策的差异主要影响的是财产的取得,而并不影响对已经取得某一财产权的民事主体之间的平等保护,物权法的平等保护原则涉及的是民事主体取得财产权之后的平等保护问题。这些差异主要体现在它们取得财产之前的差异,在取得财产之后,法律对它们的财产当然要给予平等的保护。物权法并不涉及有关取得财产的优惠的调整,也不应该介入政策性优惠的领域。从物权法角度出发,具有不同来源和不同性质的财产,一旦其具有确定的归属之后,它们在交易关系中,就应该适用同一法律规则。

之所以说,平等保护原则完全符合我国宪法,是因为我国宪法不仅确立了多种所有制形式,而且规定了对所有权的平等保护。宪法本身对财产的保护,就贯彻了平等原则的要求。例如,现行宪法虽然规定了"社会主义的公共财产神圣不可侵犯",但同时又规定了"公民的合法的私有财产不受侵犯","国家依照法律规定保护公民的私有财产权和继承权"[①]。宪法强调对国有财产的保护,但是,宪法对各类财产规定的实际保护规则,并没有差别。尤其应当看到对各类财产权的平等保护是国家的义务。例如,《宪法修正案》第21条规定:"国家保护个体经济、私营经济等非公有制经济的合法的权利和利益。国家鼓励、支持和引导非公有制经济的发展,并对非公有制经济依法实行监督和管理。"该条实际上明确了国家负有保护非公有制经济的义务,

---

① 参见《宪法》第12条、第13条。

国家机关在行使各自的职权过程中负有保护非公有制经济的合法的权利和利益不受侵害的义务。所以，按照我国宪法学者的一致看法，从宪法本身的内涵来看，实际上也体现了平等保护的精神。①而物权法的平等保护原则，只不过是宪法平等保护原则在物权法中的具体表现。

之所以说，平等保护原则是符合宪法的，是因为对各类财产的平等保护符合宪法平等保护的精神。法律面前人人平等，是基本的法治原则，也是基本的宪治原则。1789年法国《人权宣言》第6条就宣称，"法律对于所有人，无论是施行保护或处罚都是一样的"。我国《宪法》第33条第2款规定："中华人民共和国公民在法律面前一律平等。"一般认为，宪法中的平等既是一种基本权利，又是一项宪法原则。因为宪法意义上的平等概念，是一种以宪法规范的平等价值为基础，在宪法效力中体现平等的内涵。②所谓"法律面前的平等"或"法律上的平等"这一类的宪法规范，对于国家一方而言，即可表述为"平等原则"，而对于个人一方而言，即可表述为"平等权"。③法律面前人人平等，其中也包括了财产权的平等。一方面，既然法律面前人人平等包括权利的平等，财产权作为公民基本权利的一种，依据平等原则，当然应该与公共财产一起受到平等的保护。另一方面，财产权作为主体的基本权利，对于保障其主体资格的实现也具有重要意义。财产不平等就谈不上主体的平等，尤其是对企业而言，企业与其财产是不可分割的，企业财产是企业生存和发展的血脉。从一定意义上讲，企业本身甚至是为一定目的而存在的财产。在一些企业买卖中，企业本身也是作为交易对象的财产。如果财产不平等，这也就意味着主体是不平等的，势必会动摇法治社会的根基。在我国，已经将"依法治国、建设社会主义法治国家"写入宪法，而法治国家的特点就是

---

① 韩大元：《由物权法的争论想到的若干宪法问题》，《法学》2006年第3期。
② 韩大元、胡锦光：《中国宪法》，法律出版社，2004，第223页。
③ 林来梵：《从宪法规范到规范宪法》，法律出版社，2001，第111页。

要对各类主体进行平等保护。不仅所有制形式本身要求平等保护，而且各类财产权要求平等保护，对所有社会主体及其财产都要平等对待，是构建法治社会的必然要求。

二　平等保护是建立和完善社会主义市场经济体制的必然要求

准确、全面地理解社会主义基本经济制度，必须要看到，我国的基本经济制度除了公有制为主体、多种所有制共同发展这一面之外，还包括另一面，就是我国实行的是社会主义市场经济体制。我国宪法明确规定"国家实行社会主义市场经济"，这也是对我国社会主义基本经济制度的表述。只有将这两方面结合起来，才能准确、全面地理解与认识我国宪法对基本经济制度的规定。

党的十六届三中全会报告指出，要建立和完善社会主义市场经济体制，就必须"保障所有市场主体的平等法律地位和发展权利"。据此，作为调整财产归属和利用关系的物权法，应当把保障一切市场主体的平等法律地位和发展权利作为其基本的任务和目标之一，为此，物权法草案就需要确立平等保护原则，保障所有参与市场经济活动的主体的平等地位，确立起点的平等，使得每一主体能够进行平等的交易和公平的竞争，最终促进社会主义市场经济的繁荣与发展。

第一，坚持平等保护，才能为市场经济提供基本的产权制度框架。平等保护原则是由我国社会主义市场经济的性质所决定的。所谓市场，是由无数的每天重复发生的纷繁复杂的交易所构成的。交易的最基本的要素就是财产权和合同，因为交易要求以交易主体各自享有财产权为前提，并以财产权的转移为目的。因而财产权的构建是市场的基本规则，但作为市场经济规则的财产权制度，必须建立在平等保护的基础上。一方面，市场经济本身要求平等，因为交易要以平等为前提，以平等为基础。否定了平等保护，就等于否定了交易当事人的平等地位，否定了市场经济的性质。另一方面，市场经济要求市场竞争主体是平等的，只有平等才能实现竞争的平等。任何企业无论公私和大小，都必须在同一起跑线上平等竞争，并适用同一法律规则，承担相同的责任，这样才能真正促进市场经济的发展。而平等地位需要通过物权法的平等保护来实现。如果对不同所有制给予不同的保护，就没有所有制上的平等和法律上的平等。这必然导致国有企业和非国有企业在法律上的不平等，国有企业必然享有一定的法律特权，而这和我们要建立的市场经济体制的内在要求是完全不相符合的。没有平等保护，便不可能存在一套公平、公正的财产权制度。

第二，平等保护是构建市场经济秩序的基础。在市场经济条件下，交易主体是平等的，利益目标是多元的，资源配置也具有高度的流动性，市场主体都从自己的利益最大化出发，各自追求自身的利益，这样就会使市场经济的运行交织着各种矛盾、冲突。因此，必然要求通过法律手段从宏观和微观上对各个主体之间的行为加以协调与规范，以维护市场经济的秩序。而通过物权法确立平等保护的原则，维护平等的交易和公平的竞争，消除妨碍市场运行的各种不正当竞争现象，从而有助于维护公正的市场秩序，为市场经济的建立与发展确立基本的条件。物权法确认的平等保护原则，充分鼓励市场主体广泛深入地从事市场交易活动，展开公平竞争。即使国家作为民事主体以国有资产为基础，参与各类民事活动，如发行国债、发行国库券、对外担保等，国家也应该和其他民事主体处于平等地位，并遵守民法调整民事活动的一般规则。国家从整体上作为民事主体时，和其他民事主体都是平等的。同样，国有企业、国家控股参股的企业参与民事活动时，与其他民事主体之间也应该是平等的，不能对其支配的国有财产设置一些特殊的保护规则，否则就限制了此类市场主体在市场竞争中的创造力，最终不利于国有资产的增值、保值。在我国现行民事立法尤其是民事基本法《民法通则》上，强调民事主体在民事活动中一律平等,这就意味着只要是从事民事活动,无论民事主体的具体形态是什么,都要平等地遵守相同的民事规则。否则,其所从事的民事活动就不能被称为民事活动,这类主体也没有资格被称为民事主体。

第三,平等保护是市场主体平等发展的条件。在市场经济条件下,财产保护的平等不仅为市场主体从事市场交易和公平交易创造了前提,而且为各类所有制企业的共同发展提供了条件。新中国成立以后,在一段时期内采取高度集中的计划经济体制,实行"一大二公"的政策,公有制经济和非公有制经济不存在平等的关系,严重压抑了非公有制经济的发展。财产保护的不平等意味着不同的企业在法律地位上存在差异,甚至对一些企业实行明显的歧视性待遇,严重地损害了企业的生存和发展。改革开放以后,国家建立了市场经济体制,促进各类所有制经济共同发展。实践表明,正是因为我国坚持了各种所有制平等保护、共同发展的方针,最大限度地挖掘了社会主义公有制的潜力,调动了亿万人民创造财富的积极性,从而使我国的经济持续、健康、快速发展,社会财富迅速增长,综合国力大幅提升,广大人民群众的生活水平得到极大提高。只有通过平等保护,才能为市场主体的平等发展创造基本条件。

受到平等保护的权利是各类市场主体赖以生存和发展所应当享有的一项基本权利。一方面,财产的平等意味着企业的平等。企业作为参与市场活动的主体,其赖以生存的基础就是对一定财产的支配和控制,而市场的交易行为在相当大的程度上就体现为企业对一定财产的处置,如果对财产不能进行平等的保护,企业之间的法律地位不平等,市场交易就根本无法进行。如果将各类财产根据其归属主体的不同,区别对待,实际上就是将市场主体划分成不同等级,这就根本无法实现市场主体之间的平等竞争,平等发展也就根本无从谈起。另一方面,平等保护意味着要遵守共同的财产规则。当前,衡量一个国家或地区的经济体制是不是市场经济,关键是看市场是否在资源的优化配置中发挥基础性作用，而其中一个重要的标志就是市场主体的法律地位是否平等，是否遵循同样的市场规则，规范市场经济的民商法体系是否建立和健全。维护市场经济的基本法律规则，如反垄断法、反不正当竞争法等，都旨在维护和保障市场主体之间的平等地位，而物权法则是通过对各类财产的平等对待和一体保护，来实现市场主体之间的平等。平等保护要求各类市场主体在享有并行使财产权，以及在其权利遭受侵害的情况下都要遵循共同的规则，这也是市场经济的内在要求。如果作为市场经济基本法的物权法摒弃了平等保护原则，对不同财产进行不平等的对待和保护，就很难证明我国真正实行的是社会主义市场经济体制了。①

第四，平等保护是市场经济繁荣和经济增长的动力与源泉。美国法学家庞德有一句名言，即"在商业时代里，财富多半是由许诺组成的"②，既然合同是构成财富的主要内容，它天然地就要求在市场主体之间存在平等关系，而财产的归属是进行交易行为的前提条件，这就要求在物权法上对各类财产的主体进行平等保护。只有确认市场主体之间的平等，才能建立一个有效的激励机制，使市场经济的主体具有足够的动力参与市场经济活动，促使经济的繁荣与发展。平等保护原则不仅要求强调对公有财产的保护，而且要求将个人财产权的保护置于相当重要的位置。财富是由人民群众创造的，充分释放个人创造财富的潜力，是促进经济增长、迅速提高我国综合国力的基础。古人说，"有恒产者有恒心"，如果缺乏对私有财产权平等、充分的保护，则人们对财产权利的实现和利益的享有都将是不确定的，从而也就不会形成所谓的"恒产"，也很难使人们产生投资的信心、置产的愿望和创业的动力。通过物权法强化对这些财产的平等保护，才能鼓励亿万人民群众创造财富、爱护财富、合法致富。如果我们对各类财产采取区

---

① 参见郝铁川《物权法草案"违宪"问题之我见》，《法学》2006 年第 8 期。
② 参见〔英〕P. S. 阿蒂亚《合同法概论》，程正康译，法律出版社，1982，第 3 页。

别对待，对私有财产"低看一眼"，甚至"杀富济贫"，公民不敢置产创业，企业不敢做大做强，就会出现财富大量浪费、资产大量外流现象，民穷国弱，整个中华民族的伟大复兴就无从谈起。

三 平等保护原则适用于所有类型的国有财产

物权法的平等保护原则，作为确认财产归属和利用，尤其是对财产进行保护的规则，不仅适用于已经进入交易领域的财产，而且也适用于那些没有进入交易领域的财产，即使对国有财产来说也不例外。有一种观点认为，各类市场主体的财产并不一定都会进入市场交易领域，所以物权法对财产的平等保护，不一定与市场经济存在着必然的联系。由于许多国有财产并不进入交易领域，因此物权法的平等保护原则对国有财产关系的适用范围是有限的。

应当承认，物权法草案确立的平等保护原则与市场经济的内在要求有着密切联系，它首先是作为市场经济的基本规则存在的，对市场经济的发展发挥重要作用。但这并不是说，平等保护原则仅仅只是调整进入交易领域的财产关系，它也适用于大量没有进入交易领域的财产关系。一方面，平等保护原则作为物权法的基本原则，不仅反映市场经济的内在要求，也反映社会主义基本经济制度的要求。我国基本经济制度的内涵包含了所有制在法律地位上平等的要求，因此，物权法的平等保护原则不仅仅适用于交易关系，其适用范围十分宽泛。任何类型的财产关系不管是否进入交易领域，客观上都要求在物权法上被平等对待，在财产权遭到侵害时受到物权法平等保护。物权法作为调整财产关系的基本法，不仅仅规范交易关系，也不仅仅调整与交易相关的财产权，还应当确认和保护其他财产权，如果平等保护原则不能适用于各类财产权，这与物权法作为基本财产法的属性也是不符合的。另一方面，任何类型的财产，在有关财产归属和利用的规则上，都不可能不受物权法的调整。如果财产不受物权法的调整，就意味着它不是一种财产，正如布拉曼特所言："准确地说，财产导致了民法的产生，没有财产就没有法律和政府。"① 只要受物权法的调整，就必须适用物权法的规则。任何财产归根结底都是民事权利的客体。在财产被侵害的情况下，只有采取民法的规则，才能获得充分的救济。

从实践来看，确实有一些国有财产并不进入交易领域，例如许多国家机关、事业单位占有的国有财产，并不发生财产的转移，对这些财产是否可以不适用市场经济的平等保护原则？我们认为，平等保护原则适用于各种类型的财产，同样也适用于所有类型的国有财产。任何类型的国有财产不管其是否进入交易领域都适用平等保护原则，原因如下。

第一，任何类型的国有财产在法律上表现为一种财产权利，对这种权利必须通过物权法来确认。这就是说，国有财产仍然是一种民事权利，或者说是一种私法上的权利，尽管其在财产的管理、监督，以及行使等方面都具有浓厚的行政色彩，但当国有财产作为一种财产权利表现时，它只能以民事权利的形式表现出来。如果国有财产属于公法确认而非物权法确认的权利，它就不是真正意义上的财产权利。而物权法在确认国有财产权时，必须要将国有财产权和其他财产权同等对待，承认其平等的地位。所以，国有财产即使没有进入交易领域，仍然是财产的一种类型。不进入交易领域的财产，可能要受到多个部门法的限制，但这并不意味着其就具有优越于其他财产的地位。即便是国有自然资源，它们虽然具有十分重要的战略地位，甚至关系到国家主权，但仍然要适用民法的财产规则。我们很难设想去设计一种让其具有优越地位的法律规则。当然，我们可以在物权法上根据其自身特性设计一些例外规定，比如说，关于国家对自然资源的所有权，不用办理登记就可以享有，但这些规定并不说明其具有优越地位。

物权法草案基于平等保护原则，确立国有财产权制度，将成为我

---

① 〔意〕布拉曼特主编《在人类经济中的财产》，1974年英文版，第4页。

国国有资产监督管理制度建立的基础。当前，我国立法机关已经将国有资产法的立法提到了议事日程，国有资产法将对国有资产的监督、管理和保护做出更为具体、更富可操作性的规定。但国有资产法也必须要坚持物权法的平等保护原则。相对于国有资产法而言，物权法是基本法。物权法要保护国有资产，但它更要平等保护各类财产，不能将保护国有资产、防止国有资产流失的任务都加在物权法上，这显然是物权法所不能承受的。因为国有资产只是物权的一种具体形态，严格地说，应当先通过物权法之后才应当根据物权法确立的原则制定国有资产法，这样才能够防止法律规则之间的重复和矛盾。既然平等保护原则是物权法的基本原则，那么未来的国有资产法也应当坚持平等保护原则。

　　第二，国有财产的归属出现争议，必须适用物权法的平等保护原则。对那些没有进入交易领域的国有财产也会发生产权归属的争议。比如说，许多个人兴办的企业，过去因为种种原因要"戴红帽"，这就会发生争议。当这些争议发生以后，围绕各种财产归属的确定，首先应当适用物权法的相关规定，而不能完全依据国有资产部门的规章制度来解决。因为在发生产权争议的情况下，国家和其他主体之间产生的是民事权利的冲突，应该依靠民法而不能依靠行政法来解决。而作为调整归属和利用关系的物权法，就是专门确立解决产权之诉和各种争议的规则的法律。所以，当不进入交易的国有财产与其他财产之间发生归属的争议以后，只能适用物权法关于确认产权的规则来解决。另外，争议发生之后，应当由司法机关进行裁判，而不能由国有资产监督管理机构来决定。[1] 因为当国有财产的产权发生争议时，国有资产监督管理机构作为国有资产的管理者，本身属于国家所有权一

---

[1] 例如，2003年《企业国有资产监督管理暂行条例》第30条第1款规定："国有资产监督管理机构依照国家有关规定负责企业国有资产的产权界定、产权登记、资产评估监督、清产核资、资产统计、综合评价等基础管理工作。"此处规定国有资产监督管理机构可以负责企业产权界定工作，这显然是有问题的。

方的机构，其与争议的相对方是平等的，国有资产监督管理机构不能作为裁判者负责产权的界定，而应当将此种争议交由司法程序来解决。

第三，国有资产遭受侵害，也只能适用物权法、侵权法等法律的规定来获得救济，无救济则无权利，救济不平等就不能保障权利的平等。在国有资产遭受侵害的情况下，对国家所有权的保护也应该与其他所有权的保护同等对待。一方面，在国家财产遭受侵害的情况下，应当通过司法程序来解决纠纷并对国有资产提供救济。不能因为是国有财产就不受司法机关的管辖。而司法机关对国有财产进行保护也必须遵循平等保护原则，这是一项重要的司法原则，它为司法实践中法官正确处理各类纠纷提供了基本的法律依据。如果国有财产在遭受侵害的情况下不能与其他财产受到同等的保护，那就会造成严重的司法不公。另一方面，在国有财产遭受侵害，进行损害赔偿时，也必须与其他财产遭受侵害一样，适用"有多少损害，赔偿多少损失"的原则。不能说，侵害了国有财产就要多赔，侵害了个人财产就要少赔。民法上包含的丰富的保护财产的方法，对国有财产的保护都是适用的。

物权法草案所规定的保护物权的方法，是对各类财产进行救济的最有效的方式，当然也是保护国有资产的最佳方式。例如，物权法规定了返还原物请求权，一旦有人非法占有国有资产，损公肥私，国家机关可以请求其返还。相反，如果不承认平等保护原则，最终损害的还是国家利益。也就是说，物权法、侵权法等规定的保护方法是保护国有资产不受侵害的最佳途径。民法中物权法的保护方法和债权法的保护方法，可以对动态的和静态的国有资产进行周密的保护。当国有财产进入交易时，它受到合同法的调整；当国有财产没有进入交易时，它受到物权法的调整。物权法对财产归属、利用以及受到侵害后的救济，都确立了非常健全的法律规则，在保护国有财产方面发挥了重要作用。如果国有财产不受物权法的保护，则意味着放弃了这些健全的、丰富的保护手段，反而不利于维护国有资产权利人的利益。

物权法是平等保护各类所有者财产的法律，而不是仅仅强调保护某一类财产的特权法。平等保护原则适用于所有类型的国有资产，有利于国有资产的保值增值。新中国成立后数十年的实践已经证明，对国家所有权和集体所有权提供特殊保护，不但不利于确定公有制的主体地位，反而会助长国家所有权和集体所有权的行使者在权利保护上的惰性。物权法是维护国家基本经济制度的法律，是规范市场经济行为的法律，如果规定了不平等保护原则，则违反了我国法治原则，意味着我国继续实行计划经济体制，因而完全不具有可操作性。

四　平等保护是对所有民事主体的一体保护

物权法作为一种调整财产归属和利用关系的基本法律，其基本规则是建立在民事主体在法律地位上一律平等的基础之上的。《民法通则》第2条关于民法调整对象的规定，就明确强调了民事主体的平等性。平等保护原则的核心，是维护各类民事主体的人格平等，无论民事主体是国家、法人还是自然人，都应该受到平等的对待。就自然人而言，平等保护原则强调对所有自然人合法的个人财产进行一体的保护。无论自然人的贫富、强弱，其财产都应该受到平等对待。个别极端的观点认为，平等保护只是对富人的宝马、别墅的保护；穷人没有财产，根本不需要物权法的保护，因此物权法实际上保护的是富人。我们认为，这种观点是不正确的，理由如下。

第一，物权法的平等保护原则，是对公民的基本人权的保护。私有财产权是公民的基本权利，它与生命权、自由权一起被称为公民的三大基本权利。一方面，私有财产权是直接关系到公民的生存权的问题，就广大人民群众所享有的私有房产权而言，一旦其遭受侵害，就可能影响到其生存问题。例如，某些地方官员打着公共利益的旗号，进行非法拆迁并且不给予合理补偿，这就使得一些老百姓的利益受到侵害。在这种情况下，强调平等保护，实际上有利于人民群众利益的维护。所以，对广大民众的财产保护而言，不仅关系到其基本财产的问题，而且关系到其生存权的问题。另一方面，财产权关系到公民的人格尊严和自由，尊重和保障人权，首先要平等对待和保障私人财产所有权。物权法的平等保护原则正是为了保障公民基本权利的实现，根据宪法尊重和保障人权的要求，对公民的财产权进行平等的保护。

第二，物权法的平等保护原则，是维护最广大人民群众根本利益的要求。我国自改革开放以来，随着市场经济的繁荣和发展，广大人民群众的生活水平有了极大的提高，个人拥有的财富也迅速增长。尽管存在着比较严重的贫富差距，但是财富的普遍增长是不争的事实。据最近的统计，近二十年房屋建设工程突飞猛进，粗略推算全国住宅保有量约有220亿平方米。这客观上需要物权法对公民合法的私有财产进行平等保护。如果对私有财产不予以平等保护，则不仅将极大地打击公民创造财富的积极性、严重阻碍生产力的发展，而且也不利于巩固改革开放的成果。平等保护就是要保护每一位公民的财产，保护广大人民群众的根本利益。尤其是，这种财产除了看得见、摸得着的动产和不动产之外，还包括9亿农民所享有的承包经营权、宅基地使用权等财产权利。这些权利都应当受到物权法的平等保护。

第三，物权法的平等保护原则，是构建和谐社会的法律保障。构建和谐社会必须以法治为中心，建设一个秩序井然、公平公正、人民权利得到充分保障、人人能够安居乐业、彼此和睦相处的社会。可以说和谐社会就是法治社会，只有加强法治，才能保障社会有序运行，确保社会和谐稳定、国家长治久安、人民享有殷实安康的生活。这就要求必须切实保护公民的财产权利，一方面需要发挥物权法定分止争、解决财产争议的功能；另一方面在财产权遭受侵害的情况下，通过物权法的平等保护而获得法律的救济。为维护私有财产权，物权法规定因公共利益需要对公民私有财产征收征用时，必须给予合理的补偿。这对于化解社会纠纷、缓解社会矛盾、促进社会和谐，都有着重要的现实意义。

应当承认，在市场经济发展过程中，贫富分化情况比较严重，贫富分化指数已经达到了警戒线，社会不公已经成为人民群众不满情绪的重要内容。我们要构建社会主义和谐社会，就要着力消除贫困，缓解因两极分化而导致的矛盾。解决社会贫富差异问题，关键在于建立一套完整的社会保障体系，国家通过法律、政策等方式进行公正合理的财富二次分配。物权法通过对所有民事主体的一体保护，有利于鼓励亿万人民创造财富。即使就穷人而言，如果其有限的财产受到物权法的充分保护，岂不是更能树立人们创业的信心、激发人们创造财富的热情？物权法虽然不是直接分配财富的法律，却是鼓励创造财富的法律。构建和谐社会，就需要鼓励更多的人富起来，最终走向共同富裕。而物权法正是实现这一伟大历史使命的法律工具。更具体地说，物权法所追求的是穷人数量的不断减少、合法致富的人的数量的不断增加，只有这样才能逐渐消除贫富差距，解决社会不公问题，从而真正构建社会主义和谐社会。

需要强调的是，物权法所要保护的财产只是合法的财产，而不是非法的财产。事实上，财产存在合法与非法之分，而财产权利不存在合法与非法之分，因为权利本身是法律对特定主体所享有的利益的肯定评价，物权作为财产权利基本内容之一，当然不存在合法物权与非法物权之分。物权法的颁行绝不会发生所谓"非法财产合法化"的问题。按照物权法草案所确定的财产所有权的取得必须合法的原则，对于非法取得的财产，物权法并不会确认其具有物权，更不会有所谓赦免"原罪"的问题。非法取得的财产如果已经触犯刑法，将受到刑法的追究。即便是过去取得的，只要在刑法的追溯期内，仍然应当按照刑法追究责任，并给予没收。从物权法角度来讲，即使是非法取得的财产，没有触犯刑律，并非就永久得到物权法的保护。我国物权法草案在物权的保护一章中首先就规定，"如果因为物权的归属发生争议，利害关系人可以请求确认权利"。例如某人通过侵害国有财产获得了财产，有关国家机关可以请求重新确认财产。非法占有国有财产，有关国家机关和国有财产权利人可以请求返还原物。

总之，平等保护原则是物权法的一项基本原则，也是我国物权法的社会主义属性的充分体现，它鲜明地体现了我国物权法的中国特色。西方国家物权法从保护私有制出发，只是规定了抽象的所有权规则，不存在所有权的类型化问题，因而也不存在对各类所有权平等保护的原则。只有坚持平等保护原则，才能坚持我国物权法的社会主义方向，坚持物权法的中国特色。

（本文原载于《法学家》2007年第1期）

物权法定原则批判之思考

尹 田[*]

作为"物权法构造重要支柱之一"[①]的物权法定原则（Numerus Clausus），当称物权法上最具特色的基本原则之一，也是20世纪以来惨遭最多批判的原则之一。物权法定，不仅被视为物权法之强行法性格的主要来源，同时几乎成为物权法之保守性、落后性的代名词。一时间，至少在日本和我国台湾地区学说界，物权法定改造之风盛行，鼓吹物权法定之日渐衰微、物权自由之逐步开放成为理论时尚。但物权法定原则真的应当而且可以被改造吗？物权法定原则真的是私法自治的对立物吗？本文特对此进行探讨，以为我国物权法的制定提供参考。

一 物权法定原则之批判

物权法定，指物权的种类和内容由法律直接规定，禁止当事人自由创设。这一原则无疑表现了法律对物权创设之当事人某种意志自由的剥夺。其立法理由主要有三点：一是巩固资产阶级革命成果，消除封建财产上的身份因素；二是维护一国基本经济制度；三是便于物权公示，保护交易安全。很显然，物权法定原则在使财产归属关系得以稳定的同时，也使物权成为一个相对封闭的体系，"非请莫入"，某些权利（如租赁权）即使具备物权的基本权能，但由于法律不承认其为

---

[*] 尹田，北京大学法学院民法研究中心主任，教授、博士生导师。
[①] 谢在全：《民法物权论》，中国政法大学出版社，1999，第40页。

物权，则其始终不能具备物权的全部效力。质言之，物权法定原则强行破坏了关于权利属性的自然归类。在某些情形下，一项财产权利究竟属于物权抑或债权，并非取决于权利本身的属性，而是取决于立法者的选择。但立法者的选择显然取决于其对于社会生活的判断能力和认识能力。为此，源自罗马法的古老的物权法定原则在现代社会必然地要经历一场批判运动。

批判者的主要论点如下。在 19 世纪，基于彻底扫荡封建财产制度残余，构建资本主义私有财产制的需要，物权法定原则的必要性和可行性毋庸置疑。但 20 世纪以后，资本主义社会发生了巨大变化，立法者的预测能力日渐减弱，立法日渐落后于现实生活，传统的某些物权类型逐渐被实际生活所抛弃（如我国台湾地区民法典所规定的永佃权，经过土地制度的变迁，在现代生活中已经荡然无存），或者立法上所设置的物权种类被生活所突破（如我国台湾地区民法典上并无规定的动产抵押权、最高额抵押权以及让与担保权在台湾工商界的大量出现）。[①] 而物权法定原则当初所具有的整理旧物权以防止封建财产制度复辟的功能，在现代社会已不复存在。在日本，有学者指出，物权法定原则在当代社会显示出两方面的缺陷：①无法适应现代交易发展的需要；②关于土地的耕作，很早以前就存在着极其复杂的关系，将其仅限于民法所承认的四种限制物权，并非妥适。[②]

由此，就物权法定原则的否定或者改良，日本学者提出了各种方案和理由，归纳起来有两种主流学说：一为承认习惯法为创制物权的直接根据，其中又分为"物权法定无视说"[③]、"习惯法包含说"[④]，以

[①] 谢在全：《民法物权论》，中国政法大学出版社，1999，第 40 页。
[②] 〔日〕我妻荣：《日本物权法》，五南图书出版公司，1999，第 23 页。
[③] 〔日〕我妻荣：《新订物权法：民法讲义Ⅱ》，1984，第 27 页，转引自谢在全《民法物权论》，中国政法大学出版社，1999，第 45 页。
[④] 〔日〕道本洋之助：《民法（2）：物权》，青林书院新社，1983，第 56 页，转引自陈华彬《物权法原理》，国家行政学院出版社，1998，第 76 页。

及"习惯法物权有限承认说"①等三种；二为对物权法的规定做从宽解释。②前述主张分别得到我国大陆和台湾地区学者的纷纷响应。而日本司法实务中，据称亦已承认了习惯法所逐渐承认的一些物权，如流水利用权、温泉专用权、日照权等。③相似的争论，也在法国和德国理论界发生。④

二 对物权法定原则之批判的思考

显然，对于物权法定原则的"封闭"、"保守"等弊端，至少在日本和我国台湾地区的学者那里是一片谴责之声。受其影响，我国学者一般均予跟进。言及物权法，不可不言及物权法定主义，而言及物权法定主义，则不可不先褒后贬，先扬后抑。过分激烈者，难免使人产生物权法定原则应当被废止的印象。

问题在于，习惯应当以及有可能成为创制物权的直接根据或者间接根据吗？

从表面观之，某种法定物权之外的物权如果为民众所普遍设立，而立法上尚来不及确认时，司法上根据这一"习惯"对之予以认可，显然具有合理性和必要性。尤其在立法上就"不违反公序良俗的习惯对于法律无规定的事项具有与法律同样的效力"做出明文规定的情形下（如日本法例第2条、我国台湾地区民法典第1~2条），"习惯"自是更容易被用来作为击破物权法定主义桎梏的武器，这也正是日本和我国台湾地区众多学者主张物权得依习惯直接创设的重要原因。但是，这种论断毕竟是很抽象、很理论化的，必须做出实证分析，才能

---

① 〔日〕舟桥谆：《物权法》，有斐阁，1960，第18页，转引自陈华彬《物权法原理》，国家行政学院出版社，1998，第76页。
② 〔日〕原岛重义、高岛平藏：《民法讲义（2）：物权》，1982，第17页，转引自谢在全《民法物权论》，中国政法大学出版社，1999，第47页。
③ 史尚宽：《物权法论》，荣泰印书馆，1979，第13页。
④ 尹田：《法国物权法》，法律出版社，1998，第35~36页；段匡：《德国、法国以及日本法上的物权法定主义》，《民商法论丛》（第7卷），第263~264页。

证明其可靠性。

就以主要设定于土地的用益物权而言，其是否有可能为习惯所创设？对此，日本学者我妻荣在其著作中介绍了日本农地权利以及其他用益物权的一些历史发展情况。他指出，由于《日本民法典》规定的物权种类之不足，引发了战后农田改革，而随着经济交易的发展，从现实社会所产生的物权关系，透过判例或立法，在某种程度上已渐渐被法律体系所接受。但在日本，用益物权的发展及其种类的扩大，最终是由特别法来加以完成的。不过，流水使用权以及温泉专用权，却被认为是判例依据习惯所创制。①

就担保物权而言，此种可设定于不动产亦可设定于动产的他物权可否依习惯创设？对此，常见以最高额抵押权以及让与担保权为据予以论证，即在我国台湾地区，最高额抵押权和让与担保权，均系由司法判例予以确认的担保物权。② 不过，在日本，虽然最高额抵押权、假登记担保权以及让与担保权曾经由判例加以确定，但由于前两者的确存在只透过判例很难妥适解决的事项，所以最终还是采用立法的途径来进行修正（《日本民法典》经1971年第99号法律增补的第398条之二以及1978年第78号关于假登记担保契约的法律）。③

有关资料表明，在绝大多数情况下，社会生活对于某种物权之需求的满足，最终是通过立法（尤其是特别法）的确认而实现的。然而，立法上未予承认而判例予以确认的他物权（日本的流水使用权、温泉专用权等以及我国台湾地区的最高额抵押权、让与担保权等），似乎的确存在。但这些并不详尽的资料能够证明习惯对于他物权的直接创设吗？

很显然，立法永远不可能完全满足社会发展对于他物权种类的需

---

① 〔日〕我妻荣：《日本物权法》，五南图书出版公司，1999，第29~30页。
② 谢在全：《民法物权论》，中国政法大学出版社，1999，第47页。
③ 〔日〕我妻荣：《日本物权法》，五南图书出版公司，1999，第24页。

求。但问题在于，习惯或者通过判例而承认的习惯能否创设新类型的他物权，不能不受到一种法律技术限制。

如前所述，一项权利之所以成为物权，关键在于其具有绝对效力。而物权对抗第三人的效力来源于物权的公示。对此，主张物权法定原则应予缓和的人，均无一例外地将"能够进行公示"作为习惯或者判例肯定的习惯所适合创设的物权的必要条件之一。只不过，对于法定物权之外的物权如何进行公示，可否进行公示，却似无人予以论述。

在笔者看来，法定物权之外的权利根本无法进行公示或者进行有效的公示进而获得物权的绝对对抗力。以最高额抵押权为例，在立法不承认最高额抵押权的情况下，无论当事人如何"习惯"于订立该种抵押合同，抵押权登记机关也根本不可能对之进行登记。而未经登记的最高额抵押权还能称为真正的抵押权吗？抵押权的物权效力主要表现为抵押权人对于抵押人处分抵押物权利的限制及其对抵押物价值的优先受偿权利，而在最高额抵押权未经登记的情形下，抵押权人既无法以其权利对抗从抵押人处受让抵押物的第三人，亦无法以其权利对抗抵押人的普通债权人。而如果说未经登记的最高额抵押权被承认在当事人之间具有效力的话，那么，此种承认毫无实际意义，理由如下。在债务人为抵押人的情形下，由于最高额抵押权不能对债务人的其他债权人产生对抗力，所以债权人根据此种"抵押权"而具有的利益，与其本身享有的债权毫无差别；而在第三人为抵押人的情形下，此种"抵押权"的效力仅仅等同于普通债权，即债权人就抵押物享有的受偿权利，较之抵押人的普通债权人所享有的受偿权利，毫无差别。事实上，任何在不动产上设定的支配性质的权利，如果不被立法允许进行不动产物权设立登记，则此项权利永远不能有效地变成物权。不动产如此，动产亦如此。动产担保物权设定的法定公示方法是占有。如果立法不明文规定动产得设定抵押权并同时明定其登记程序，则不以占有为条件的动产担保物权（动产抵押权）也是不可能有效设立的。① 在设立企业浮动担保以及财团抵押的情形下，莫不如此。

至于让与担保权，其特征为债权人直接取得担保物的所有权。债权人借以保证其债权实现的，是对担保物所享有的所有权而非其他权利。而债权人能否达此目的，完全取决于其是否依照所有权让与的法定方式（不动产所有权变动登记）。鉴于此，让与担保权对于债权人所产生的权利，根本不是通常意义上的"担保物权"。所以，以此论证物权法定原则的缓和并非贴切。同时应当指出，在现代社会，担保形式的多样化和发展，并不等同于担保物权的多样化和发展。正如当事人对于定金的权利并非担保物权一样，以对所有权的"扣留"作为债务履行的担保（所有权保留、所有权让与担保等），同样不能产生真正的担保物权。

应当看到，实际生活中所出现的一些法定物权之外的对财产的支配性质的权利且受到司法判例保护的情形（如前述日本的流水使用权、温泉专用权等），并不一定等同于实务上承认其为物权：权利或者法益的保护不一定等同于权利性质的确认。在此，当事人之间通过约定而设立的某些支配性质的权利，特别是其中一些具有排他性的支配权利，完全有可能在实务上获得承认和保护，但权利的支配性质乃至排他性质仅为物权的特性之一，只要这种权利没有全面地产生物权的效力，则其并不等同于新的物权类型的创设。在这一方面，不动产租赁权以及我国农村土地承包权即为典型，即使前述权利具有物权的某些基本特征乃至于受到"像保护物权一样"的保护，但在立法未明定其为物权之前，其仍然不是真正的物权而只能是一种债权或者"物权化"的债权。与此同时，实践中某些法定物权之外的物权的设定或者法定物权设定程序之违反，不一定导致权利设立行为的无效，如果

---

① 我国《担保法》规定自然人的一般动产的不经登记而设立，同时规定未经登记的动产抵押权对第三人无对抗效力。此种规定毫无意义，仅在当事人之间"有效"的抵押权根本不具有任何担保作用。

其行为具备其他法律行为的要件的，则该行为在当事人之间仍然具有该种法律行为的效力，其中最为典型的是：物权设立行为无效，但作为债权的设立行为却有效。而当实务上对这些权利予以保护时，实为对债权的保护，故不能据之说明司法对于物权法定原则的超越或者突破。

对于物权法定原则得因习惯创设的例证，我国某些学者还提及建筑物区分所有权，认为虽然现行立法并未承认其为物权，"但已为交易习惯所普遍承认，且通过登记也能予以公示。因此，应当承认此类物权的存在"①。但事实上，建筑物区分所有权究竟是一种新的物权类型，或者只是不同所有权自身再加上与其他权利的一种复合（单独所有权与共同所有权再加上所谓"社员权"等非物权性质的权利的结合），还有待讨论。同时，自从出现多层或者高层建筑起，这种复合型权利便已出现，少说也有几百年历史。如果说此种"物权"纯由所谓"习惯"创设，未免牵强：与其说习惯创设了此种权利，不如说是理论和立法对此种早已存在的权利现象在新的社会条件之下所做出的新的分析和命名。

总的来说，学者在批判物权法定原则时，其论据似乎常常显得缺乏精确性，究竟否定或者动摇物权法定原则的好处是什么，仅存在抽象的甚至是想当然的泛泛而论。尤其是就我国现实而言，需要研究的并不是应否承认习惯或者判例创设物权的问题，而是如何通过物权法的制定充分反映和确认现实生活所需要确认的物权的问题。

在这里，有必要提及新近出现的另一种观点，即关于"物权法定主义终将消亡，物权终将走向自由化"的论述。

我国台湾地区学者苏永钦在其《民事财产法在新世纪面临的挑战》一文中对于物权法定原则的立法理由，从信息成本的角度进行了分析。他指出，在未来社会，"计算机、网络和数字化传媒扩大的登写、

---

① 王利明：《物权法论》，中国政法大学出版社，1998，第96页。

储存和传输功能,将大幅度降低前述信息成本,甚至较有价值的动产,也都可以建立某种产权登记制度,这将使得物权创设自由的限制,逐渐失去正当性"。苏先生据此断言,物权走向开放是 21 世纪无法阻挡的趋势,而当债权也可如同物权一样可借登记而发生一定追及效力及公示效果之后,债权与物权的区隔将会发生相当程度的动摇,物权法与债权法将同样属于财产流转的交易法,物权法定主义自然因物权的自由化而不复存在。[1]

上述关于物权法定原则在未来社会的走向的分析值得思考。在有关物权法定原则的立法理由中,物权种类和内容的限制对于交易成本和交易安全所起的作用,至少从法技术的角度来看是最重要的。而在一个信息化、数字化社会,物权公示手段的不断增多,确实有可能为物权类型和内容的自由创设提供一种可能。但是,此种分析恰恰间接论证了笔者所指出的物权法定原则之批判理论关于物权得因习惯或者司法实务而创设的论述中对于自然物权公示方法问题的疏漏:正是自创物权之公示在技术上的困难,导致物权法定否定或者缓和理论缺乏实证分析的支持。与此同时,如果说物权法定原则在未来社会将趋于消亡的话,那么,这种消亡并非因为现实社会对新设物权的需求与立法之滞后而发生(即习惯创设的物权对于法定物权种类桎梏的突破),而只能是因为物权公示方法(主要是物权登记制度)在技术方面的发展。不过,究竟是物权登记方式的进步导致物权创设的自由(物权法定原则的衰落),还是物权登记方式的进步导致立法认可的物权范围的扩大(物权法定原则的坚持);究竟是物权走向"自由化",还是物权走向"科学化",尚有待研讨。但无论如何,有关物权与债权的区分将因物权的自由化(或者毋宁说是物权范围的扩大化)以及债权的"可物权化"而变得更为模糊不清,却是理论研究上不可不重视的一个课题。

---

[1] 苏永钦:《民事财产法在新世纪面临的挑战》,《人大法律评论》2001 年第 1 辑。

三 物权法定原则的本质及其与私法自治的关系

通过对民法规范之所谓"适用强度"的观察，学说上认为，民法规范有强行规范（强行法）与任意规范（任意法）之分。据此分析，物权法因其规定多具强行性质，"非当事人所得任意变更，故原则上应属强行法之范畴"①。在此，物权法的所谓"强行性"，显然主要是通过物权法定原则而得以体现，而"物权严守法定主义的结果，使得私法自治只实行了前半段，规范财产流转的契约法标榜契约自由，规范财产分标的物权法则充满强制"②。

既此，物权法为强行法，债权法为任意法，成为我国学者普遍的论述，③ 由此必然造成民法本质的某种模糊和混淆，似乎民法的基本特征在物权法的领域内突然消失了，民法的自治精神即私法自治原则仅仅适用于契约法而完全不适用于物权法。物权法定果真是私法自治的对立物？毫无疑问，物权法定原则展现的是国家意志，是国家意志在物权的创设问题上对当事人之个人意志的一种强制。但此种强制是否背离了私法自治精神，以至于导致物权法在性质上与契约法相对立的表现？这是毋庸置疑的。物权法多为强制性规定，极少允许当事人在法律规定之外"另行约定"，由此成物权法背离私法自治的印象，尤其是物权法定原则，似将物权法之强行性格推至极端。但细加分析，结论有可能与此种表面印象完全相反。

（一）物权法定原则限制物权种类的目的在于权利之保护而不在于权利之限制

就物权享有人的角度而言，设置物权法定原则最为重要的原因在

---

① 谢在全：《民法物权论》，中国政法大学出版社，1999，第2页。
② 梁慧星：《中国物权法研究》，法律出版社，1998，第2页；王利明：《物权法论》，中国政法大学出版社，1998，第75~76页。
③ 陈华彬：《物权法原理》，国家行政学院出版社，1998，第29页；王家福等：《合同法》，中国社会科学出版社，1986，第13页。

于对物权的保护。与债权不同，物权具有绝对性，为使物权不致无端遭受他人侵犯，权利的公示便有其必要，而公示手段的有限，决定物权的种类和内容必须明确，否则，物权人之外的第三人将在千奇百怪的"物权"面前无所适从，而第三人对物权的尊重便无从谈起。为此，强行限制物权的自由创设，其效果不在限制民事主体对物的支配，相反，却从根本上为民事主体享有行使物权提供了必要保障。而从交易安全的保护出发，物权种类和内容的混乱，将严重增加交易成本。物权的难以辨认，将使交易者处于被动地位。因此，正如契约法限制契约关系的缔结损害社会公共利益和他人合法利益一样，物权法必须通过物权法定原则限制物权种类和内容的自由创设，但这无损于民法的权利法性格，无损于私法自治。

（二）物权法定原则限制物权的自由创设但不限制权利人对物权的选择自由

私法自治的要义在于民事权利义务创设的自由。表面观之，物权法定原则剥夺了当事人创设物权的自由，但实质上，这一原则仅仅限制了当事人对物权种类的自由选择，但并未限制其选择物权本身的自由。在法定物权范围之内，要不要设定物权关系，设定何种物权关系，要不要变动物权，以何种条件变动物权，纯由当事人定夺。因此，如同契约权利得由当事人自由创设一样，物权关系的创设，对于物权人而言，实行的也是意思自治。

（三）物权法限制物权之权限但并不限制权利人的行为自由

物权法多为强制性规定，使物权法被列为"强行法"，以至于与契约法之"任意法"特征相对立，从而使物权法似乎远离私法自治。对此，我国台湾地区有的学者认为，应当区分"权限规范"与"行为规范"。与债权法鼓励当事人按照甚至超越法律提供的行为模式实施契约行为不同，物权法的规定大部分属于权限规范而非行为规范，所以，物权法规范仅仅具有"强制性"（不允许当事人超越法律规定的权限范围实施行为),但并不具有"强行性"(要求当事人必须实施某种行为),故物权法的强制性质与行政法规的意义截然不同,其并不妨碍物权法的绝大部分规定仍然符合自治法的定性。[①] 亦即作为一种权限规范,物权法尤其是物权法定原则在某些方面限制了当事人的权限,但对于当事人的行为却并未予以任何强制。在这里,由于物权法与债权法的不同属性,私法自治于财产支配领域与财产交换领域便具有不同的表现。简单地以债权种类创设上的自由与物权种类创设上的不自由加以类比,进而得出"债权法是任意法,物权法是强行法;债权法实行私法自治,物权法不存在私法自治"的结论,显非妥当。

(本文原载于《法学杂志》2004 年第 6 期)

[①] 苏永钦:《社会主义下的私法自治:从什么角度体现中国特色?》,载《中国物权法国际研讨会论文》(未刊稿),2000 年 10 月 19 日。

现代财产法的理论建构

王卫国[*]

21世纪初，我国民法学界曾有过一次关于民法典体系的大讨论。在这次讨论中，王家福和费宗祎提出将无形财产写入民法典的主张。王家福认为，无形财产需要知识产权法来保护，如果中国人将知识产权的一般规定写入民法典，将是对人类的贡献。他说："我想，财产就写两大编：一编是无形财产，一编是有形财产。它们都是绝对的、排他性的权利，都是人特别需要的权利。"[①] 尽管这些意见在当时没有得到多数人的赞同，却提出了一个意义深远的课题：财产概念的再认识和财产法体系的再设计。其中一个根本性问题，就是如何在新的财产权架构之下协调传统物权与业已存在或需要创建的新型财产权之间的关系，并且建立起具有包容性和开放性的新的财产法理论体系。

2006年，《荷兰民法典》财产法部分的中译本在国内出版。[②] 人们在这部法典中看到一个统领各种财产权的"财产法总则"（第3编）。在该法典中，"财产"（patrimony）是作为有体物和无体物的上位概念，被明确规定为"包括所有的物和所有的财产权利"。这代表了一种新的尝试：将有形财产和无形财产整合到一个广义的"财产法"（patrimonial law）之中，并为之制定统一的法律规则。按照荷兰人最初的设计，在"财产法总则"之后，分别是继承法、物权法、债法总

---

[*] 王卫国，法学博士，教授、博士生导师，曾任中国政法大学民商经济法学院院长。
[①] 王家福、费宗祎、郑成思：《物权法、知识产权法与中国民法典》，载王卫国主编《中国民法典论坛（2002—2005）》，中国政法大学出版社，2006，第63~65页。
[②] 《荷兰民法典（第3、5、6编）》，王卫国主译，中国政法大学出版社，2006。

则、有名合同、运输法和智力成果法各编。但经过多年的努力，智力成果法编的立法几经挫折，无疾而终。

目前，中国民法的法典化仍在缓慢地跋涉中。2002 年 12 月全国人大常委会第一次审议民法典草案之后，迎来了物权法和侵权责任法的颁布。但这并不能代替民法典。民法的法典化是一个宏大的工程，它实现着一国民事法律的整合，并体现着一国民法理论的提升。在近年来与欧洲学者的交往中，笔者听到一个声音：21 世纪新民法典的希望在中国。对我们来说，历史机遇就是历史责任。要创立适应新时代的中国民法典，就要积极探索具有时代特征的基础理论。本文试图迈出理论探索的步伐，为通往未来中国民法典的道路铺一块砖石。在以下的论述中，笔者将分析四对范畴，并在此基础上提出新的财产分类和财产权体系架构。这四对范畴是：财产与财产法，有形财产与无形财产，实物财产与信用财产，财产与人格。

一　财产与财产法

（一）物与财产

罗马法中的财产法实际上就是物法。按照《法学阶梯》人法、物法和诉讼法的三分法，物法涉及的是物（res）。在罗马法上，res 不仅指物质客体，也指债、通行权等抽象的物。这两类物的共同点在于它们都是具有经济价值的财产，即物法包括了所有可以用货币计量的权利。[①] 准确地说，罗马法中的物是指一切人力可以支配，对人有用，并能构成人们财产组成部分的事物。在优士丁尼的《学说汇纂》中，它包括有体物、权利和诉权，又称"财物"（bona）。[②]

1804 年法国民法典的一个极具特色的概念就是广义财产（patrimoine，也称总体财产）。它是指现存的和未来的权利和义务的总

---

① 〔英〕巴里·尼古拉斯：《罗马法概论》，黄风译，法律出版社，2004，第 107 页。
② 周枏：《罗马法原论》（上册），商务印书馆，1994，第 298 页。

体,亦即属于民事主体之具有经济价值的权利义务的总和。① 广义财产同时集中了权利和债务,它包含着资产和负债,资产由权利组成,负债由债务组成,二者密不可分。按照广义财产的概念,物不过是财产的一类,无论它与其他财产相比具有多么重要的地位。这与优士丁尼《法学阶梯》中的"处在我们财产中的物"的观念是一致的。② 所以,从罗马法到法国民法典,都没有独立的"物权"和"物权法"概念。

一般意义上的财产(biens)概念与广义财产(patrimoine)概念,有着不同的理论基础。一般意义上的财产描述了一种"利益",它可以满足人类的物质需要;而广义财产则是建立在法律对主体人格认同的基础之上,是人格在经济层面上的表现。按照法国民法理论,凡存在法律人格,则必有一广义财产。③ 由此说明了人格与财产之间的关系以及财产对于个人自由的重大意义。

在德国民法中,债权法和物权法一起构成了一般财产法。但是,"财产"概念在财产权制度构建中并不具有基础性地位,在法律中既无定义,也缺乏一般性规定。

德国民法奉行"物必有体"原则,把财产法律关系中的"物"限定在有体物的范围内。在潘德克顿法学的私权理论中,法律关系的三要素——主体、客体和内容——是严格区分的。如果将权利等无体物作为财产支配权的对象,势必造成法律关系中客体与内容不分。为了保持法律关系概念的准确和清晰,将财产权关系中的"物"限于"有体物"更为可取。④ 权利不能作为法律关系客体的说法尽管符合逻辑,但却并不完全符合经验。比如,德国民法就承认权利质权等权利物权。

---

① 〔法〕雅克·盖斯旦、吉勒·古博、缪黑埃·法布赫-马南:《法国民法总论》,陈鹏等译,法律出版社,2004,第150页。
② 〔古罗马〕优士丁尼:《法学阶梯》,徐国栋译,中国政法大学出版社,2005,"序言",第IX页。
③ 尹田:《法国物权法》,法律出版社,1998,第12页。
④ 孙宪忠:《中国物权法总论》,法律出版社,2003,第125页。

(二) 财产概念与财产法模式

从历史沿革看，大陆法系的财产法模式是围绕着"物"的概念演进的。对"物"的认识发展到什么程度，财产法的模式也就演进到什么阶段。

罗马法在"物即财产"的观念下，形成了以宽泛的所有权统领的一元化财产法模式。在这种模式下，他物权、债权以无体物的形式存在，但没有取得与所有权平行的地位；前者对后者具有依附性。《法国民法典》在"物"的概念上对罗马法并无实质性突破，仍将他物权和债权等同于无体物，将役权、使用权、居住权等视为对所有权的限制，将债权和担保物权视为取得财产的方式，在体系上仍然是以所有权为中心的模糊的一元化模式。而《德国民法典》把"物"限定为"有体物"，把以往民法中的"无体物"剔除于"物"的概念之外，并在此基础上对所有权进行了明确的界定，同时把地上权、役权、先买权、抵押权、质权等与所有权并列，形成物权制度，使债权脱离所有权的束缚，形成了独立的权利类型。由此开创了物权与债权相区分的二元化模式。这是一个历史性突破。

当然，罗马法进行过物权与债权的区分，但这是建立在诉讼类型区分的基础上的。德国民法以支配权与请求权这两种基本权利的区分为基础，将财产权利分为物权与债权这两种基本类型，这在大陆法系财产法的发展过程中具有里程碑式的意义。此后的民法典都采用了物债分编的结构模式。

物权与债权的二元划分可以从不同角度来理解。首先，德国民法对财产权中的物权与债权二元划分，实质上是一种支配权与请求权的划分。这种支配权的典型就是物权，而请求权则是指债权。物权概念是中世纪注释法学派在研究罗马法"对物之诉"的基础上建立的，而将物权定位于支配权则是德国民法的成果。其次，德国民法对物权与债权的区分是建立在权利客体区分的基础上。按照萨维尼的理解：物权支配的是物，债权支配的是他人行为，而这些行为的目标在于为我们取得物上的权利或对物的享用。① 根据客体的属性来界定权利和设定规则，这种方法具有鲜明的实用性，但也有一定的局限性。当社会生活的变迁产生出新的客体时，原有的权利体系就可能不敷应用，就需要创制新的权利类型。不过，在法律演进中，权利体系的扩充仍要遵循按客体属性设定规则的路径。

从民事权利体系化的角度看，物权与债权的二元划分便利了私权体系的构建，为法典编纂提供了理论框架和技术支持。德国民法区别于罗马法和法国民法的根本之处，正是在学说和理论上采用了这种私权结构体系。

从哲理层面看，《德国民法典》所采行的二元财产模式，是一种韦伯所述的逻辑形式理性的表现。这种逻辑形式理性要求法律思维的理性建立在超越具体问题的合理性之上，形式上以法律制度的内在因素为决定性尺度，其逻辑性要达到这样的程度，即法律的具体规范和原则被有意识地建构在法律思维的特殊模式里，这种思维具有极高的逻辑系统性，因而只有从预先设定的法律规范或原则的特定逻辑演绎程序里，才能得出对具体问题的判断。② 在这种逻辑的指导下，财产权制度的设计必然要在一种严格的形式结构下进行，其形式结构的选取，绝不是立法者任意决断的行为，而必须以学者长期研究的成果为基础。逻辑代表着科学与理性，逻辑的权威性制约立法者的任意性，这是法律史上具有深远意义的转折。

需要指出的是，在德国民法创制之时，人类社会还处在实物经济的时代。通过物权和债权分别建立起以有体物的享用与交换为中心的静态秩序和动态秩序，足以满足当时的社会经济需要。因此，不难理

---

① 参见金可可《私法体系中的债权物权区分说——萨维尼的理论贡献》，《中国社会科学》2006 年第 2 期。
② David M. Trubek, "Max Weber on Law and the Rise of Capitalism," *Wisconsin Review*, No. 3, 1972, p. 730.

解，随着人类社会进入实物经济、知识经济与信用经济三位一体的新时代，这种体系就难免在现实面前显示出局限性。

20世纪70年代以来，科技的发展产生了"知识经济"概念。现代经济把知识作为重要的生产要素，知识投资不仅带来实物经济产品的增值，而且产生出大量满足人们生活及交往需要的知识产品。知识产权和其他无形财产就是知识经济在法律上的产物。而以信用货币和各种信用产品及金融交易为基础的信用经济，更是在现代经济社会中发挥着主导作用。自20世纪80年代以来，知识经济与实物经济、信用经济之间的相互渗透和作用越来越强，由此带来了全球经济的根本性变化。

知识产品、信用产品在产生、利用和交易的过程中，产品拥有者的利益需要得到法律保护。于是，专利权、版权、商标权、股权、证券权利和其他无形财产权应运而生。由此产生了以下需求：首先，由于这些无形产品与有形产品具有一定的经济上和交易上的共性，需要整合财产权的概念，创建一个具有高度包容性的财产法体系，从而为各种不同形态的财产提供统一的法律调整框架；其次，由于无形产品的无限丰富性，需要针对它们的特殊性制定能够适用于各种无形财产的法律制度；最后，无形产品毕竟有别于实物产品，在保护方式以及法律关系中的利益平衡上，需要考虑其特殊性。显然，传统理论与新经济时代的财产保护需求之间存在一定的差距。

20世纪以来，面对时代变迁带来的财产权创新，德国民法也呈现出一定程度的开放趋势。例如，在当代德国民法理论中，作为一种无体财产权，知识产权已经被认为是一种与物权一样的支配权。虽然支配对象属性的不同导致了知识产权与物权的区别，但由于在绝对权的法律性质方面存在共性，它们都被作为支配权看待。这样，至少在法学家的教科书中，无体财产权已经取得了与物权、债权相并列的地位。[①]

[①] 〔德〕卡尔·拉伦茨：《德国民法通论》（上册），王晓晔等译，法律出版社，2003，第286~287页。

总之，财产权概念的重新整合是当今世界的一个趋势。其基本要求，就是要拆除横隔在有形财产与无形财产之间以及物权与债权之间的藩篱，使所有具有经济价值的资源的享有和流转都能够在共通的财产概念之下共享法律秩序的承认、保护、便利和安全，进而克服以往财产权理论在功能和价值上的片面性，实现财产权的经济效用与政治、伦理等价值之间，以及个体利益与社会利益之间的会通与平衡。

二 有形财产与无形财产

（一）无形财产与财产法体系

优士丁尼在《法学阶梯》中提出了"有些物是有体物，另一些物是无体物"的划分。这种划分的创立有两个重要的原因。首先，古罗马商品经济的发达，带来了私权的繁盛和社会交往的频繁，使人们体验到无形财产权利的价值。其次，古罗马法律科学的进步，初步形成了对法律现象加以抽象的方法。运用这种方法，法学家可以按照不同的标准，对物做出各种各样的分类，包括有形物与无形物、交易物与非交易物、要式物与略式物、可替代物与不可替代物、主物与从物等。[①]

但是，罗马法上有体物与无体物的划分，并未摆脱物权以有体物为基础的法律思维。对于处在农业文明时代的罗马人来说，现实中真正的"物"只能是实体的物，当时的"无体物"概念实际上是对权利的有体化拟制，即将权利拟制为物，以便采用有体物的程序实现无体物的转让。这表明，罗马法中的无体物只是借物思维的结果，而不是现代意义上的无形财产概念。

近代民法一向承认有形物与无形物的划分。[②] 英美法也存在有形

[①] 参见〔意〕彼德罗·彭梵得《罗马法教科书》，黄风译，中国政法大学出版社，1992，第185~193页。

[②] 参见尹田《法国物权法》，法律出版社，1998，第51~67页；孙宪忠：《德国当代物权法》，法律出版社，1997，第3~4页。

动产与无形动产的划分。有形财产和无形财产都具有财产权的基本属性——绝对性及排他性。当一项财产权利成为绝对权时，无论该财产权利所指向的经济利益是否具有实物形态，权利人就该项权利享有法律保护其不受任何人侵害的对世效力。

知识产权和物权都具有绝对权的性质，但是，知识产权毕竟有其特殊性。首先，知识产权的客体是智力成果，而智力成果具有可分享性。作为一种知识，智力成果一旦被一个人知悉，无论以后为多少其他人知悉，他都不会失去它。与知识分享相伴随的是对知识的利用。在现实生活中，智力成果的产权人可以容忍他人的了解，只是不容忍他人未经许可的利用。所以，权利人的利益关注点，不是保持对知识本身的占有状态，而是对这些知识的排他性利用。知识产权的排他性针对的不是他人的非法占有，而是他人的非法利用。

其次，知识产权是复合权利，其内容不仅有多种财产性质的权利，而且有人身性质的权利。但是，在知识产权中，财产性利益是权利人的主要利益，也是权利人取得权利和行使权利的主要目的所在。知识产权本质上属于无形财产权。所以，将知识产权纳入财产法是正确的。

最后，知识产权是有限制的权利。知识产权制度的目标，不仅在于鼓励人们从事智力成果的创造，而且在于促进社会对知识的利用。知识产权法既要保护私人利益，也要保护公共利益。因此，在知识产权法律制度中，既存在私法因素，也存在公法因素，如专利权和商标权的审查授予、强制许可，商标管理等。这种情况，给知识产权法纳入民法体系带来了一定的难度。但是，如果不过分追求民法作为私法的"纯洁性"，知识产权法律中的某些含有公法因素的制度仍可以为具有开放性的民法体系所接纳。同样的，知识产权的其他限制如专利权、著作权的保护期限，并不妨碍它们在权利存续期间享受财产权保护。

上述种种情况表明，简单地套用物权法的规则，不足以充分保护人们在智力成果上的财产权，也不足以有效建立知识产权的法律秩序。因此，需要在民法体系中为知识产权提供存在和发展的空间。

（二）支配权与绝对权

在近代民法中，以有形财产为对象的物权概念始于德国民法。《德国民法典》第90条规定："本法所称的物为有体物。"由此将无体物排除于物权保护的范围之外。我国《物权法》第2条规定："本法所称物，包括不动产和动产。"这基本上也是以有形财产为客体的。

历史上首先使用物权概念的，是1811年《奥地利民法典》的规定：物权，是属于个人的财产上的权利，可以对抗一切人。其中，物权的客体是"财产"而不是"有体物"，权利的基本属性是绝对权而不是支配权。由此可见，权利属性的定位与权利客体的范围存在着内在联系：当权利客体被限定于有体物时，突出物权的支配权属性便是顺理成章的；而当权利客体不限于有体物时，鉴于无体财产的保护难以依赖对客体的人力控制，则需要借助于法律之力的控制，即通过绝对权的彰显来强调权利人对抗不特定义务人的地位和能力。

在物权与债权二元划分的模式中，支配权与请求权是两个基础性概念。其实，所谓支配与请求，不过是权利人实现利益的不同方式。支配权的本质是保护权利人对物加以占有、享用和处分的自由意志。因此，支配权的着眼点是从人与物的关系出发界定权利主体在权利客体上的意志实现方式。在以支配权为中心的物权概念中，人与物的关系是第一位的，人与人的关系是第二位的，或者说，前者是后者的逻辑前提。在这样的理论模型中，一种法律关系若要被承认为物权关系，必须首先具备支配权的性质，然后才能成为对世权。因此，一项不具备支配效力的权利，即使存在着对世权性质的权利要求，也不能被承认为物权。进一步说，一项非以有体物为标的的权利，由于不具备对物支配的特征，即使具有对世的效力，也不能成为物权。例如，以信息为内容的知识产权和其他无形财产权,由于信息的无限可分享性,不具有能够被排他性占有的性质。因此,有体物以外的事物,除了法律有特别规定的外,是难以成为物权客体的。由此可见,如果将财产法定位于物权法,其体系必定是封闭的。

物权保护的社会意义在于"定分止争",即满足人们对既得财产利益的保护需求,制止对他人财产利益的任意剥夺。如果我们承认财产利益的物质形态并不是其应该得到法律保护的确定标准,那么,我们也可以说,即使不是有形之物,只要是已有明确归属并具有保护价值的经济利益,就有允许其享受排他性权利的必要。在这里,重要的不是权利人以何种方式实现自己的利益,而是赋予权利人何种法律地位才能使他能够主张第三人对他承担不作为义务,以及在违反不作为义务的情况下承担民事责任。显然,在财产形式日益多样化的今天,讨论这个问题有重要的现实意义。

于是,应注意另一个概念——绝对权(对世权)。德国学者对绝对权的表述是:"一项权利可以相对于每一个人产生效力,即任何一个人都必须尊重此项权利。这种权利便是绝对权。"[1] 在民事权利中,除了债权(即请求权,亦即相对权)以外的各类权利,如物权、知识产权和其他无形财产权、人格权、身份权(如亲属权、社员权)等,都属于绝对权的范畴。债权在一定情况下(如第三人侵害债权),也具有绝对权的性质。

在英美法系,布莱克斯通是绝对权理论的奠基者。他指出,绝对权是每个人因其为个人而非因其为社会成员而有权享有的那些权利。布莱克斯通的绝对权概念可以归结为三个命题:①绝对权以自然法为依据;②绝对权可以由于实在法为了文明社会的福祉而施加的必要限制而有所亏蚀;③绝对权在立法者认为明智的范围内,以实在法塑造

---

[1] 〔德〕迪特尔·梅迪库斯:《德国民法总论》,邵建东译,法律出版社,2000,第58页。

的形式受到保护。① 他将绝对财产权定义为个人"自由使用、享有和处分他的一切所得而不受除国家法律以外的任何管制或减损"。因此得出的推论是:任何人自由保有的财产不得被剥夺或侵占,除非是依据法律或判决。②

对于财产的这种认识,可以追溯到罗马法。在《学说汇纂》中,乌尔比安指出:"'财产'(bona)这个词或是自然法上的,或是市民法上的。财产,根据自然法被说成是使人幸福(即使人变得幸福)的东西,使人幸福即有用。"③ 既然一切使人幸福的东西都可以成为财产,那么,财产当然不会限于有形物;无物质形态的东西,只要能够使人幸福,并且能够以某种形式被认知和被确定归属,也可以成为财产。从这个意义上说,财产的概念大于人们通常理解的物的概念。实际上,绝对权概念的真正意义不是为权利人享受利益提供法律基础,而是为设立不特定相对人的不作为义务提供逻辑前提。设立不特定相对人的不作为义务是实现权利保护的必要条件。保护权利就是保护作为权利主体的人。

当然,不特定相对人的不作为义务,在以支配权概念为逻辑前提的情况下也可以设立。然而,在以绝对权概念为起点的情形下,能够成立这种义务的财产权范围要大大超过采用支配权概念时的情形。因此,以绝对权作为界定财产权的核心概念,有利于扩大财产权的保护范围,从而在新型客体大量涌现的时代实现财产法的整合。从理论上说,支配权中心与绝对权中心代表了两种法学方法:前者立足于人与物的关系,着眼于法律现象,注重于逻辑的周延;后者立足于人与人

---

① William Blackstone, *Commentaries on the Laws of England*, Oxford: Clarendon Press, 1766, pp. 121 – 145; Robert P. Burns, "Blackstone's Theory of the 'Absolute' Rights of Property," *University of Cincinnati Law Review*, Vol. 54, No. 1, 1985, p. 73.

② William Blackstone, *Commentaries on the Laws of England*, Oxford: Clarendon Press, 1766, pp. 138 – 139.

③ 〔意〕桑德罗·斯契巴尼选编《物与物权》,范怀俊译,中国政法大学出版社,1999,第19页。

的关系，着眼于法律目的，注重于规范的效用。

荷兰民法的经验告诉我们，将财产权定位于绝对权是与将物和其他多种权利集合于"财产"概念之下的体系安排相适应的。综览《荷兰民法典》第3编可以发现，作为财产权基本属性的绝对权产生出两方面的效力。首先，绝对权产生出对世权效力，即对抗任何人的权利；其次，绝对权产生出在权利客体上的支配效力，即所谓的追及力。此外，绝对权还产生出救济权，即在权利受侵害时以诉讼或非诉讼的方式请求损害赔偿、排除妨害等法律救济的权利。这些效力，无论对物权还是知识产权等无形财产权，都是适用的。

由此可见，在将财产权的诸种效力纳入绝对权范畴的基础上，以绝对权为中心定义财产权概念，符合现代财产权领域扩张和内部整合的需要。

（三）物权法与开放式财产法

从抽象意义上说，"财产法调整人们之间因物而产生的法律关系"[①]。如果这样定义，我们可以将民事法律一般地分为人身关系法和财产关系法，或者按照罗马法《法学阶梯》的概念，分为人法和物法。《法国民法典》大体上是按照这种体制设计的。

再具体一些，也可以说，财产法是主要规定具有绝对权性质的财产权的法律。当然，财产法需要规定的，不仅有各种类型的绝对权，而且有相对权即债权，同时还有与两类财产关系皆有联系的法律制度，例如财产用益制度、财产担保制度、财产共有制度、财产登记制度、权利救济制度等。因此，如果采用绝对权中心的财产权定义，我们仍不妨在人法之外建立一个既承认绝对权与相对权（债权）的区分，同时又能包容二者的财产法。也就是说，建立一个主要由有形财产权和无形财产权构成的财产体系和一个债权法体系组成的大财产法。这既不是回归一元模式，也不是创建三元模式，而是对二元模式

---

① 〔英〕F. H. 劳森、B. 拉登：《财产法》，施天涛等译，中国大百科全书出版社，1998。

的继承和改进。其改进之处就在于，克服物权法的封闭性，引入具有开放性的财产概念。

三 实物财产与信用财产

（一）货币与信用财产

在现代经济社会中，财产法的一个基本使命是促进财富增长。财产法与契约法所带来的产权预期始终影响着市场参与者的基本行为动机。交易创造财富不仅意味着交换创造的需求带动了物质产品的生产，而且意味着交易创造的信用本身就是财富。信用的初始形态是合同的未来履行，而信用的发达形态则是以未来利益为标的合同。投资是信用交易的典型形式：投资者们将自己的财产让渡给一个营业体，取得付给未来利润的允诺。交易未来也是共创未来。如果说实物交易是零和博弈——买卖双方的利益此消彼长，那么交易未来就是"双赢"——投资各方共担风险、共享收益。实物交易取决于现实产品的产出量，而信用交易取决于对将来的利益预期；后者没有理论上限。早在20世纪50年代，罗斯科·庞德就曾断言："在商业时代，财富多半是由允诺构成的。"[①] 到了20世纪末，全球的金融交易量已经达到了实物贸易量的50倍，[②] 人类社会已经进入信用经济时代。

在信用经济时代，社会财富的构成呈现出一种"倒金字塔"结构：底层是以实物形态存在的物质产品，其上是商品和真实的服务贸易，再往上是股票、债券、商品期货等，顶层则是完全虚拟的金融衍生品。这种结构有严密的构成规则和运行规律。总体而言，其上层部分的增长要远高于下层部分的增长。20世纪80年代以来，随着金融全球化和网络技术的发展，倒置的金字塔越来越头重脚轻，

[①] Roscoe Pound, *An Introduction to the Philosophy of Law*, New Haven: Yale University Press, 1922, p. 133.

[②] 参见刘辉煌《论金融服务贸易的特征及其发展趋势》，《财经理论与实践》2000年第3期。

导致虚拟资产大大超过了实物资产，例如，美国在 1980 年至 2004 年的 24 年中，虚拟资产增长了 401%，居民家庭财富中 88% 以上是金融资产。[①]

信用经济的一个特征是信用资产亦即金融资产的急剧扩张。信用资产的扩张实际上就是货币和货币衍生产品的扩张。这种扩张的一个重要条件就是货币的非实物化：当货币不再代表任何实物时，它的增量就不再受任何现实财产的约束。所以，在当代财产法的视野中，如果只有实物财产而无虚拟财产，无疑是故步自封。

在人类历史上，货币经历了实物货币和信用货币两大时期。实物货币则经历了由朴素的商品货币到贵金属货币的演变。贵金属货币制度从银本位制、金银复本位制发展到 19 世纪的金本位制。在金本位制下，货币是以发行者的黄金储备为基础的。由于可以与黄金互兑，货币在观念上被视同为有形财产。与此相适应，近代民法将货币视作动产，《德国民法典》将代替贵金属流通的金钱看作物。[②]

20 世纪 30 年代西方各国放弃金本位制以来，开始发行不可兑换的信用货币，信用货币也就在名义上成为中央银行的债务和持有人的债权，尽管这种债权是不能兑现的。随着信用货币的发行和金融事业的深入发展，信用交易已成为现代社会生活不可分割的部分。在信用交易中，货币的角色不是交换的媒介而是交换的对象。确切地说，信用交易以预期中的货币增值为目标，形成了本质上资本化、形式上证券化的信用财富。在当代，信用交易一方面脱离实物贸易急剧膨胀，另一方面却制约着实物贸易。信用资金的供求决定着资金价格和利率；信用资金流通则决定着生产、分配、消费、储蓄、投资等生产和再生产的各个环节。因此，信用财富的过度增长必然带来整体经济的

[①] 刘晓欣：《解析当代经济"倒金字塔"之谜——对 20 世纪 80 年代以来虚拟资产日益膨胀现象的思考》，《经济理论与经济管理》2005 年第 11 期。

[②] 参见〔德〕卡尔·拉伦茨《德国民法通论》（上册），王晓晔等译，法律出版社，2003，第 380、383、404~408 页。

失衡，从而导致产生全面社会影响的金融危机。

货币的现实地位决定着它在民法中的地位。在这里，有两点是可以确定的。第一，承认货币和金融资产的内容具备债权的特性，并不妨碍它们成为支配权的客体。第二，财产法应当具有对包括现代货币和金融财产在内的各种客体的包容力。但是，不同国家的民法典在反映货币现实地位的方式和程度上是有差别的，这种差别与民法典的概念体系有着密切的关系。

《法国民法典》采用广义财产的概念，将一切财产分为动产与不动产，并规定财产依性质或依法律之规定而为动产。由于货币和其他金融资产也属于"与物无关的其他权利"，即使货币和其他金融资产被界定为获得未来支付的债权，也不妨碍它们成为动产。

《德国民法典》采用物债二分体系，并将物权的客体仅限于有形物。于是，货币在民法典物权编中的定位就成了一个问题。货币无体，本不得成为物权的客体。但在现实生活中，货币为所有权的客体，既为常识所承认，更为生活所需要。梅迪库斯指出，在现金支付的情形下，按照民法典立法者的认识，转让的是"货币符号的所有权"，而在以账面货币支付的情形下，标的物则"由银行存款及对银行的债权组成"。[①] 显然，在货币与黄金脱钩并且大量采用账面货币形式的时代，德国民法的物权概念体系已经无法对货币的法律属性做出清晰而统一的界定。

（二）债权与财产法

直接提出物权与债权的区分，并且从支配权与请求权的意义上理解这种区分，以及形成学理上的财产权二元体系，主要是德国潘德克顿学派的贡献。萨维尼首次提出了物权与债权的现代意义上的直接区分。他指出，由债权和物权关系构成的个人权利关系的总体，被称为

[①] 〔德〕迪特尔·梅迪库斯：《德国债法总论》，杜景林、卢谌译，法律出版社，2004，第140~141页。

财产，与之相关的法律制度的总体，即被称为财产法。[①] 从此以后，至少在学术理论上，大陆法系的财产法被固定在了物权法与债权法的二元化框架之中。

作为法律关系客体的财产概念，从18世纪以来历经了巨大的变化。最初，它仅指土地，但发展至今它已扩展到其他的有形物。如今，能够作为财产关系客体的，还包括对于各种无形的智力成果的权利和基于信用交易产生的权利（债权）。在传统理论中，如果将权利等无形财产作为财产支配权的客体来看待，则必然出现权利客体与权利本身相混淆的逻辑困境。但是，当人们对财产权的认识方法发生变化以后，这个问题就变得不难理解。在财产法上，通过法律关系获得的权利是一种利益，这种利益既是可享有的，也是可处分的。人们以一定的法律行为处分其权利时，这种权利就成为一个新的法律关系的客体。同样，新的法律关系中的权利人，也可以通过法律行为处分这项权利。这样，就形成了权利的流转。例如，资本市场上的股票交易、债券交易、期货交易、金融衍生产品交易和企业并购交易，地产市场上的土地使用权交易，等等，都是以权利为标的的法律关系。债权的客体化对于信用财产的形成和发展具有重要的意义。

与大陆法系不同的是，英美法系的财产法从来就没有像德国民法那样的作茧自缚式的物债二分体系。因此，现代英美法系中的财产权体系可以轻而易举地包容各种各样的权利。在这样的财产权体系中，各种权利不仅可以自由地流转，而且可以便利地相互转换。所以，英美法系由于其自身的开放性，能够较为顺利地将新型财产权纳入财产权体系中，通过财产权制度的变革实现了对新型财产权所涉社会关系的调整。

在现代社会中，货币作为经济生活中最主要的财富形式和交易手

[①] 参见《萨维尼论财产权》，金可可译，载王洪亮、张双根、田士永主编《中德私法研究》（第1卷），北京大学出版社，2006，第208页。

段，广泛地存在于各种各样的民事关系中。货币所有权是最重要的所有权之一，但是，货币所有权与其他所有权存在显著的区别。货币是一般等价物，货币作为所有权客体在交易中是无需特定化的。而且，在越来越多的交易中，货币支付采用了数字化的方式。因此，交易中的货币财产权，通常采用债权形式即可。特别是在将货币用于投资的情况下，所有权的债权化更为明显。在投资交易中，任何投资者都不可能索回他当初缴纳的货币，他不享有对这些货币的物上支配权，甚至不享有等值货币的返还请求权。

货币所有权的债权化演化出债权的财产化。在金融经济中，货币债权化的最大意义就在于将货币请求权转变成相对固化的财产形态，从而获得一种类似于物的属性。由此派生出各种可转让和可抵押的货币请求权，乃至证券化的请求权。

德国学者在《德国民法典》第952条（对债务证书的所有权）的基础上，提出了"在基于证券的权利之后才是证券上的权利"的理论。[①] 在这里，"证券上的权利"是债权，而"基于证券的权利"则是物权。根据这两种权利的区分，物权性质的"基于证券的权利"无论怎样频繁地转让，都不会影响债权性质的"证券上的权利"的稳定性。一方面，"基于证券的权利"越是流转，越是要求"证券上的权利"的稳定；另一方面，"证券上的权利"越是稳定，则越是有利于"基于证券的权利"的流转。由此形成了这样一种法律框架：有价证券或其他形式的请求权的转让成为一种物权变动的过程，而实现标的物之物权变动的请求权则成为一种财产。在这一财产化过程中，法律制度的一项重要任务，就是强化债权的稳定性。于是，对债权受让人的保障，尤其是对债权成立和存在的保护，以及对债权清偿力的确保，便成为债权法变革的重要课题。这样，"债权在现代法中逐步取得完

---

① 〔德〕鲍尔、施蒂尔纳：《德国物权法》（下册），申卫星、王洪亮译，法律出版社，2006，第484页。

全的流通性，失去了人的色彩而实现了独立财产化"①。债权财产化的巩固带来了债权信用价值的提升，进而带动了以债权为担保物的权利质押制度的发达。

货币的债权化进一步派生出金融衍生品市场。金融衍生品不是通常意义上的物品。它们本质上不是物，而是债。基于这一本质，金融衍生品市场属于信用经济的范畴，而不属于实物经济的范畴。

德国学者杜尔凯特于 1951 年首次以"债权物权化"为题发表论文，提出债权"具有某些物权特性"② 这一论题，引起了学界的重视。按照拉伦茨的总结，债权物权化意味着绝对性，即"针对某个特定人的'相对权'也或多或少地同时受到针对第三者的保护，在这方面与'绝对权'相类似"③。简言之，按照梅迪库斯的说法，"相对权也可以被赋予个别的对世效力"④。因此，债权物权化对民法财产权二元体系有很强的冲击力。

债权的物权化导致对债权的对世效力的承认。传统民法理论信奉债权相对性的原则，它一直阻碍着人们承认第三人侵害债权理论。但是，随着社会的发展，债权的优越地位日益明显，第三人侵害债权理论逐渐得到承认。债权的不可侵犯性和第三人侵害债权理论支持了债权的绝对性（对世性）认识，从而打破了绝对权（对世权）与相对权（对人权）之间的藩篱。

在实物经济中，债权体现为物质产品流转的法律手段。这种民事流转可以被理解为请求权不断发生和消灭的过程，而物权则是这个过程的起点和终点。在信用经济中，债权不仅充当着信用产品的流转手段，而且其流转过程的起点和终点都是债权性质的财产；这些债权性

---

① 〔日〕我妻荣：《债权在近代法中的优越地位》，王书江、张雷译，中国大百科全书出版社，1999，第 48 页。
② Gerhard Dulckeit, Die VerdingHchung Obligatorischer Rechte, Tubingen: J. C. B. Mohr, 1951.
③ 〔德〕卡尔·拉伦茨：《德国民法通论》（上册），王晓晔等译，法律出版社，2003，第 302 页。
④ 〔德〕迪特尔·梅迪库斯：《德国民法总论》，邵建东译，法律出版社，2000，第 60 页。

财产充当着使具有高度流动性的现实利益和未来利益得以固定、彰显和保护的载体。总之，债权物权化适应了动态生活中的静态需求，而这些静态利益的保护又成为动态生活的必要条件。这一现实突破了债权与物权的分隔状态，显现出二者的有机联系，同时也使债权在财产法体系中取得更加重要的地位。于是，债权的财产化（即作为经济利益的客体化）和物权化（即作为法律权利的对世效力），必然要求其表现形态、流转形式和保护方式的多样化。

四　财产与人格

（一）企业与财产人格化

自有人类社会以来，财产共同体就伴随着人类共同体存在着。罗马法对家长制和家族财产的保护，以及对公有物和共有的保护，都体现了民法对群体性财产利益的承认。然而，在任何社会中，个体都是群体的基础。尤其是在私有制的社会中，民法以个人为本位，其财产权利也是以单一产权为单位。在以"绝对所有权"为标榜的近代民法中，即使是财产共有制度，突出的也是单一的共有权，而不是各共有人的个别权利。财产权的单一化导致了集体权利的淡化。

萨维尼以财产权利与人格的关联为主线，创立了他的个体财产理论，即"将财产统一为持有者的人格之上，财产就是所有财产关系的总和"[1]。这个理论的意义，不仅在于通过财产权体现出来的统一人格将物权与债权联系起来，而且在于为直接从人的理性中推导出具体而详细的规则体系，并在此基础上建构一个完整的财产法体系，奠定了思想基础。

如果说财产是人格的彰显，那么群体财产就是群体人格的彰显。因此，倘若法律不能彰显群体财产，那就意味着对群体人格的忽略。

---

[1] 参见《萨维尼论财产权》，金可可译，载王洪亮、张双根、田士永主编《中德私法研究》（第1卷），北京大学出版社，2006，第200~212页。

近代民法对人性和理性的理解受制于当时的个人主义和自由主义，导致了对财产的社会性以及社会化财产的忽略。于是，企业的民法地位便成了近代民法悬而未决的问题。

在迄今为止的民法典中，很少有使用"企业"概念的。在德国，"企业是商法与经济法中的核心概念"，而在民事立法中，"对这个企业概念，人们到今天，还未能获得准确的内容界定"[①]。中国的民法学界也从未对企业给出明确的定义。

以1900年《德国民法典》为肇端，大陆法系的民法对企业的定位采用了主体法的模式。在《德国民法典》中，企业被称作营利社团，属于法人的主要门类——社团的一个分支。按照德国民法的理论，社团须具备两个条件："第一是社团本身作为一个人合团体而设立起来，第二，设立之后，通过一种国家行为，认可其有权利能力。"[②] 由此可见，民法将企业定位于法人的意义有二，一是承认人们的结社自由，以及通过结社从事投资和经营的财产自由，二是承认人们设立的经营团体作为独立民事主体为法律行为和承担民事责任的资格与能力。

将法人制度引入民法典，是德国人的一大创举。然而，在体系上也造成了两个问题：其一是人法的去伦理化，其二是法人的非财产化。为了使法人能够成为与自然人并列的民事主体，德国民法抽掉了人的伦理人格，使之成为法律关系主体意义上的抽象的法律人格。于是，总则编第一章"人"下设两节，一为自然人，二为法人。由于人法被去除了原有的伦理性质，德国民法不得不将家庭法从人法中分离出来另成一编，列于债编和物权编之后。这是对从罗马法以来的传统民法体系的颠覆。与此同时，由于法人被置于人法之中，其身上便深深地

[①] 〔德〕鲍尔、施蒂尔纳：《德国物权法》（上册），张双根译，法律出版社，2004，第620页。
[②] 〔德〕卡尔·拉伦茨：《德国民法通论》（上册），王晓晔等译，法律出版社，2003，第199页。

打上了"权利主体"的烙印。

　　将法人定位于人法，必须有法理上的依据。于是，法人的本质便成了19世纪德国法学最具争议的问题，"当时伟大的法学家多参与讨论，论辩激烈，堪称空前"①。其中主要有拟制说、目的财产说和法人实在说三种见解。拟制说以萨维尼和温德沙伊德为代表，认为只有自然人才是法律上的人格者，而法人本无人格，其人格乃是拟制自然人而来。目的财产说（亦称法人否认说）以耶林为代表，认为法人是为一定目的而组成的财产，其享有财产利益的多数人是实质的主体，而以法人为实体不过是为了使法律关系单一化而采用的一种技术设计。法人实在说以基尔克为代表，认为法人是社会生活中相对于个人独立存在的组织体或社会有机体。从理论上说，法人实在说是以生活现象说明法律现象，暗含着"凡现实存在的实体即为法律上的主体"的逻辑前提，而这种前提如果缺乏法理依据的支持，是不足以成立的。但是，法人实在说与上述主体法模式最相吻合，因而长期以来被认作是德国法系的通说。

　　拟制说和目的财产说虽然不能给予主体法模式以充分支持，却在法律实证上有着较坚实的基础。因此，它们的学术贡献不可抹杀。19世纪的这场法人本质论战已经成为过去，正如梅迪库斯指出的："今天的人们大多认为，这一争论是无益之争。人们更倾向采纳中性的表述：法人就其宗旨而言被视为归属载体。维德曼（Wiedermann）称此为'特别财产说'。易言之，适用于自然人的规范，应以某种'有限度的类推'方式适用于法人。"② 这种所谓的中性表述，实际上是在向拟制说和目的财产说悄悄靠拢，而与法人实在说渐行渐远。这说明，当代民法关于企业定位的立法思路，正在摆脱主体法模式的束缚。

---

① 王泽鉴：《民法总则》，三民书局，2000，第161页。
② 〔德〕迪特尔·梅迪库斯：《德国民法总论》，邵建东译，法律出版社，2000，第823页。

1942年《意大利民法典》继承了《法学阶梯》和《法国民法典》，将家庭法放在了第一编"人与家庭"中。该法典虽然在第一编中也设有"法人"专章，但其中并没有规定营利法人。而该法典的第五编有"企业"专章，其中第2555条规定："企业是企业主为企业的经营而组织的全部财产的总和。"

将企业定位于财产的另一个例子是1995年《俄罗斯联邦民法典》。在该法典中，企业被明确地归属于民事权利的客体，其中第132条规定："1. 作为权利客体的企业是用以从事经营活动的财产综合体。作为财产综合体的企业在整体上是不动产。2. 企业在整体上以及企业的一部分可以是买卖、抵押、租赁和与设立、变更和终止物权有关的其他法律行为的客体。"① 作为企业客体化的理论支持，法人目的财产说早在20世纪20年代就得到了苏联民法学界的承认，如今又被一些俄罗斯学者用于解释法人本质。"比如，有学者认为，法人结构的主要职能是把不同的财产联合为统一的综合体，并有效地利用和管理这些财产，对债务承担有限的风险责任，以达到设立法人的目的。因此，法人作为民事权利主体，实质上是作为'独立的人格化的财产'出现。"②

古代的法律，无论是罗马法还是中国法，都是以家庭为主体的伦理法。1804年《法国民法典》秉承传统，将家庭置于人法之中。1900年《德国民法典》一改前例，将法人植入人法，导致民法去伦理化，恰好印证了马克斯·韦伯的论断："资本财产共同体已经从形式上依附家庭的共同体中解放出来。""'自由'市场，即不受伦理规范制约的市场是各种利益碰撞、各种垄断地位的表现以及讨价还价的场所，

---

① 《俄罗斯联邦民法典》，黄道秀、李永军、鄢一美译，中国大百科全书出版社，1999，第70~71页。
② E. A. CyxaHOB：《苏联和各加盟共和国民事立法纲要第二章第11~17条解释》，《经济与法》1991年第12期，转引自鄢一美《俄罗斯当代民法研究》，中国政法大学出版社，2006，第134页。

因而与各种家庭伦理格格不入。"①

　　法人这种人格体形式，不过是企业这一财产共同体的法律面罩。它要遮挡的，是资本所有者的责任风险；它要保护的，是资本所有者的财富追逐。对此，梅迪库斯这样描述："无论是法律制度赋予这些组织以人的属性，还是当事人谋求这一承认，主要是出于两方面的原因：一是便利参与法律交易，二是责任限制。"② 不难理解，所谓"便利参与法律交易"，就是让联合起来的个人资本尽可能高效率地实现盈利和增值；所谓"责任限制"，则是让这些组织起来的资本所有者在市场上获得尽可能广阔的自由空间。

　　借用19世纪德国法学家的术语，可以认为，所谓法人，不过是披着社会有机体的外衣，在法律上被拟制为人格体的目的财产。这种目的财产的典型形式就是企业。

　　企业，特别是具有拟制法律人格的企业，实质上是一种财产集合体。自古以来，财产集合体的现象就大量存在，例如不动产共有和贸易合伙。现代企业作为工业化以来被广泛应用的财产集合体，有以下两个基本的特点。

　　第一是财产共同体的人格化。作为"资本财产共同体"③ 的现代企业是目的财产、组织财产和行为财产。所谓目的，就是从事一定的经营活动以获取投资回报。所谓组织，就是有自己的章程和机构。所谓行为，就是对内和对外的各种交易与合同。为了实现财产的目的化、组织化和行为化，需要采用一定的法律技术，赋予这个财产共同体一种法律上的人格，即以团体名义享有权利和承担义务的资格。

---

① 〔德〕马克斯·韦伯：《论经济与社会中的法律》，张乃根译，中国大百科全书出版社，1998，第155、161页。
② 〔德〕迪特尔·梅迪库斯：《德国民法总论》，邵建东译，法律出版社，2000，第814~815页。
③ 〔德〕马克斯·韦伯：《论经济与社会中的法律》，张乃根译，中国大百科全书出版社，1998，第155、161页。

第二是投资财产的产权重构。投资者将自己的财产投入企业，在取得自己的投资权益（股权）的同时，还创造了两种财产权，一是全体股东对企业的所有权，二是企业对自己名下各种财产的所有权。由此形成了"投资者拥有企业，企业拥有财产"的产权格局，如图1所示。

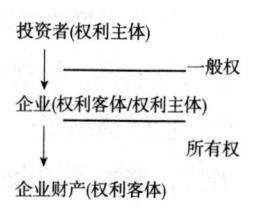

```
投资者(权利主体)
    │           ─────── 一般权
    ↓
企业(权利客体/权利主体)
    │           ─────── 所有权
    ↓
企业财产(权利客体)
```

图 1

在这里，企业具有双重性质。一方面，企业作为权利客体，是为全体投资者所有的集合财产。另一方面，企业作为权利主体，对自己名下的财产享有独立的支配权。作为权利客体的企业属于财产法的范畴，作为权利主体的企业则属于法人制度的范畴。

作为集合财产，企业不仅能够创造用于交易的各种产品，而且它本身就是一种可交易的产品。这后一种交易的发展，形成了现代的产权市场，其中包括人们耳熟能详的企业并购、资产重组等。进一步说，企业作为可交易的产品，不仅可以交易它的现实价值，而且可以交易它的未来价值（如发行股票），或者交易它的潜在交易的价值（如浮动抵押）。由此可见，企业的人格化不仅满足了投资者规避风险的需要，而且满足了创造价值的需要。

公司的一个重要意义，就是在现实财产的基础上产生出未来的收益预期，并通过这种预期创造出一种信用财产——股权，进而创造出这些信用产品的交易平台——资本市场。资本市场使信用财产与现实财产相分离，成为一个独立的财产种类。它属于无形财产，但不同于知识财产。知识财产的客体是现实利益，而信用财产的客体是未来利益。

财产资本化的真正意义在于创造信用，并通过信用的创造实现自身增值。这种增值预期又可以导致信用的扩张，从而带来新的增值。如此循环交替，可以造就大量的信用财产。这种信用财产的规模越是庞大，支持其稳定性的实物基础就越是薄弱。如果说缺乏信用创造能力的经济是低效率经济,那么信用过度扩张的经济便是高风险经济。在当今世界,股权与资产的分离,以及股权价值与资本实际价值的分离,已经造就了一个多半为投机泡沫堆积的异常庞大的资本市场。在当代,资本的神奇之处已经不是它创造现实财富的能力,而是它创造财富的想象和想象的财富能力。从本质上说,资本市场是交易未来的市场。

拉德布鲁赫指出:"契约自由与私有财产权相联系,这是资本主义制度的法律基础。"[①] 企业作为资本财产共同体,其形成与其说是得益于私有财产权,不如说是得益于企业自由。从某种意义上说,私有财产权是企业制度的对立面。正是因为有契约自由,资源才能冲破财产私有的藩篱而形成集合化、组织化的资本财产体。这实际上是一个资本社会化的过程。从这个意义上说,法律承认企业的法律人格,不仅是要维护企业的私人性,而且是要维护企业的社会性。可是,人们在把企业看作一个私法上的"人"时,往往忽略了它们的社会性和基于社会性的法律调整需求。

从资本社会化的角度观察,可以认为,企业不仅是财产的集合体,而且是一揽子合同的集合体。既然如此,我们就不能不看到这些合同中的各种主体,以及这些主体的权利和利益。从这个意义上说,企业是众多当事人的利益共同体。当然,在这个利益共同体中,主体之间总是会存在一定的利益冲突。在这种情况下,法律的任务就是以多赢为目标寻求各方的利益平衡。实现这种利益平衡的工具性原则,一是保护弱者,二是权利负担义务。这显示了资本社会化必然带来的私法社会化的发展趋势。今天,企业社会责任正得到日益广泛的认同。企业的社会性决定了企业财产权的目的也是社会性的。企业的财富创造来源于多方利益相关者的贡献,而不仅仅是出资人的初始资本。作为

---

① 〔德〕拉德布鲁赫:《法学导论》,米健、朱林译,中国大百科全书出版社,1997,第67页。

众多法律关系的集合体，企业只有使其赖以成为法律实体的所有的契约同时符合法律规范和道德准则的情况下达到最佳状态（即使所有的合同当事人即利益相关者都能各得其所），才可能最大限度地实现企业制度的终极目的——不断地增进全体社会成员的福利和实现社会的和谐。因此，未来的财产法，不仅要关注企业财产的效率化和财富创造的最大化，而且要关心企业关系中各种人们之间的利益平衡和公平实现。

（二）人格标志利用权与人格财产化

自罗马法以来，人法与物法的区分都是毋庸置疑的。人格权属于人法的范畴，亦属当然之理。人格权不是财产权，这一点更无疑义。但是，社会生活常常不遵循法学家的思维逻辑。例如，自然人的肖像、姓名或者具有识别功能的其他人格标志，这些在民法上属于人格权的权利，如今已悄然进入财产法。

在商业社会中，信息往往具有经济上的利用价值。人格标志在交往中也可以成为一种有利用价值的信息。如名人的肖像用于商品推销时，可以向公众传递出该商品受到名人青睐的信息，从而引起人们对该商品的好感。于是，就出现了未经本人同意擅自将他人的人格标志用于商业经营而引发的诉讼。[①] 在这些诉讼中，权利人要求保护的不仅有个人信息不被他人滥用的精神利益，而且有通过个人信息的自主利用而获取报酬的经济利益。这些诉讼提出的问题，并不是人格利益的财产性保护问题（人格权侵害的精神赔偿制度对此早已回答），而是在一定情况下人格利益的财产属性问题。在此之前，人们将商号、商誉等看作财产权，甚至提出"商事人格权"的概念，都不难被现有

[①] 较早的案例如法国女演员 Sarah Bernhard（1894）、德国伯爵 Zeppelin（1910）和美国发明家爱迪生（1907）因姓名和肖像分别被用于香水、香烟和药品广告而提起的诉讼。参见 Huw Beverley-Smith, Ansgar Ohly and Agnes Lucas-Schloetter, *Privacy, Porperty and Personality: Civil Law Perspectives on Commercial Appropriation*, Cambridge: Cambridge University Press, 2005, p. 1。

理论接受，因为商事主体的人格不具有伦理性。但是，试图将自然人的人格权植入财产权体系，就不是轻而易举的了。

在法律史上，权利的昌明是与权利保护同步发展的，而权利保护的发展动力则来自社会成员的利益诉求。法律制度对这种诉求的回应，应当本着最大限度地满足"人人各得其所"的正义标准，而不仅仅拘泥于概念与逻辑的自足。20世纪以来，美国法和德国法经过较长时间的探讨和争论，分别形成了保护姓名、肖像等人格标志上经济利益的两种权利模式。美国法采用财产权模式，创立了公开权理论，将人格标志上的公开权设定为一种新型财产权，而德国法采用人格权模式，通过构造人格权的财产成分来保护人格标志上的经济利益，而且，人格权的财产成分可以单独保护，也可以转让、继承。这些都属于财产权的特性。概括地说，对于人格标志上的财产权，美国法是以"设权"方法直接承认，德国法是以"扩权"方法间接承认。在法理基础上，美国法侧重于绝对权原理，即直接赋予公开权以对世效力；而德国法更倾向于支配权原理，即通过扩充人格权的财产成分，承认个人对自己的人格标志享有支配性权利。二者殊途同归。因此，我们不妨将这类权利称为"人格标志利用权"，用以指称个人对自己的姓名、肖像、声音等人格标志享有的排他性商业利用和许可他人商业利用的权利。

在人格标志利用权的概念下，可以有各种与具体人格标志相对应的概念，如姓名利用权、肖像利用权、声音利用权等。人格标志利用权指向一种经济上的控制利益，具有财产权的性质。它在一定程度上独立于姓名权、肖像权或一般人格权，可以被继承，可以被许可使用，其派生的许可使用权也可以转让。

人格标志的商业利用同时涉及人格标志上的两种利益——人格利益和经济利益。出于维护人格利益的需要，人格标志利用权应当被界定为一种受到权利人的人格利益制约的特殊财产权。其特殊性表现在：其一，除非本人同意，对姓名、肖像等人格标志进行商业利用的权利不能成为民事强制执行的对象，甚至在个人破产的情况下也不应属于破产财产；其二，在权利人许可他人商业利用自己的姓名、肖像等人格标志时，应当在特定条件下（如商业利用妨碍了许可人的人格继续发展时）赋予许可人撤回许可的权利。这些特性是物权、债权等普通财产权所不具备的。

相比较而言，德国法认识到人格标志的商业利用同时涉及经济利益和人格利益（尊严利益），并通过撤回权等制度设计兼顾了对人的尊严的维护，从对权利人的保护效果上说，比美国法更能体现"个人人格之尊重"的民法精神。但是，在这种模式下，由于与人格属性的密切联系，交易自由受到了较大限制。相比之下，美国模式更好地体现了人格利益财产化的初衷：开发人格标志的市场价值。德国模式突破了传统民法关于人格权仅保护精神利益和仅具有防卫性质的局限，有利于人格权中经济利益的财产权构造，但重构后的人格权实际上既非人格权也非财产权，而是两者的混合。它对于解释人格权财产部分的转让受到限制的正当性，以及解释人格标志在不法商业利用时人格利益保护和经济利益保护的相互关联性，具有一定的优势。

美国的公开权在创立之初，虽然面临来自传统法律理论的阻力，法官仍坚持从利益需求方面证明权利保护的正当性。通过判例的探索，美国法发展出了一种权利二分模式：以人格利益与财产利益的清晰划分为基础，将人格标志上的某些人格利益归入隐私权的保护范围，而将人格标志的商业价值归入公开权的范畴。公开权理论的诞生、发展乃至成熟的过程，也就是将姓名、肖像等人格标志上的商业价值，逐步从隐私权的保护领域中剥离和独立出来并加以财产化的过程。如今，在美国，公开权已经发展为一种成熟的财产权。它可以转让，可以许可使用，也可以继承。

德国也曾经有人采用这种二元划分的方法。他们认为：人格权与财产权是相互对立、严格二分的，财产权服务于物质利益的保护，而人格权的目的在于保护无法在经济上进行价值衡量的精神利益。[①] 在这种理解之下，保护姓名、肖像等人格标志上的经济利益的权利只能是独立于人格权的财产权。但是，在德国成为通说的是对人格权的另外一种理解，即认为人格权不限于保护精神利益，同时也保护经济利益。按照这种理解，无需在人格权之外承认新的财产权来保护人格标志上的经济利益，因此被称为一元论。

从智力成果的商业利用到人格标志的商业利用，是知识经济兴起后出现的一种新的发展趋势。对于相关权利的法律建构问题，已经在许多国家引起关注，但也存在不少争议。这个问题的复杂性在于，人格标志商业利用的法律需求，并不单纯是经济利益的保护，而且也涉及个人尊严的保护。或许可以说，这个问题处在财产权和人格权的交汇地带，无法做纯粹财产权或者纯粹人格权的处理，因而必须考虑两者的相互关联和相互影响。当然，我们也看到，无论是美国的法官还是德国的法学家，都小心翼翼地在人格权派生经济利益的财产权保护与人格权保护之间划出一道清晰的界限。而且，他们始终把对私人的人格保护看作是创设这种财产保护制度的终极目标。但是，在经济利益保护需求的满足可以在多大程度上独立于人格利益的保护需求的问题上，存在着根据国情和法律政策斟酌确定的可变空间。其平衡点的把握，甚至会涉及一国的文化传统和司法体制。总之，我们必须承认，个人在自己的人格标志上享有的旨在保护经济利益的财产性权利，是无法简单地套用既有概念加以解释的新型财产权现象。它们的出现，对封闭的传统财产法概念造成了一定的冲击，也给开放的现代财产法体系注入了新的活力。

---

① Horst-Peter Gotting, Persdnlichkeitsrechte als Vermogensrechte Tubingen: J. C. B. Mohr, 1995, S. 4.

五 结论：现代财产法的体系构想

在漫漫的历史长河中，财产法经历了一个从开放到封闭再到开放的曲折过程。从罗马法到法国民法，财产法的体系是开放的。19世纪末，德国民法典创立了封闭式的财产法体系。20世纪末以来，由荷兰民法典开始，进入了财产法体系开放化的时代。这种"周而复始"的演进过程给法学家的一个重要启示就是：尊重经验和适应社会生活比服从逻辑和追求自我完美更为重要。所以，我们主张超越封闭式的财产法体系而创立新时代的开放式财产法体系，乃是本着这样一个基本目标：整合现代社会中不断丰富的财产现象，适应人们日益扩大的利益空间和交往需求。

包容性和逻辑性是建立现代财产法体系的两个基本指标。没有包容性，就不能容纳多样化的财产现象，也就不能实现财产法体系的开放化。没有逻辑性，就不能对各种不同的财产关系进行有效的调整，也就不能实现财产法体系的功能优化。根据这两个指标，本文在对已知财产现象进行梳理的基础上，提出一个新的财产分类，如图2所示。

在这里，我们首先将财产分为有形财产与无形财产两大类。

有形财产也就是传统物权法上的物，即有体物，包括不动产和有体动产。

无形财产之下，分为知识财产和信用财产两大子类。

知识财产可分为归属保护型和利用保护型两类。其中，归属保护型的知识财产包括虚拟财产、商业秘密、特许经营权等以归属保护（排他性占有）为主要特征的知识财产；利用保护型的知识财产包括传统知识产权（专利、版权、商标）和新型知识产权（商誉、商号、商品外观、地理标志、集成电路布图设计、植物新品种等）以及人格标志利用权等以利用保护（专属使用）为主要特征的知识财产。

```
                ┌─────┐     ┌──不动产──┐
        ┌有形财产┤ 物  ├─────┤          │
        │       └─────┘     └──有体动产┘
        │                              ┌──虚拟财产
        │                              │
        │                   ┌─归属保护型┼──商业秘密
        │       ┌─知识财产──┤          │
        │       │           │          └──特许经营权等
        │       │           │
        │       │           │          ┌──传统知识产权
 财产───┤无形财产┤           └─利用保护型┤
        │       │                      ├──新型知识产权
        │       │                      │
        │       │           ┌──货币    └──人格标志利用权等
        │       │           │
        │       └─信用财产──┼──有价证券
        │                   │
        │                   ├──可交易的债权和股权
        │                   │
        │                   └──金融衍生品等
        │       ┌──企业
        └集合财产┤
                └──遗产
```

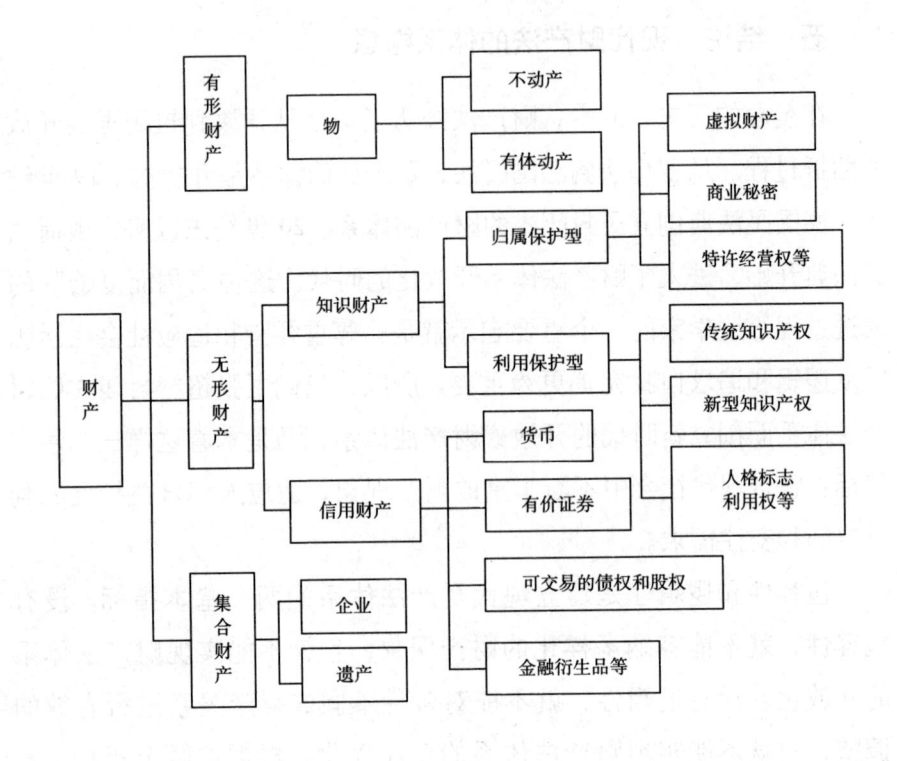

图 2

信用财产包括货币，有价证券（股票、债券等），可交易的债权（如应收账款）和股权（以及其他形式的投资权益），金融衍生品（远期、期货、期权和掉期）等。

知识财产和信用财产都属于无形财产，逻辑上与有形财产相对应。这样，就形成了有形财产、知识财产和信用财产分别与实物经济、知识经济和金融经济相对应的基本格局。

除了上述基本的财产类型，还有一个特殊的类别——集合财产。集合财产主要有企业和遗产。从理论上讲，集合财产的具体内容可以是任何种类的有形财产、知识财产和信用财产，也包括各种债权。它们组成一个整体。承认它们的整体性，可以建立起它们与普通财产法的联系。这种联系主要表现在：第一，当集合财产作为整体被处分时

（如企业转让），可以适用财产法的一般规则；第二，当集合财产中的个别有形财产或无形财产被单独交易时（如转让或设置担保），可以适用财产法的一般规则；第三，当这些财产受到不法侵害时，可以适用财产保护的一般救济手段。

以上各种财产有一个共同特性，那就是绝对性（对世性）以及由此派生的排他性。在这些财产中，无论财产形态如何不同，权利人都享有法律保护其财产不受任何他人侵害的对世效力。这种对世效力，在大部分财产（如有形财产、信用财产和归属保护型知识财产），可以体现为权利人对权利客体的支配能力；在另一部分财产（如利用保护型财产），则体现为权利人在权利客体上对他人行为的排除能力。当然，对于前一部分财产来说，传统的支配权理论仍有应用价值。在这里，我们不妨把支配权看作是绝对权的特殊表现形式。总的来说，这些财产权都派生出不特定相对人的不作为义务。不同的是，前一类财产权的义务人处于不占有权利客体的状态，故其义务之违反是从不法占有开始；而后一类财产权的义务人处于占有或能够占有权利客体（知识、信息）的状态，其义务之违反是从不法使用开始。

绝对权是民事权利的一个基本类别，包括人身权和具有对世权性质的财产权。与之相对的是相对权（对人权），即债权。如果我们把具有绝对权性质的财产权称为狭义财产权，可以说，狭义财产权与相对权即债权两大部分构成了广义财产权。这样，就可以形成一个以绝对权和相对权为基本划分标准的民事权利理论体系，如图3所示。

在这个理论体系的基础上，我们可以设想一个由人法、财产法与权利救济法三大部分组成的民法典。这大体上与罗马法《法学阶梯》的三编制相类同。其中的财产法部分，可分为总则和分则。总则从各主要财产类别中抽取共同规则，分则规定各种主要财产种类的基本规则，包括物权法、知识财产法、信用财产法、债法、集合财产法、继承法。

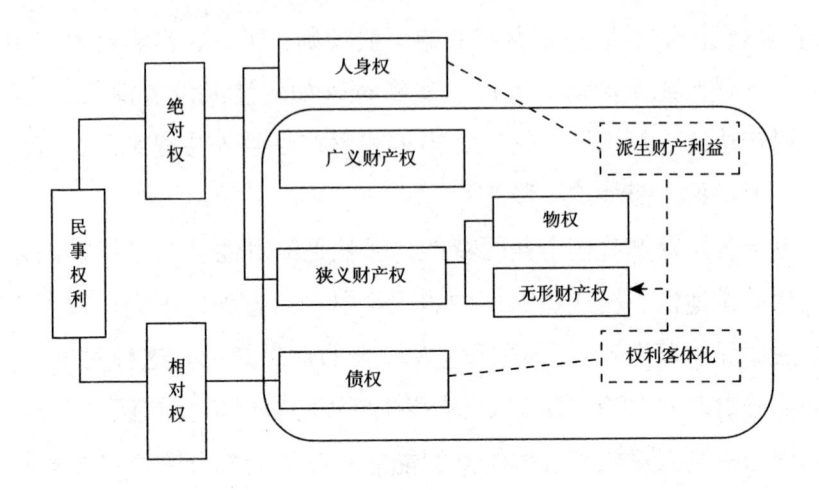

图 3

综上所述，现代民法建立开放式的财产法体系不仅是必要的，也是合理的和可行的。这种体系的构建，不仅意味着财产法的理论革新，而且意味着民法的理论革新。这场革新将为 21 世纪民法典的体系创建提供新的思路，也会给未来财产法领域的制度设计带来新的灵感。这一革新也预示着民法研究者的一次新的启程：告别以逻辑完美为追求的经院主义民法，开创以服务社会为使命的务实的民法。

（本文原载于《中国社会科学》2012 年第 1 期）

合同法

从契约自由原则的基础看其
在现代合同法上的地位

李永军[*]

一 契约自由的含义

所有权绝对、过错责任和契约自由为近代私法的三大原则,而契约自由又是私法自治(意思自治)的核心部分,就如德国学者海因·科茨等所指出的:"私法最重要的特点莫过于个人自治或其自我发展的权利。契约自由为一般行为自由的组成部分……是一种灵活的工具,它不断进行自我调节,以适应新的目标。它也是自由经济不可或缺的一个特征。它使私企业成为可能,并鼓励人们负责任地建立经济关系。因此,契约自由在整个私法领域具有重要的核心作用。"[①] 按照意思自治的理论,人的意志可以依其自身的法则去创设自己的权利义务,当事人的意志不仅是权利义务的渊源,而且是其发生的根据。[②] 这一原则在整个私法领域,如婚姻、遗嘱、契约等以意思为核心的法律行为支配的私法领域内,均普遍适用,体现在契约法上就是契约自由的原则。契约自由原则的实质是契约的成立以当事人的意思表示一致为必要,契约权利义务仅以当事人的意志而成立时,才具有合理性和法律上的效力。

具体来说,契约自由应当包括以下含义。

---

[*] 李永军,中国政法大学民商经济法学院副院长、民法教研室主任。
[①] 〔德〕罗伯特·霍恩、海因·科茨、汉斯·G. 莱塞:《德国民商法导论》,楚建译,中国大百科全书出版社,1996,第90页。
[②] 尹田编著《法国现代合同法》,法律出版社,1995,第13页。

（1）是否缔约的自由，这是最大的自由选择权，即一个人有权根据自己的意志决定缔结或者不缔结契约，他没有法定的缔约义务。这一点在倡导契约自由的自然法学者看来，是天经地义的。

（2）与谁缔结契约的自由当事人有权决定与谁缔结契约，这在一个具有完备市场竞争机制的社会中，是完全可以实现的。也就是说，在社会中客观存在可供选择的缔约相对人。如果这种客观条件不具备，这种自由权也就徒具形式了。

（3）决定契约内容的自由当事人有自主决定契约内容的自由，即使当事人所订立的契约存在严重的不公正和不平等，如果确系当事人自愿接受而不是出于胁迫等因素，他人也不能改变。英美法系国家契约法理论上"约因不必充分"的原则即出自这一思想。除此之外，当事人还可用协议的方式改变法律的规定，如协议管辖原则、对某些法定义务的排除（如对瑕疵担保责任的排除等）。

（4）选择契约形式的自由当事人对所订立的契约采取何种形式，应由当事人自由协商决定，法律不应强行规定当事人采用何种形式。既然双方的意思表示一致是契约成立的核心，则契约自双方当事人意思表示一致时即可成立，不受当事人未表示接受或自己约定的任何形式的制约。强求当事人完成某种特定的"仪式"本身就是对当事人意志的限制。任何神圣的形式都有可能阻碍当事人完全自由地表达其真实的意志，而社会通过某种神圣的形式，就等于说已经把某种超越当事人意志并先于当事人的意志强加于当事人。[①] 故契约应以不要式为原则，而以特定形式的要求为例外或反常。这就必然引起契约自由和交易安全的冲突和矛盾。

二 契约自由原则的形成

一般认为，契约自由原则是与古典契约理论同步而生的，也可以

[①] 尹田编著《法国现代合同法》，法律出版社，1995，第14页。

说，契约自由是古典契约理论的核心。但何为古典契约理论呢？一般学者认为，古典契约理论是在18、19世纪发展和完善起来的契约理论。① 正如格兰特·吉尔默指出："所谓'纯粹的'或'古典的'契约理论是指19世纪发展起来的契约理论。"② 但是，要考察契约理论的起源则要追溯到较早的时代，学者认为，在罗马法中，就已经有了契约自由的思想。③ 但人们之所以将契约自由原则的完备形式定位于18、19世纪，是因为在历史长河的这一段，才开始具备了契约自由原则所需要的理论、政治和经济基础。

（一）理论基础

在契约自由原则的形成过程中，古典自然法学派的作用功不可没。依詹姆斯·高得利的观点，契约理论的起源与所有权理论的起源完全相同。该理论的基本机构是由托马斯发展的，建基于他从亚里士多德那里发现的一些思想上。经院法学派完善了这一理论，后来被自然法学派所借用。④ 托马斯·阿奎那认为，自然法是上帝统治理性动物（人类）的法。⑤ 查士丁尼《法学阶梯》中明确写道："自然法是自然界教给一切动物的法律……至于出于自然理性而由全人类制定的法，则受到所有民族的同样尊重，叫做万民法……万民法是人类共同的，它包含着各民族根据实际需要和生活必需而制定的一些法则……几乎全部契约，如买卖、租赁、合伙、寄存、可以以实物偿还的借贷及其他等，都起源于万民法。"⑥ 自然法的主要意义在于它涉及一种最

---

① 参见〔英〕P.S.阿蒂亚《合同法概论》，程正康等译，法律出版社，1982，第3页；〔美〕罗伯特·考特、托马斯·尤伦：《法和经济学》，张军等译，上海人民出版社，1994，第294页。
② 〔美〕格兰特·吉尔默：《契约的死亡》，载梁慧星主编《民商法论丛》（第3卷），法律出版社，1995，第201页。
③ 姚新华：《契约自由论》，《比较法研究》1997年第1期。
④ 〔美〕詹姆斯·高得利：《法国民法典的奥秘》，张晓军译，载梁慧星主编《民商法论丛》（第5卷），法律出版社，1996，第563页。
⑤ 转引自何怀宏《契约伦理和社会正义》，中国人民大学出版社，1993，第36页。
⑥ 〔古罗马〕查士丁尼：《法学阶梯》，商务印书馆，1995，第6~7页。

高的价值标准，不同于实定法，但又可作为评价实定法的尺度。它确定了如美国《独立宣言》和法国《人权宣言》中所宣示的，人享有天赋的自由平等权利的自然法则，而这也正是契约自由的出发点。

值得一提的是，社会契约论在契约自由原则形成的过程中，起了重要的作用。自然的社会政治理论发展的黄金时代是17、18世纪，而这也是社会契约论盛行的年代，此时，它常常和社会契约论结合在一起，社会契约论提供框架和程序性解释，自然法提供实质性的精神。在社会契约论和自然法之间确实存在着一种荣衰与共的关系。如自然法的主要代表人物格劳秀斯认为，遵守契约也是自然法的组成部分，因为除了订立契约的方法，人们不可能用其他的方式来通过相互限制而建立一种社会关系。[①] 18世纪末，社会契约论在古典自然法学派和启蒙思想家的长期努力下，在欧洲已成为一种时尚的政治学说。它是与契约自由并列的理论，只不过它是针对公共权力而言，即在政治社会中的规则，而契约自由是针对个人的权利而言，是市民社会中的规则。进一步看，社会契约论为意思自治（契约自由）提供了更为有利的论据。这表现为，如果说人的意志具有足够的力量创造一个社会及法律上的一般义务的话，那么人的意志毫无疑问地能够创设约束当事人特别的权利义务。[②]

在18、19世纪自然法学理论和自由主义哲学的全盛时期，法官们和当时受过教育的人一样，也受到了近代思潮的极大影响。对于18世纪的法官们来说，自然法学的理论意味着，人人都有为自己缔结契约的不可剥夺的权利……对于这些法官们来说，民法所起的作用主要是一种消极的作用。它的主要目的是使人们能够实现他们的意志，换句话说，就是让人们自由行事，不受政府干预地主宰自己的命运，自由地签订合同而不受法律的干预等。法律不应是为了司

[①] 转引自何怀宏《契约伦理和社会正义》，中国人民大学出版社，1993，第36页。
[②] 尹田编著《法国现代合同法》，法律出版社，1995，第19页。

法的利益而限制人们缔结合同的权利，或在缔结合同的双方当事人之间进行干预，而是应在其中的一方当事人违反缔约规则或不履行合同义务时，帮助其中的另一方……当这种思想用于合同法时，就意味着鼓励无限制的契约自由。因此，"契约自由"或"契约神圣"这些术语，就成为确立整个合同法的基础。19世纪最伟大的法官之一乔治·杰塞尔伯爵指出："如果有一件事比公共秩序所要求的更重要的话，那就是成年人和神志清醒的人应拥有的订立合同的最充分的自由权利……"[1]

（二）经济基础

美国学者伯纳德·施瓦茨指出，法律随着它所调整的那个社会运动的主流向前发展。每一个社会都有它自己的通过法律秩序力图实现的目标反映出来的价值观念。[2] 正是这种价值观念及其赖以产生的社会经济基础的变化，才使英国学者梅因得出了"从身份到契约"的历史发展的著名论断。契约自由就反映了那个时代的价值观念及经济基础。正如泰格所言，资产阶级法学家常常爱称，从封建主义向资本主义的进展是通过契约设计实现的。这种说法包含一个重要的历史事实和一个严重的分析错误。历史事实是：一个发达的资产阶级社会关系体制，就具有充分发展的契约理论。将社会不同分子联结起来的种种约束，几乎毫无例外地都是双边的，并在名义上经双方同意而成立。契约对一切事情——劳动、售让，甚至婚姻——都要占第一位。分析的错误则在于：不管物质条件如何，只要自由协议这一法律观念充分发展，资产阶级社会关系就会出现。契约法并不是由于它的原则显然合乎正义就突然降世和得以确立的。契约的运作领域要受到经济关系体制的限制，而后者又取决于技术水平、对立的阶级力量以及生产力

---

[1] 参见〔英〕P. S. 阿蒂亚《合同法概论》，程正康等译，法律出版社，1982，第4页。
[2] 〔美〕伯纳德·施瓦茨：《美国法律史》，王军等译，中国政法大学出版社，1997，第23页。

的一般发展状况。没有自由交易的全国性"共同市场",精妙的契约理论就不能使社会关系转变。①

如果说自然法理论为契约自由原则的形成提供了精神指导的话,那么,自由的经济则是其产生的最合适的土壤。这是因为自由经济为契约自由的形成提供了最充分的条件。

（1）自由经济主体的自主性与平等性。在 18、19 世纪,资本主义正处在自由竞争的鼎盛时代,单从经济学的角度看,自由竞争的主体具有平等性和自主性。竞争的双方不受他方的控制,其意志是自由的。黑格尔指出:"契约双方当事人在以直接独立的人相对待,所以契约:（甲）从任意性出发（自由）;（乙）通过契约而达到定在的同一意志只能由双方当事人设定,从而它仅仅是共同意志,而不是自在自为的普通的意志……"② 主体的身份平等和意志自由是实现契约自由的先决条件,即主观条件,诚如格兰特·吉尔默所言:"古典的抽象契约法是现实主义的。与当时的社会相适应,契约法没有具体细琐的规定,也不凭借社会政策来限制个人的自治和市场的自由。因此,它与自由的市场大致吻合。很明显,契约法巧妙地配合了 19 世纪自由经济的发展……从两者的理论模式看——契约法和自由经济——都把其当事人当作个体经济单位看待,他们在理论上都享有完全的自主权和自由决定权。"③ 虽然说,19 世纪不是真空的时代,但当时主体间的相对平等是可能存在的。因为我们不能忘记,那是自由竞争的时代。

（2）缔约当事人的可选择性。一个完备的市场,应有多个自由的主体并存,每个主体根据市场规则和追求利益的最大化原则选择最合适的缔约相对人,这是实现契约自由的客观条件。如果没有可供选择

---

① 〔美〕泰格、利维:《法律与资本主义的兴起》,纪琨等译,学林出版社,1996,第 203~204 页。
② 〔德〕黑格尔:《法哲学原理》,范扬等译,商务印书馆,1995,第 82 页。
③ 〔美〕格兰特·吉尔默:《契约的死亡》,载梁慧星主编《民商法论丛》（第 3 卷）,法律出版社,1995,第 202 页。

的主体，则其缔约自由就难以实现，因为其所接受的缔约条件就难以公允，其追求最大利益的自由就会被事实上剥夺，其自由也就只能是徒具形式。

（3）交换分配的公正。自由经济能实现交换分配的公正。公平的交换，是自由经济和契约法的共同目的。黑格尔指出："契约的对象尽管在性质上和外形上千差万别，在价值上却是彼此相等的。"[①] 自由经济的基本观念是：主观意志完全自由的主体，自主地选择缔约的当事人，按照市场的规则，并借助于自己的技能和判断力，讨价还价，进行谈判。市场原则反映在有关要约、反要约和承诺的规则上。每一方都没有向另一方提供信息的义务。对讨价还价的唯一限制是不得使用诈欺和虚伪的陈述。[②] 自由自主的交换不仅能提高对财产利用的效率，使整个交换过程呈现增值，交换双方达到各自交换的最初设定目标，而且，在这种前提下的交换必定是公平的。自由的经济理论确实相信，只要人们真正按照自己的自由意志行事，一切事情必定有其最好的结局。[③] 当然，这里所讲的公平也仅仅是理论和意念中的东西，与事实上所发生的交换可能存在距离。但是，的确如自由经济理论所假设的那样，如果在没有外部压力影响下当事人自由自主交换和选择的结果，有什么理由去认为它是不公正的呢？

正是出于以上理由，自由竞争的经济基础才使契约自由原则有了置身的最适宜的土壤。劳伦斯·弗里德曼（Oawrence Friedman）教授认为，古典契约法的理论模式是与自由模式——放任主义的经济理论相适应的。在这两个模式中，当事人是被当作个体经济单位来对待的。他们在理论上享有完全的自主性与意志自由。[④] 格兰特·吉尔默补充

---

① 〔德〕黑格尔：《法哲学原理》，范扬等译，商务印书馆，1995，第84页。
② 沈达明编著《英美合同法引论》，对外贸易教育出版社，1993，第5页。
③ 〔美〕格兰特·吉尔默：《契约的死亡》，载梁慧星主编《民商法论丛》（第3卷），法律出版社，1995，第285页。
④ 〔美〕格兰特·吉尔默：《契约的死亡》，载梁慧星主编《民商法论丛》（第3卷），法律出版社，1995，第285页。

说:"我相信弗里德曼教授不会这样认为,建构这两种模式的法学家和经济学家因受彼此工作的影响或熟悉彼此的工作才导致了相似结果的产生……确切地说,这是由于法学家和经济学家都对同一刺激产生了相似的反映,才因此创立了彼此协调的理论体系。很明显,这两种体系都是时代要求的反映。"①

(三) 政治基础

虽然说契约自由原则是私法领域内,具体说是契约法领域内的原则,但这一原则的提出却是出于与公共权力的抗衡的本意。这一原则的提出、巩固以及将其法定化的过程,就是资产阶级与封建专制斗争的过程,这是政治自由在私法中的体现,是政治自由权的变种。如果我们仅仅从"自由的交换"这一条主线去考察契约的发展史的话,那么它与私有制、社会分工及所有权的起源应该是一致的,在奴隶社会和封建社会也不可能没有"完全自由的交换",奴隶与奴隶之间、平民与平民之间、奴隶主与奴隶主之间或封建主与封建主之间也可能存在平等的交换,但这种交换不具有普遍的性质。正如学者所言,在古代罗马时代,契约自由在很大程度上是作为罗马法的一种理想而存在。但这并不是罗马法的过错,因为要在有皇帝和臣民、贵族与平民的等级社会中,真正实现契约自由,罗马帝国就不会有斯巴达克斯们的起义,罗马法也就不会出现历史的断层。所以,在罗马时代,契约自由也只能在罗马皇帝的统治下呻吟。② 奴隶社会和封建社会的平等的交换除了不具有普遍性之外,即时买卖占有绝对的地位。现代英美法系的许多国家将即时买卖排除在契约法的调整之外,也许是基于这种考虑。信用制度的发达,意味着对未来权利义务的安排,而关于这种权利义务的安排进行调整的制度和法律,才是真正意义上的契约

---

① 〔美〕格兰特·吉尔默:《契约的死亡》,载梁慧星主编《民商法论丛》(第3卷),法律出版社,1995,第285页。
② 姚新华:《契约自由论》,《比较法研究》1997年第1期。

法。虽然说，大陆法系国家一般不把即时买卖排除在契约法的大门之外，但普遍地认为，信用制度的产生和发达，是债权制度（契约法）发展的原动力，没有信用的发生，即对未来权利义务的安排，债法的许多制度就失去了存在的意义。也正是基于这种考虑，西方法学家便将古典契约理论的形成定位于18、19世纪。这个时期，在世界范围内资产阶级取得政权和巩固政权，废除了代表封建制度的身份等级，将其在与封建专制做斗争时期当作鲜明的旗帜而号召人民的"天赋人权"理论融于契约法理论中。梅利曼在论述革命对大陆法系的影响时指出："这场革命的理性力量所产生的主要思想之一，就是后来所谓的'自然法'思想。它建立在美国《独立宣言》和法国《人权宣言》所推崇的人性观念之上。依这种观念可推导出：一切人生而平等，人们对财产、自由和生存有着不可否认的自然权利，政府的正当职责是承认和保护这些权利以及保证人们相互之间的平等。"[1] 为强调个人天赋权利与公共权力的抗衡，资产阶级理论法学家划分了政治国家与市民社会、公法与私法。私法主体平等，权利义务设定自由而不受公法的干涉。也只有在这种制度下，契约自由才能实现，契约自由才能作为一项基本的原则上升到法律的高度。而在专制制度下，身份性的法律本身就与契约平等的观念水火不容，故不可能将契约自由作为普遍的法律原则。故民主的政治制度是契约自由存在的政治土壤和保障。

（四）制度基础

契约自由原则的制度基础有二：一是契约神圣性，二是契约相对性。

既然契约是根据双方当事人的自由意志而订立的，由此产生的权利义务应当是神圣的，应当由法院保证其履行，当事人不得违反。契约的神圣性要求法院不得直接地或者间接地改变当事人订立的契约，

---

[1] 〔美〕约翰·亨利·梅利曼：《大陆法系》，知识出版社，1984，第19页。

契约一经成立，当事人就有排除和拒绝公共权力干预的权利，即使由于情事变更而使双方当事人的权利义务出现严重的不平等时，法院也不得变更契约的内容。依据同样的规则，立法上的变化，也不能对契约权利义务产生任何影响。作为对意思自治原则的贯彻，契约可以违背"新颁布的法律即刻生效"的原则，继续按照契约成立时所依据的法律发生效力。因为，如果将契约置于新的法律的支配之下，亦即让合同按照新的法律发生效力，无异于对合同进行间接修改。[①]

契约的相对性也是契约自由制度保障，它是指契约效力的相对性。契约的相对性是古典契约法体系构建的第一块基石，其基本含义是：非契约当事人不得请求契约权利，也不必承担契约义务。可以说，如果没有契约相对性理论，就不会有意思自治或契约自由，也就不会有真正意义上的私法体系。因为只有把因意思约定而产生的效力严格限制在参与约定的人之间时，才会被认为是符合法律秩序的，才会被赋予自治或自由。正是由于这种严格的相对性，古典契约理论的意思自治和契约自由才获得了广泛的承认和尊重，并被推崇为私法的基本原则。契约相对性原则的理论支点是当事人在为自己设定权利义务时，其效力仅及于缔约当事人，无论利益或不利益，只要当事人自愿接受，法律自无干预的必要。古典契约理论在构建时，正是以这一理论支点为基本出发点的，无论大陆法系还是英美法系的立法和学理均予以肯定和维护。既然契约的权利义务只能根据当事人的自由意志而产生，故只有表示愿意接受契约约束的当事人才受契约的约束，而其效力不能及于未加入契约关系的第三人。对于契约神圣性和契约相对性原则，《法国民法典》第1134条规定得最为明确："依法订立的契约在当事人之间具有相当于法律的效力。"如果让双方的自由约定约束第三人，将可能导致自由权利的滥用。"结果自负"是保障契约自由实现的基本条件。

[①] 尹田编著《法国现代合同法》，法律出版社，1995，第17页。

三 契约自由原则在实证法上的确立

（一）法国

普遍认同的观点是，契约自由作为唯意志论在契约法上的体现，最早作为一项基本的原则出现在《法国民法典》中。法国学者认为，《法国民法典》第1134条规定的"依法成立的契约对于缔约当事人双方具有相当于法律的效力"这一条款，将当事人的特别约定置于与来源于公共权力的法律同等的地位，即赋予当事人的约定以强制力，是对意思自治原则的直接确认。[①] 泰格也认为，契约和所有权的理想，通过无数渠道贯穿于国民议会的整个立法以及以《拿破仑法典》为其结果的工作的全部过程。序言性报告指出，法律不能替代生活事务中的自然理性，而起草契约之各项规定的委员会则强调其任务不是制定法律，而是重新表述自明的原则。总之，《拿破仑法典》的起草者坚称，他们继承了罗马法的契约自由和财产自由原则。[②]

但是，应当看到，在《法国民法典》中，契约自由作为革命口号的分量远远超过其作为实定法的作用。但《法国民法典》作为人类历史上一部极具影响的法典，这种原则性的规定经注释学者的发挥，将其描绘成一套关于人的意志的纯粹的理论体系，的的确确地引起了法律史上的革命。

（二）德国

在大陆法系，唯意志论的最终完善者当在学说汇纂法（Pandektenrecht），并完善地体现在《德国民法典》中。

以萨维尼为代表的历史法学派对罗马法进行了深入的研究，试图在罗马法中找出作为市民社会的私法模式。萨维尼及其继承者按照黑

[①] 转引自尹田编著《法国现代合同法》，法律出版社，1995，第13页。

[②] 〔美〕泰格、利维：《法律与资本主义的兴起》，纪琨等译，学林出版社，1996，第241页。

格尔的绝对意志和绝对理性的哲学思想,提出了所谓权利系纯粹依抽象的人格、以意思的支配为基础而建立起来的观念。这样,整个私法体系就可以透过意思论而在对权利加以区分的层面上构筑起来。而对于契约法而言,在确认了意志先于一切而自由存在以后,基于合意而产生的契约自然也就有了与生俱来的权利——意思自治、契约自由。

1896年,《德国民法典》的最终颁布标志着以意思自治和契约自由为中心的抽象的契约理论的最终完成。这个理论以意志自由为基地,通过人类理性达到法的历史与现实的融合,从而使私法自治的逻辑成为契约法的基本逻辑。[①]

值得一提的是,黑格尔的法哲学思想为《德国民法典》遵循理性的自由创造了坚实的基础。黑格尔在其《法哲学原理》一书中提出了一个著名的命题(立论):"凡是合于理性的都是现实的,凡是现实的东西都是合乎理性的。"[②]这样,人的理性得以以契约的方式体现为权利义务,并且在现实中得以贯彻。这就为契约自由和意思自治奠定了理论基础。

《德国民法典》虽然没有像《法国民法典》那样,以明确的言词表明契约自由或意思自治,但却处处体现出契约自由的底蕴。就如德国学者康德拉·茨威格特所言,如果想在《德国民法典》中寻找关于合同的社会作用或者合同的内容及其效力的总则性规定,那么,这一努力常常是徒劳的。但是,《德国民法典》的立法者对契约及其契约自由的中心思想是非常明了的。如同其他19世纪产生的法典一样,该法典的基础是自由主义的社会制度。该法典的基础有这样一个基本理念:一个有足够理智的人可以对其命运进行自治,而且可以独立于传统封建的、政治的或者宗教的约束和独裁的统治掌握自己的命运,而

[①] 傅静坤:《二十世纪契约法》,法律出版社,1997,第177~178页。
[②] 〔德〕黑格尔:《法哲学原理》,范扬等译,商务印书馆,1995,第11页。

且自由地对自己的生活境遇负责任。因此，他必须被置于一种有能力的位置，自主地决定通过合同和谁以及是否承担法律认可的义务，并决定这些义务的内容。① 这一点，从德国人创立的深受世人瞩目的"法律行为"这一概念中就可得到印证。法律行为是私法中创设权利义务的基本方式，而法律行为的核心便是当事人的意思。契约行为是最重要也是最主要的法律行为，故当事人的意思就是契约的核心。从这种逻辑推理不难看出，极具抽象的法律行为概念规定于总则中，对整个民法制度全盘统辖，不仅在契约法中，而且在整个私法制度中均体现了意思自治的原则。

（三）美国

在没有法典化传统的英美法系，虽然没有像大陆法系国家一样以法典明示意思自治或契约自由，但自由权利为天赋人权，这不仅表现为政治权利，而且也表现为私法上的权利。这是为其普遍接受的观念。特别是英国的奥斯汀、边沁等深受大陆法系法学的影响，甚至主张采用大陆法系的法典化。虽然其主张没有得到采纳，但其法律思想却产生了深远的影响。加之英美法系判例法的传统，更加注重个案正义，就使得契约自由得到更切实的实现。美国学者施瓦茨指出，在那个时代，法律把契约自由的理论引向了极端，契约在法律上的发展达到了顶点。这种发展产生了广义的契约自由，它被看成是正当程序条款所保护的自由的基本部分。结果，出现了对个人意思自治从未有过的重视。法律的目标仅在提供法律手段、法律程序和法律强制力，以创立一个保护合理愿望的结构。②

在19世纪晚期的法学家眼中，自由签订契约的权利被视为一种基本的自然权利。契约法被消极地想成一种在人们做事的时候放任不管

---

① 〔德〕康德拉·茨威格特、海因·克茨：《合同法中的自由与强制》，孙宪忠译，载梁慧星主编《民商法论丛》（第9卷），法律出版社，1998，第349～350页。
② 〔美〕伯纳德·施瓦茨：《美国法律史》，王军等译，中国政法大学出版社，1997，第131页。

的制度，契约自由在那些企图尽量地缩小国家作用的人的信条中成了一项主要条款。在他们看来，政府唯一的职能是使由私人契约创立的义务得到强制的履行。在斯宾塞看来，契约自由是推动社会发展的一种主要工具，是永恒和绝对的。除非在严格的限度内，否则，对这样的权利不能有任何损害。美国首席法官休斯说，宪法没有提到契约自由，它提到了自由和未经法律的正当程序不得剥夺自由。然而，到20世纪结束的时候，契约自由已被明确地包括在宪法保护的自由之中。法官勒尼德·汉德说，目前，按照一个人的意愿订立契约的自由，已经确定无疑地包括在法律结构中，以致不推翻最高法院所确定的原则就不容提出疑问。最高法院在奥尔盖耶诉路易斯安那州案中，首次宣布：契约自由是一种基本的宪法权利，宪法第14条修正案所提到的"自由"包括了公民缔结所有能够成为适当的、必需的和必不可少的契约的权利。当时，这样表达的契约自由原则支配了全部法律。在这个商业和工业的社会中，财富主要产生于许诺。在这样一个社会中，做出诺言的自由对社会利益来说具有头等的重要性，意愿而不是关系变成了支配的力量。

从身份到契约，是梅因的著名论断。这一论断几乎把契约自由在美国内战后的社会中的地位提到了最高点。布鲁可斯·亚当斯断言："美国的文明建立在契约自由的理论之上。"法律正朝着和必然朝着通过自由缔结契约而实现个人自治的方向发展。对那些真诚地信仰从身份到契约的法官们来说，最强有力的推论在于，反对一切对拥有最大限度自由的贸易的限制。由于社会发展本身与契约自由的扩展存在着紧密的联系，违背梅因的格言就要冒使社会退步的危险。总之，契约自由作为法律制度的出发点和最后归宿，是19世纪美国法的主要特征。①

但是，由于受实证主义法学，特别是功利主义法学的影响，英美法中始终强调"约因"理论作为意思自治在现实中的效力的最终判断

---

① 〔美〕伯纳德·施瓦茨：《美国法律史》，王军等译，中国政法大学出版社，1997，第132~135页。

标准,也就是说,当事人的意志必须物化为有实际意义的约因,否则不产生效力。这就使得意思自治具有了某种较为现实的制约。

四 契约自由原则的困惑——形式正义的衰落

(一) 困惑之一:主体抽象平等的非现实性

我国著名学者梁慧星先生在评价和总结近代民法的理念时,将其归结为"形式正义",并指出:"例如,按照契约自由的原则,自由订立的契约就等于法律,当事人必须严格按照契约的约定履行义务,即所谓契约必须严守,正是体现了这种形式正义。法官裁判契约案例也必须按照契约约定的条款进行,至于当事人之间的利害关系,立契约时是否一方利用自己的优势地位或对方的急需或缺乏经验,或者履行契约时的社会经济条件已经发生了根本性的变更等,均不应考虑在内。"[①] 这是因为契约自由所体现的契约正义是建立在一些假定的抽象的基础之上的,就如格兰特·吉尔默所说的,这种模式是抽象的而非具体的,就如自由经济的模式一样。日本大阪市立大学法学部教授王晨在《日本契约法的现状与课题》时指出:"被继受的近代契约法的特征是什么呢?用抽象的语言来概括的话,即法的形式合理性。也就是说,和契约有关的各种社会关系,只要不能还原成近代法的权利义务的话,它就从契约法中被放逐,契约法只是用抽象的规则来调整契约关系。具体地说,在近代契约型的世界中,人是一种抽象的存在,舍却了其固有的经济上的、政治上的、知识结构上的区别。"[②] 忽略人的个体差异性而将其视为"抽象的一般之人",是古典契约理论建立的第一个假定的前提。正是这种抽象的人格理论,将民事主体规定为"人",它对于一切人,不分国籍、年龄、性别、职业而做统一的规定。当时,在资本主义体制下作为商业交换主体的劳动者、消费者、

---

① 梁慧星:《从近代民法到现代民法》,《中外法学》1997年第2期,第21页。
② 〔日〕王晨:《日本契约法的现状与课题》,《外国法译评》1995年第2期,第46页。

大企业、中小企业等具体类型，在民法典上，被抽象为人这一法律人格。人包括自然人和法人。自然人当然是指有理智和感情的人类，但它在法律上却是一个抽象的概念，把各人的具体情况，如男女老幼、政治地位、经济实力等差别统统抽象掉，只剩下一个抽象的符号"自然人"，然后来规定自然人的权利能力完全平等；对于社会中的各种组织团体，也是如此，无视其大小强弱而抽象为"法人"。这样就把复杂社会中千差万别的具体的民事主体简单化了。①

从这一抽象的假设的前提就可以看出来，古典契约理论所赖以建立的基础本身就带有某种神话色彩，实际上，即使在古典契约理论建立之初主体间的不平等就是存在的，就如阿蒂亚所指出的那样："古典的'契约自由'概念甚至从一开始便存在着某些严重的缺陷。"② 因为古典契约法很少注意到缔约人之间的不平等关系。契约自由意味着可以自由地选择与之订立合同的人，可以通过相互之间的协议按其所希望的条款订立合同，这种含义即使在19世纪，也仅仅在某种狭义上来说是正确的。它只是在假定所有签订合同的当事人在讨价还价的力量上是平等的时候才是正确的，而这种平等正是古典合同法所大量采用的一种假定。③ 不可否认，在古典契约理论的创立之机，正是自由竞争的时代，经济活动主体主要为个人，其相互之间的差距并不像今天这样巨大。所以，这种带有偏差的假设能为人们所接受。契约自由作为一般的原则在道德上受到尊敬，在法律上必须严格执行。但是，随着工业的突飞猛进和商业的日益发达，各主要工业国均告别了自由竞争时代而进入垄断阶段，经济活动的主体已由以个体为主的时代转向以大公司、大企业，甚至是垄断组织为主的时代。显然，古典契约自由理论所假定的前提也就发生了根本性的动摇。试想，一个普通的

---

① 梁慧星：《从近代民法到现代民法》，《中外法学》1997年第2期，第22页。
② 参见〔英〕P. S. 阿蒂亚《合同法概论》，程正康等译，法律出版社，1982，第8页。
③ 参见〔英〕P. S. 阿蒂亚《合同法概论》，程正康等译，法律出版社，1982，第10页。

消费者与一个强大的商业组织能平等、自由地协商吗？一个普通的乘客能与一个庞大的国营垄断铁路组织就服务条件和价格进行平等的协商吗？在这里，弱者一方只有"作"或"不作"的选择权，而就"如何作"已经失去了交涉的权利和自由。在这种情况下，契约自由还真的存在吗？古典契约理论所认为的"契约即公正"的方程式还成立吗？

（二）困惑之二：契约自由所假定的客观条件的丧失

古典契约理论的"契约自由"是建立在假设有一个"完全自由市场"（或称完备的竞争市场）的基础上的。这个市场模式包括三个与签订契约有关的假定条件。

（1）契约不得涉及除当事人之外的任何第三人。这一假定条件的基本点就是不对契约当事人以外的任何第三人构成损害，换言之，没有不利的第三人效应。只有这样，第三人才不至于遭受不测的损害，契约当事人才不被诉讼，也就不受法律的干预。

（2）充分的信息。每个决策者拥有关于其选择的性质和结果的全部信息，如果信息不完全，就会影响决策的理性。在完全竞争的模式中，全部信息意味着买主和卖主了解所有商品的价格及质量。就契约而言，全部信息意味着一方当事人不会因合同条款及其结果而使另一方当事人感到意外。

（3）有足够的可供选择的伙伴。在市场上，存在足够多的买主和卖主，他们既可以是现实的，也可以是潜在的，交易双方有充分选择的权利。这是交易的重要的和熟悉的条件，即没有人拥有价格和数量上的垄断优势。[1] 因为垄断权的存在削弱了契约的自愿性。

以上的假定条件，在自由竞争的时代，被人们所接受是很自然的，这些假设与"契约即正义"这样一个命题是相辅相成的。如果没有这

---

[1] 〔美〕罗伯特·考特、托马斯·尤伦：《法和经济学》，张军等译，上海人民出版社，1994，第 324~325 页。

些假定的前提,"契约即正义"这样一个命题是不会被人们心悦诚服地信奉,契约自由的原则也就无从建立。然而,这些假定的条件,随着社会和经济的发展,社会分工和交换的进一步加强,其存在的基础已经被动摇了。

我们先来看一下契约仅在当事人之间产生效力这样一个假定的条件。我们今天仍然将契约的效力限定于当事人之间,称其为合同或契约的相对性,但与古典契约理论的假设不同。古典契约理论的假设是为契约自由创设条件的,只因为契约不涉及第三人,故使法律不主动干涉当事人之间的自由也就有了充分的根据。但是,在今天,我们却不得不去深入地研究"契约对第三人的效力"这样一个常见的命题。

我们再来讨论一下第二个假设的条件——充分的信息。在简单生产和交换的时代,这种假设可能是成立的,因为那时的商品之技术含量不高,市场也不像今天这样复杂,所以,在那时,当事人充分掌握信息是较为容易的,也是可能的。但在今天,这种可能性已经越来越小了。人们因错误的信息而做出的非理性的选择已经不再稀奇,各国契约法对于意思瑕疵的法律救济就是最好的证明。

我们再来看一下古典契约理论赖以建立的第三个假定条件——存在自由选择的交易伙伴。现实的和潜在的交易伙伴在一个完全自由的竞争市场上是存在的,但是,随着经济组织的不断壮大,相互之间的竞争无论在规模上和激烈程度上均空前地增加,相互间的危险也越来越大。为避免在竞争中两败俱伤,往往达成垄断协议或成立垄断组织。垄断可以说是对古典契约理论这一假定条件的最主要的否定。例如,虽然存在许多银行和保险机构,我们似乎有选择的自由,但当我们真的进行缔约当事人选择时,就会发现,这些组织所规定的缔约条件惊人地相似,无论我们如何选择,结果几乎是一样的。

当假定交易中的当事人是平等的,并具有实现平等的外部环境——完全自由的市场时,当事人所订立的契约应当是完备的,也就是说，为实现自由的私人的目的，当事人就实现这一目标的所有情况均做了理性的设计：每一种偶然性都想到了，而且偶然性的风险也在当事人之间分配好了。在这种情况下，法院应当充任超然而独立的裁判者或公断人，其主要工作是监督游戏规则的遵循而不是直接介入其中，至于正义之类的价值是否得到实现，它并不关心。法院既不为当事人订立契约，也不为当事人审查契约，当事人自己必须仔细斟酌契约的各个细节，以免出现法律漏洞。[1] 但是，当完全契约订立的客观基础发生动摇的情况下，法院还能以"契约即正义"的理念为由而做一个超然的公断者吗？

五 对契约自由的矫正——实质正义的实现

在 20 世纪中期，庞德已经断言，尽管在 50 年前，当事人的自由意志形成了他们之间的法律，但这种观念早已在全世界消失了。[2] 德国著名法学家茨威格特指出，在当代合同法的理论界普遍地激烈地争论的问题是：在今天的社会现实中，契约自由究竟还能不能仍然被认可为法律制度的支柱和中心思想？如果现实中合同当事人之间缺乏谈判能力的均衡性从而使得合同平等遭到破坏，因此，保护合同当事人的弱者一方成为必要时，契约自由原则是否必须彻底地受到强制性规则的限制？现在我们是不是已经进入契约自由的原则应当被"契约公正性"原则所替代或者进行补充这样一个时代？[3]

梁慧星先生将近代民法向现代民法转变的理念归结为形式正义向实质正义的转变。[4] 这种转变在契约法上反映得尤为典型。当古代契

---

[1] 〔美〕格兰特·吉尔默：《契约的死亡》，载梁慧星主编《民商法论丛》（第3卷），法律出版社，1995，第207页。
[2] 〔美〕伯纳德·施瓦茨：《美国法律史》，王军等译，中国政法大学出版社，1997，第211页。
[3] 〔德〕康德拉·茨威格特、海因·克茨：《合同法中的自由与强制》，孙宪忠译，载梁慧星主编《民商法论丛》（第9卷），法律出版社，1998，第349～350页。
[4] 梁慧星：《从近代民法到现代民法》，《中外法学》1997年第2期，第24页。

约理论赖以存在的基础已发生根本性动摇的情况下，契约自由的公正性也就越来越具有形式的意义。随着资本主义的高度发展，劳动者和雇主、大企业和消费者、出租者和租借者之间的矛盾开始激化，"契约正义"受到了挑战，在雇佣契约、标准契约、不动产租赁契约中，经济弱者的利益在契约自由的原则下受到了损害。对此，美国学者施瓦茨指出，随着时间的推移，法官们继续以"契约自由"和"个人意思自主"的术语讨论法律问题。但是，作为其基础的契约平等观念已经被现代工业社会的现实，降低到抽象理论的范围。对那些为了换取不足维持生计的报酬而出卖血汗的人谈论契约自由，完全是一种尖刻的讽刺。这对大多数与大公司和行政实体缔结契约关系并必须与之愈来愈多地打交道的人来说，不管是作为消费者，公共事业或其他类似服务机构的交易对象，像佃户、投保人或可能的投保人，还是其他什么关系，都同样如此。大量标准化契约，或附合契约，开始取代那些具体条款是自由协商的契约。越来越多的标准契约是以要么接受、要么拒绝的方式提交给当事人的。[①] 为避免出现上述情况，限制契约自由就显得十分迫切。[②] 现代契约法的问题已不再是契约自由而是契约正义的问题了。[③] 故这种已发生了深刻变化的社会经济生活条件，迫使 20 世纪的法官、学者和立法者正视当事人之间经济地位不平等的现实，抛弃形式正义观念而追求实质正义。[④] 对实质正义的追求，必然要求对契约自由从立法和司法上进行必要的规制。

（一）立法上的规制

立法上对契约自由的规制，主要是通过指定特别法的方式来进行的。这主要体现在三个领域。

[①] 〔美〕伯纳德·施瓦茨：《美国法律史》，王军等译，中国政法大学出版社，1997，第 210 页。

[②] 〔日〕王晨：《日本契约法的现状与课题》，《外国法译评》1995 年第 2 期，第 47 页。

[③] 〔日〕王晨：《日本契约法的现状与课题》，《外国法译评》1995 年第 2 期，第 52 页。

[④] 梁慧星：《从近代民法到现代民法》，《中外法学》1997 年第 2 期，第 24 页。

(1) 劳动法领域。在劳动法领域中对契约自由的规制主要是在承认雇主和劳动者之间的地位差别的前提下，为保护劳动者的利益而对劳动契约的缔结、条件、解除等做出的规制。劳动者与雇主订立契约时，所给予的条件不得低于法律中所规定的工资、工时、工作条件、劳动保护等。为了使劳动契约体现契约正义，使劳动者获得的条件尽可能地代表其意愿，以济劳动契约之不足，劳动契约采取团体契约的方式缔结，我们称为劳动契约的社会化。在缔约时，由代表劳工一方的工会与企业主商谈各项条款。由于工会具有法人资格，又有众多的工人为后盾，在必要时还可组织工人行使罢工权，所以在谈判时，在地位上能与企业主抗衡。故团体劳动契约比个别磋商的劳动契约，更能体现劳动者的利益。[①]

与其他国家相比，我国劳动法制定的时间较晚，于1994年7月才颁布。而且，我国国有企业的劳动者与企业之间的关系一直没有理顺。在计划经济体制下，不存在非社会主义性质的企业。从政治上说，工人阶级是国家的主人，而企业是国家的企业，这就导致了这样的逻辑推理：工人为企业工作，即是为自己工作。工人与企业的关系就不是契约关系，也就不存在所谓缔约问题，更不存在契约自由或契约公正这样的问题。这种公法和私法的混乱所带来的恶果，已对国有企业的生存和发展形成了致命的制约。随着经济体制的改革，国有企业也逐步地实现劳动合同制，这就会出现缔约自由和契约正义的问题。另外，我国目前有大量的私人企业和外资企业，在这些企业中劳动者与企业主的关系是完全的契约关系。而且在我国劳动力资源丰富、就业机会紧张的情况下，私人企业和外资企业对劳动者的不公平的缔约条件而对劳动者造成的损害已渐渐暴露出来，所以，以劳动立法对这种契约自由的规制就显得十分需要。我国劳动法对劳动契约的订立、条款、工作条件、工资、社会保险和福利等方面均做了规定。另外，工会的

[①] 姚新华：《契约自由论》，《比较法研究》1997年第1期。

地位也在逐渐地加强，朝着有利于保护劳动者利益的方向发展。但是，也应当看到，法律和法律秩序是两个不同的概念，劳动法的真正实施任重而道远。

（2）消费者立法。保护消费者的立法，可以说是现代各国民法发展的一个大的趋势。在契约法上，现代消费者在缔约地位上的劣势已越来越明显，正如阿蒂亚所言："正是消费者作为缔约一方出现，才引起了各种重大变化。"① 为保护消费者的缔约自由，各国纷纷制定了保护消费者的法律。这些法律对契约的传统的订立过程进行干预，以消除消费者与商品经营者之间关系上的种种不平衡。这些新的法律在其适用的范围内，以其强制性规范不容置疑地改变了合同的传统概念，促进了合同制度的某些基本组成部分的发展变化，并在不同程度上否定了意思自治的基本观念，限制了契约自由的适用范围。② 在保护消费者的立法方面，很重要的一项是对标准契约的限制。标准契约，也称为约款，是现代生活中为消费者十分熟悉的东西。例如银行、保险公司或电信公司，消费者只要在这些公司事先拟定好了的格式合同上签上自己的姓名，合同即告成立，消费者与这些公司没有接触的机会和协商的余地。标准契约中关于权利义务的规定，特别是免责条款的规定，对消费者十分不利。故各国不得不在立法上对之进行规制。应该说，我国对消费者权益一直未给予充分的保护，这与我国正处在发展阶段有极大的联系。1993年的《中华人民共和国消费者权益保护法》和《中华人民共和国产品质量法》虽然是直接以对消费者的保护为目的，但却难以周全。对于标准合同的规制，只有在新颁布的合同法中才做了较为详细的规定。但长期以来，铁路、邮电等垄断经营部门利用标准合同形式对消费者造成的不公平待遇，已为人所熟视而无睹了。

为保护消费者权益，许多国家还规定了与人民生活息息相关的企

---

① 参见〔英〕P. S. 阿蒂亚《合同法概论》，程正康等译，法律出版社，1982，第13页。
② 尹田编著《法国现代合同法》，法律出版社，1995，第29页。

业的强制缔约义务。因为,在通常情况下,缔约自由和选择相对人的自由并不会给当事人带来不利的后果,但在特殊的场合,如果任由当事人行使这些权利,就会发生与契约自由的内在价值背道而驰的后果。例如,供电、供水、供气、邮电、铁路等企业以选择相对人为由而拒绝为某些人服务,后者就不可能有另外的选择。因此,基于民生的考虑,要以法律的直接规定或政府的行为来取代当事人的意思,使其负有强制缔约的义务。①

强制缔约义务的立法规定,取消了当事人不订立契约的自由,但保留了当事人选择相对人的自由,或者相反,保留了当事人不订立契约的自由,但不允许当事人对缔约相对人进行任意的选择。首先,在某些情况下,根据法律规定,当事人必须承担订立契约的义务,即取消了当事人不订立契约的自由,但允许当事人自由选择契约相对人。例如,法律规定的对机动车的强制保险义务,当事人必须缔结保险契约,但可选择与之缔结契约的保险人。其次,在另一种情况下,当事人仍然有订立或不订立契约的自由,但只要当事人决定订立契约,则其选择对方当事人的权利即被取消或限制。② 例如,在我国特种服务行业,在我国经济不发达的今天,还不能像在发达国家那样视为公开要约,它仍然有缔结或不缔结契约的自由,但没有选择契约相对人的自由。例如,假如煤气公司因缺乏煤气可拒绝缔结契约,一旦其决定缔结契约,就不得对契约相对人进行选择。

强制缔约义务的法律规定,虽然对意思自治进行了程度不同的限定,但仍然没有完全以法律替代当事人之间的意思表示,当事人之间的意志仍然在一定范围内起作用,故契约自由仍有适用的余地。

(3) 形式主义的出现。如果按照严格意义上的契约自由原则,只要当事人意思相互一致,契约即告成立,任何形式的强求,都是对当

---

① 姚新华:《契约自由论》,《比较法研究》1997 年第 1 期。
② 尹田编著《法国现代合同法》,法律出版社,1995,第 36 页。

事人契约自由的侵犯。所以,在相当长的时期内,各国民事立法重内容而轻形式是一种普遍的现象。但为了保护交易的安全,各国法律对契约订立的形式有了越来越多的要求。在某种意义上说,是对契约自由的限制,表现出意思主义与表示主义、个人与社会、交易自由与交易安全的矛盾。

(二) 司法上的限制

在司法上,法官基于对实质正义的追求,利用立法上的弹性条款,创设了种种判例规则,如诚实信用原则、情势变更原则、契约解释原则等,从司法审判上对契约自由进行规制。就如施瓦茨所言,法院自己也开始架空契约自由的概念,采取的方式是对那些同意某项具体交易,具有某些特殊关系或处于某种特殊地位的人强加一些条款,或拒绝对当事人自由加入的契约给予强制执行。法院开始在契约义务中解释一项合理的要求,使当事人确立的契约条款公平化。①

(1) 诚实信用原则。诚实信用原则,被称为"帝王条款"或"一般条款",关于其具体的内容学者从不同的角度进行了概述,但它是"在很大程度上不确定、意义有待充实的概念"②。学者普遍认为,其功能有以下几种:第一,对法律加以具体化的功能;第二,正义衡平的功能,即依据制定法以外的根据,对权利行使要求符合伦理的行为准则,以实现实质正义和衡平的功能;第三,对法律进行修正的功能;第四,造法的功能,即为适当解决因时代变化而产生的新问题─反制定法而创造新法的功能。③

诚实信用原则的确立及在司法审判上的适用,标志着个人本位向社会本位的转化,契约法从形式正义向实质正义的转化,意味着法院

---

① 〔美〕伯纳德·施瓦茨:《美国法律史》,王军等译,中国政法大学出版社,1997,第211页。
② 〔德〕海尔穆特·库勒尔:《德国民法典的过去与现在》,载梁慧星主编《民商法论丛》(第1卷),法律出版社,1994,第233页。
③ 〔日〕宫野耕毅:《诚实信用原则与禁止权利滥用法理的功能》,《外国法译评》1995年第2期。

之超然公断人的消极角色的结束和积极干预的开始。诚实信用原则作为实现契约正义的手段，有其存在的价值。但是，它赋予法官以自由裁量权，如果使用不当，就会导致司法专横、剥夺契约自由的权利，并且为公法对私法的任意侵犯制造合理的借口，正如海尔穆特在评价诚实信用原则时所指出的："这些技术的长处是法律的灵活性：它能够与价值观念的变化结合起来。但它的长处也是它的短处：如果法官也在为某种意识形态效劳的话，如纳粹时代所表现的那样，那么一般性条款也能为不公正的意识形态打开一扇方便之门。"[1] 故诚实信用原则对契约自由的干涉应严格以实现契约正义为限。我国 1986 年的《民法通则》第 4 条也规定了诚实信用原则，但它的高度抽象性和概括性使我国的法官难以适用到具体的案件中去，故在我国的司法审判实践中直接用诚实信用原则审理的案件十分罕见，所以它在我国既未发挥其长处，也未展现其短处。新的《合同法》第 6 条对诚实信用原则做了更直接的规定：当事人行使权利、履行义务应当遵循诚实信用原则。对这一规定应做如何的理解？对该条不能仅仅理解为合同当事人在行使合同权利、履行合同义务时应当遵循的原则，它同时也是法院裁判案件的原则。这一点，如果结合《民法通则》关于诚实信用原则的规定就很容易理解了。在合同法起草过程中的专家建议稿中（第 6 条）曾经对此做了具体的规定："双方当事人行使权利履行义务，应当遵循诚实信用的原则。法院于裁决案件时，如对于该待决案件法律未有规定，或者虽有规定但适用该规定所得的结果显然违反社会正义时，可直接适用诚实信用原则。"这种规定更加明确，但通过的合同法并没有采用这种规定，但在具体适用上应做同样的解释。

（2）情势变更原则。契约自由要求当事人必须严格按照契约的规定实现权利义务，契约成立后无论发生何种客观情况的异常变动，均

---

[1] 〔德〕海尔穆特·库勒尔：《德国民法典的过去与现在》，载梁慧星主编《民商法论丛》（第 1 卷），法律出版社，1994，第 225 页。

不影响契约的效力,此即契约必须严守的原则。正是基于对这一原则的遵循,近代各国民法均未在法典中直接规定情势变更原则。但是,在现代急剧变化的社会中,人们不可能在缔结契约时预见到将来所要发生的所有问题。如果情事变更,即当事人订立合同时所依据的客观条件已发生了变更,而当事人在缔约时没有预见而且变更的发生系因不可归责于当事人的事由,如果法律再强迫当事人按照契约的规定去履行将导致极不公正的效果时,就产生了契约自由与契约正义的矛盾:契约正义本是基于当事人的合意而生,现在出现了一定的情事变更,使原先的合意违反了"正义",如果法律要求继续维持这种合意,就使契约自由背离了其核心——契约正义。为了避免这种非正义的结局,判例创造出情势变更原则,赋予当事人以解除契约的权利,或者裁判官在审判中对契约的内容进行修正和补充。当然,情势变更原则不能修正当事人应当承担的合理的风险,国家权力不应过多地在正义的名义下介入市民社会,破坏市民社会的自律性。①

(3) 契约解释原则。按照古典契约法理论,契约自由的本质要求当事人的意思对权利义务的建立具有支配性的作用,故要求法官在对契约进行解释时,就要探究当事人的主观意思而作为解释的唯一原则。这与古典契约法强调人的意志是权利义务产生的唯一根据的理论是一致的。但是,自19世纪以来随着个人本位向社会本位的转变,国家基于维护交易安全和社会正义的需要,逐渐采用对契约内容进行客观解释的原则。

在大陆法系的法国最具有代表性。在法国现代司法审判实践中,法官在解释合同时,常常并不刻意寻求当事人通过合同所要表达的真实意图,而是倾向于使合同产生如法官所希望的那些法律效果。事实上,合同当事人在合同中表达不清楚或不完整时,法官完全是根据"当事人的意愿是要订立公正和符合社会利益的合同"这一推定而对

---

① 〔日〕王晨:《日本契约法的现状与课题》,《外国法译评》1995年第2期。

合同做出解释。除此之外，法官在处理合同纠纷时，不仅将某些道德规范及经济规则直接运用到审判过程，完全根据公平和最大限度地保护交易安全的需要对纠纷做出判决。这就表明，意思自治原则在司法实践中不再具有支配一切的神圣地位。[①]

在英美法系国家，对合同的解释采取客观解释的原则，即用一个通情达理的人作为标准来解决模棱两可的问题。[②] 也就是说，对协议的审查应当是客观的而不是主观的。换句话说，问题不在于双方当事人是否真正从内心达成协议，而是他们的行为和语言是否能使有理性的人认为他们已经达成了协议。在古典合同时代的末期，尽管在一些法官之间对于合同法中的协议、同意、意思表示等几乎所有的问题还公开存在着严重的争论，但是法律对这些问题的客观的态度可以说是无可争辩地确立了。[③]

从两大法系法官对合同内容进行解释的原则的变化上，可以看出，客观公正解释的原则已经无疑地占据了统治地位，在许多情况下，根据这一原则所确立的合同内容，可能是当事人未曾表达的，甚至是与意思完全相反的。但是，即使如此，当事人也应接受其约束。这样，就与古典契约理论所提倡的"一个人不应被他未同意的义务所约束"的契约自由的原则背道而驰了。

（三）契约自由进行规制中的问题与思考

在古典契约理论赖以建立的社会基础发生动摇的情况下，契约自由正在脱离其内核或正在走向其反面。对契约自由进行规制以实现实质正义，已成为人们的共识。如在消费合同中，消费者常常缺乏必要的知识和经验，缺乏与对方平等交涉的能力，其选择的结果难以令其满意，这就与契约的目标——满足个人的私人目的相背离。这种自由

[①] 尹田编著《法国现代合同法》，法律出版社，1995，第30页。
[②] 沈达明编著《英美合同法引论》，对外贸易教育出版社，1993，第52页。
[③] 参见〔英〕P. S. 阿蒂亚《合同法概论》，程正康等译，法律出版社，1982，第5页。

和平等就仅限于形式，法律就应对这种交易主体间的事实上的不平等给予适当的平衡，以达实质正义。另外在交易的市场环境中，也有许多理由支持对形式的契约自由进行矫正。体现契约正义的契约自由是以假定的"完备的自由市场"为前提的，但是，当各企业集团为了垄断利益而扼杀了这样的自由市场时，反垄断立法和反不正当竞争立法就是必要的了。

但是，也应当看到，对契约自由的规制，也使契约自由发生了另外一些令人思考的问题。例如，法律规定了某些特种行业的强制缔约义务，那么消费者与其说是缔约，不如说是去行使自己的法定权利。这样，当事人之间的契约性关系就已发生了实质性的变化。

劳动立法对契约自由的规制，可能引起与此有关的许多人的失业，如强制规定女工的工作时间和禁止雇用童工的劳动立法，就可能使那些没有经济来源的女工和童工失去就业机会，从而失去生计。在1929年到1931年的世界性的经济危机时期，经济学家的确很普遍地认为，大量的失业主要是由工会对契约自由进行干预而造成的。[①]

特别是对契约自由进行规制的许多手段和措施随时都有可能引起公法介入私法的危险，在量或度上的不当，很可能会"引狼入室"。德国纳粹时代就是在国家社会主义意识的指导下，以一般性条款为手段而实质上修改和解释德国民法典，从而限制私法自治的空间。

所有这些，不能不引起我们的思考。在现代社会中，对契约自由的绝对放任，就会使契约自由背离其内核——契约正义，甚至对契约正义造成侵害；而对契约自由的过分干预，就有可能缩小私法自治的空间，侵害私人权利，私法公正就会被另一种意义上的公正所替代。如何解决契约自由和契约正义之间的关系问题，是各国目前所面临

[①] 参见〔英〕P.S.阿蒂亚《合同法概论》，程正康等译，法律出版社，1982，第23页。

的共同课题。一方面，应承认私法自治和契约自由；另一方面，又要防止权利的滥用造成事实上的不公正，从而承认公法干预的合理性。对这种制度的价值选择，直接关系到私人利益和社会秩序。对契约自由规制的限度取决于变化中的社会和人们对正义的认识。也许，在将来的某一天，这种规制会成为实现契约正义的障碍，从而成为多余。

同时，也应当看到，对契约自由的合法干预，并不总是用来调整强者与弱者之间的平衡的。为各种经济目的，如控制通货膨胀而进行的立法现在并不罕见，这些立法对限制契约自由也起了很好的作用。[1]

六 契约自由原则在现代契约法上的地位

在社会经济急剧变化的今天，契约自由已受到了极大的限制，其在失去了对当事人的权利义务的绝对性的支配后，它在现代契约法上的地位如何？支撑现代契约法的支柱又应是什么？

阿蒂亚指出："我们应当看到，契约自由这个概念，在任何一种意义上说来，都已由于社会经济诸条件的变化和法律本身的变化而发生了深刻的变化。"[2] 在这个时代，与英国历史法学家梅因得出"从身份到契约"这一伟大的结论的时代已迥然有别。梅因所处的时代，正是古典契约理论的形成和发展时期。的确，那时的社会是从身份到契约的发展过程的上升时代。但是，他只看到了历史长河中辉煌的瞬间，如果他的著作《古代法》再晚半个世纪写成，恐怕就难以得出这样的结论。但他在得出这个举世闻名的论断时，使用了"到此处为止"这样的时间限定，也就使得其结论无可厚非了。

到 1931 年克莱顿·垦扑·亚伦（Carleton Kemp Allen）在评论梅

---

[1] 参见〔英〕P. S. 阿蒂亚《合同法概论》，程正康等译，法律出版社，1982，第 4 页。
[2] 参见〔英〕P. S. 阿蒂亚《合同法概论》，程正康等译，法律出版社，1982，第 24 页。

因的这一历史论断时，就已经发现了与当时社会事实的不合："梅因在说这个运动到此处为止是进步社会的特征时，是很慎重的。现在有许多人在问，有的是带着怀疑，有的可以看出来是带着礼貌，究竟有没有从契约到身份的相反的运动发生过。我们可以完全地肯定，这个由19世纪放任主义安放在'契约自由'这种神圣语句的神龛内的个人绝对自决，到了今天已经有了很大的改变；现在，个人在社会中的地位远较著作《古代法》的时候更广泛地受到特别团体，尤其是职业团体的支配，而他进入这个团体并非都是出于他自己的自由选择。很可能，过去一度由家庭这个发源地担任的任务，在将来要由工团这个发源地来担任了。也可能梅因这个著名的原则，将会有一天被简单地认为是社会历史中的一个插曲。如果竟然是这样发生了，这究竟标志着社会的进步还是退化？"① 亚伦的疑问在今天的确有了深入思考的价值：亚伦看到了缔约当事人之间的不平等，也即看到了契约自由的虚假性。如果我们今天反过来思考一下：对契约自由的限制，是否也意味着从契约到身份的相反运动？美国学者施瓦茨在其著作之"从契约到身份吗？"一节中指出，就20世纪初期的法律而言，契约自由是自由社会的基础，社会进步的基本观念与契约自由的扩大有密切关系。梅因关于从身份到契约的进步这一著名论断，作为一个基本原则被采纳。但是，20世纪以来，发生了一个明显的变化，就是不再过分强调契约自由了。人们开始对"从身份到契约"的运动是代表社会进步的唯一途径提出了异议。福利国家的出现使梅因格言的效力大为减弱。早在20世纪初，戴雪就敏锐地注意到刚刚在英国制定法汇编中取得一席之地的劳工赔偿法，大大限制了工人和工厂主的缔约能力：工人要求赔偿在意外事故中所受损失的权利，已经不是契约问题，而是身份问题了。20世纪20年代到50年代制定的许多法律都受到了劳工法的

---

① 亚伦为《古代法》出版所作的导言。参见〔英〕梅因《古代法》，沈景一译，商务印书馆，1996，"导言"，第18页。

影响。到 20 世纪中期，社会已经在个人自由的概念上加上新的身份条件。无论从哪一方面考察法律，身份具有一种日益增长的重要性，法律后果越来越多地产生于某种特定的职业和处境，而不是独立的个人对自由意志的行使。社会开始根据某种关系而非根据自由意志组织起来。[①] 施瓦茨所述的现象已经被许多学者所关注，的确，在现代社会中合同当事人的许多权利义务并非来源于他们的自由意志，而是产生于某种社会关系或法律规定。对此应做如何的解释？柯宾对此解释说，很明显，这种"从身份到契约"的演进，这种日益增长的自由，并不是统一的和恒久不变的。它的前进是靠猛力推动，好像井底之蛙试图跳出的故事一样，每向上跳三尺就要后滑二尺。确实，这并不表明不可能有长期相反的演进，为了每次向"契约的自由"上跳二尺，就要向"身份"后滑三尺。关于限制商业贸易的合同方面的法律，可能表明这种颠倒的演进，第一次世界大战结束后的立法和司法判决已经宣示了这一点。看来很清楚，通过这两种演进，社会正在禁止缔结以前并不禁止的交易，同时也正在拒绝强制执行以前得到强制执行的交易。这些演进都是由主导性的政治经济主张的变化或者有影响的利益集团的压力所决定的。[②] 从柯宾的这种解释看，他承认有"从契约到身份的后滑"，但他认为这是猛力推动下前进中的必然"后滑"。但问题是，这种"后滑"到何处为止？是否还有前进趋势？因为人们已经看到了梅因之后社会由契约自由到对这种自由的限制，但迄今为止并未看到前进，相反，这种"后滑"仍在继续。有的学者的解释也许比柯宾的解释更直接和令人心中踏实：从身份到契约只是历史进步的第一台阶，从契约到制度才是第二台阶，目前到了从契约到制度的阶段。[③] 制度为何？是否就是变相的

[①] 〔美〕伯纳德·施瓦茨：《美国法律史》，王军等译，中国政法大学出版社，1997，第 211~213 页。
[②] 〔美〕A. L. 柯宾：《柯宾论合同》，王卫国等译，中国政法大学出版社，1998，第 728 页。
[③] 张俊浩主编《民法学原理》，中国政法大学出版社，1991，第 25 页。

身份？在这一阶段契约自由究竟在多大程度上还支配着当事人的权利义务？

在今天，人们谈论契约自由的衰落就像格兰特·吉尔默谈论契约的死亡一样自然，但是，这是否真正意味着契约自由的衰落？

与"契约自由的衰落"或"契约的死亡"之声不同，法国的沙丹（Chardin）用一种新的理论来解释古典的契约自由原则。她认为，合意和意思自治仍然是契约法的基本概念和原则。意思是自由主义哲学总结出来的基本概念。在这个哲学中，意思就等于自由。所以，尽管有人说契约自由应有所限制，但意思自治还是应当得到承认的。所谓契约正义、法的安全、信赖、诚实信用等原则虽然有用，但它们并不是用来填补意思自治退缩后留下的空隙的。因此，一方面实证主义应批判理想主义和空想主义，但另一方面意思自治原则还应得到遵守。她认为，以往的意思自治理论存在许多弊端：第一，由于没有一个明确的意思自治的定义，因而过去的意思自治理论体现出一种"秘教性"的特点，无法用准确的言词表达出来；第二，过去的理论执迷于幻想，不善于通过自我批判而产生新的观点，而只满足于某些例外或不适用的情况。所以，这样一种理论在新事物来临时就必然会支离破碎。因而，应当对意思自治理论进行重新审视。

沙丹认为，意思的决定过程可以分为四个阶段：意念、熟虑、选择和实行。在意思决定过程的前两个阶段，外力不断地影响个人的思维过程，为意思决定的准备阶段；到了第三个阶段，意思决定最终形成；到了第四个阶段，意思决定便付诸实施。在这个过程中，尽管在意思决定的准备阶段意思是不自由的，受很多外力的影响，但意思决定的最终做出只能依靠本人，即意思的最后决定是自治的。她认为，19世纪的实证主义者只是想当然地认定意志是自由的，意思可以自治，但对意思的合理化过程却没有考虑进去。实际上，意思自治的公式"意思＝自治"应改为"合理的意思＝自治"。①

对沙丹的理论可以做这样的评价：她企图用新的理论来解释契约自由日益缩小的空间这样一种事实，即将对契约自由的限制看成是"意思的合理化"过程，即非合理的意思不属于意思自治中的意思。但是，她这种企图复活古典契约自由理论的解释并没有令人折服的说明力。笔者认为，用日本学者内田贵对弗利德理论的评价来评价沙丹的理论也谓恰当：与其说她是将古典契约起死回生的救世主，不如说她是给古典契约化了死人妆。②

笔者认为，对契约自由的必要的限制，并不是契约自由原则的衰落，而是对契约自由原则真实意义的恢复和匡正。在契约自由的原则所赖以产生的基础发生动摇的情况下，契约自由已越来越偏离其自身的价值而徒具形式。在此情况下，对契约自由进行必要的限制，不是契约自由本身的衰落，而是强制其归位，以恢复其本来的价值和地位。所以，在今天强调契约的实质正义，并为实现这一正义而对已偏离自身轨迹的契约自由进行规制，就如古典契约理论创立契约自由原则的意义同样重要——古典契约理论强调契约自由是因信奉"契约即正义"，而今天对滥用的契约自由进行规制也是为了实现正义。二者的方向和手段不同，但目的是一致的，这是深层的经济生活发生变化的结果。

在对"契约自由的衰落"做了这样的澄清之后，就可以看出，契约自由原则在私法领域内对主体的权利义务的支配并未发生根本性的变化，它作为契约法的一般原则依然如故，那些受到法律规制的所谓"契约自由"本身已不是真正意义上的契约自由了。这一点，无论在大陆法系国家，还是英美法系国家都是一样的。在大陆法系，最具典

---

① 转引自傅静坤《二十世纪契约法》，法律出版社，1997，第180~181页。
② 转引自〔日〕内田贵《契约的再生》，载梁慧星主编《民商法论丛》（第4卷），法律出版社，1996，第204页。

型意义的法国著名学者弗鲁尔和沃倍尔指出："在私人之间的关系中，意思自治虽已遭受极大的损害，契约自由受到某些限制，合同强制力受到某些变更，然而，这些限制或变更却只是表现为一般原则的例外。作为一般原则的意思自治原则仍然存在，并在一切依然遵循这一原则的范围内发挥作用。"①

属英美法系的英国，从古典合同法极盛时期就已开始而直到现在所发生的大量变化，还不足以改变合同法的原则。这些变化仅对某些合同、某些情况起到了零打碎敲的作用。总的来说，还没有影响到合同法的基本原则。这些原则还像19世纪法官们所实施的那样依然如故。例如，尽管我们曾经说过，相互之间的协议和意思表示之重要性已大大减弱了，但法官们总是说，他们所面临的大量问题是依据当事人的意思来处理的，这还是确实的。19世纪合同法的基本原则只有很小的变动这个事实，说明合同法没有特别重大的修改，契约神圣仍然占统治地位。②

如果说在世界范围内，契约自由已受到很大的限制（或称"衰落"），是因为契约自由权利滥用的结果，那么在我国（自新中国成立后）这种权利的滥用却极少发生过，原因在于我们从来就没有过这种权利。在计划经济体制下，民法仅仅是作为国家管理的工具而发挥作用的，尤其是合同要作为居民的计划物品供应和提供服务的形式而发挥作用。因此，"私法自治"不再有其应有的意义和价值，合同成了计划经济的操纵手段。因为经济在很大程度上已经社会化了，它几乎没有给个人留下为自己的生活关系负责任的空间。③ 我们没有公法和私法划分的传统，我们没有受到过市民文化的熏陶，所以，在今天我们的学者还在不厌其烦地讨论诸如"市民社会""私法自治""契约自由"等这样的历史陈迹，并不是没有理由和价值的。就如我国著名法

---

① 转引自尹田编著《法国现代合同法》，法律出版社，1995，第31页。
② 参见〔英〕P. S. 阿蒂亚《合同法概论》，程正康等译，法律出版社，1982，第25页。
③ 〔德〕海尔穆特·库勒尔：《德国民法典的过去与现在》，载梁慧星主编《民商法论丛》（第1卷），法律出版社，1994，第235页。

学家江平先生所言："不可否认，在今天再讨论公法和私法的划分，不仅为时过晚，似乎它的局限性也明显了。但在今天的中国讨论这一主题仍有很重要的现实意义，还不仅是因为40年来我们一切以国家为本位的公法精神渗透了整个法学领域，而且也因为中国40年来有文明记载的历史中始终是以刑为主，根本不存在什么私法精神。"[1] 所以，在我国目前，讨论契约自由原则比在任何其他国家更具有意义。我国1981年的《经济合同法》第5条，仅仅从字面上看，是对契约自由原则的规定，[2] 但从整个合同法的内容看，它留给当事人的选择空间是很小的。新的合同法规定了契约自由的原则，并使其贯穿于整个法律，规定了较多的任意性规范。但是应当特别指出，我国正处在"从身份到契约"的发展阶段，但我们所享有的契约自由却与梅因得出这个论断时的契约自由有极大差别，是受到规制的契约自由，这一点从《合同法》第4条到第7条的规定就可看出。《合同法》第4条规定："当事人依法享有自愿订立合同的权利，任何单位和个人不得非法干预。"这显然是对契约自由的规定，但这种契约自由并不是没有限制的，故《合同法》第5条至第7条规定：当事人应当遵循公平原则、诚实信用原则，应当遵守法律，尊重社会公德，不得扰乱社会经济秩序，不得损害社会公共利益。这是因为我们从计划经济时代到市场经济时代，均未存在过古典契约理论所假定的"完备自由市场"，所以我们所享有的"以自己的意志支配自己权利义务"的契约自由也是十分沉重的。因此，在我国契约自由与契约正义的价值结合就更具有复杂性。

(本文原载于《比较法研究》2002年第4期)

---

[1] 江平：《罗马法精神在中国的复兴》，载杨振山主编《罗马法、中国法与民法法典化》，中国政法大学出版社，1995，第9页。
[2] 《中华人民共和国经济合同法》第5条规定：订立经济合同，必须贯彻平等互利、协商一致、等价有偿的原则。任何一方不得将自己的意志强加给对方，任何单位和个人不得非法干涉。

合同效力瑕疵探微

崔建远[*]

笔者在分析和处理合同纠纷案件时，发现了《中华人民共和国合同法》（以下简称《合同法》）关于合同效力瑕疵的规定及其解释，或者不清晰，或者欠具体，或者有漏洞，或者有误解，需要辨正。本文即为此而作，就教于大家。

一　合同未生效

所谓合同未生效，是指已经成立的合同尚未具备生效要件，至少暂时不能完全或者完全不能按照当事人的合意赋予法律拘束力，即至少暂时不能发生履行的效果。对此，《最高人民法院关于适用〈中华人民共和国合同法〉若干问题的解释（一）》（法释〔1999〕19号）第9条第1款前段做了如下规定：依照《合同法》第44条第2款的规定，法律、行政法规规定合同应当办理批准手续，或者办理批准、登记等手续才生效，在一审法庭辩论终结前当事人仍未办理批准手续的，或者仍未办理批准、登记等手续的，人民法院应当认定该合同未生效。

显然，合同未生效以存在着已经成立的合同为前提，合同尚未成立时，谈合同未生效有点舍近求远的意味，不如径直称合同未成立。合同未生效只是已经成立的合同的一种结果。

---

[*] 崔建远，清华大学法学院民法研究中心主任，教授。

合同未生效不是终局的状态，而是中间的、过渡的形式，会继续发展变化。演变的结果可能有如下几种。①未生效的合同具备有效要件，但不具备生效要件。此类合同已经具有当事人必须遵守的拘束力，只是尚无履行的效力。附停止条件的合同在条件尚未成就场合，附始期的合同在始期尚未届至场合，均属此类。②未生效的合同在某个阶段具备了生效要件，转化为生效合同，发生了当事人所期望的法律效果，进入履行的过程。③生效的合同在某个阶段出现并存在了无效的原因，成为确定无效的合同。④未生效的合同一直没有具备生效要件，也没有出现无效的原因。

第二种情形由履行和违约责任制度解决，第三种情形由无效和缔约过失责任甚至罚没制度管辖，第一种情形可能发展到第二种情形，也可能演变为第三种情形。

第四种情形的后果最为复杂，需要较为详细的讨论。如果当事人各方都不积极促成合同生效，也不撕毁合同，那么，合同既不生效履行，当事人也不负缔约过失责任，更无违约责任的产生。如果当事人任何一方明确告知对方不再遵守合同，或者以自己的行为表明，即使合同届时具备生效要件，也不履行合同，那么，在对方当事人没有依法促成合同生效的情况下，缔约过失责任成立，有过错的一方向对方赔偿信赖利益的损失。

二 合同的绝对无效与相对无效

合同无效，可有绝对无效和相对无效之分。所谓绝对无效，是合同自始、绝对、当然地无效，任何人均可主张。

所谓自始无效，对买卖、赠与等一时性合同固属合理，但对雇佣、合伙等继续性合同则将产生复杂的法律状态。为了避免依不当得利规定处理所为给付返还的问题，以及对第三人法律关系所产生的困难，目前多认为雇佣、合伙等关系事实上业已开始时，其主张是无效的，唯得向将来发生效力。①

所谓任何人均可主张，有必要被区分为合同当事人可以主张、利害关系人可以主张、其他人可以主张三种类型，以示所主张的内容和范围以及法律效果的差异。当事人的主张，不但表现为消极地防御，即以合同无效来对抗对方当事人主张合同权利，而且可以积极地进攻，即请求法院或者仲裁机构确认合同无效，使合同权利义务不复存在。利害关系人的主张，表现为可以行使抗辩权，即以合同无效来对抗合同当事人主张合同权利；其中某些利害关系人，如配偶一方擅自转移夫妻共有的不动产权利场合的配偶另一方，出租人出卖租赁物场合的承租人，还有权依据《合同法》第52条第2项的规定，主动请求法院或者仲裁机构确认合同无效，或者援用《合同法》第51条的规定不予追认无权处分合同，从而使合同权利义务不复存在。余下的"任何人"，称之为一般第三人，只能行使抗辩权，即以合同无效来对抗合同当事人主张合同权利。在合同当事人基于合同来否认一般第三人对合同标的物的权利场合，一般第三人可以合同无效来反驳合同当事人的抗辩，形成"抗辩的抗辩"。

如果合同仅仅相对于某个特定的人才不生效力，相对于其他人则是发生效力，或者合同的无效不能对特定人主张，如不得对善意第三人主张，该合同的无效就是相对无效。②例如，《德国民法典》第135条第1项前段规定，如果处分标的物违反了法律为保护特定人所做的禁止出让的规定时，其处分仅对该特定人无效。《日本民法典》第94条第2项和中国台湾"民法"第87条第1款后段都规定，双方虚伪表示的无效不得对抗善意第三人。

在德国法中的"相对"，用在合同无效领域，只是关于效力所涉

---

① 王泽鉴：《民法总则》，三民书局，2000，第518页。
② 参见〔德〕迪特尔·梅迪库斯《德国民法总论》，邵建东译，法律出版社，2010，第375页；〔德〕迪特儿·施瓦布：《民法导论》，郑冲译，法律出版社，2006，第495页。

及的人的"相对",即涉及所有人,不是对所有的人发生效力。与此相反,绝对无效则是对于所有人的无效。[①] 这是以效力及于人的范围为标准来区分绝对无效和相对无效的思路,可资借鉴。

就此看来,相对无效在我国现行法上并非全无踪影,只是学说尚未来得及系统总结。《合同法》第 80 条规定,转让债权的协议,在未将债权转让的事实通知债务人时,对债务人不发生效力。对此,也可说成债权转让协议相对于债务人无效,可作为相对无效看待。

鉴于区分不同情况而分别设置绝对无效和相对无效两种制度,更为灵活、合理,我国民法及司法解释已经尽可能地减少绝对无效制度适用的范围,重视相对无效制度的设计。例如,《中华人民共和国物权法》(草案)设置了预告登记制度,购房人请求开发商交付商品房的债权,一经办理了预告登记,就能够否定其后存在于该商品房上的抵押权、其他买受人对于该商品房的所有权。这就是相对无效的情形。

相对无效,尽管在法国民法、意大利民法上外延广泛,含有法律行为的可撤销,[②] 但笔者不赞同我国民法理论对此予以继受,原因在于合同的可撤销在我国现行法上是个独立的制度,尚处在建立过程中的相对无效制度及其理论在原因、法律效果和程序等方面与之不同。所以,此处讨论的合同相对无效不包括《合同法》第 54 条和第 55 条规定的合同可被撤销在内。

三 合同的嗣后无效

合同无效一般是合同成立之时就存在着无效的原因,依据《合同法》的立法目的及合同法理论,法律对此类合同自始就不按照当事人意思表示的内容赋予法律效果,简言之,合同自始无法律拘束

---

① 耿林:《强制规范与合同效力》,清华大学法学院博士学位论文,2006,第 245 页。
② 陈忠五:《法律行为绝对无效与相对无效之区别》,《法学丛刊》1998 年第 171 期。

力。不过，也有的合同在成立时本不违反当时法律的规定，符合有效要件，只是后来国家颁行了新法或者修正了既有的法律，才使合同变得违反了强行性规范，因而应当归于无效。我们可将后者称为嗣后无效。

　　嗣后无效在我国尚未形成完善的法律制度及其理论，需要站在立法论的立场加以探讨。在多数情况下，如合同一直没有履行，或者虽然履行了但相互返还给付比较容易，嗣后无效使合同自成立之时不具有法律拘束力，应当说是适当的，甚至是必要的。例如，上海华源股份有限公司安徽华源生物药液有限公司将其生产的克林霉素磷酸酯葡萄糖注射液（又称欣弗）出售与甲医院，双方于2005年12月6日签订了买卖合同，约定2006年12月6日交付药品。因青海、广西、浙江、黑龙江和山东陆续出现部分患者使用上海华源股份有限公司安徽华源生物药液有限公司生产的欣弗后，出现了胸闷、心悸、心慌、打寒战、肾区疼痛、腹痛、腹泻、恶心、呕吐、过敏性休克、肝肾功能损害等临床症状，卫生部于2006年8月3日连夜发出紧急通知，要求各级各类医疗机构立即暂停使用上海华源股份有限公司安徽华源生物药液有限公司自2006年6月份以来生产的所有批次欣弗，封存尚未使用的此种药品，暂停购入它们。① 安徽省食品药品监督管理局紧急通知全面召回该种药品并封存。② 该合同自此应当暂停履行，如果该种药品被最终认定不得使用，则应当无效，且宜自合同成立时即无法律拘束力。但在某些情况下，合同自始无法律拘束力会使问题复杂化，有时甚至产生不适当的后果。例如，甲国的A公司和乙国的B公司签订了无缝钢管买卖合同，且已经交货了大部分。此时，甲乙两国成为交战国，都宣布两国公司之间的合同为非法，不得履行。自此，无缝钢管买卖合同应当无效，但若自合同成立时无法律拘束力，相互返还

---

① 参见新华网，http：//www.sina.com.cn，2006年8月3日。
② 参见新华网，http：//www.sina.com.cn，2006年8月4日。

难以进行，在无缝钢管已被使用了的情况下尤其如此。有鉴于此，此类嗣后无效不宜使合同自成立时起就无法律拘束力。看来，对嗣后无效，是合同自成立时起就无法律拘束力，还是自无效的原因产生时才不具有法律拘束力，宜视情况而定。这是它不同于自始无效的重要之点，由此显现出区分自始无效和嗣后无效的意义。

如果在国家颁行新法之前或者尚未修正既有的法律场合，合同已经履行完毕，新法颁行或者既有的法律被修正之后，维持合同履行后的状况没有负面影响，就不宜认定此类合同嗣后无效。《最高人民法院关于在审理经济合同纠纷案件中具体适用〈经济合同法〉的若干问题的解答》（1987年7月21日）第3条第2项关于"合同签订时，合同内容并不违反当时国家的法律和政策规定，且在国务院〔1985〕37号文件发布前已经履行完毕的，可以认定为有效合同"的规定，属于这方面的例证。

尚需指出，如果因国家颁行了新法或者修正了既有的法律尚未使合同变得违法，只是使合同成为法律上的不能，也不宜按无效处理，而应当适用《合同法》第110条第1项、第94条第1项的规定，由合同解除制度管辖。例如，《最高人民法院关于在审理经济合同纠纷案件中具体适用〈经济合同法〉的若干问题的解答》（1987年7月21日）第3条第3项规定："合同签订时，合同内容虽不违反当时国家的法律和政策规定，但是在〔1985〕37号文件颁布后，合同内容违反文件规定的，如果是部分没有履行，应当宣布合同终止履行；如果是完全没有履行，应当依法解除合同；对有关财产争议，可按实际情况处理。"

排除嗣后无效的适用，之所以限定在"新法或者修正了既有的法律尚未使合同变得违法，只是使合同成为法律上的不能"，原因在于，假如新法或者修正了既有的法律致使合同违法，仍然适用合同解除制度，则可能因解除权的不行使而使违法的合同得以存续乃至履行完毕，导致新的法律规范形同虚设，立法目的落空。

四 恶意之抗辩及其结果

当事人明知合同条件以及缔约时的情事，甚至清楚地知晓将要签订的合同存在着无效的原因，而依然缔约；其后，在合同的存续甚至履行阶段，发现合同有效于己不利，便请求法院或者仲裁机构确认合同无效，构成恶意之抗辩。对此，法院或者仲裁机构不宜一律支持，而应区分情况确定规则。对于那些严重背离合同制度的目的，必须予以取缔的合同，法院或者仲裁机构一经发现就应当确认其无效，不论当事人是否请求。于此场合，对当事人请求确认合同无效，不以恶意之抗辩论处。不过，除此而外的合同场合，当事人关于合同无效的主张，则应被定为恶意之抗辩，法院或者仲裁机构不宜支持，以防恶意之人因主张合同无效而获得大于合同有效时所能取得的利益。我国的司法解释在若干处体现了这种精神。例如，《最高人民法院关于审理建设工程施工合同纠纷案件适用法律问题的解释》（法释〔2004〕14号）第5条关于"承包人超越资质等级许可的业务范围签订建设工程施工合同，在建设工程竣工前取得相应资质等级，当事人请求按照无效合同处理的，不予支持"的规定、第7条关于"具有劳务作业法定资质的承包人与总承包人、分包人签订的劳务分包合同，当事人以转包建设工程违反法律规定为由请求确认无效的，不予支持"的规定，《最高人民法院关于审理商品房买卖合同纠纷案件适用法律若干问题的解释》（法释〔2003〕7号）第6条第1款关于"当事人以商品房预售合同未按照法律、行政法规规定办理登记备案手续为由，请求确认合同无效的，不予支持"的规定，《最高人民法院关于审理涉及国有土地使用权合同纠纷案件适用法律问题的解释》（法释〔2005〕5号）第8条关于"土地使用权人作为转让方与受让方订立土地使用权转让合同后，当事人一方以双方之间未办理土地使用权变更登记手续为由，请求确认合同无效的，不予支持"的规定，等等，都体现了人民法院不支持恶意之抗辩的精神。

五 主观因素与显失公平的构成

《合同法》第54条第1款第2项规定的显失公平，其构成是否需要"当事人急迫、轻率或无经验"之类的主观要件，存在着不同意见。[①] 经过再三思考，笔者现在倾向于不要求主观要件，理由如下。①从立法意图看，《合同法》是为了避免德国民法上的暴利行为要求过于严格，在个案中难以构成的弊端，特意将暴利行为构成的主观要件"当事人急迫、轻率或无经验"剥离，另成立"乘人之危"，作为无效的原因（《民法通则》第58条第1款第3项、《合同法》第52条第1项），或者可撤销的原因（《合同法》第54条第2款）。②从体系上观察，显失公平是从结果着眼的，没有考虑形成显失公平的原因，包括酿成显失公平在内的影响合同效力的原因在《民法通则》和《合同法》上都单独列出，作为无效或者可撤销的原因。若把形成显失公平的原因考虑进去，就出现了诸如因恶意串通损害他人利益形成的显失公平、因欺诈形成的显失公平、因胁迫形成的显失公平、因乘人之危形成的显失公平、因重大误解形成的显失公平等。作为独立的可撤销原因，显失公平应是上述类型以外的类型。[②] 如此，只有把"当事人急迫、轻率或无经验"等主观要素从显失公平的构成中剔除出去，

[①] 持肯定说者，如王利明《合同法研究》（第1卷），中国人民大学出版社，2002，第691~693页；崔建远主编《合同法》（第3版），法律出版社，2003，第79页。持否定说者，如刘凯湘《民法总论》，北京大学出版社，2006，339页。

[②] 如果显失公平是由《合同法》第52条规定的原因造成的，或者是由《合同法》第54条第1款第1项、第2款规定原因酿成的，那么，在法律适用方面，应当优先适用《合同法》第52条的规定处理显失公平的案件；如果不是由《合同法》第52条规定的原因肇致的，则优先适用《合同法》第54条第1款第1项或者第2款的规定处理显失公平的案件。只有在显失公平不是由这些原因造成的情况下，才适用《合同法》第54条第1款第2项的规定。

才不会使显失公平与乘人之危重合或者交叉，才会使显失公平、乘人之危两个可撤销的原因界限清晰，法律适用明确。当然，这并不排斥在个案中显失公平确实存在着"有意利用对方的急迫需要或者没有经验"等主观因素，如同无过错责任原则下，飞机坠毁毁损房屋确实源于驾驶员的疏忽大意，航空公司承担的无过错责任。③《最高人民法院关于贯彻执行〈中华人民共和国民法通则〉若干问题的意见（试行）》（以下简称为《关于民法通则的解释》）第72条关于"一方当事人利用优势或者利用对方没有经验，致使双方的权利义务明显违反公平、等价有偿原则的，可以认定为显失公平"的规定中，明确提出了"一方当事人利用优势或者利用对方没有经验"这些主观要素作为构成显失公平的要件，是否表明显失公平的构成包含着主观要件？笔者的回应如下。其一，基于上述揭示的《民法通则》、《合同法》关于合同无效、可撤销制度及其各项原因的分工，可知将主观因素作为显失公平的构成要件弊多利少，不易区分某些原因之间的界限。据此，从整体考虑问题，不把主观因素作为显失公平的构成要件，更有益处。其二，在赞同这种路径的前提下，可以把《关于民法通则的解释》第72条的规定视为对显失公平类型的列举，而非定义。换句话说，从整体上对显失公平的构成不要求主观因素，但不妨碍具体的显失公平案件存在着主观因素。

六　无权代理人订立的合同及其效力

无权代理人以被代理人名义与相对人订立了合同，在相对人不行使撤销权，被代理人亦未追认的情况下，《合同法》第48条第1款规定，该合同"对被代理人不发生效力，由行为人承担责任"。理解其意，应把握以下几点。

其一，在无代理权情况下签订的合同，符合法定的有效要件时，有效。无权代理人和相对人作为该合同关系的当事人，履行该合同项下的义务，享有该合同项下的权利。被代理人不承受该合同项下的权利和义务。这多发生在间接代理场合。例如，甲外贸公司接受乙公司的委托，从 D 国的丙公司进口 30 辆载重卡车，但甲公司却自作主张，与 D 国的丙公司签订了 30 辆奔驰轿车的买卖合同，买受人落款处加盖了甲公司的合同专用章。乙公司对该合同不予追认。在该合同不违反强制性规范及外贸管制的要求场合，该 30 辆奔驰轿车买卖合同有效。

在这里，需要解释"对被代理人不发生效力，由行为人承担责任"中所谓"责任"的含义。按照一般理解，所谓民事责任乃违反民事义务所产生的第二性义务，体现着国家的强制性，在过错责任场合，还含有道德和法律谴责和否定违法行为及其主观状态的评价。这种意义上的民事责任显然不是《民法通则》第 66 条第 1 款前段所规定的"民事责任"、《合同法》第 48 条第 1 款关于"对被代理人不发生效力，由行为人承担责任"规定中所说的"责任"，因为在被代理人不追认无权代理行为、无代理权的行为人和相对人签订的合同仍然有效的情况下，无权代理人对相对人承担的是履行该合同项下的义务。该义务是中性的，不含有道德和法律谴责和否定义务人的行为及其主观状态的评价，也不含有国家的强制性，即使认为有强制性，也是隐而不露的。如果无权代理人履行这种义务是适当的，则不会产生通常意义的民事责任。在这种背景下，解释《民法通则》第 66 条第 1 款前段所规定的"民事责任"、《合同法》第 48 条第 1 款所规定的"责任"，有两条路径。第一条路径是修正民事责任的通常含义，扩张民事责任的含义：第一种含义是民事责任乃违反民事义务所产生的第二性义务，第二种含义为民事责任是中性的民事义务本身，第三种含义为民事责任就是民事权利。第二条路径是采取当然解释规则，《民法通则》第 66 条第 1 款前段所规定的"民事责任"、《合同法》第 48 条第 1 款所说的"责任"是从最坏的结果着眼的，即只要被代理人不追认无权代理行为，无权代理的结果就由无权代理人承受，包括由无权代理人向相对人承担通常意义的民事责任。举重以明轻，连最坏的后果（承担民事责任）无权代理人都要向相对人承受，何况无权代理人向相对人承受合同有效场合的履行合同义务？

显然，第一条路径是必须修正已经习以为常的民事责任的通说，混淆了民事责任与民事义务的界限，尤其是将民事责任等同于民事权利，更令人匪夷所思，代价昂贵，不可取。而第二条路径既维护了民事责任的通常含义，又使无权代理人享有该合同项下的权利、承担该合同项下的义务顺理成章，符合法解释学的规则，符合实际需要，比较可取。

其二，无代理权情况下签订的合同部分有效，部分无效。这发生在直接代理的场合。原来，依据《民法通则》第63～70条设计的代理均为直接代理，代理人和相对人实施的代理行为不同于当事人亲自实施的法律行为。其特色在于，意思表示是代理人发出或者接受的，但法律关系的一方当事人却是被代理人而非代理人，代理行为的效果意思中包含着基于代理行为产生的权利义务归被代理人承受的内容。在被代理人不追认无权代理行为的情况下，依据《民法通则》第66条第1款前段及《合同法》第48条第1款的规定，由无权代理人承受后果。该后果若是代理行为有效时的权利义务，就与代理行为中固有的效果意思不同。详细地说，法律对该合同并不完全按照当事人的效果意思赋予法律效果，即在合同的当事人方面，否定了无权代理人和相对人关于被代理人为合同当事人一方的效果意思；在合同项下的权利义务方面，则按照无权代理人和相对人的效果意思赋予法律效果，就是说，基于该合同承受的权利和义务完全受法律保护，不予改变。总之，无权代理人和相对人为该合同的当事人，双方须履行该合同项下的义务，享有该合同项下的权利。被代理人不承受该合同项下的权利和义务。

在这种情况下,对《民法通则》第66条第1款前段所规定的"民事责任"、《合同法》第48条第1款所规定的"责任",同样按照举重明轻的解释规则予以理解,不把它解释为包括无权代理人向相对人承担合同义务、享有合同权利,而是继续维持民事责任的通常含义。

这种情形多发生在直接代理的场合。例如,甲公司接受乙公司的委托,从丙公司购买30辆载重卡车,但甲公司却自作主张,与丙公司签订了30辆轿车的买卖合同,对此无权代理,丙公司并不知情。买受人落款处加盖了乙公司的合同专用章(盗盖的),代理人或者经办人的落款处加盖了甲公司的合同专用章。乙公司对该合同不予追认。在合同未违反强制性规范时,应当生效履行。不过,买受人不再是乙公司,而是甲公司。

其三,无代理权情况下签订的合同,不被被代理人追认,因而不符合有效要件,归于完全无效。例如,甲公司为中介公司而非技术开发公司,无权代理乙技术开发公司,与出资人(委托人)签订委托开发合同,乙技术开发公司拒绝追认。因甲公司完全没有技术开发能力,该合同归于无效。该案件应当适用《合同法》第58条的规定,无权代理人甲公司承担缔约过失责任等后果。

无权代理行为的效力待定,同样涉及追认权、催告权、撤销权、除斥期间,在原理上相同于限制民事行为能力人订立的合同场合的相关说明,因而不再赘述。

(本文原载于《政治与法律》2007年第2期)

公司法

中国公司法的进一步完善与现代化

王家福[*]

公司法是商事法中一部极其重要的支柱性法律。有限责任公司是市场经济的重要发明。1978 年，在中国广袤的土地上展开了以建设市场经济为目标的伟大改革实践。我国 1981 年就开始研究制定公司法。经过多年努力，我国公司法终于在 1993 年问世。这是中国改革开放的重要成果，是社会主义市场经济建设的必然产物。它反映了市场经济的客观要求，借鉴了外国公司法的有益经验，符合我国的实际情况，是一部充满改革气息、合乎现实需要的公司法。我国公司法的诞生，是中国企业向具有独立法人人格的市场主体根本转型这一历史性变革的里程碑，具有划时代的深远意义。在我国公司法十多年的实施历程中，它不仅规范了公司的自主创业行为，保护了投资人和相关利益人的权利，而且激发了宏观经济活力，提高了国民经济综合实力，并极大推进了改革开放事业的发展，为社会主义市场经济的健康成长提供了制度性保障、注入了坚实充沛的生命力。但是，由于时代的发展，市场经济的进步，特别是在我国加入世贸组织后，面对全球一体化程度不断提高的国际经济环境，公司法正面临着越来越多的新情况，产生了不少亟待改进和完善的新问题。为了进一步健全我国公司法律制度，大幅度提升中国公司的国际竞争力，更有效地促进社会主义市场经济快速、健康、可持续发展，对我国公司法进行修改与完善刻不容

---

[*] 王家福，中国社会科学院学部委员，法学研究所终身研究员、博士生导师。

缓。针对这一需要，第十届全国人大常委会将公司法列入本届常委会的立法规划。根据这一规划，国务院已经完成修改草案的草拟工作，并已提交常委会审议。目前，有关公司法的修改业已成为举国瞩目的重大问题，并引起各界的广泛讨论。我仅就中国公司法的进一步完善与现代化谈以下几点意见。

一 要使中国公司法进一步符合市场经济的基本规律，符合公司法的共同规则，符合公司法制发展的国际潮流，更具科学性

公司法本质上为私法，是民法的特别法，它必须反映市场经济的基本规律。现行公司法大体上反映了市场经济的一般规律，但仍存在不足，特别是在更好地反映市场经济平等、竞争、公平、诚实信用等本质属性方面仍有许多工作要做。其中最需要迫切解决的问题是：应当进一步扩大公司的自治空间。现行公司法形成于市场经济建设初期，因而在制度设计上更为注重对公司的行政性管理和强制性干预，致使公司法中强制性规范、管制性规范较多。这一点在当时的情况下具有一定合理性，并完全可以理解。但随着市场经济的发展和国际经济环境的变化，公司自治有必要在公司法中得到进一步确认和保障。因此，在公司法修改中，有必要减少体现强制性和管制性特征的规范，从而扩展公司自治的空间。例如：公司设立可以完全实行准则主义，包括股份有限公司原则上亦不必要审批；应该更重视公司章程、股东协议的作用，诸如公司法人代表、经理的职责、分红比例、股权转让等公司事务均可由章程规定，而无须公司法做出强制性规定；公司资本制度也应当更具灵活性，至少可以实行折中的授权资本制；股份公司公开发行证券的上市、暂停上市和终止上市问题应当交由证券交易所决定，而不再由政府监管机关来决定。扩大公司的自治空间有利于增加公司活力，对促进公司这一市场主体的健康高效成长具有积极意

义。诚然，社会主义市场经济是追求有序、和谐、持久发展的市场经济。与世界各国一样，政府着眼于社会公益和整体经济利益，需要对社会经济实施适度有效的调节和管理势所必然。以营造竞争环境、维护市场秩序，从整体上保障市场经济健康运行为初衷的政府对经济领域的适度干预，其目的正是在于为微观经济组织的发展创建良好的宏观经济环境，其本质上与公司自治权的行使相辅相成、并行不悖。因此，在强调和保障公司自治的同时，中国也不能放弃对公司活动合理、审慎的监管。所以，公司法中仍然需要有一些强制性规范，但应适当减少。在公司监管问题上应该特别注意两点。一是应严格依法监管。现实中存在过多监管机关，不利于公司健康成长、有效运营。如监管机关存在职权交叉的，应尽量予以归并，由一个监管机关统一行使市场监管，并赋予调查权和处罚权。二是应主要针对公司市场行为的合法性进行监管。监管机关对公司的监管应当主要限制在有关公司市场行为合法性的范围之内，不应当越权，任意干涉公司内部营运事务。

二 要使中国公司法与其他法律中有关公司的法律规范相一致，达成公司法制的统一

众所周知，中国市场经济的建立和发展依循了一条循序渐进的道路，中国的对外开放经历了一个逐步扩大的过程。根据中国当时的实际情况，中国公司法与三个涉外企业法有关有限责任公司的规定在不少方面存在不同。比如：公司的设立制度一个是准则制，一个是审批制；公司资本制一个是法定实缴资本制，一个是授权资本制；公司的股东会一个有规定，一个没有规定；公司董事会的职责一个没有需一致决定事项的规定，一个则有需一致决定事项的规定。目前，作为世贸组织成员国，中国市场经济业已全面形成。因此，在中国现在的经济实践中，已经不再具有依据投资主体身份的差异，对相同性质的商事企业适用不同的公司法律规范的需要。根据国民待遇原则，应当把

三个涉外企业法中有关公司组织规范的内容汇入公司法，以实现公司法制的统一，更好地对外国投资者实行国民待遇。至于涉及国家外商投资政策，特别是优惠政策的问题，应当单独制定外商投资法，以此继续推行对外开放政策，使中国继续成为吸引外资的沃土，为各国投资者提供创业兴产的最佳舞台；使中国经济与世界经济一起前进，同各国共荣共赢；同时，也使中国公司法体系更为协调统一，更具活力。

三　要使中国公司法切实保护股东及其相关利益人，使各方利益达到恰当的平衡

此次公司法修改要加强对股东及其他相关利益人的权利保护。其一，要强化公司治理，突出董事会集体决策要求、细化董事会议事规则，强调公司高管人员对公司及股东的忠诚、勤勉义务，加重公司董事及高管人员违法违规的法律责任，增强监事会的职能。其二，要保证股东特别是中小股东对公司的所有权（股权）不受非法剥夺和侵占，保证股东的资本收益请求权得以顺利实现，保证股东的表决权和诉权能够正常行使。其三，要注意维护公司高管人员的合法权益，要使年薪制、股份期权等激励机制能够真正在公司法上确立起来。其四，要重视对公司债权人利益的保护，规范公司投资、交易及资产处置行为，杜绝目前愈演愈烈的控制股东、公司利用改制、设立子公司、关联交易、脱壳经营等诸多伎俩，转移公司财产，抽空公司资金，恶意逃废债务现象的发生。其五，要加强对职工权利的保护。公司法只有为股东和其他相关利益人的权利构建起均衡保护的法律制度，才可能为各方自觉遵行，公司也才能更好地依法运营。

四　要使中国公司法有更加健全的融资制度，促进资本市场进一步规范与发展

融资制度是公司兴衰所系的重大问题。没有稳健、高效、健康的

融资制度，公司就不可能具有持久旺盛的生机与活力。这次修改公司法时，应当尽可能适应企业发展需要，为公司融资创造更加自由、合理、有序的法治环境。其一，应当允许各类公司按照法定条件发行公司债券。其二，应当修改股份公司股票发行条件，调整股份公司证券上市标准，完善股份公司证券发行和上市审核体制。其三，本着信守承诺、实事求是、务实负责、公平合理的态度，用特殊办法、在特定场所，妥善解决长期困扰中国资本市场的历史遗留问题。总之，应当借助公司法修改的契机，认真纠正中国资本市场建设过程中已经暴露出的各种缺陷与问题，积极推进中国资本市场未来的成长与健康发展，力求为中国资本市场注入新的活力，使中国资本市场兴旺发达，从而为中国公司打造一个生机勃勃、欣欣向荣的资本供给源泉，为投资者创建一个优质、公平的投资环境，大大提升中国公司的质量和整体竞争力，促进国民经济的稳定繁荣发展。

五　要使中国公司法更好地发挥中介组织的作用，为公司运营提供客观、真实的鉴证

要搞好公司，除了加强公司治理、强化内部监控以外，还必须加强独立的中介组织的客观鉴证。会计师事务所、律师事务所是服务机构，同时又是依法设立的社会鉴证机关。它们所签署的验资报告、审计报告、财务报告、法律意见书都必须是真实、合法的。它们要向客户负责，更重要的是要对公众负责、对法律负责、对国家负责。它们的报告、意见书的公信力在于其真实性和合法性。如果是虚假的、非法的，就要依法受到法律制裁，承担严厉的法律责任。因此，会计师事务所、律师事务所对公司活动的介入实际上是社会独立机构对公司的客观监督。我们要发展这些中介机构，提高它们忠于事实、忠于法律的执业品格，使它们做强、做大，充分发挥它们的鉴证职责，同时要在公司法中进一步强化它们违法鉴证的法律责任。

六　要使中国公司法实施中发生的纠纷能得到及时的司法救济

司法机关的及时介入是公司法实施的最后保障。法院应当积极受理有关公司的案件，不应当因为没有明确的法律规定而拒绝受理。公司法的修改应当尽可能将现有司法解释中有关公司纠纷司法救济的规定吸收进公司法。要扩大股东诉讼权利的范围，规定股东代表诉讼。鉴于公司法难以对各种涉及公司纠纷的司法救济做一一规定，因此对有些重要问题可以只做原则性的规定，以为法院做出司法解释提供法律依据。比如，针对现在股东滥用公司法人人格、恶意逃废债务，严重侵犯债权人利益等现象，可以在公司法中对法人人格否定制度做出原则性规定，以便法院通过司法解释、自由裁量对受害人提供事后的司法救济。

七　要使中国公司法确立公司的社会责任，增强公司法的道德基础

公司的社会责任，不是公司办社会，而是从人权的视角审视公司从法律上应当承担的社会责任，即公司遵守法定劳动工资标准、安全卫生标准，提供安全生产环境，保护职工的经济权利、社会权利和生命健康权利，维护整个社会利益的社会责任。公司不仅仅是为股东利益的最大化而工作，它同时还承担着社会责任。这不仅是法律责任，也是道义责任。特别是在21世纪，中国已经在宪法中承诺尊重和保障人权的情况下，我们要更加注重公司的社会责任，注重对职工劳动工资、安全卫生、生命健康以及环境条件等多方面进行保护。坚决不允许19世纪血汗工厂现象在中国出现。我们也不愿意看到，跨国公司压低生产链条末端订单价格、损害劳动者利益的情况发生。因此，中国公司法的修改要更加人性化，更加符合社会发展对人的权利保护意识

提高的要求，使公司法更能体现人权保障的精神。当然，我国公司社会责任的标准应当与我国经济社会发展水平相适应，不能照搬发达国家的做法。同时，还应注重对职工参与公司事务管理权利的规定。职工应当具有参与公司管理的权利。允许职工参加一些公司重大事务的决策过程，有利于劳动与资本的协调，有利于调动从事生产劳动的职工的积极性和创造性，有利于公司业绩和竞争力的提高，有利于和谐社会的建立。同时这也将为公司法及其实施奠定坚实的道德基础。

（本文原载于《中国工商管理研究》2005年第8期）

新《公司法》的突破与创新

赵旭东[*]

一 新《公司法》的立法目标和价值取向

公司法的立法目标、价值既是立法中经常面对的问题，也是我们解读法律条款、理解公司法条文中的精神应有的更深层次的认识。在公司立法中对许多问题都存在不同的意见，特别是对一些重大制度规则的突破和创新，往往存在着尖锐的分歧，甚至是完全对立，比如公司资本制度的改革。按原《公司法》规定，任何公司设立都必须达到法定最低资本，其中有限公司最低资本额分为10万元、30万元、50万元三档，股份公司最低资本额为1000万元。有人提出法律规定的最低资本额太高，条件太严，因此应降低标准；但也有人认为现在10万元的标准并不为过。那么公司法到底应该把资本额定得高还是低呢？这个高和低的标准是什么？如果公司法要实现的目标和价值不明确，这样的问题恐怕无法达成共识。又如，关于一人公司，原《公司法》不承认一人公司，规定设立公司必须要有2个以上的股东，股份公司设立需要有5个以上的发起人。通常自然人和法人是不能设立一人公司的，唯一的例外是国家可以单独投资设立国有独资公司。这次公司法修改在一人公司问题上同样存在着完全不同的意见，我们要不要承认一人公司、为什么要承认、为什么要否定，它的立法目标、立法价值是什么？在公司法修改的过程中，类似于这样的问题很多，这时对

---

[*] 赵旭东，中国政法大学民商经济法学院副院长、教授、博士生导师、博士后导师。

于立法目标的思考、立法的价值取向上的选择，就非常重要了。

我们对公司法的认识经历了一个不断变化、深化的过程。20世纪80年代，我们曾经把公司法当作治乱的法，用公司法来治理经济生活中的混乱；也曾把公司法当作行政管理的法，一些法规性文件充斥着许多管理性的规范或者说行政化的色彩；还曾把公司法当作国企改革的法，对公司法的认识和重视往往是从国有企业改革的需要出发的，同时对公司法的认识又受到了国有企业改革的限制。在这样的认识下，以往的公司法，更多的是表现出一种约束、规范、限制和管理等明显的立法倾向和目标选择。进入21世纪，公司法的立法目标该如何来确定呢？应该寻求什么样的价值？总体而言，公司法是市场经济的主体法。我国在发展市场经济，市场经济需要法律的调整和规范，其中，最重要的法律就是市场主体法和市场行为法，而公司法就是市场主体法的最主要部分，这样一个法应该对市场主体——公司的组织进行全面的法律规制，要对公司从设立、活动到解散的全过程的内外法律关系进行全面的调整。这样一个法，其功能、目标绝不仅仅是限制、管理、约束，同时它也应该有更广泛、更重要的立法目标，既要保障相关当事人或者利益相关者的利益，也要保护股东、公司本身、债权人的利益，以及保障社会交易的安全。同时，公司法还应鼓励投资创业，推动公司企业的发展，并以此来促进劳动就业和整个市场经济的发展。在鼓励投资、推动公司发展方面，新《公司法》给予了充分的关注和重视。所谓鼓励投资创业，就是要调动一切民事主体投资的积极性，要充分利用一切社会财富、开拓各种投资的渠道、利用一切投资形式推动公司和企业的发展。公司发展快并不是一个消极现象，它是经济繁荣发展的表现，但在发展的同时，应该得到相应的规范和管理，而不是一味的限制和约束。公司发展的一个重要效果、重要目标就是解决劳动就业问题，所以新《公司法》在这方面也给予了充分的重视，要利用公司制度的改革来促进劳动就业。一个国家劳动就业的问题是最重大的社会热点，以前我们很少把它跟公司法联系在一起，一般认为劳动就业是劳动法、其他产业政策的问题。其实公司法的制度设计和改革跟这个问题有着直接的关联，因为我们每设立一个公司，至少要雇用几个人，就会为社会创造若干个劳动岗位和就业的机会，有了更多的公司设立和发展，也就能为社会创造更多的劳动岗位和就业机会，这是解决劳动就业问题取之不尽的资源。特别是我们国家人口这么多，解决劳动就业问题，过去我们可能更多地把目光定在国家机关、事业单位、国有企业上，但这些地方容纳的人极其有限，其实最广阔的就业市场恰好是公司企业创造的。因此，在这个方面公司法的制度该如何设计，跟劳动就业问题有着直接的关系。公司法要鼓励创业、推动更多的公司设立发展，解决劳动就业的问题，当然也就能有力地促进整个市场经济的发展，保证市场经济健康稳定持续的发展。这就是我们新《公司法》所确立的立法目标和寻求的价值，公司法就不再一味强调限制、约束、规范、管理了，而要强调鼓励、推动、支持、促进，从而带来了公司法很多具体制度和规则的根本性变化，实现了一些法律规则和制度的突破。

比如，关于最低资本额问题，在原来限制、约束的立法目标之下，资本的门槛当然定得越高越好，在资本制度上就尽可能提高门槛、严格条件，把很多人挡在公司门外。而在新的鼓励投资的立法目标之下，应该使更多有劳动能力的公民都具有投资办公司的能力和资格，因此投资的门槛就应该尽可能降低。新《公司法》从原来的最低标准一下子下调到了3万元。这样的突破，如果没有立法目标的调整，是不可能的。而正是因为有了鼓励投资这样的新立法目标，这样的突破就实现了。又如一人公司问题，立法过程中意见分歧也非常尖锐。公司法共审议了3次，第一次审议就有不同意见，第二次审议时意见达到高峰，几十个代表都表示一人公司不成熟。当时我们认为一人公司这次可能没法通过了，但最后还是通过了。这与立法表现出来的鼓励投资、促进公司发展的价值目标是分不开的。允许一人公司就等于是给提供了更多投资形式的选择，主要是为了达到鼓励投资的目的。除此之外还有其他很多制度，比如股份公司的设立程序，原《公司法》对股份公司的设立规定了严格的条件，要经过省级以上人民政府的审批，那时把股份公司当作一个不是普通的投资者可以利用的形式，就是要给它设立一个很高的门槛，要一般的人过不去。这次公司法修改，在鼓励投资的目标之下，股份公司的审批取消了，不仅是省级以上的审批不需要，就连一般的政府审批也不需要，跟有限公司一样，只要达到法定的条件就可以注册登记。如果要审批，是因为它从事某些特殊的行业和经营，而不是作为一种公司类型的特别的审批。审批的取消，同样也反映了公司法新的立法追求。

二　公司法的强制性和任意性

（一）法律的强制性和任意性

所谓法律的强制性，就是法律的规定必须严格执行，不得违反，不得改变，不得变通。所谓法律的任意性，就是法律的规定仅供当事人选择适用，当事人可以在法律的规定之外另做规定或约定，当事人有约定就按约定，没有约定才适用法律的规定。在法律理论上，法律分为强行法和任意法，其中任意性最强、最具有代表性的莫过于合同法，民商法中合同法的任意性是最强的，所以我们在合同法中可以见到很多这样的条款"当事人另有约定的除外"。一方面法律条文规定当事人应当怎么做，但接下来就跟上一句话"另有约定的除外"，这样的条款就是任意性条款，因为当事人完全可以在法律规定的条文之外另做自己跟法律不同的约定。也正因为如此，所以形成了合同法理论上一句名言——合同就是法律，以此来形象地表现合同法的性质。合同是什么法律呢？合同就是签约的当事人之间的法律，在当事人之间它就具有相当于法律的效力，这就是法律的任意性。公司法同样也有一个强制性和任意性的划分和定性问题。

（二）公司法的强制性和任意性的实践意义

比如，某公司的董事会通过了一个决议，后来股东有不同的意见，就召开了股东会，股东会的决议把董事会的决议给否决了。那么，股东会能否决董事会的决议吗？这种否决在法律上有效吗？听到这样的问题，我的第一反应就是可以。因为按照公司法的规定和基本原理，公司的机构可分为股东会、董事会、监事会、经理这样四个管理机构，其中股东会是最高权力机构，在它之下设立的是董事会和监事会两个平行的机构，负责执行股东大会的决议并且报告工作。这样的组织架构、职权划分，股东会作为最高的权力机构，连董事会都是股东会选任产生的，股东会如果不满意可以把董事会罢免，董事会通过的决议为什么不可以否决呢？这是一个逻辑的结论，但如果一个公司的股东会可以随意否决董事会的决议，而且还可以否决监事会的决议，因为它们都是在它之下。这样否下去，公司的股东会岂不是可以大权独揽，一统天下，可以把整个公司的管理权都集中在自己手里，其他的机构可以全部不要了，如果所有的公司都可以这么做的话，那我们的公司法为所有公司所设计的这一套组织机构，这种由不同的机构执掌不同权力，相互分工、互相制约的现代法人治理结构和治理机制还如何实现？这其实涉及了公司法的强制性和任意性的问题。如果公司法是强制性的，公司法中关于董事会的职权规定也是强制性的，那么董事会的职权就是法定的，股东会不能剥夺董事会的权利，董事会依职权做出的决定就是有效的、最终的。股东会与董事会各有自己权利范围的边界，而且不能互相替代。股东会对董事会不满意可以罢免董事会，但在罢免之前，董事会以职权做出来的决定，股东会仍应承认它的效力。反过来公司法如果是任意性的，其中包括董事会的职权也是任意性的，作为更高的权力机构——股东会，当然可以改变董事会的决议，因为股东会连董事会的职权都可以变更。因此，这个问题的答案其实就是如何确定公司法中这条规范的强制性。

又如某公司要修改章程，准备把股东会的职权下放归并给董事会，这样修改可不可以，在法律上有效吗？这样的做法就是改变法律的问题，要用章程改变法律，有没有效？跟前边讲的问题一样，前边是一个具体的决议，现在是章程的一般性规定，所需要回答的都是公司法的强制性和任意性。再如，某有限公司的股东把他的股权转让给公司之外的第三人，双方经过协商，签订了合同，受让方也支付了价款，这时其他的股东提出了异议，说转让无效，理由是转让违反了本公司章程的规定，因为章程规定本公司的股权只能在本公司的股东之间内部转让，不能转让给公司之外的第三人。而这个股东却把股权转让给了外人，违反了章程。双方争执不下诉到法院。诉讼中，转让方提出抗辩：转让是有效的，因为根据公司法的规定，公司股东的股权可以在股东之间内部转让，也可以对外转让，只不过在对外转让的时候要征得其他过半数股东的同意，其他股东在同等条件下有优先购买的权利；在转让之前转让方已通知了其他股东，其他股东都没有表示异议和反对，因此转让是符合公司法的规定的；公司章程本身违法，章程限制对外转让，剥夺了股东依照公司法应有的权利，这条应无效，因此转让有效。审理此案的法官中也形成了两种意见：有的认为原告有理，有的认为被告有理。由一审法院到省高院，法官都形成两种意见，相持不下。这个问题不是个案的具体问题，涉及一个普遍性的、总体性的问题，即法律的强制性问题。具体来说就是公司法中关于股权转让的这一条规则是强制性的还是任意性的。而退回几年之前，这样的问题，我们很少思考，都没有形成一个普遍的共识，当时的公司法根本就没有做明确的解释，法律当中也没有明确的规定。我自己是赞成对这一条做任意性解释，但是也有人认为是强制性的，我也不能说是错误的。因为这个问题本来就不明确。上述举例说明，公司法的强制性和任意性的确不只是一个理论问题，它是司法实践和公司经营中经常要面对的问题。

（三）公司法的强制性和任意性的定性分析

公司法具有任意性的根本原因在于公司法的私法性质。法律分为公法和私法，公司法属于私法，私法最重要的特点是它调整的是私人之间的关系，也就是民事主体之间的关系，体现私人的意志，并最终实现私人的利益，这也是私法最基本的特点。公司法作为私法，主要是调整投资者之间的关系，也包括其与债权人之间的关系，它体现的主要是投资者的意志，并最终为投资者的投资收入服务，这是最重要、最基本的目的。公司就是一个投资者的工具，公司法就是为投资者提供法律服务的。

如果是这样的话，我们的法律还有什么理由不尊重当事人的意愿和选择呢？如果当事人就公司的事项已经达成了一致的意见，我们的法律还有什么理由去排斥它呢？当事人是自己利益最好的代表者，当事人最清楚自己的利益和需求所在，这就是公司法任意性的根据。

那么，公司法强制性的根据何在呢？因为公司的设立和活动不仅涉及公司内部股东的利益所在，也必然涉及公司之外的第三人、与公司进行交易的相对人、公司未来的债权人，还涉及整个社会交易的安全，甚至整个经济秩序的稳定。那么就需要保障公司之外的当事人的利益，以及整个社会的利益，靠谁来保障呢？仅仅靠公司内部股东之间的协商显然是无法保障的，必须依靠法律的强行介入，而由此形成的法律规范，就必然是强制性的，这就是公司法又要具有强制性的原因。

因此，公司法是一个既有强制性规范又有任意性规范的法。哪些应该是任意性的，哪些应该是强制性的呢？这是需要公司法理论进行进一步研究、探讨的问题。就目前来看，学界对这样的问题已经有了一定程度的研究，也达成了一定的共识。有一种是我本人所提出的一种意见，即可以从内外关系的角度，来界定公司法规范的强制性和任意性，只涉及股东之间利益安排的问题，调整内部关系的规范应当更多地具有任意性；而调整公司外部关系，涉及外部主体利益的事项应该更多地具有强制性。另外，也可以从公司类型的角度来划分公司法的强制性和任意性，调整有限公司，这种人和性、封闭性公司的规范应当更多地具有任意性；而调整股份公司这种公开性、公众性公司的规范应当更多地具有强制性。

（四）对我国旧公司法的总结和检讨

多少年来我国公司法的强制性过度，而任意性不足，甚至很多时候根本没有任意性。在理论上，我们对公司法的任意性缺少应有的研究，在我们大家学的公司法原理的教材当中对这个问题的论述很少，更没有充分的强调；在立法上，对公司法立法上的规定也缺少明确的任意性的规定，或者公司法中任意性的规范少之又少；在法律的适用上，我们对公司法几乎都做了强制性的解释；在司法实践当中，我们执行公司法时，基本上都是把公司法作为强制性法来执行，很少对它做任意性的理解。公司法这种强制性的过度，还形成了实践中公司章程无用的普遍现象。在公司法的理论上、规定上，公司章程都是非常重要的法律文件，章程对公司的地位相当于宪法对国家。但实践中，经常见到的往往是相反的现象，在有些公司当中，章程除注册登记外，是最没有用的文件，其中一个重要的原因就是章程当中本来就没有多少有用的规定，很多公司章程的制定就是互相抄，往往是各种公司的章程都是照抄法律的条文。一旦发生纠纷，要依照章程来做出处理，往往找不到依据。打官司时，律师或是法官问当事人："这个问题法律规定太简单，你们章程中有没有规定？"当事人会毫不犹豫地告诉法官、律师："不用看，法律当中有的，我们章程都有，法律当中没有的，我们的章程中也不会有。"很少有哪个公司的章程跟公司法不同，有的章程有那么三四处跟公司法的规定不同，就算不容易了。形成这种现象的根本原因就是我们法律的强制性过度了，我们把所有的东西都规定死了，当事人没有了自治的空间和余地，久而久之制定章程时，就没有了通过章程来实现自治的法律意识，章程变成了无用的法律文件。

（五）新《公司法》在强制性与任意性方面的改革

新《公司法》条款当中增加了很多任意性的条款，有些是法律上本来属于强制性的条款改成了任意性条款。任意性条款表现的方式主要有两种形式。第一种是法律条文当中规定，公司章程另有规定或当事人另有约定的除外。只要见到这句话，就知道是任意性条文，我们完全可以撇开法律的规定自己另立规则。第二种就是法条当中使用了"可以"的字样，这就意味着当事人可以不这么做，这样的规定同样也属于任意性的条款。粗略统计，这样的任意性条款至少有20余条。总体来说，公司法中的绝大多数条款是强制性，任意性规范在数量上依然是少数，但是它在整个公司制度当中所起的作用是绝对不可忽视的，尤其是在我们国家原来强制性过度任意性不足的这样一个传统和背景之下，新《公司法》的任意性条款就更加令人瞩目，应该引起重视。这会对我们的执法、司法产生重要的影响，以前我们会认定为无效的行为，在新《公司法》实行以后这样的行为就该被认定为有效了。

比如，新《公司法》第76条关于股权继承的问题。对于股权继承，无论是理论上还是实践中都有不同的意见。有人认为股权应该继承，理由是随着社会的发展，股权在公民财产构成当中的地位越来越重要，数额也越来越大，这样的资产在公民死亡之后不被继承，难道还能给别人么？这样的公司不用其继承人来继续，取得继承控制，难道还能转移给外人吗？有人认为股权不能当然继承，因为股权是一种特殊的资产，股权当中既有财产权也有人身权，股权也表明了公司一种特殊的人身关系，尤其是有限公司的股权，它本身表明了股东之间的一种信任和信赖关系，它的基础不仅仅是资本的联合，也包括人的联合。如果一个股东死亡，换作他的子女、亲戚，这样就未见得能合作，公司可能干不下去。所以有人认为这种股权不能当然继承，要继承最多继承股权变卖得到的价款而不能继承股东的身份和资格。新《公司法》就把这个问题规定成一个任意性的条款，让当事人自己去决定。第76条规定："自然人股东死亡后，其合法继承人可以继承股东资格；但是，公司章程另有规定的除外。"也就是说，一般情况下，可以继承，如果公司股东之间的关系很密切，不能够接受股东的继承人随便进来，那可以在章程中做特别的规定，法律予以认同。

又如，新《公司法》第35条关于股东分红的规定："股东按照实缴的出资比例分取红利；公司新增资本时，股东有权优先按照实缴的出资比例认缴出资。但是，全体股东约定不按照出资比例分取红利或者不按照出资比例优先认缴出资的除外。"这表明在股东分红、股东认购新增资本时，原则上是按照出资比例来分配，就是有多大的股权，就分取多大的红利，但是不是就意味着所有的公司就没有别的要求呢？比如，曾有公司章程规定3个股东的股权比例是4:3:3，一个股东40%，另外两个股东各30%，而分配的条款当中，又规定3个股东按人头平分，结果公司干了几年赚了钱以后就打起来了。大股东就说这条无效，因为按照公司法的规定，股东按照出资比例来分配，他拥有40%的股权，凭什么跟其他两个平分呢？他应该分的多啊，公司章程的这条规定是违法的。这样的案件以前我们很可能认定是无效的，允许他反悔，而新《公司法》则把这样的问题认定成了任意性条款，第35条前两句话之后就规定"但是，全体股东约定不按照出资比例分取红利或者不按照出资比例优先认缴出资的除外"。只要全体股东约定，不按出资比例分配，不按出资比例认缴出资，就不受这条的约束，这就把分配的权利交给了公司，公司完全可以做另外的决定。实际当中这种情况不能说很普遍，但的确会发生。我们中外合作企业的分配方式就很灵活，跟出资比例没关系，完全是合同约定，中外合作企业比较普遍的合作方式就是外方先行回收资金，中方后分配，合作企业赚的钱先由外方百分之百拿走，再过几年中方多一点，外方少一点，再过几年，中方再多一些，到最后外方什么也没有，全部资产归中方所有。其实在类似公司中也不排除有特别的这样类似的需要，新《公司法》把它做任意性规定，同样反映了现实的需要。

再如，新《公司法》第72条规定了股权转让的问题。据我了解，司法实践中，因为公司发生的纠纷主要是两大类：第一类是股权转让，第二类就是出资纠纷，可能百分之七八十都是这种情况，所以股权转让也是公司法规范的一个重要内容。新《公司法》第72条共四款，第1款规定："有限责任公司的股东之间可以相互转让其全部或者部分股权。"第2款规定："股东向股东以外的人转让股权，应当经其他股东过半数同意。股东应就其股权转让事项书面通知其他股东征求同意，其他股东自接到书面通知之日起满三十日未答复的，视为同意转让。其他股东半数以上不同意转让的，不同意的股东应当购买该转让的股权；不购买的，视为同意转让。"第1款是对内转让，第2款是对外转让。第3款规定："经股东同意转让的股权，在同等条件下，其他股东有优先购买权。两个以上股东主张行使优先购买权的，协商确定各自的购买比例；协商不成的，按照转让时各自的出资比例行使优先购买权。"这款解决的是对外转让时，其他股东的优先权问题怎么样来行使。在每一句话的背后可能都有大量的案例在支撑，这意味着只要出了问题就有法可依，但同时这么细密的规定也使公司股权转让变得很复杂，更容易发生争议。如果公司的股东意识到这种转让的麻烦，可以不按照公司法规定，自己约定一个新的规则。新《公司法》把这条规则就规定成了任意性的条款，最后规定："公司章程对股权转让另有规定的，从其规定。"这是又一个典型的任意性条款，新《公司法》中这样的条款还有很多。

三 新《公司法》关于资本制度的改革

（一）最低资本额

这是在新《公司法》第26条和第81条中分别规定的，第26条规定的是有限公司的最低资本额，第81条规定的是股份公司的最低资本额。有限公司最低资本额从原来的10万元、30万元、50万元统一调整为3万元，股份公司由原来的1000万元下调到500万元。

（二）股东出资方式与出资比例结构

这规定在新《公司法》第27条中。原《公司法》统一规定了5种法定的出资形式，就是货币、实物、土地使用权、工业产权和非专利技术。新《公司法》第27条规定："股东可以用货币出资，也可以用实物、知识产权、土地使用权等可以用货币估价并可以依法转让的非货币财产作价出资"；这句话前面列举了四种出资形式，后面规定了一个弹性的抽象的出资标准，这就是两个要件：第一是可以用货币估价，第二是可以依法转让。只要具备这两个要件的任何非货币的财产，都可以作价出资。这就把公司股东的出资形式彻底放开了，符合这两个条件的财产远远超过原《公司法》规定的形式。其中包括这几年广泛讨论、实践中也普遍存在的股权和债权出资，也包括经常讨论的经营权、承包权、收费权等出资的问题。在这样的标准下，判断一项财产能不能作为有效出资方式，不是看法条中列举的几项，更重要的是要进行要件判断，即可不可以评估作价为一定的金额、能不能依法转让，股东可以转让给公司，将来公司又可以转让给债权人，清偿债务。只要具有了这两个特性，任何财产都可以作价，这是出资方式上的扩大。立法的目的就是鼓励投资创业，要充分利用各种社会财富，满足公司经营的需要。另一个就是出资比例结构的变化，原《公司法》规定公司出资当中无形资产的出资不得超过资本总额的20%。法律允许无形资产作价出资，但又限定了最高比例不得超过资本的20%。为了适应高新技术公司的发展，在1999年公司法修改时，允许无形资产的出资额扩大到35%。这次新《公司法》彻底取消了无形资产比例的限制，而是规定了货币出资的最低比例，即货币出资不得低于资本总额的30%。除了货币出资之外的其他财产形式，公司法不再做强制性规定，就此可以推论，无形资产的投资占资产总额的比例可以最高达到70%，也就是说除了30%的货币之外，其他都可以是无形资产。这是新《公司法》在股东出资方面的又一个变化。

（三）资本的分期交纳

原《公司法》实行的是严格法定资本制、一次缴纳制。也就是公司的注册资本都是实收资本，注册资本在公司设立时必须一次性缴清，否则就是虚假资本，要承担严格的法律责任。新《公司法》第26条和第81条规定允许采用分期缴纳制，可以根据公司章程规定，分期分批缴纳。首先第26条规定："有限责任公司的注册资本为在公司登记机关登记的全体股东认缴的出资额"。这句话与原《公司法》相比，只有一个字的变化，原来是全体股东"实"缴的出资额，现在改了"认"缴的出资额，这就意味着注册资本不一定是实收资本，而完全可以是一个认缴的资本。认缴意味着认了、承诺了，但是还没有实际缴纳。一字之变，说明我们公司法注册资本的概念发生了根本的变化，以后我们再判断一个公司资本是否真实、股东是否出资到位、是否履行出资义务时，就不能简单地根据注册资本来看，要做具体的分析。这是第一句话。第二句话是"全体股东的首次出资额不得低于注册资本的百分之二十，也不得低于法定的注册资本最低限额。"这就意味着资本可以分期缴纳，对第一次的出资数额有最低的要求，并不得低于法定的注册资本的最低限额，即第一次20%的绝对数额不得低于公司法规定的最低资本额，如有限公司不得低于3万元，股份公司不得低于500万元。有人认为最低注册资本为3万元，第一次出资额是20%，所以现在办公司只要6000元。这是一种误解，因为第一次出资额不能低于法定最低限额，也就是说3万元是底线，是必须缴纳的，其余部分由股东自公司成立之日起2年内缴足，其中投资公司可以在5年内缴足。归纳起来，分期缴纳归纳为5句话：第一是注册资本可以是认缴资本而不一定是实缴资本，第二是首次出资额是20%，第三是最低达到法定资本，第四是 2 年内缴足，第五是投资公司 5 年内缴足。这是新《公司法》的分期缴纳制度。

（四）转投资的限制与取消

原《公司法》对于转投资有着严格的限制：公司对外投资额不得超过其净资产的 50%。这个规定制约了公司正常的经营与需求，很多公司经营不赚钱没法给股东带来投资回报，它就需要对外投资，法律规定不得超过净资产的 50%，净资产就是资产所附带的余额，很多公司可能有大量的资产，但不一定有多少净资产。比如说一个公司有一个亿的资产，但投资有 9000 万元的国债，它的净资产是 1000 万元，它对外投资时就是净资产的一半，只有 500 万元。假如该公司的资产结构进一步恶化，有一个亿的资产，同时还欠银行一个亿的负债，它的净资产是零，没有净资产就意味着这个公司丧失了投资能力和资格，不能对外投资，但是这个公司明明占有、支配、使用一个亿的资产，却只能自己用，不能对外投资，而对于这个公司来说，越经营越赔钱，经营得越大赔得越多，就形成了很多公司投资的需要跟立法的冲突。新《公司法》彻底取消了转投资比例的限制。现在唯一的限制就是公司对外投资不得成为连带责任的出资人，我们的解释是公司不能做其他合伙企业的合伙人，因为合伙人要承担连带的责任，是个出资人责任。但刚刚通过的《合伙企业法》与原《合伙企业法》相比，发生了很大的变化：增加了个有限合伙形式，修改了关于合伙人的规定，原来合伙企业的合伙人只能是自然人，但现在允许法人作为合伙人，而且也没排除公司，公司也是法律允许的合伙人；但不允许国有公司、上市公司、事业单位作为合伙人，而没有把公司、有限公司、股份公司排除在外。因此，从此时起，在新《公司法》中对转投资"不得成为连带责任的出资人"的限制，在《合伙企业法》中不属于禁止性的规定，公司也可以合伙，成为合伙人来承担连带责任。但这个规定看起来是矛盾的：新《公司法》本来是不允许的，《合伙企业法》又允许了，这是立法上的矛盾。在立法过程中，我们已向全国人大提出了《合伙企业法》与《公司法》的冲突问题，但全国人大的同志坚持这个意见，理由是新《公司法》第 15 条规定，公司可以向其他企业投资，但除法律另有规定外，不得成为对所投资企业的债务承担连带责任的出资人；现在《合伙企业法》就可以有另外的规定，就可以例外，所以它们是不矛盾的。但把合伙企业排除在外了，还有哪一个是连带责任出资人，我国又没有无限公司。

（五）股份回购制度的限制与放宽

原《公司法》对股份回购是严加限制的，原则上不允许。原《公司法》第 143 条规定，公司不得收购本公司股份，但是有下列情形之一的除外：第一，减少公司注册资本；第二，与持有本公司股份的其他公司合并。这两种情况最终是要把股份消灭掉，如要减资，先买回来把它消灭。新《公司法》在前两种情况外又增加了两种例外规定。第三种是将股份奖励给本公司职工，也就是所谓的股份奖励计划，也称股票期权计划，还有的叫经理层持股计划、员工持股计划，共同的目的就是把管理者和公司的发展、利益联系在一起，公司要把自己的股份奖励或者发行给它的管理层或者员工。这些方案当中，共同面对的问题是用于奖励的股份从哪儿来？当然可以是发行新股，但发行新股并不是所有公司的选择，公司更多的考虑是把已经发行的股份买回来，即在证券市场收购自己已经发行的股票，然后某个时候再把这些股票卖给员工，特别是上市公司，这就与原《公司法》发生了冲突。为了使公司奖励制度不存在这样的法律障碍，所以新《公司法》就规定了第三种允许回购的情况。第四种情况是股东因为对股东大会做出的合并、分立决议持有异议，要求公司收购其股份的，这叫异议股东股份收购请求权，即异议股东持有反对意见，有权要求公司收购自己的股份。公司要进行一些重大的交易活动，会发生一些重大的变化，为此要做出一些重大决策，这种决策由股东大会来决定，而股东大会实行的又是多数表决，无论是半数还是三分之二的多数，总之是多数表决，此时只要是拥有多数表决权的股东赞成，决议就能够通过，而其他中小股东即使反对也没用。但这种决策很有可能只有利于大股东，而有损于中小股东的利益。法律就赋予中小股东一种权利，即可以要求公司把自己的股份买回去，以退出来保障自己的利益。与此相对应，公司就有义务把这部分股东的股份买回，这就形成了新《公司法》第143条允许公司回购的第四种情况。

四　新《公司法》对中小股东的保护

（一）少数股东召开股东大会的请求权、召集权与主持权

原《公司法》第101条、第102条规定了少数股东召开股东大会的请求权、召集权和主持权。因为通常股东大会的召开是由董事会召集、董事长主持，实践中，中小股东为了保护自己的利益，他们认为一些问题应该召开股东大会来讨论，但董事会拒不召集股东大会就没法召开，中小股东也就没法表达自己的意见、行使自己的权利，导致很多公司的中小股东利益受到损害。新《公司法》特别规定了少数股东只要达到了一定的比例即10%，就有权来请求公司召开股东大会，如果董事会拒绝，有权自行召集而且董事长不主持时，还可以自己来主持；从请求召开的权利到自己召开的权利，最后到主持的权利都给了中小股东，这是新《公司法》保护中小股东的一个重要举措。

（二）股东知情权即查阅公司会计账簿的权利

新《公司法》第34条规定了股东的知情权，其中最主要的是查阅公司账簿的权利，简称查账权。在我国公司实践中，一般不怎么看重知情权，对股东来说更多是关心分配权、表决权。股东知情权是股东非常重要的一项权利，一个股东不了解公司的情况，不知道公司经营的结果、盈利情况，如明明公司盈利，董事长却说亏损，明明赚了1000万元，董事长却说就赚了100万元，此时股东的分配权是无法保

障的。假设一个股东不了解公司的经营管理机构如何履行职责,不知道董事经理是否有侵占公司财产、转移公司利润等行为,又怎么在股东大会上行使选举权、罢免权？即使行使也是盲目的。但原《公司法》对知情权只规定了股东可以查阅公司的章程、公司财务会计报告、股东大会会议决议。这个知情权的信息是远远不够的,不足以根本上保障股东的利益。实践中争论最大的问题就是股东有没有权利查阅公司的会计账簿、会计信息。有两个特别值得担心:第一个是查账权会不会严重干扰公司正常经营,股东会不会滥用查账权;第二个是查账会不会泄露公司的商业机密,因为财务账簿当中包含着很多公司的商业信息、营业的情况、交易的金额。总的来说,为了保护中小股东的利益,新《公司法》第34条明确规定了股东享有查账权。但怎样解决查账权产生的副作用呢？

新《公司法》又规定,股东要查阅公司会计账簿,应该向公司提出书面请求,说明目的,公司有合理根据认为股东查阅账簿有不正当目的,可能损害公司合法利益的,可以拒绝提供查阅。因此,查账权是有条件的,不能滥用,必须基于正当的目的和合理的根据。但什么叫正当的目的、合理的根据,如何来判断,只有通过司法程序解决,由中立的法院来做裁判,法院认为正当就查,认为不正当就不查。

（三）公司担保与关联股东表决权的限制

原《公司法》第61条第3款规定公司的董事、经理不得以公司资产为本公司的股东或其他个人提供担保。对这句话一直有不同的观点。有的认为这句话禁止的是董事、经理个人的担保,也就是董事和经理不能擅自做主,以公司资产为股东个人担保,而不禁止公司集体决策来提供担保。另外一种观点认为,这一条不仅是对董事、经理个人的限制,也是对整个公司对外担保能力的限制,即使公司的董事会、股东会集体决策,股东为个人担保也是无效的,公司就没有为个人担保的权利能力。最高法院在有些判决中,实际上采纳了第二种观点,也就是公司就不能为股东担保,就是集体决议也不行,在上市公司的有关规定中有明确的规定,上市公司不得为其股东提供担保。司法、行政机关形成此种认识的原因是很多公司大股东利用担保,获取不正当的利益,损害中小股东利益;尤其是在上市公司中,很多公司是大股东对公司利益的侵占,不当利益的获取,不是明火执仗地抢,可能通过合法的形式,其中最重要的一个形式就是担保,就是股东让公司担保,到期还不了,最后让公司来还,因此形成了大股东套空上市公司的一个形式。正是为了遏制这种行为,所以才会明令禁止,法院也采取了这个态度,这是否定担保的一个客观原因。但考虑到我们国家发展市场经济,很多的民事行为交易都需要担保,而担保的资源又是非常紧缺的,应该担保大部分是发生在有利害关系的当事人之间,而公司跟股东就是这种最普遍的利害关系,如果法律完全把它禁止了,会使得我们本来已经紧缺的担保资源变得更为紧缺,很多的商业交易没法进行。新《公司法》统筹考虑形成了第16条,其中第1款规定了担保和投资两个问题,公司向其他企业投资或者为他人提供担保,依照公司章程的规定由董事会或者股东会或者股东大会决议。公司有完全对外的担保能力,只是在提供担保时,必须集体决议,由哪个机构来决议,由自己的章程来决定。第2款规定,公司为股东或实际控制人提供担保的,必须经过股东会或股东大会决议。公司完全可以为股东、为实际控制人提供担保,只不过要经过股东会或股东大会决议,而不能由董事会来决议,提高了决策的层次,要让全体股东来决定。前款规定的股东或受前款规定的实际控制人支配的股东,不得参加前款规定事项的表决。

(四) 异议股东股份收买的请求权

新《公司法》第75条规定有下列情形之一的,对股东会该项决议投反对票的股东,可以请求公司按照合理的价格收购其股权:第一,公司连续五年不向股东分配利润,而公司该五年连续盈利,并且符合本法规定的分配利润条件的;第二,公司合并、分立、转让主要财产的;第三,公司章程规定的营业期限届满或者章程规定的其他解散事由出现,股东会会议通过决议修改章程使公司存续的。在这三种情况下反对的股东有权要求公司把股权买回。这就是股权退出机制,这些年来我们公司法的制度是只能进不能出,或者好进不好出,只要投资了,出去可就难了,唯一的退出办法就是转让股权,如果转让不出去就不能退。但很多公司经营一段时间后,股东之间矛盾深重,对立尖锐,根本无法合作,在这种矛盾状态当中,大股东不着急,其把握着公司的管理权,公司的公章、财务都在其手里,着急的是那些中小股东,因为中小股东管理说了不算,也不知道赔赚,到年底总是亏损,要出出不去,要转没人要(因为公司发生矛盾时,别人不敢接,股权转不出去),所以中小股东特别需要一个合法的退出机制。新《公司法》为了加强对中小股东的保护,借鉴国外的经验,建立了股份回购请求权制度。

(五)公司司法解散请求权

新《公司法》第183条规定了公司司法解散请求权。原《公司法》修改前,实践中公司干不下去了,当事人请求法院判决解散,但这种请求到了法院以后,法院没有法律依据不敢判。但股东大会根本做不出决议,因为股东之间的矛盾尖锐对立,你的提案我反对,我的提案你也反对,我要求开会他不来,他要求开会我也不去,即使开了会也通过不了任何决议,解散的决议当然也做不出来,这在法律上叫公司僵局。公司的权力机构瘫痪,无法正常运转,大股东把持着公司不着急,小股东着急,因为这种情况继续下去,小股东的利益会受到严重损害,如果公司现在解散还能分点财产,收回点投资,但继续下去公司财产可能让大股东都转移光,所以小股东这时最需要的就是赶快把它解散。新《公司法》借鉴国外的制度,在第183条规定了司法解散请求权,即"公司经营管理发生严重困难,继续存续会使股东利益受到重大损失，通过其他途径不能解决的，持有公司全部股东表决权百分之十以上的股东，可以请求人民法院解散公司"。该请求权的要件有四个：一是公司经营管理发生严重困难，最主要的情况就是公司陷入僵局；二是继续存续会使股东利益受到重大损失；三是通过其他途径不能解决的；四是持股在10%以上的股东才有这个权利。

（六）股东代表派生诉讼

股东诉讼有两种：一种是直接诉讼，就是股东为了自身的利益，而向有关的人起诉；另外一种是代表诉讼，也叫间接诉讼或派生诉讼，是指股东为了公司的利益，而以自己的名义向有关责任人起诉，代表公司提起诉讼。本来公司的利益受到损害，该由公司作为原告提起诉讼，但由于其他原因，公司无法或者不能行使这种诉讼权。比如公司的董事长侵犯了公司的利益，公司应该向董事长追究责任，但公司掌握在董事长手里，他不行使诉权，公司就没法行使，股东就可以自己的名义代表公司，为了公司的利益起诉董事长。这样的情况很多，公司利益受损，公司又不行使诉权，有的股东就起诉，但他无权代表公司，到法院立案时要公司的介绍信、法定代表人身份证明、法定代表人的授权，否则法院不受理。股东拿不来，因为要告的是董事长，他不授权、不盖章，股东就代表不了公司。

代表诉讼在国外发展了很多年，我国原来没规定，在实践当中，地方法院和最高法院也在逐渐采用，新《公司法》第152条做了系统的规定，如有第150条中损害公司利益的情况，持有一定股份以上的股东可以请求监事会监事，或者是董事会的董事提起诉讼，如果监事会或董事会不提起诉讼，股东可以为了公司的利益以自己的名义直接向法院提起诉讼；他人侵占公司权益，给公司造成损失的，股东可以根据规定，向法院提起诉讼。代表诉讼的对象是董事、高管人员和侵犯公司利益的他人，因为代表诉讼最初是从对董事和高管人员的追究起源和发展开始的，到后来又扩大到了所有对公司有侵犯性的当事人，因此代表诉讼的被告可以是任何人，只要损害了公司的利益，公司可以向任何人起诉，原告就是公司的股东，但新《公司法》同时规定了一个限制条件：有限责任公司的所有股东、股份有限公司连续180天以上单独或合计持有1%以上股份的股东。有限责任公司所有股东都可以，但对股份有限公司的代表诉讼进行了限制：一是持股在1%以上，二是持股的时间在180天以上，目的是防止代表诉讼的滥用。比如上市公司，有人今天买了1%的股份后，马上就告公司，告完以后就卖掉股份，买股票的目的就是告上司，上市公司最怕诉讼，一诉讼对它的声誉有影响，有理没理反正是负面影响产生了，股票价格就波动，为了防止滥诉，所以持股必须连续180天以上，跟公司有一个比较稳定的利益关系。新《公司法》又规定行使代表诉讼之前，要告董事或董事会先向公司监事会请求，要告监事先向董事或董事会请求，让他们提起诉讼，只有他们不提起的，才由股东自己提起，这叫代表诉讼的前置程序，同样是防止滥诉。

最后，代表诉讼是为了公司的利益以自己的名义起诉，为了公司的利益就意味着诉讼的结果，尤其是胜诉的有利结果，要归属于公司，在新《公司法》颁布之后，就有股东要提起诉讼，因为一个大股东占有公司资金，公司早就应该要了，却不要，因为公司控制在大股东手里，因此，要起诉大股东，返还占用的资金。该股东要求将占用资金返还给原告，原告是股东，这样请求肯定被驳回，有利的结果应该是返还给公司，这才是代表诉讼；要是打输了就自己兜着，打赢了公司给出费用，这是为了防止滥诉，法律没有规定，但法理一般都是这样解释。另外代表诉讼是以股东的名义提起的，不需要公司的授权，只要证明是股东，就可以提起诉讼，法院就应该受理。总的来说，代表诉讼也是新《公司法》又一个重要的制度调整。

（本文原载于《国家检察官学院学报》2007年第2期）

现行公司资本制度检讨

彭 冰[*]

公司资本制度一度被认为是现代企业制度的核心和灵魂。[①] 我国公司法关于公司资本的规定占据了该法相当部分的内容。这些规范以强制性为主要特征，对公司的经营活动有诸多限制和影响。本文试图论证，公司资本制度来自商业惯例的观点并不成立，因此，现行公司资本制度所采取的强行法形式，并无理论上的根据，其合理性仍需进一步证明。

一 国内学界对于公司资本制度的检讨

国内学界在讨论《公司法》修改中，对现行的公司资本制度提出了诸多批评，相关检讨文章最近两年逐渐增多。尽管大家都承认，中国现行的公司资本制度是国际上最为严格的制度之一，限制了公司经营，造成了效率浪费，在如何对待现行的公司资本制度上，学者们并没有达成一致意见。

多数学者认为，在我国目前信用缺失的状态下，保持甚至加强现有公司资本制度而非取消，应是最为符合我国实际的选择。[②] 有学者

---

[*] 彭冰，北京大学法学院经济法教授。
[①] 江平：《现代企业的核心是资本企业》，《中国法学》1997年第6期。不过该文显然是被误读了，因为文中所谓"资本信用"并非仅指注册资本的信用，还包括资产信用在内的广义概念。参见赵旭东《从资本信用到资产信用》，《法学研究》2003年第5期。
[②] 除傅穹、郭富青和赵旭东等学者坚决主张取消现有公司资本制度外，大多数学者均主张在现有信用缺失的状态下，仍然保持甚至加强现有的资本制度，最多在一些较为严苛的限制上有少许放松。

认为，公司资本制度是由商人习惯法为适应公司成为法人的需要而上升为法律的，是"为了节约交易成本而将商业惯例法律化的结果"①。虽然基于立法当时的历史背景，中国公司法中政府管制的因素确实过多，但是这不能否认公司法中相当一部分监管规则来源于商事交易习惯的事实。现行公司资本制度的主要功能在于保护债权人，在我国目前对公司债权人保护制度并不完善的情况下，现行公司资本制度至少起到了帮助建立公司信用的作用；而放松对公司资本的控制，则可能导致信用状况的进一步恶化。②

在一些学者看来，法律不是由立法者当初设计好的，而是在吸收商人习惯法基础上长期演变的结果，是各个参与人长期博弈的一种均衡。③ 上述论述的逻辑即认为：既然公司资本制度来自商业惯例，自然也就证明了其合理性。

但是，中国现行公司资本制度的特征主要在于其强制性，上述证明该制度合理性的论述，恐怕仍然需要在两个问题上进一步论证：公司资本制度在中国实践中真的是债权人在保护自己的过程中所形成的商业惯例吗？即使公司资本制度在一定程度上可以保护债权人，但在法律条文上一定要采取强行法形式吗？

二 我国现行公司资本制度的基本特征

法律意义上的公司资本是股东为达成公司目的事业，对公司所为财产出资的总额。④ 公司资本制度则是围绕公司资本的获得、维持而形成的一整套相关的公司法规则。

公司资本制度在我国产生的历史很短。虽然早在 1979 年《中外合

---

① 徐晓松：《论公司资本的法律管制及其改革》，载王保树编《全球竞争体制下的公司法改革》，社会科学文献出版社，2003，第 506 页。
② 徐晓松：《论公司资本的法律管制及其改革》，载王保树编《全球竞争体制下的公司法改革》，社会科学文献出版社，2003，第 507 页。
③ 张维迎：《产权、政府与信誉》，三联书店，2001，第 56 页。
④ 柯芳枝：《公司法论》（上），三民书局，2002，第 143 页。

资经营企业法》(第 4 条) 中就明确提出了"注册资本"的概念, 但是仅仅局限于外商投资企业。内资企业直至 1993 年颁布《公司法》时才正式确立注册资本制度。这与我国企业法人制度的发展密切相关: 我国在《公司法》中才含混地确立所谓的"法人财产权", 承认公司对股东投入的资产拥有独立权利。在此之前, 一直使用的是"注册资金"概念: "注册资金是国家授予法人经营管理的财产或者企业法人自有财产的数额体现。"① 即使在现在, 全民所有制企业仍然沿用"注册资金"制度, 其他各类企业则实行注册资本制, 即所谓"注册资本双轨制"。② 我国公司法学界秉承我国台湾地区公司法学界的习惯, 将公司资本制度区分为所谓的法定资本制、授权资本制、折衷资本制, 以及认可资本制。③ 这种区分以公司设立时资本额度是否确定作为标准, 我国现行公司资本制度被归入法定资本制度。④ 虽然这种区分较为明确, 便于操作, 但其实与国际公司法学界所讨论的法定资本制 (legal capital rules) 并非一回事。

以美国为例, 美国公司成立时资本额度设定, 一个世纪以来一直采取的是授权制, 由股东在章程 (article of association) 中标明授权股份总额, 即授权资本 (authorized capital)。这些股份也许并不发行, 何时发行由董事会决定。但在加州公司法和模范公司法变革之前, 美国各州的公司法仍然对资本有一系列的强制要求, 诸如不能低于票面发行、出资方式的限制、防止"注水股票" (watered stock)、没有盈余禁止分配利润等。这套规则也被称为法定资本制, 直至加州公司法

---

① 见 1988 年颁布的《企业法人登记管理条例》第 12 条。
② 刘燕: 《对我国企业注册资本制度的思考》, 《中外法学》1997 年第 3 期。实践中, 《法人登记条例》与《公司登记管理条例》并行, 但交叉适用: 在注册资本事项方面, 全民所有制企业按照《法人登记条例》登记注册资金, 其他各类所有制性质的企业均依照《公司登记管理条例》和《公司注册资本登记管理暂行规定》登记注册资本; 其他登记事项, 公司法人执行《公司登记管理条例》, 其他各种企业组织形式依旧执行《法人登记条例》。
③ 参见柯芳枝《公司法论》(上), 三民书局, 2002, 第 144~149 页; 江平、方流芳编《新编公司法教程》, 法律出版社, 2003, 第 73~76 页。
④ 参见冯果《现代公司资本制度比较研究》, 武汉大学出版社, 2000, 第 20~25 页。

和模范公司法最终抛弃了该制度。[1]

迄今为止，英国在资本额度设定上也采取授权制。但与美国现行公司法相比，英国法中规定的公司资本制度较严格，包括通过判例法发展出来的适用于所有公司的规则，以及在欧盟公司法第二指令强制下，公司法对公众公司所设定的更为严格的规则。[2] 该套制度同样被称为法定资本制，并成为人们呼吁改革的对象。

一些学者早已认识到："我们在用一个形同而实异的'法定资本制'这一术语，在一个虚拟的理论平台，讲述着两个不同的故事。"[3] 我国学者将法定资本制等同于确定资本制，但美国、英国学者所谓的法定资本制，甚至对欧盟公司法指令中法定资本制的称呼[4]都与资本确定无关，[5] 而仅仅指的是法律上通过强行法的形式对资本形成、维持所做的种种限制。

从这个角度重新审视现行公司资本制度，我们可以发现，我国现行公司资本制度的根本特征不在于所谓的实缴资本制，而在于该制度具有最为严苛的强制性。其不仅规定了全球最高的最低出资限额，而且要求实缴资本并且围绕实缴资本，按照大陆法流行的所谓资本确定、维持、不变三原则，形成了一整套极为严格的注册资本制度。这套制度的最根本特征就是强制性，以牺牲公司的自由活动范围为代价，达成所谓"保障债权人利益"的目标。

目前学者对现行公司资本制度的检讨，从表面来看，着重于

---

[1] Lewis D. Solomon et al., *Corporations: Law and Policy*, Second Edition West Publishing Co., 1988, pp. 174 – 208.

[2] 关于英国相关制度的全面介绍，参见 Andrew McGee, *Share Capital*, Butterworths, 1999。

[3] 傅穹：《法定资本制：诠释、问题、检讨》，载蒋大兴编《公司法律报告》（第1卷），中信出版社，2003，第232～233页。

[4] 对于欧盟公司法中法定资本制的批评，请参见 Luca Enrique & Jonathan R. Macey, "Creditors Versus Capital Formation: the Case Against the European Legal Capital Rules," 86 *Cornell Law Review*, 1165 (2001)。

[5] 傅穹：《法定资本制：诠释、问题、检讨》，载蒋大兴编《公司法律报告》（第1卷），中信出版社，2003，第235页。

公司设立时资本额度是否确定，诸如是否采取授权资本制之类，但其实质是呼吁放松现行公司资本制度中的强制性，给予公司更大的自由活动空间。[①]本文将沿着此种理论进路，通过对债权人商业实践的研究，检讨现行公司资本制度是否为债权人保护的商业惯例，[②]是否需要上升为法律，从而进一步质疑现行公司资本制度的强制性。

三　公司资本制度是否为债权人保护的商业惯例

（一）公司资本与市场需求

公司资本由股东出资构成，成为公司在经营过程中最初可以使用的自有资产。对于公司来说，股东不能抽回出资，也没有确定的利润分配请求权，因此，资本成为公司经营中可以自由使用的资产，没有固定回报的压力，并且可以用来弥补经营中的亏损。

从公司融资的角度来说，在预期项目成功可能性较大的情况下，公司的控制者（股东）一般更愿意公司使用自有资金经营（内部融资），因为盈利可以完全由现有股东分享；在自有资金不足的情况下，更愿意采取债权融资的方式，给予债权人固定回报，自己享有剩余索取权。然而，因为有限责任的存在，即使在预期项目成功可能性不大的情况下，公司也更愿意采取债权融资的方式，这样现有股东仍然可以享有经营成功所带来的额外收益，而项目失败，则股东仅仅损失其出资。这就是在公司结构中债权人与股东之间的利益冲突：公司会在债权融资模式下，承担过度的风险。[③]

为了应对此种风险转嫁，债权人会要求在公司获得债权融资

[①] 持此观点最为鲜明激烈的当数方流芳先生。参见方流芳《温故知新——谈公司法修改》，载郭锋、王坚主编《公司法修改纵横谈》，法律出版社，2000，第35～42页。

[②] 一般认为公司资本制度有保护债权人和股东两重功能，但鉴于我国学界目前的讨论主要限定于其债权人保护功能，因此本文从债权人保护角度着手。

[③] Luca Enrique & Jonathan R. Macey, "Creditors Versus Capital Formation: the Case Against the European Legal Capital Rules," 86 *Cornell Law Review*, 1165 (2001), pp. 1168 – 1174.

之前，股东也必须投入一定的资本从而增加股东在投资中的相关性，防止其过度冒险；并且因为在公司清算时，债权的受偿次序要先于股权，因此，这些股东出资也等于构成了对债权的一种担保，使债权更有保障。这正是公司资本制度对债权人保护的理论基础。

从实践来看，即使美国很多州允许 1 美元设立公司，但是大多数公司仍然投入了相当数额的资本；中国公司法规定的最低资本限额虽然较高，但实际上很多公司自愿设定的注册资本额度往往要高于法定最低资本限额。这都说明公司资本自有其功能，为市场所需要。不过，公司资本有市场需求，并不等于必须在公司法中规定公司资本制度；即使在公司法中规定公司资本制度，也并不一定必须采取强行法的形式。

（二）公司资本制度是否为债权人保护的商业惯例

公司资本对债权人保护有一定的作用和市场需求，但是对于这种作用又不可高估。公司资本代表股东对公司的出资，这些出资要用于公司经营、弥补亏损、分配利润，并非固定不变的数额，过分强调资本对债权人的保护作用，只是一个神话。[①]

对于这种有一定作用的制度，债权人是否在商业活动中经常适用，以至于形成了商业惯例，取决于这种制度保护债权人的效果如何，以及达至该效果的成本有多大。对此，恐怕不能简单下一个结论，而是需要研究债权人的商业实践。

现行公司资本制度主要涉及两个方面的内容：一方面是关于资本确定的相关规范，包括实缴资本、出资的真实性等要求；另一方面是关于资本维持和不变的制度，主要限制公司在设立后对于资产

[①] 对于公司资本对债权人保护的局限性，我国很多学者都有认识。注册资本只是一个账面数字，通常所谓的"注册资本是公司承担民事责任的最后一道防线"只不过是一个美丽的童话。参见刘燕《对我国企业注册资本制度的思考》，《中外法学》1997 年第 3 期；赵旭东：《企业与公司法纵论》，法律出版社，2003，第 217～222 页。

或资本的处置。从保护债权人的角度来说，关于资本确定的规范可以提高公司弥补亏损的自有资金额度，减少了公司风险；关于资本维持和不变的制度可以防止公司在债权人融资之后减少资本、增大债权人的风险。因此，考察债权人与公司资本制度的关系，可以从两个方面着手：公司的资本是否成为债权人评估风险的依据；债权人是否会在合同中规定类似于资本维持和不变制度的限制条款。

商业银行作为专业的贷款发放者，是较为成熟的债权人，有一套完整的防范风险的机制，因此，本文在研究债权人实践时，将商业银行作为主要研究对象。

1. 商业银行贷款发放要考虑的因素

关于中国商业银行贷款的实践，目前金融学界有一些初步研究。综合利用几种数量模型分析商业银行对企业资信评价行为，王煦逸认为商业银行在对企业资信进行综合评价时，主要考虑的指标，按权重大小排列依次为：是否有问题贷款、企业账户资金周转、从客户获利情况、销售盈利率、流动比。其中，是否有问题贷款反映的是企业信用状况；企业账户资金周转和企业流动资产与流动负债之间的流动比均反映的是企业流动性，"反映了银行对于自己可以控制资金流向的重视程度远远大于对企业总体资金流动情况"；从客户获利情况和销售盈利率均反映了企业的获利能力。[①]

2003年福建省金融学会和美国阿波罗金融科技公司联合对福建省内4家国有独资商业银行和5家股份制商业银行1162个机构中3417名信贷员、1373名信贷管理人员进行问卷调查，以分析和掌握银行在信贷决策过程中对信息种类的需求等，增进对银行信贷决策过程的了解。

调查结果显示：9家商业银行参与调研的4712名信贷员和信贷管

---

① 王煦逸：《商业银行客户资信评价模糊综合判别模型》，《金融研究》2002年第7期。

理人员，对调研人员根据国内外信贷实践设计的商业银行在对企业授信过程中定性评价的 23 个信息要素和定量评价的 28 个信息要素，均表认同。这 23 个定性评价指标和 28 个定量评价指标按照得票比例分别如表 1 所示。①

表1　23 个定性评价指标和 28 个定量评价指标的得票比例

单位:%

中小企业信用定性评价指标（23 个信息要素）	应考虑（得票比例）	中小企业信用定量评价指标（28 个信息要素）	应考虑（得票比例）
财务报表中详细数据的可信度	100.00	净资产	100.00
借款单位股东的资信情况	97.87	流动比率	99.06
所有权的清晰程度	95.92	销售利润率	98.78
领导者的信用意识	95.09	速动比率	98.29
在过去两年公司现金流量是否稳定	94.79	资产负债率	98.16
在过去三年是否有违约行为	94.48	销售增长率	96.82
担保	94.39	息税前盈余	96.05
领导者的经营管理能力	94.31	资产回报率	96.04
提供其他银行借贷信息的意愿	93.18	存货周转率	94.76
报表审计情况	92.26	营业利润率	94.66
员工整体素质	92.05	利息保障率	94.57
借款单位主营业务在总体业务中的重要性	91.74	净值回报率	94.43
产品业务周期	91.57	应收账款周转率	94.30
公司在商业环境和竞争方面的防御能力	91.50	固定资产净值率	93.70

---

① 福建省金融学会、美国阿波罗金融科技公司联合课题组：《信息结构与金融技术支撑：小企业信贷市场的实证研究》，《金融研究》2003 年第 11 期。需要注意的是，这里的得票比例并不表明重要性，而只是表明是否会为被调查者认同为对企业评价中必须使用的指标。同时这个调研的缺陷在于，这些指标是调查者事先列好提供给被调查者选择的，很可能存在被调查者在实践中使用但没有被列入的指标，该文没有说明是否要求被调查者列出那些可能在问卷中不存在但实际使用的指标。

续表

中小企业信用定性评价指标（23个信息要素）	应考虑（得票比例）	中小企业信用定量评价指标（28个信息要素）	应考虑（得票比例）
会计原则	89.83	资产周转率	92.80
领导者在位的稳定性	89.40	净资产与年末总体债务比率	92.27
借款单位所运营行业的相对增长率	89.37	营业性现金净流入与流动负债比率	91.80
客户群的稳定程度	88.51	营运资金	91.68
公司业绩与内部预算差异	87.48	资产净值率	87.73
在本行存贷比	87.36	毛利率	87.34
在本行的还贷情况	86.03	息税前盈余增长率	87.34
借款人收入来源的分散化程度	86.01	总资产现金比率	87.20
与本行的合作时间	80.75	总资产流动现金比率	86.30
		营运资金周转率	86.05
		有形净值债务率	81.74
		研发销售率	79.86
		销售收入与短期债务比率	79.81
		职工人数	79.10

注："应考虑"是指被调查对象认为在授信过程中应考虑的评价信息要素。

其中，虽然被调研者对上述指标中哪些最为重要的认同度差异较大，但是综合重要性前十位得票比例，可以列出被调查对象认为最重要的一些指标，如表2所示。[①]

表2　23个定性评价指标和28个定量评价指标中重要性前十位的得票比例

单位:%

中小企业信用定性评价指标	重要性前十位得票比例	中小企业信用定量评价指标	重要性前十位得票比例
领导者的信用意识	71.43	资产负债率	75.25
领导者的经营管理能力	64.07	流动比率	67.28
借款单位股东的资信情况	62.03	净资产	60.40

---

① 福建省金融学会、美国阿波罗金融科技公司联合课题组：《信息结构与金融技术支撑：小企业信贷市场的实证研究》，《金融研究》2003年第11期。

续表

中小企业信用定性评价指标	重要性前十位得票比例	中小企业信用定量评价指标	重要性前十位得票比例
担保	52.29	速动比率	51.55
财务报表中详细数据的可信度	46.90	销售利润率	49.81
在本行的还贷情况	44.33	资产回报率	38.14
在过去两年公司现金流量是否稳定	41.81	应收账款周转率	34.25
所有权的清晰程度	39.75	销售增长率	31.26
在本行存贷比	34.19	利息保障率	29.84
在过去三年是否有违约行为	33.87	存货周转率	29.35

注："重要性前十位得票比例"是根据被调查对象认定最重要的10个信息要素汇总而得的。

上述各项指标中，公司资本并未列入其中。虽然净资产与公司注册资本有关，在公司刚刚成立时，注册资本可能等于净资产，但随着公司经营的开展，净资产与注册资本之间的差距越来越大。因此，现行公司资本制度中对注册资本确定性的强调完全脱离了实际需要。

上述关于中国商业银行的信贷决策过程的研究虽然仅仅是初步和片面的，但与国际上的一些研究基本符合。英国学者曾经做过一些经验研究，研究资深的债权人（银行）在投资决策时所考虑的因素。在对银行贷款发放人员的调查中发现，公司资本并不在他们评估小型企业风险的考虑因素之内。[①]

与此同时，对贷款企业分析的理论也认为，在对商业银行贷款企业的分析中，需要从财务、市场环境、管理水平、内部控制、担保、综合风险、破产风险等多方面来进行分析，而其中的财务分析主要涉

[①] 相关文献见 Berry A. J., Faulkner S. Hughes M. and Jarvis R., "Financial Information, the Banker and the Small Business," 25 *British Accounting Review*, 1993, pp. 131–150; Deakins David, and Hussain, Graham, "Financial Information, the Banker and the Small Business: A Comment," 26 *British Accounting Review*, 1994, pp. 323–335。

及对资产负债表、损益表、现金流量表、盈利能力、营运能力、偿债能力等多种因素的分析。① 其中，注册资本并不在考虑范围之内。

2. 贷款合同分析

商业银行作为债权人，可以通过合同限制债务人的行为，保护自己。商业银行在贷款合同的谈判中一般处于主导地位，我国很多商业银行都设计了自己的贷款合同范本，借款人往往只能接受范本合同的条款。因此，研究商业银行的贷款合同范本对债务人的限制条款，可以很方便地看出商业银行对债务人哪些行为可能引发风险的估计。

具体分析我国商业银行的各类贷款合同，② 可以看到其对债务人（借款人）行为的限制主要表现为以下几个方面。①对贷款用途的限制：合同一般要求借款人必须按照合同规定用途使用贷款；②对借款人改制的限制：要求借款人在进行重大产权变动和经营方式的调整尺度，需事前征得贷款人的同意；③对借款人处置资产的限制：要求借款人不以降低其偿债能力的方式处置自有资产；④对借款人向第三人融资的限制：要求借款人对第三人提供保证或以自身资产设置抵押、质押时，及时通知贷款人；⑤对股东借款的限制：要求贷款人的贷款清偿顺序要优先于借款人股东的债权；⑥对利润分配的限制：要求借款人在未达到公司法要求或者未能清偿本金、利息时不能向股东分配股息和红利。

国际贷款合同往往会在合同的"约定事项"（covenants）中对借款人有种种限制，控制借款人的资产和负债，以便贷款人可以：获得借款人的充分信息；维持借款人的资产质量；在贷款全部还清之前确保借款人有足够的现金流量偿还贷款；控制借款人过快的增长速度；

---

① 比较全面的介绍，参见周林编《商业银行贷款企业分析》，中国金融出版社，1998。
② 我国各个商业银行都有自己的贷款合同范本，具体条款大同小异。下文分析的具体条款，可能只存在于某些银行的合同范本中，但本文将其综合起来分析，因为某银行贷款合同中的独有条款，只要有效，迟早会被其他商业银行加入各自的合同范本中。

保持借款人的管理队伍以及组织结构相对稳定；确保借款人的合法存在；保持借款人的资产净值；保持抵押品的市场价值；维持保证人的担保能力。[1]

与国际贷款合同相比，我国贷款合同中对债务人的限制较少，即使有所限制也往往采用原则性表述，比较模糊。这会导致该类条款很难得到执行。

从以上可以看出，我国现行公司资本制度中关于资本维持和不变的种种限制措施中，[2] 关于借款人对外投资限制、禁止对股东担保、禁止回购和接受本公司股票抵押等在贷款合同条款中都没有反映；而对公司合并和分立、限制利润分配、禁止抽回出资等则有所规定。

这些都可以初步证明：现行公司资本制度对公司资本的种种控制，在目前尚谈不上是国内债权人保护的商业惯例。我国贷款合同的规定还在发展过程中，一些对债务人限制的具体措施虽然为债权人所使用，但是是否足以构成商业惯例，尚待实践进一步检验。

这也符合我国学者的推测：法人真正以自己的名义承担民事责任的财产基础是所有者权益而非注册资本，[3] 债务的清偿能力甚至不取决于资产单方面的规模或数额，而取决于总资产与总负债的比例关系，取决于资产负债率的高低。[4]

四　公司资本制度是否应当采取强行法的形式

虽然公司资本制度并非商业惯例，但是公司资本毕竟在债权人保

---

[1] 参见陈孝周编《借款人、贷款人与贷款协议》，中国金融出版社，2001，第 160~200 页。
[2] 主要包括：(1) 对外投资限制：《公司法》第 12 条；(2) 对外担保：《公司法》第 60 条；(3) 不得抽回出资：《公司法》第 34 条；(4) 回购和以本公司的股票作为抵押：《公司法》第 149 条；(5) 利润分配：《公司法》第 177 条；(6) 合并和分立：《公司法》第 184 条和第 185 条；(7) 减资：《公司法》第 186 条；(8) 增资：《公司法》第 187 条。
[3] 刘燕：《会计法》，北京大学出版社，2001，第 304 页。资产与总负债的比例关系，取决于资产负债率的高低。
[4] 赵旭东：《企业与公司法纵论》，法律出版社，2003，第 231 页。

护方面有一定的作用，因此债权人可能对此会有所需求。① 上文对贷款合同范本的研究，也发现公司资本制度中的一些限制确实为贷款合同条款所采纳。一些公司债权人可能因为市场地位弱小而无力与债务人谈判签订保护自己的合同；公司可能因为侵权而导致责任，这些债权人因为事前不能选择债务人，所以是非自愿债权人，也不可能与债务人谈判签订合同。上述理由都可能成为要求公司法强行规定资本制度的理由，我国学者目前对后两个理由尚无论述。本文试图论证的是：即使公司资本制度上升为法律有一定的合理性，也应当采取赋权性规则（enabling rules）或者补充性规则（default rules），而不是现行的强制性规则（mandatory rules）。②

某些债权人对公司资本的特殊偏好，完全可以通过贷款合同自己解决，不需要通过法律的形式。因为债权人的需求可能是多种多样的，无法统一通过法律来规范。如果一些要求为债权人普遍采用，也可以考虑上升为法律，从而节约当事人之间的谈判成本。但与此同时，也要考虑到其实施效果与可能带来的成本。具体到公司资本制度来说，虽然有一些对债务人的限制措施可能为绝大多数债权人所要求，但因为实施起来困难，标准很难统一，也许无法上升为法律。例如，对于公司利润分配的限制措施，往往为债权人所要求，但现行公司资本制度中的相关强制性规定，却很难发挥作用。这是因为现行公司资本制度中对利润分配的限制，主要依赖于会计账目（《公司法》第177条），而会计账目很容易被操纵；③ 除此之外，公司也完全可以通过关联交易等多种公司法没有办法完全禁止的方式规避现行公司资本制度中的限制。因此，有人建议采取美国的偿付能力标准，通过事后衡量

---

① 例如，笔者在中国建设银行北京分行调研时得知，该行在审批贷款时，申请贷款企业的注册资本达到一定规模确实是一个考虑因素，但该因素并非绝对：如果申请人能够提供足够担保，或者申请人的净资产规模符合要求，也足以满足贷款发放条件。
② 关于这些规则的划分，参见 M. V. 爱森伯格《公司法的结构》，张开平译，载王保树编《商事法论集》（第3卷），法律出版社，1999，第390~442页。
③ 关于利润操纵，参见刘燕《会计法》，北京大学出版社，2001，第291~294页。

的方式，同样可以达到保护债权人的目的，还可以减少因为强制性规定而带来的成本。① 实践中，债权人则往往通过在贷款合同中规定对债务人资产负债率、流动比率等要求，来限制债务人的利润分配，很少使用目前我国公司法中所采取的僵硬方式。并且不同债权人因为各自对风险估计的不同，各自贷款数额的不同，在合同中对相关比率的具体要求当然也不同。这些都很难统一上升为法律。正因为债权人的要求各自不同，所以即使一些措施为绝大多数债权人所采用，也应当在法律中仅仅做出原则性规定，并且允许当事人可以选择是否适用，而不能采取强行法的形式。法律的强行规定，降低了当事人的灵活性，在损害了股东投资和公司经营效率的同时，甚至可能损害债权人的利益。② 相比于债权人通过合同自我保护的方式，强制性的现行公司资本制度显得极为笨拙和粗糙。

小债权人也许无力在与债务人的谈判中充分保护自己，但小债权人可以搭大债权人对债务人限制的"便车"。大债权人通过合同限制债务人处置财产等行为，减少了债务人风险，在保护大债权人自己的同时，其实也保护了所有债权人。此外，研究也表明，如果一些公司资本制度确实对社会有利，市场将会自愿采取这些制度。

非自愿性债权人虽然根本不可能通过事先谈判确定债务人，但一方面，和小债权人一样，非自愿性债权人可能享受到大债权人对债务人限制和监控的利益；另一方面，对非自愿性债权人的保护问题已经超出了公司资本制度的话题，变成了对公司有限责任制度的挑战。关于这个问题的具体讨论已经超出了本文的范围。目前有学者认为，应当通过赋予非自愿性债权人优先受偿权、适当时候揭破公司面纱等手

---

① Luca Enrique & Jonathan R. Macey, "Creditors Versus Capital Formation: the Case Against the European Legal Capital Rules," 86 *Cornell Law Review*, 1165 (2001), pp. 1190 – 1191.

② 关于法定资本制的成本分析，参见 Luca Enrique & Jonathan R. Macey, "Creditors Versus Capital Formation: the Case Against the European Legal Capital Rules," 86 *Cornell Law Review*, 1165 (2001), pp. 1195 – 1199。

段来解决这个问题。①

五　结论

作为追求效率的商事法律制度，来自市场博弈均衡而形成的商业惯例的法律规范，其合理性往往不证自明。但是，通过本文对债权人商业实践的研究，我们可以发现现行公司资本制度的根本特征——强制性，并不能从商业惯例中寻找到自己的合理性基础。债权人在商业实践中，评估债务人风险时很少关注注册资本；即使商业实践中存在一些债权人普遍采用的限制公司处置资产的合同条款，其上升为法律也面临诸多困难；即使上升为法律，也应当采取赋权性或者任意性的形式，而不应当表现为强制性条款。

此外，小债权人和非自愿性债权人的存在，也不能为现行公司资本制度中的强制性特征找到合理性基础。

因此，在检讨我国现行公司资本制度时，无论是支持还是反对，对于该制度的根本特征——强制性仍然需要仔细研究。否则，一个带来诸多成本却缺乏合理性基础的制度，只会阻碍我国市场经济的进一步发展。

（本文原载于《华东政法学院学报》2005 年第 1 期）

---

① 相关论述参见 David Leebron, "Limited Liability, Tort Victims Aid Creditors," 91 *Columbia Law Review*, 1565（1991）; Henry Hansmann and Reinier Kraakman, "Towards Unlimited Shareholder Liability for Corporate Torts," 100 *Yale Law Journal*, 1879（1991）.

公司法的自由主义及其法律政策

——兼论我国《公司法》的修改

施天涛[*]

自由是企业的天性。可以说，没有自由，就没有企业。[①] 如果说自由是企业的精髓和灵魂，那么自由主义就是公司法的精髓和灵魂。自由主义应当成为公司法的基础和支点。[②]

我国公司法的显著特征是大量的强制性规范的存在，这使得我国公司法基本上堕落成一部纯粹的企业管制法。究其原因，主要是国家计划主义和政府干预主义仍然根深蒂固地支配着我国公司法的立法政策。可想而知，如此一部公司法难以担负起促进我国市场经济发展的重任。因此，公司法修正的首要课题就是要重新确立公司法的自由主义精神，并以此为基础构建其制度规则。

本文将从公司人格、公司设立、公司资本、公司治理以及公司交

---

[*] 施天涛，清华大学法学院副院长，教授、博士生导师。
[①] 在经济理论上，自1776年亚当·斯密的《国富论》发表以来，无论是古典自由主义者还是新自由主义者都在不断重复这一观念，并且不厌其烦地告诉人们实现这种企业自由的最佳方式就是市场竞争这只"看不见的手"。
[②] 20世纪70年代以来，法经济学家对此进行了清楚的论证。法经济学家将公司作为一种经济现象来分析，认为企业是一系列合同安排，是一种由众多因素构成的集合，它们共同受到一种复杂的合同链条"契约关系"的约束。根据"契约关系理论"，公司法基本上是一种任意法，政府或者立法机构不应通过制定法形式将强制性规范强加于公司。因为这种强制性规范与代表自由企业与自由市场的契约关系理念背道而驰，公司法充其量只是为公司提供一种可供参考的"示范规则"。对此，我们虽然不会天真地相信公司法应该完全清除强制性规范，但是我们也不得不承认，这种分析问题的方法也确实为我们重新认识公司及公司法的本质提供了一个新的视角。

易五个方面来讨论公司法的自由主义及其法律政策的选择。

一 公司的自由人格主义

早期公司法普遍地对公司人格予以限制。随着法律的进步,这种限制逐渐减少。可以说,公司法的现代化程度越高,公司人格的解放就越彻底。我国公司法原则上承认公司的独立人格,但与现代化程度较高的公司法相比较,却又存在着相当多的束缚和缺陷。

首先,这种束缚来自对公司权力的限制。对公司经营范围的限制是其表现之一。对公司的经营范围进行限制起源于英国普通法,并为其他国家所普遍接受。一方面,人们认为既然公司是政府"特许"的产物,那么,理所当然地须接受政府节制;另一方面,也反映了人们对公司的不信任。

随着经济的发展、时代的进步,人们越来越认识到对公司经营范围的限制严重地束缚了公司的生产经营能力,不利于公司随着市场的变化及时调整自己的生产经营政策,于是法院的态度开始发生转变,并逐渐放松对越权规则的适用。譬如,法律容许公司目的条款的"多元化",允许公司通过修改章程改变公司的目的,直至最终使用一般性目的条款,承认公司可以从事"任何合法经营"。[①]

我国长期以来坚持企业经营范围限制的立场。[②] 现在看起来,这种限制显然已经不符合现代公司法精神了,有必要彻底废弃。

对公司权力的限制是其表现之二。历史上,各国法律均在不同程度上对公司的权力予以限制。譬如,限制公司转投资的能力,限制公司的担保能力,限制公司的贷款能力,限制公司的捐赠能力,不允许公司成为合伙人等。而现代法律则普遍赋予公司广泛的权力,承认公

[①] 参见《美国模范公司法》(以下简称 MBCA)第 3 章第 2 条规定。另外,MBCA 虽为示范法,但由于其大多数条款已为大多数州所采用,所以如无特别说明,MBCA 即代指美国州法。

[②] 参见《公司法》第 11 条、《民法通则》第 42 条、《企业法人登记管理条例》第 13 条。

司"享有与自然人相同的从事一切必需或者必要的活动以执行其营业或者事务的权力"①。

我国现行公司法对公司的权力仍然给予了较大限制,如《公司法》第12条对转投资的限制,包括不能转投资于合伙企业。《公司法》第60条对担保、贷款的限制,是对公司的限制,还是对董事、经理的限制,则语焉不详。关于公司的公益捐赠问题,虽然公司实践中并不鲜见,但现行法律却没有规定。这些都有待于我国公司法今后予以修正、明确或者补漏。

对公司经营范围和权力范围限制的必然逻辑是"越权规则"的适用。"越权规则"在公司法制史上也确曾具有重要的意义。但在今天,如果承认公司可以从事"任何合法经营"、公司享有"与自然人相同的权力",那么,越权规则也自然没有意义了。事实上,现代公司法已经原则上抛弃了越权规则。② 这一发展使得公司的人格得到无限的展延。

我国公司法虽然限制公司的经营范围和权力范围,但是,公司法本身却没有关于越权行为的规定。因此,此次公司法修改时,尚需要明确规定公司不因超越经营范围和权力范围而使交易发生无效(当然相对人非善意的除外),以此保护交易的安全。③

另外,这种束缚来自对公司财产权利的限制。享有自由可支配的财产是公司人格的物质基础。离开了这个物质基础,公司人格无从体现。公司对公司财产享有占有、使用、收益和处分的权利,任何股东均不能以个人名义支配或者处分公司财产。

我国《公司法》第4条第2款虽然承认公司享有由股东投资形成

---

① MBCA 3.02.
② 参见英国1989年《公司法》第108条修正案(替代1985年《公司法》第35条);MBCA 3.04.
③ 值得注意的是,我国《合同法》第50条已经放弃了法人或者其他经济组织的法定代表人、负责人的越权代表行为无效的规则。

的全部法人财产权，但是，遗憾的是，该条第3款却又规定"公司中国有资产所有权属于国家"。为什么公司可以享有由其他股东投资形成的全部法人财产权，而唯独对国有资产实行特殊待遇呢？该条规定出尔反尔，实际上否定了公司的独立财产权，从根本上动摇了公司的人格基础。在司法实践中，若认真执行该规定，公司法将不复存在。所以，公司法的修正首先应该废除的就是这一规定。

最后，我国公司法缺乏确保公司自由人格的责任机制。公司的特征之一是所有权与控制权的分离。两权分离的目的是使公司成为独立的法律主体。为配合这一目的，法律使公司的投资者承担有限责任，使公司独立承担民事责任。由此可见，独立承担民事责任是公司人格的效果体现。

但是，如果公司放弃其自由意志而任由他人（如控制股东）支配，从而使得公司成为他人所利用的一种"工具"，或者如果投资者滥用有限责任特权而不能注入充足资本，或者公司没有满足成立公司人格的程式要求，公司人格"形骸化"。出现这些情况时，对公司债权人有害，因为公司已经无法维持其独立的责任能力。有鉴于此，以英美为代表的一些国家已经采用"揭开公司面纱原则"否认公司的独立人格，剥夺股东的有限责任特权，使股东直接或者企业整体（在关联企业情况下）对公司债权人承担责任。

尽管"揭开公司面纱原则"的适用仅仅限于"极端例外的情形"，但它是保障公司自由人格的重要手段。同时在放弃严格法定资本制（下文将详述）的情况下，"揭开公司面纱原则"就成为自由资本制必不可少的平衡机制。所以，我国公司法应当引进这一制度。

二　公司的自由设立主义

设立公司法律政策的演变揭示了公司法的现代化和自由化的发展趋势。在不同的历史阶段，法律对设立公司的态度不同。早期的企业被笼罩在政府"特许"的藩篱中,现代企业则享受着尽可能广泛的自由。即使是同一国家,也可能采取不同的设立政策。不同的设立政策产生不同的竞争效果。美国"特拉华现象"就是最典型的例证。[①] 现代公司法已经放弃了政府直接干预主义,而准则主义的采用使得企业的设立非常自由。最为典型的莫过于美国。[②]

对比之下,我国公司法对设立公司的要求则相当苛刻,可以说,我国公司法尚停留在核准主义阶段,而显得与时代格格不入。主要表现在以下方面。

第一,设立公司需要取得政府批准。根据我国《公司法》第8条、第27条、第77条的规定,股份有限公司的设立一律应经过国务院授权部门或省级人民政府批准。这种规定实际上隐含着极大的歧视性,导致私人投资者很难设立股份有限公司。有限责任公司的设立,如果法律、行政法规要求经过行政审批的,也必须经过审批。这种规定同样包含了对私人资本进入特殊行业的歧视,私人投资者无法与国家或者政府投资者进行平等竞争。

第二,设立门槛高。我国《公司法》第19条、第73条分别对有限责任公司和股份有限公司的设立条件进行了规定。检讨一下这些条件,除了章程和名称要求具有合理性外,其他条件均具有不同程度的非合理性。譬如,对股东或者发起人最低人数的要求限制了投资者选择"一人公司"的自由。又如,法定最低资本制和出资实缴制已不符合时代要求。再如,企业应当维持一个什么样的生产经营条件,应当由企业自己来决定,而不应当由法律来强制规定。尤其是在设立公司时,如果法律不进行强制规定,则可以节省企业的设立成本。此外,

---

[①] 自19世纪以来,美国各州就相互竞争,想方设法吸引企业到本州设立公司。竞争的结果是,特拉华州成为最大的赢家。这种现象被称为"特拉华效应"(Delaware Effect)。

[②] 在美国,根据大多数州公司法的规定,设立公司时,只需要设立人向州务卿递交经设立人签署的公司设立章程而获得州务卿的受理,公司即告成立。州务卿无须对设立公司进行实质性审查,只需要从形式上审查所递交的公司设立章程是否按照要求的内容进行了正确的填写。其设立公司的手续相当简单,所填写的内容也不复杂。

《公司法》第 75 条规定股份有限公司的发起人中须有过半数在中国境内有住所，则体现了一种身份限制。

第三，设立程序繁杂。根据我国公司法相关规定，设立公司需要相关程序要求。从表面上看，这些程序，除了前面已经说过的行政审批应当彻底予以废除外，其他均具有一定合理性。但在实际操作中则不然。譬如，法律要求的章程记载事项过于复杂，报送文件繁杂；出资采取实缴资本制过于苛刻；一律要求法定机构评估验资也不科学；登记机关采取实质审查代替形式审查，等等。此外，实践中，公司设立登记前还必须办妥一切其他许可手续等。满足这些要求或者办理这些手续导致设立公司困难重重。

因此，我国公司法应当降低设立公司门槛，简化设立程序，废除行政审批，使公司的设立更趋自由化。

三　自由资本主义

传统公司法为了平衡公司债权人利益不因股东的有限责任而受损害，立法上预先设计了一整套关于公司资本形成、维持和退出的机制。这一机制在理论上被归纳为资本确定、维持和不变三原则。但传统的公司资本三原则因其固有的缺陷而受到越来越多的抨击。现代法律或者予以废弃，或者进行较大程度的修正。我国公司法仍然固守和奉行这种严格的资本原则，其存在的问题主要表现在如下几个方面。

第一，法定资本制的维持。在法定资本制度下，公司的初始股本必须达到法定最低限额，公司的注册资本采取实缴制。这种要求被认为具有两方面的作用：一是启动和维持公司的营运；二是对债权人的一种保障。但是，最低注册资本要求和出资实缴制不仅加大了设立公司的难度，而且妨碍了公司的灵活经营。有鉴于此，英美国家率先废除了法定资本制，改而采用较为自由的授权资本制度，用以弥补法定资本制的不足和缺陷。[①] 比较而言，授权资本制具有极大的灵活性。在这种资本制度下，企业的设立不会因为资金一次不到位而受影响；企业运行过程中如果需要增加资本，也不需要另行召开股东会，董事会在授权的范围内就可以自行决定。我国现行公司法不仅维持了法定最低资本限额，而且实行的是实缴制。如果我国公司法放弃法定资本制，改采授权资本制，将有利于促进企业融资和经营自由化。

第二，出资形式单一。我国《公司法》第24条采取列举方式将出资形式限定为货币、实物、工业产权、非专利技术、土地使用权，同时规定了技术出资的最高限额。而现代法律一般均规定，发行股份的对价可以是任何有形或无形财产或者利益，包括现金、现物、已获支付的期票、已经履行的劳务或者服务、信用或者其他证券。[②] 出资形式的多样化代表着组建公司的灵活性和自由性。从国际上公司立法潮流以及财产权利日趋多样化来看，我国关于出资形式的法律规定不仅单一，而且保守。债权、股权以及劳务或服务等出资形式没有得到法律确认。这些都是我国公司法应当完善的地方。

第三，严格的出资评估和验资要求。我国《公司法》第24条明确要求对非现金出资必须进行评估作价。《公司法》第26条、第91条还要求出资或者股款缴纳后必须经法定的验资机构验资。这里有两个问题值得讨论：一是谁有权力进行评估作价；二是对所有的出资财产是否均须经过法定验资机构验资。

我国《公司法》第24条的规定虽然要求在设立有限责任公司时对非现金出资评估作价，但却没有规定谁来行使这种权力。《公司法》第92条规定，在设立股份有限公司时，对发起人用于抵作股款的财产

[①] 如1969年MBCA废除了最低资本限额之后，各州纷纷仿效（个别州还继续保留了名义上的最低注册资本要求）。现今大陆法系国家也开始仿效英美国家废除法定资本制，采取授权资本制。

[②] 参见MBCA 6.2（b）和特拉华公司法（以下简称DGCL）第152条。

的作价由创立大会来审核。从美国公司法来看，有的州公司法倾向于由股东会决定出资财产的价值。[①] 但现在大多数州公司法则将对出资财产的评估权力授予董事会。[②] 由董事会行使评估权力的好处是可以减小因启动评估程序而召集股东会所带来的时间和金钱成本问题。至于是否需要验资，同样可由董事会根据具体情况而定。譬如，有的出资财产性质简单，其价值没有争议，如果一律要求法定验资机构验资，徒增融资成本。

第四，股份种类单一。关于股份的种类，我国公司法基本上只规定了普通股，对于优先股，法律没有做出直接规定，而是在《公司法》第135条中授权国务院另行规定。实际上，优先股的设计主要是为了吸引投资，公司实践中出现的优先股的不同形式，如累积优先股、盈余优先股、参与优先股、可转换优先股和累积可转换优先股等均是为此目的而设计的。

多样化股份种类设计不仅能满足融资需求，而且使得公司治理具有较大灵活性。在证券市场发达的国家，其关于股份种类的设计可以说是花样翻新，层出不穷。随着我国资本市场的不断完善，我国公司法也应当为公司股份种类的多样化留下足够空间。

第五，票面价值的保留。《公司法》第131条仍然保留了票面价值概念。也就是说，我国股票的发行价格与票面价值具有密切关系。

历史上，由于股票的实际发行价格与面值相等，所以，股票的票面价值具有重要意义。但是，现在股票的票面价值与股票的实际发行价格几乎没有任何联系了。由于股票的票面价值实际上相当于股票的最低发行价格，因而，在实践中，公司的习惯做法总是倾向于使用"低票面价值"或者"名义票面价值"而不愿意使用高票

[①] 如 DGCL 15（d）。
[②] 如 MBCA 6.21。

面价值，因为高票面价值可能导致不利的后果。譬如，票面价值不能反映股票的真实价值；导致掺水股责任；导致税务责任的增加等。

因此，目前的趋势是将这一概念作为历史的反常现象予以废除。[①] 我国公司法似乎应当考虑这一发展趋势，因为废除票面价值可以使得公司融资更加灵活自由。

第六，对发行公司债券的限制。《公司法》第159条将公司债券发行的主体资格限定为股份有限公司、国有独资公司和两个以上的国有企业或者其他两个以上的国有投资主体投资设立的有限责任公司，实际上限制了私人企业通过发行公司债券募集资金的资格。

《公司法》第161条对发行公司债券的条件的规定也具有一定的不合理性。譬如，关于净资产的要求，显然是专门为国有性质的公司设计的，门槛如此之高，完全没有考虑到私人企业的筹资需求。关于对公司债券总额的控制则是对公司自主权的限制。虽然其目的在于维持公司净资产，但随着公司资本政策的放松，现今大多数国家法律已经放弃了这样的限制。[②] 关于筹集资金的投向应当"符合国家产业政策"，公司"可分配利润"应足以支付债券利息，债券利率应符合"国务院规定的利率水平"等规定，其合理性均值得怀疑。至于"国务院规定的其他条件"则将公司发行债券的条件陷于不确定状态。

《公司法》第163条、第164条和第165条关于发行公司债券的审批和额度管理等规定更是体现了政府对企业融资的武断干预，均应当予以废除。

---

① 如MBCA率先废除了票面价值的概念（但有的州仍然保留了票面价值的概念）。2001年日本公司法修正时也废除了票面价值。2001年我国台湾地区公司法修正，虽然没有完全废除票面价值，但是允许公开发行股票的公司在证券法另有规定的情况下，可以折价发行股票。

② 如1994年修正后的法国公司法和1993年修正后的日本商法典。

四 自由治理主义

公司自主经营、自己管理是公司治理的基本特征。不同企业的经营管理应当具有不同的模式。任何强行的、划一的、机械的法律预设均将构成对企业自主经营管理的束缚，并可能导致企业丧失其应有的竞争力，最终将会被市场淘汰。因此，公司法的任务就是如何最大限度地将这种自由治理主义反映到公司法的制度安排中去，同时将公司治理中的干预主义和强制主义减少到最低限度。

我国现行公司法未能满足这一要求。譬如，我国公司法仍然固守传统的公司治理模式，公司法上关于权力的分配过分倾斜于股东会，关于股东会议和董事会议的相关程式过于僵化；公司代表人制度和经理人制度法定化等。有鉴于此，我国公司法应从如下两个方面完善公司治理规则。

首先，我国公司法应当注重发挥公司章程在公司治理中的作用。公司章程有公司"宪章"之称。对股东而言，公司章程是股东之间的共同纲领；对公司而言，公司章程是公司治理的基本准则；对公司董事、监事、经理等管理者而言，公司章程是他们的行动指南。根据这一标准检讨一下我国公司法，其关于公司章程的规定具有如下缺陷。

一是公司章程强制性记载事项太多。现代法律的总体发展趋势是简化公司章程中强制性记载事项和扩张任意记载事项。而我国《公司法》第22条、第79条规定公司章程的强制性记载事项竟多达10项以上。这只能说明我国公司法表现出了强烈的立法干预愿望。

二是公司章程结构单一。英美国家公司法上有"设立章程"和"运作章程"之分。[①] 我国公司法没有这种区分。这种区分很有必要。

[①] 在英国将其区分为 memorandum of association 和 articles of association；在美国将其区分为 articles of incorporation 和 by law。

公司设立章程是公司的组织大纲，记载事项简单。① 设立章程不可能也没有必要记载满足公司治理需要的全部内容，但这些内容却有必要在运作章程中予以记载。事实上，公司的经营管理主要依赖于公司运作章程。

三是我国法律没有赋予公司章程选择公司治理条款的权力。在美国公司法上有一条重要的经验，即赋予公司章程选择适用公司治理规则的权力。② 我国公司法有必要采用这种方式，因为不同的公司，处境各异，公司法上有些关于公司治理的规范并非具有普适性。譬如，公司法上的累积表决权，一般只适用封闭型公司，而不太适用于公众型公司；公司发行新股时，法律也没有必要要求所有公司均向原有股东提供优先认购权；并非所有的有限责任公司的出资转让均有必要受到限制。至于我国近年来讨论热烈的独立董事以及专门委员会，就更没有必要在公司法中规定所有的公司采用。一般来说，独立董事和专门委员会只适用于上市公司（上市公司的监管机构可以强制要求），但有些规模较大的非上市公司愿意采用这种制度，法律又为什么不允许呢？至于封闭型公司则没有必要采用这种制度，法律也不必强制。

无论是任意性记载事项的扩大，还是公司运作章程的采用、选择性条款的适用，其目的均在于扩张公司经营管理自主权。

其次，治理结构的自由安排和市场调节。西方传统的公司治理结构是三权分立、分权制衡宪政思想的经济体现，它反映了一种公司治理的理想化选择。我国现行公司法关于公司治理结构的规划基本上沿袭了这种模式，结果导致理想与现实脱节，法律不能发挥其应有的功效。公司法在设计公司治理规则时除了需要考虑公司治理的一般性

---

① 如美国公司法大多只要求设立章程记载公司名称、证券、公司注册所在地的名称和地址、设立人的姓名或者名称和地址等 4 项（参见 MBCA 3.02）。英国公司法第 2 条要求所有公司的设立章程必须记载的事项也仅包括公司名称、注册地、公司目的、责任性质、证券等 5 项。

② 这样的条款被称为"选择性条款"。具体选择方式，各州公司法有所不同，大多数州公司法采用"排除性选择法"，但 MBCA 则采用"引进式选择法"。

外，还必须考虑公司治理的特殊性，并针对这种特殊性设计出灵活的治理方案。这种特殊性体现在如下两个方面。

一是法律对封闭型公司的治理允许更大限度的自由安排。传统的观点认为，所有的公司均应遵守公司法上统一的规则。自20世纪60年代以来，这种传统的法律立场受到了来自司法和立法两方面的挑战。人们认为应当对封闭型公司给予更为宽松和更为现实的对待。在这一转变过程中，美国法律堪称为代表。而在美国，这种法律又可以分为两种模式：特拉华模式和MBCA模式。

特拉华模式表现为对封闭型公司制定特殊法律规则。[①] 法律首先对封闭型公司进行界定，[②] 符合法定条件的公司即可成为法定封闭型公司。[③] 一旦选择了法定封闭型公司，公司就可以采取各种内部控制协议和安排，包括对董事会权力的限制甚至完全取消董事会。

MBCA模式则直接承认所有的有关公司治理和商业安排的"股东协议"都是合法的，[④] 当然，影响到第三人的协议以及违反公共政策基本原则的协议则是无效的。[⑤]

无论是特拉华模式还是MBCA模式，均承认封闭型公司是一种"公司型合伙"，并将合伙原则有选择地适用于封闭型公司，以使其在管理上具有与合伙一样的灵活性和自由性。[⑥] 根据这种法律，封闭型

[①] 在美国，目前大约有18个州制定了这种仅对特定公司适用的特殊规则。
[②] 根据DGCL 342规定，要成为封闭型公司，必须满足三个条件：一是看股东人数，通常其股东应当少于30人（但有些州法并不限制人数）；二是看是否对股份转让设定了限制；三是股份不能公开发行。
[③] 如果封闭型公司要选择适用这样的特别法律，还必须在其公司章程中有所反映。
[④] 1984年的MBCA还只是允许有限的灵活性，而1991年的MBCA则代之以更新的更为一般的规定。参见MBCA 7.32。
[⑤] 根据MBCA（1991）7.32，该种协议必须经全体股东一致同意，它可以出现在公司章程中，也可以出现在公司细则中，还可以出现在单独的股东协议中。MBCA 7.32的正式评论认为，如果股东协议规定董事不承担注意或忠实义务，则不受法律保护。
[⑥] 但管理股东也应当对公司或者其他股东承担受信义务，就像合伙人对合伙企业和合伙人相互之间承担受信义务一样。这里应当注意的是，该种义务不仅扩张至管理股东，而且扩张至一般股东。参见Donahue v. Rodd Elctrotype Co. 367 Mass. 578, 328 N. E. 2d505（Mass.）（1975）。

公司可以完全按照自己的意愿治理公司，包括选择治理结构和治理规则。譬如，不要求封闭型公司必须设置董事会；通过各种控制协议灵活设置不同形式的表决规则和程式。① 此外，这种法律还提供了保护少数股东自由退出的措施，以达到缓解封闭型公司内部的冲突、欺压和僵局等问题。②

我国公司法虽然规定股东人数较少和规模较小的有限责任公司可以不设立董事会或者监事会，但尚未上升到自觉的程度，亦未触及封闭型公司的深层次问题。

二是更加注重公众公司治理的市场调节。普遍地存在于大型公众公司的一个现象就是权力流失，即权力从股东会流向董事会，并进而流向经理或者管理人员。在大型公众公司中，实际决策权力往往掌握在"管理层"手中。公司的实际运作与公司的基本治理结构呈逆向关系。

权力流失可能导致管理者将自我利益置于股东利益之上，如"盗窃"、"偷懒"和"损公肥私"，其结果是减少所有者的回报。为了解决这一问题，现代公司法采取了一系列变革措施，包括重新定位公司权力；改变公司治理结构；严格执行受信义务。法律的态度是，既然公司权力事实上已经掌握在管理层手中，那就不如干脆对此现象予以承认。这种承认的结果是导致公司法在处理公司权力分配问题上出现了所谓的从"股东中心主义"到"董事中心主义"再到"管理中心主义"的变化。③ 既然公司管理层掌握着管理公司的权力，就有必要严格执行受信义务，以加强董事和管理者的责任心。另一方面，为了防止权力分配上的"一边倒"，强化公司内部监督机制就显得必要，如要求董事会中应当有必要的独立董事以及建立专门委

---

① 参见 MBCA（1991）7.32。
② 参见 DGCL 341-355。
③ 参见 MBCA 8.01 和 DGCL 141（a）。

员会制度。①

然而，就本文中公司治理的自由主义这一主旨而言，这里需要特别强调公众公司治理与市场力量的互动关系。运用市场力量改善公司治理，法经济学理论起到了重要的推动作用。法经济学家认为市场力量是可以促使经理人维护股东利益最大化的重要因素。市场力量能够抑制经理人无节制地追求个人偏好，限制管理者的不忠实和低效率。根据法经济学理论，可能影响公众公司治理的市场力量包括产品或者服务市场、资本与金融市场、经理人市场、控制权市场等。来自同类产品或者服务的竞争压力迫使企业管理者努力工作，因为只有提高了产品和服务质量，企业才得以维持，管理者才能保住其职位。如果经理层经营无效率，投资银行可能拒绝承销其证券，商业银行也可能拒绝贷款。经理人市场只为成功的经理人士提供体面的雇佣机会和高薪地位，而能力低下、声誉不好的经理人则很难获得理想的职位。这样，经理人就有动力保持良好的执业记录。同时，经理人市场作为改善公司治理的一种力量，还体现在它将管理者的个人报酬与公司的利润捆绑在一起。这可以通过若干方式来实现，包括奖金、股票期权以及其他长期激励报酬等。各种力量对公司控制权的争夺（典型的方式如敌意收购和表决代理权征集）同样可能对没有有效增加股东财富的管理者构成威胁，因为如果管理层在这种控制权争夺中失败，则可能失去职务。近年来，随着机构投资者数量的增加以及持股比例的上升，机构投资者在公司中的地位也在从传统的消极股东向积极股东转变，其在公司治理中的作用也越来越大。

客观地说，市场力量毕竟具有局限性。市场力量能否发挥其预

---

① 在美国的普通公司法上作为正式的法律术语是"非利害关系董事"，主要用于解决公司中的"利益冲突交易"并在一些重要委员会（如审计、赔偿、提名、战略计划、环境监督等）任职，以此来抵消或者抑制 CEO 的权力。

期作用,取决于市场本身是否为完全竞争市场。但是,毫无疑问,法经济学理论使我们可以从另外一个角度来审视我国公司治理制度设计。也就是说,公司法应尽可能最大限度地发挥市场力量的作用;最低程度上,公司法也不该成为市场力量发挥作用的绊脚石。譬如,公司法应当鼓励公司采取一些市场激励措施,放松对公司并购和表决代理权征集的管制,① 发挥机构投资者在公司治理中的积极性等。

五 自由交易主义

公司法不仅是组织法,而且是交易法。交易法的最大特点就是交易自由。而我国现行公司法却将交易自由限制在极其狭窄的范围,公司交易自由受到较大限制。

第一,《公司法》第144条规定,股票的转让须在依法设立的证券交易场所进行。这种规定过于绝对化,既不科学,也不实际。众多的非上市公司股份都是通过私下协议的方式进行交易的,其交易场所具有非固定性,难道要求所有的协议交易都要在法定交易场所进行?此外,《公司法》第147条对特定人(如公司发起人、董事、监事、经理)的股票转让进行的限制即使不是完全不合理,也显得过于苛刻。

第二,《公司法》第35条对有限责任公司股东出资的转让进行了限制。有限责任公司具有很强的人合性,因此,对有限责任公司股东出资转让的限制具有一定的合理性。但问题的另一方面是限制并不等于禁止。股权的可转让性正是其价值所在,其流通性越强,其价值体现就越高。实践中,我们会发现,正是这种对有限责任公

---

① 以美国为例,联邦表决代理权征集规则曾经就影响了机构投资者共同对公司施加更大控制的能力。只是到了1992年,美国证券交易委员会(SEC)才修正了该规则,允许机构投资者之间相互自由联络。

司股东出资转让的强制性限制导致了其价格下抑，市场出售性降低。

所以，这里需要讨论的问题是，这种限制性规范应该是一种强制性规范呢，还是应该体现为一种任意性规范？二者之间的差异在于，强制性规范过于绝对，任何有限责任公司的股东出资转让都必须遵循这一条款；而任意性规范则具有灵活性，股东可以自己决定是否需要在公司章程中设置这样的限制性条款。

第三，《公司法》第149条关于股份回购的法律政策仍然采用的是"原则禁止，例外许可"的模式，即将股份的回购仅仅限定于公司合并或者减资两种情形。这样的法律政策不仅远远落后于发达国家的法律，[①] 而且极大地限制了公司运用资本的灵活性，也限制了股东退出公司的自由。事实上，放松股份回购管制具有诸多好处。譬如，对公众公司来说，回购的股份可用于建立职工持股计划、收购其他企业或者防御被其他企业收购。而对于封闭型公司来说，股东可以通过与公司订立"买/卖协议"将股份回售给公司而退出公司。此外，公司合并、减资均可能涉及股份回购。甚至回购股份还可以作为一种股东分配形式。我国公司法今后的修改即使不能完全允许股份回购的自由化，也应当较大幅度地放宽"例外许可"的范围。

第四，关于公司的合并与分立交易，我国公司法主要存在的问题有两点。一是《公司法》第183条规定，股份有限公司合并或者分立，必须经国务院授权的部门或者省级人民政府批准。从自由企业的角度来看，公司的合并和分立与政府何干呢？我国公司法应当废

[①] 如 MBCA 6.40 规定，公司可以完全自由地收购其自己的股份。DGCL（b）更是规定，任何种类或者系列的股份均可由公司回购。即使是原先限制股份回购的国家，为适应经济发展，现在也改弦易辙，逐渐放松公司回购股份的管制。英国公司法在1981年之前，公司只能回赎或者回购其优先股份；1981年之后，法律彻底放宽管制，允许公司回购任何种类的股份。日本商法典（第210条）在2001年之后也基本解除了对公司持有自己股份的限制。此外，我国台湾地区2001年修正公司法第167条，扩大了公司持有自己股份的范围，并增设了库存股制度。

除这样的规定。二是我国现行公司法没有规定异议股东的评估权，因而使得不愿意参加合并或者分立的少数股东无法选择自由退出公司。此外，异议股东评估权还适用于其他公司重大变更或者交易，如修改公司章程而影响到某些或者某类股东权利，出售公司实质性全部资产，股份置换计划等。因此，我国公司法应当引进这一制度。

（本文原载于《环球法律评论》2005年第1期）

破产法

正 篇

あてな

新破产法：一部与时俱进的立法

王卫国[*]

人们期待已久的新破产法终于在 2006 年 8 月 27 日颁布了。自 1994 年八届全国人大开始起草这部法律以来，国内国际的情况发生了很大变化。在过去的 12 年中，破产法草案经过反复磨砺，终成今日之华章。世界上没有十全十美的法律，只有不断地适应社会需要而自我完善的法律。尽管新破产法还有某些不尽如人意之处，但总的说来，这是一部与时俱进、力求适应我国改革开放和现代化建设需要的立法，是一部面向市场经济、面向世界、面向未来的立法。这部立法所取得的重要进步，可以归纳为以下五点。

一 着眼债务清偿，重视市场信用

在新破产法以前，我国的破产立法主要是 1986 年颁布的《企业破产法（试行）》。这部法律有两个突出的特点：一是仅适用于国有企业，二是过分倚重政府权力。这种情况是由当时"有计划的商品经济"的历史背景所决定的。其后，我国又陆续制定了适用于非国有企业法人破产的《民事诉讼法》（第 19 章）和关于商业银行破产的《商业银行法》（第 71 条），以及关于国有企业"政策性破产"的若干行政法规和部门规章。总之，各种市场主体没有统一适用的破产法，还有众多的市场主体在破产问题上无法可依。

---

[*] 王卫国，法学博士，教授、博士生导师，曾任中国政法大学民商经济法学院院长。

1994年全国人大起草新破产法时，一个重要的指导思想就是制定一部适应社会主义市场经济需要的统一的破产法。市场经济的基本要求，首先就是主体平等和当事人意思自治。同时，市场经济也要求法制的统一性和透明性。因此，新破产法首先需要解决的就是法律的适用范围问题。

从1994年到1995年，起草小组就适用范围问题广泛地征求意见，取得了以下共识：第一，打破所有制界限，为各种市场主体制定统一的破产法；第二，将破产程序的适用范围由原来的企业法人扩大到包括企业法人和自然人企业（合伙企业、个人独资企业）在内的所有市场主体。但是，在新破产法要不要对国有企业破产的特殊问题（主要是职工安置问题）做专章规定的问题上，还存在着争论。1995年的破产法草案中，设有"国有企业破产的特别规定"专章。这是与当时国有企业破产问题在经济和社会生活中的突出地位相适应的。到2000年破产法起草工作再次启动时，情况已经发生了显著的变化。一方面，经过多年的努力，国企破产问题作为一定历史阶段的特有现象，已经有了相当程度的缓解。另一方面，1997～1998年的亚洲金融危机使人们对保护金融债权的重要性有了新的认识。结果，草案将国企破产的特殊问题授权给国务院另行规定，同时将维护债务清理秩序作为起草工作的着力点。这样，破产法在性质上发生了一个重要的转变。如果说1986年《企业破产法（试行）》是配合国企改革的特别法，那么新破产法就是建立和维护市场经济秩序的普通法。

建立市场经济秩序的另一个要求就是转变政府职能。以往那种政府操纵下的破产程序，具有政企不分、行政权与司法权不分的特点。新破产法清晰地界定了企业与政府的责任边界，以及政府与法院的权力边界。这有助于防止地方保护主义对程序公正的干扰。同时，新破产法贯彻了当事人意思自治的民法原则。例如，尊重债务人申请破产的权利，取消了须经政府批准的前置条件；破产程序中有关债权人利益的重大问题均由债权人会议决定；设立债权人委员会制度，强化债权人对破产管理的监督权；和解程序完全实行当事人意思自治，废弃了过去那种将和解程序与政府整顿"捆绑"进行的立法方案。

二　注重企业拯救，强调社会利益

新破产法起草从一开始就十分重视企业拯救。早在1995年，草案就参考一些发达国家的立法经验，设立了重整制度。这一设计从一开始就得到了中央各部门和学术界的广泛认同，并在1999年得到了中央最高领导层的充分肯定。

诚然，《企业破产法（试行）》也很重视企业拯救，并专章规定了"和解和整顿"制度。但是，不同的是，新破产法的重整制度具有更强的科学性和可操作性。第一，在重整程序中，企业拯救的任务交给了重整企业和专业管理人。第二，法律规定了一系列保护企业继续营业的措施。第三，债权人在重整过程中有充分的参与权、监督权和议决权。第四，重整计划体现了债权让步与营业振兴有机结合的综合治理思想。第五，重整计划体现了合作共赢的精神。第六，重整制度采取了一些防止程序滥用的措施，如规定提交重整计划草案的时限、终止重整程序的事由、债务人自行营业情况下的管理人监督等。第七，新破产法还将重整程序适用于有可能发生破产原因的情形，体现了"早期拯救"的思想。

一些国家在制定重整制度时，基于私权本位与社会本位相调和的思想，在尊重当事人意思自治的同时，给司法干预留有一定的空间。我国是社会主义国家，尤其强调企业拯救对于保护生产力、维持就业和维护社会稳定的重要性。因此，新破产法在重整程序中建立了在重整计划未获通过时人民法院依据一定条件强行批准的制度。

三　规范破产程序，维护交易秩序

《企业破产法（试行）》在实施过程中，长期受到"假破产、真逃债"现象的困扰。其重要原因之一，就是法律过于笼统，漏洞较多，可操作性较差。这种情况导致了交易环境的恶化，增加了金融危机的隐患。1999年，国际货币基金组织在题为《有序和有效的破产程序：重要问题》的报告中指出："当前的经验已经表明，缺乏有序和有效的破产程序可能加重经济危机和金融危机。没有确定无疑地得到适用的有效程序，债权人可能无法收回他们的债权，这将对信贷在将来的可用性产生有害影响……有序和有效的程序的稳定适用对于促进增长和竞争起着至关重要的作用，并有助于防范和化解金融危机：这样的程序导致债务人对责任承担的更高谨慎，并导致债权人对扩大信贷和重组债权的更大信心。"在新破产法的起草工作中，建立"有序和有效的破产程序"是一个重点目标。为此，新破产法做出了一系列规范破产的制度安排。例如，规定破产申请受理时的公告和接管程序；建立管理人制度，对管理人的任命、更换、资格、职权、报酬、责任等问题做出了明确的规定；规定各种破产无效行为，并分不同情况加长了这类行为的追诉期。尤其重要的是，新破产法创立了债权人委员会制度，使债权人集体能够适时监督管理人和债务人在破产程序中的行为。

新破产法还注意发挥其改善企业治理的作用。在总则中，明确规定了"依法追究破产企业经营管理人员的法律责任"。在其他章节中，规定了对破产程序前行为的追究，包括对债务人经营失败的个人责任的追究、对程序开始前的欺诈性交易和转让行为的个人责任的追究以及对个人非正常收入和侵占行为的追究。这是从源头上治理破产逃债等不法行为的积极措施。正如世界银行在2003年《有效的破产和债权人权利制度的原则与指南》指出的："关于管理董事和高级职员对其在企业处于财务困境或破产情况下做出有害于债权人的决定承担责任的法律规则，将有助于增进有责任感的公司行为并培育理性的风险决策。"

新破产法也十分注意对管理人的约束，除了规定管理人的勤勉义务和忠实义务以及债权人集体对管理人的监督外，还规定了管理人违反义务的法律责任。

四　平衡各方利益，实现和谐共存

在破产事件中存在着多方利益冲突。如何使破产程序成为各方"人人各得其所"的正义实现过程，不仅有利于破产案件审理的公正和效率，而且有利于社会的和谐与稳定。

新破产法将保护劳动者权利置于突出地位。在总则中，明确规定了"依法保障企业职工的合法权益"。在程序方面，赋予职工和工会代表出席债权人会议、参加债权人委员会和表决重整计划的权利。在实体权利方面，对职工债权的细目做了列举规定并将其置于破产分配的优先地位，规定了在重整、清算时对这些债权的特别保护措施，还规定了债务人在申请破产时提交职工安置预案的义务。

在新破产法草案审议过程中，关于职工债权与担保债权的清偿顺序问题曾一度成为争论焦点。这实际上是一个要不要把国有企业"政策性破产"中职工债权优先于担保债权的做法普遍化和长期化的问题。在以往的"政策性破产"实践中，银行的债权损失在一定程度上是由中央财政直接或间接承担的，而中央财政承担的损失则是由消灭亏损源而节省的财政资源填补的。可以说，这种措施是国有经济内部分配改革成本的策略性安排，而不是建立市场经济秩序的制度性安排。已经通过的新破产法，最终采用了一审稿的方案：在债务人的所有财产中，担保债权在担保物上享有最优先的受偿的地位；无担保的财产在支付破产费用和共益债务后用于破产分配；在破产分配中，职工债权处于最优先受偿地位。这一方案对职工债权的保护水平，达到了国际劳工组织大会《雇主破产情况下保护工人债权公约》的要求。而它对担保债权的保护，也符合国际上大多数国家的做法。这有利于我国金融业的发展，并将最终使企业和职工受益。

在破产程序中，不同债权人之间的利益冲突也十分常见。因此，坚持集体清偿原则，完善债权人会议制度是实现债权人利益协调的根本路径。新破产法在这方面采取的措施有：规定破产申请受理前个别清偿的撤销制度；规定共同承担破产成本的共益债务制度；规定各种债权的具体申报方法；规定担保债权人参加债权人会议的权利；规定债权人会议无法表决通过某些事项而使程序陷于僵局时人民法院的裁定权，以及债权人对裁定不服时的复议申请权。

五　注意国际接轨，照顾中国国情

新破产法在起草过程中十分注意学习借鉴发达国家的经验，并保持了与国际社会的经常性对话。以重整制度为例，起草中曾参考过美国、法国、德国、英国、澳大利亚、日本等国的立法，并与国外的专家学者进行过广泛的交流。例如，防止滥用重整程序的制度设计，就受到了美国律师和学者对其破产法第11章的批评意见的启发；对重整期间的时间限定，吸收了法国和美国的经验和教训；对债务人自行管理营业事务的监督规定，也是在比较了多个国家的经验并考虑到中国的国情后确定的。

新破产法的起草过程，正值国际破产法改革高潮。其间，联合国国际贸易法委员会（UNCITRAL）、世界银行、国际货币基金组织（IMF）、经合组织（OECD）、亚洲开发银行（ADB）、国际破产协会（INSOL）等召开过许多以破产为主题的国际会议。这些会议均邀请了我国破产法起草专家参加。在此期间，这些组织还发表了有关破产法改革的一系列指导性文件。这些文件也为我国破产法改革提供了有益的参考。

这些年来国际社会对破产法改革的目标和准则形成了一些基本的共识，主要有：第一，可预见性，即破产法应该使市场参与者对破产的风险和后果有明确的预见自己的行为选择的依据；第二，公平待遇，即破产程序应当公平地对待破产事件涉及的各种主体的权益；第三，透明度，即破产程序的操作应当公开透明；第四，资产价值最大化，即破产程序不应满足于债权人之间的公平清偿，而应注重于债务人资产和营业价值的最大限度的维护；第五，国际合作，特别是在跨国界破产（cross-border insolvency）的情况下，不同司法管辖区之间应以"一破产，一程序"为目标的程序衔接和相互配合。

应该说，新破产法为实现这些目标已经做出了很大的努力并取得了显著的成绩。但是，我国的市场经济体系毕竟刚刚建立，破产法的制定和实施还受到种种社会因素的制约，特别是受到国有企业改革的成本和社会对企业破产的承受能力的制约。司法资源和专业队伍的不足，也是一个制约因素。

总之，已经出台的破产法是我国破产法改革的一个意义重大的阶段性成果。我国的破产立法还将随着改革的深入和建设事业的发展继续进行下去。在较近的时期内，我国还需要就以下课题制定进一步的立法：①非法人企业（合伙企业、独资企业）的破产程序；②个人消费破产制度；③跨国界破产的特别程序；④金融机构破产的特别程序；⑤非经营性社团破产的特别程序；⑥关联企业破产的特殊规定；⑦法庭外债务重组的法律制度；⑧破产企业经营者责任追究程序；⑨惩治破产犯罪的刑法补充规定。

同时，在新破产法实施中，还需要通过制定法律、行政法规或者司法解释，对至少以下一些问题做出具体规定：①破产案件受理和收费办法；②管理人资格制度和行为规范；③管理人指定办法和报酬、费用细则；④债权人会议和债权人委员会工作细则；⑤破产法庭的设置及其工作细则；⑥破产案件中的民事诉讼案件审理办法；⑦破产案件中的上诉、异议和复议申请处理办法；⑧职工、出资人参与破产程序的具体规定；⑨破产财产处分（评估、变卖）的操作细则；⑩破产企业职工的安置、保障和救济办法；⑪破产企业职工救助保障基金实施办法；⑫对破产违法行为调查和追究的具体措施；⑬破产企业经营者责任认定标准；⑭破产案件审理过程中法庭外和解和企业重组的处理办法；⑮破产程序中劳动合同的处理办法；⑯破产重整中税收减免的特殊规定；⑰破产程序中的会计准则；⑱破产案件中各种文书和记录的标准格式。

我们有理由相信，本着与时俱进的精神和实事求是的态度，通过不懈的探索和努力，我国的破产法将会不断地进步和完善，为现代化建设发挥更加充分的保障和促进作用。

(本文原载于《中国人大》2006年第17期)

破产重整立法若干问题研究

王欣新　徐阳光[*]

重整制度是世界各国公认的挽救企业、预防破产最为有力的法律制度。该制度源自英国，由美国的立法发展至典型与极致。我国2006年8月27日通过的《中华人民共和国企业破产法》（本文以下简称"新破产法"）将重整制度作为与破产清算、和解并列的三大破产程序之一，设专章（第八章）从重整的适用范围、基本程序、保护措施、重整计划的拟订与执行等方面进行规定，这是新破产法最重要的制度创新之一。新破产法对重整制度的规定，从整体看较为完善，但在对其如何正确理解与具体实施方面还存在一些值得继续研究探讨的问题。

一　债务人出资人的重整申请权

重整是债权人、债务人及其出资人等多方主体之间的利益协调与博弈过程。立法对任何一方主体的权益设置都可能影响到重整程序的进程，需要慎重考虑。笔者认为，新破产法对债务人出资人在重整程序中积极作用的发挥及其权益保护，有些规定仍有待加以明确、细化与完善。

新破产法第2条、第7条规定，债务人出现破产原因或者"有明显丧失清偿能力可能的"，债务人或者债权人可以依法申请重整。第70条第2款规定："债权人申请对债务人进行破产清算的，在人

---

[*] 王欣新，中国人民大学教授、博士生导师；徐阳光，中国人民大学副教授、硕士生导师。

民法院受理破产申请后、宣告债务人破产前，债务人或者出资额占债务人注册资本十分之一以上的出资人，可以向人民法院申请重整。"第134条规定："商业银行、证券公司、保险公司等金融机构有本法第二条规定情形的，国务院金融监督管理机构可以向人民法院提出对该金融机构进行重整或者破产清算的申请。"据此，重整程序可由债务人方面（包括其出资人）提起，也可由债权人提起，在特定情况下，还可由国务院金融监督管理机构对金融机构提出重整申请。

在此需特别提出探讨的是，债务人出资人的重整申请权问题。一般来讲，债务人是否提出重整申请，应当由其权力机构（如公司的股东会）以会议决议的形式做出意思表示。但在实践中，可能出现债务人的部分出资人希望申请企业重整，而在其他出资人控制下的债务人权力机构却坚持不申请重整的现象。为协调出资人之间的利益关系、保护少数出资人的权益，新破产法第70条第2款做出持有注册资本额十分之一以上的出资人可以提出重整申请的规定。

根据这一规定，债务人的出资人提出重整申请受到两点限制：第一，出资额须占债务人注册资本额的十分之一以上；第二，仅在债权人对债务人提出破产清算申请并为人民法院受理后，才能提出重整申请。此外，提出申请的最迟时间应在"宣告债务人破产前"，由于提出重整申请就是为避免破产宣告，所以此乃不言而喻的要求。

对出资人行使重整申请权，许多国家或地区的立法规定有最低持股比例的限制。如日本公司更生法规定，持有债务人已发行股本10%以上的股东可以提出重整申请。我国台湾地区公司法规定，连续六个月持有债务人已发行股本10%以上的股东可以提出重整申请。在新破产法立法过程中，也确立了要对出资人提出重整申请的资格从持股比例方面加以一定限制的原则。起草工作组中曾有人建议规定，单独或合并持有债务人注册资本总额三分之一以上的出资人，才有权提出重整申请。还有人曾建议，对上市公司可考虑其股权存在流通股与非流通股区别的状况，按照股东所持股份的不同性质，分别设定各类股东提出破产重整申请的比例标准，不做"一刀切"式的规定，同时在流通股与非流通股之间通过评估建立适当的折算制度。从我国现在的实际情况看，将重整申请人的持股比例规定为三分之一以上，显然有些过高，不利于发挥出资人行使重整申请权的积极效用。而且目前上市公司已经实行了股权分置的改革，流通股与非流通股的区别将不复存在，所以立法也不必再考虑此因素。于是，新破产法最终做出如上规定。

在对这一规定理解时，首先应当明确，立法关于"出资额占债务人注册资本十分之一以上"的规定，应当包括多人出资额的合并计算。其次，需要进一步明确和协调破产法与公司法在"最低出资比例"限制方面的相关规定。新破产法将出资人提出重整申请的出资比例下限规定为"占债务人注册资本的十分之一"，而《公司法》第183条规定有权提出解散公司申请的是"持有公司全部股东表决权百分之十以上的股东"，由于公司在解散后必须进行的清算也可能会是破产清算，所以两者应相互协调。这两个规定乍看相似，实际上却有区别。因为公司的出资人即股东可分为普通股股东和优先股股东，而优先股股东一般是无表决权的。由此可能会出现出资人的（合计）出资比例达到了破产法规定的限额，但其中存在不具有表决权的出资人，甚至全部都是无表决权出资人的现象。这时是否允许其提出重整申请，如允许其提出重整申请是否会影响与《公司法》规定的协调，是否会出现利用两法间规定的差异规避法律限制的现象，对这些问题需要进一步加以研究确定。

需要重点提出探讨的，是债务人出资人可行使重整申请权的时间。新破产法规定，债务人出资人只能在债权人提出破产申请并为人民法院受理后申请重整，这恐怕有考虑不周之处。人民法院受理破产清算的申请，是以企业已经发生破产原因为前提的，这时才允许出资人提出重整申请，往往为时已晚，使企业丧失重整复苏的最佳时机，甚至因此可能使这一规定本身失去实际意义。在其他国家的立法规定中，也未发现设置这种限制的先例。

此外，这与《公司法》的规定也可能产生不协调。《公司法》第183条规定："公司经营管理发生严重困难，继续存续会使股东利益受到重大损失，通过其他途径不能解决的，持有公司全部股东表决权百分之十以上的股东，可以请求人民法院解散公司。"既然持有一定比例表决权的股东可以独立申请解散公司，而公司解散后必须进行的清算也可能会是破产清算，那么无论是从法律解释学的类推原则出发，还是从立法的合理性角度考虑，不允许持有相同出资份额的出资人在债务人、债权人未申请重整的情况下及时提出重整申请，恐怕是不妥的。

之所以需要放宽对债务人出资人行使重整申请权的限制，不仅是为保护少数股东的利益，在一些情况下也是对多数股东正当权益的保护。根据《公司法》第38条、第100条的规定，对公司合并、分立、变更公司形式、解散和清算等事项做出决议，属于股东会的职权。根据《公司法》第44条、第104条的规定，对上述事项做出的决议属于特别决议，必须由股东所持表决权的三分之二以上通过。对申请公司重整事项如何做出决议，《公司法》尚无明确规定，但其申请事项的性质显然与法律规定的其他特别决议同等重要，甚至更为重要，所以也应当由股东所持表决权的三分之二以上通过。也就是说，按照目前的法律规定，只要有三分之一的股东表决权反对申请重整，即使是出资额占大多数的股东也无法以股东会决议的方式在债权人申请破产之前提出重整申请，这将使多数股东的权利、利益也失去保障。

因此，笔者认为，立法应允许债务人出资人在债务人、债权人未申请重整的情况下申请重整。但考虑到出资人与债务人权力机构的关系，此时出资人行使申请权应受到一定的限制，如应履行一定的前置救济程序，证明其已要求债务人权力机构提出重整申请，但遭到拒绝或者超过合理期限未获答复等。

二 在重整程序中如何保护债务人出资人权利的问题

各国破产法都较多关注债权人的利益，但重整程序不同于破产清算程序，不以必须发生破产原因为启动前提，申请重整的债务人可能仅是因为有"明显丧失清偿能力"的可能。在这种情况下，债务人还可能存在一定的净资产，在清偿全部债务后仍有其独立利益存在。而且在市场经济环境下，企业的现实价值并不完全取决于其资产与负债的比例，更多的是取决于企业的赢利能力和在市场中的综合资源占有情况。所以，一些资不抵债的企业、价值为负的股权，在市场经济下仍然具有其市场价值，尤其是在重整程序中。如上市公司的股权由于其公司具有在资本市场融资的壳资源价值，所以即使是在资不抵债、股权价值为负值的情况下，仍然可能具有一定的市场价格。一些资不抵债的企业由于拥有专有技术、销售渠道、地理优势等市场资源，也同样具有市场价值。所以，不仅在债务人仅有发生破产原因可能时，即使是在其已经发生破产原因的情况下，对债务人及其出资人的正当权益也应当予以重视和保护，充分发挥他们在重整程序中的积极性。正是考虑到这种原因，美国破产法中专门设置了"股权持有人委员会"这一专属于重整程序的特殊制度，使得债务人出资人有机会发表意见，并观察重整程序的进行。[1]

新破产法第 85 条规定："债务人的出资人代表可以列席讨论重整计划草案的债权人会议。重整计划草案涉及出资人权益调整事项的，应当设出资人组，对该事项进行表决。"这一规定对出资人的权益给

---

[1] 参见潘琪《美国破产法》，法律出版社，1999，第 198~199 页。

予了一定考虑，但也还存在需进一步完善之处。

由于在重整计划草案中必然涉及对债务人出资人利益的调整，对重整计划草案的表决组中包括对出资人组的分类，所以讨论决定重整计划草案是否通过的机构也应当相应地被称为关系人会议，而不应再被称为债权人会议。这种称谓上的改变，并非仅具有文字意义，它意味着对债务人出资人在重整程序中独立地位与权利的承认，而不是将其视为债权人会议的附庸，这也是世界各国重整立法的惯例。

此外，在重整程序中继续沿用债权人会议的称谓还会造成对法律理解上的混乱。如根据新破产法第 59 条第 5 款的规定，债权人会议中应当有债务人企业的职工和工会的代表参加（但未明确规定其参加会议以职工对债务人企业享有债权为前提），同时出于种种考虑，未规定职工和工会的代表在债权人会议中享有表决权，而且即使职工个人是劳动债权人也不能作为债权人会议的成员参加会议并享有表决权。① 而按照新破产法第 82 条的规定，职工债权人在讨论重整计划草案的债权人会议中被设置为一个独立的表决组，并当然地享有表决权。这就使得债权人会议概念的内容前后不统一，职工（债权人）在债权人会议中的权利规定不统一，而只要将债权人会议的概念改为关系人会议，这些问题就可以解决。

目前立法对保护出资人在重整程序中权益的规定也有不够完善之处。例如，未规定出资人在制订重整计划草案过程中的参与权及其权益保护。在管理人负责制订重整计划草案的情况下，往往会着重考虑债权人的利益，考虑法院审查重整计划草案的标准，可能忽略债务人出资人的利益。即使是债务人负责此项工作，债务人的管理层与出资人之间也可能存在观点分歧。管理层会认为他们的未来掌握在债权人

---

① 具体理由见王欣新《论新破产立法中债权人会议制度的设置思路》，《法学家》2005 年第 2 期。

手中，从而忽视对出资人利益的保护。这种利益忽视由于有法院对重整计划草案的强制批准制度，甚至在对重整计划草案的讨论与表决中也难以得到纠正。此外，在立法中未规定应设立而未设立出资人组时出资人享有何种救济途径；未规定设立类似于美国"股权持有人委员会"性质的组织等。这些规定的缺失不利于充分调动出资人参与重整计划的积极性，不利于重整程序的顺利进行。

其他国家破产法中的一些有关规定对我国可能具有一定的借鉴意义，如美国破产法典为保护债务人出资人在重整程序中的利益规定。其一，出资人可以通过指定代表他们利益的委员会来对经管债务人（即负责制订并执行重整计划的债务人，也称占有中的债务人）的决策施加影响。其二，出资人可以请求任命托管人。不过这是一种特殊的救济方式，法院在此问题上通常比较谨慎。其三，出资人可以召集股东大会来更换管理层。尽管最后一条策略影响到经管债务人的独立性，但是已经有几家美国法院对于股东召集股东大会的权利给予了明确认可。当然，如果经管债务人认为这样会影响到重整的顺利进行，法院就会限制出资人行使该权利。[①] 在未来我国修订立法或制定司法解释时，可以考虑借鉴各国立法中一些适合中国国情的制度，完善对出资人利益的保护。

三 债务人自行组织重整活动的监督

依据新破产法的规定，在重整期间，经债务人申请、人民法院批准，债务人可以在管理人的监督下自行管理财产和营业事务。债务人自行管理财产的，由债务人制作重整计划草案。重整计划草案经批准后，由债务人负责执行，管理人仅在重整计划规定的监督期限内监督重整计划的执行。这些规定都是为了提高债务人及其高管人员对重整

[①] 参见〔美〕大卫·G. 爱泼斯坦等《美国破产法》，韩长印等译，中国政法大学出版社，2003，第741、738~748、760页。

活动的积极性，减少冲突，消除其对重整程序提起与进行的阻力，尽快实现重整目标。但新破产法对在债务人自行组织重整中如何实施有效监督，尤其是保护债权人权益的规定，还有待进一步具体、完善。如在重整计划的执行过程中，将全部监督权力交由管理人来行使，没有规定债权人会议及债权人委员会对债务人的监督，不利于维护债权人的利益。

对此问题，也可借鉴美国破产法典的规定加以解决。美国破产法典第11章第1104条（b）规定，在重整过程中，除了经管债务人、托管人以及监察员之外，还有由各种债权人和股权持有人组成的委员会。这些法定委员会在重整程序中有权进行各种重要交涉，有权与托管人和经管债务人就下列问题进行磋商：日常管理、调查债务人及其他相关事项、参与制订重整方案并就方案的接受或否决向债权人或利害关系人提出建议。委员会可以请求任命托管人或监察员，为维护其所代表的债权人或股东的利益而提供其他服务，并在特定情况下提出重整方案。基于这些权力，委员会在重整程序中起着举足轻重的作用。

四 关于法院强制批准重整计划的问题

重整程序之所以能够较为有效地使企业避免破产，其一个重要的特征就是具有较其他程序更强的强制性。只要债权人会议各表决组及出资人组以法定多数通过重整计划草案，经法院批准，对所有当事人均具有法律效力。而且，在未获全部表决组通过时，如重整计划草案符合法定条件，债务人或者管理人可以申请人民法院予以批准。法院可在保证反对者的既得利益不受损害等法定条件下强制批准重整计划，以避免因部分利害关系人的反对而无法进行重整。我国旧破产法中由于缺乏重整制度，致使司法实践中的企业重组挽救活动遇到一些法律难题，其中最典型的便是上市公司郑百文股份有限公司的重组事件。① 郑百文股份有限公司的重组经历了风风雨雨，在法律界也引发了激烈的争议，究其根本原因就在于当时的立法尤其是破产立法不完善，没有设置重整制度。新破产法借鉴外国破产立法的经验，设置了较为规范、严谨的重整制度，尤其是确立了强制批准重整计划的制度，应当说，郑百文股份有限公司重组中遇到的种种法律障碍与争议在今后的企业重组中将不会再出现。

新破产法第87条规定，重整计划草案未获各表决组一致通过时，如符合法定条件，债务人或者管理人可以申请人民法院强制批准重整计划草案。根据各国破产立法尤其是美国破产立法的经验，法院强制批准重整计划，必须坚持以下三项基本原则。

第一，债权人最大利益原则。这是指一项重整计划必须保证每一个反对这项计划的债权人或出资人，在重整程序中都至少可以获得他在清算程序中本可获得的清偿。该原则的目的在于保护对重整计划持反对意见的少数派的利益。新破产法第87条第2款第（3）项规定：普通债权依照重整计划草案所获得的清偿比例，不低于普通债权在重整计划草案被提请批准时依照破产清算程序所能获得的清偿比例，此即债权人最大利益原则的典型表现。

第二，公平对待原则。公平对待原则，是指如果一组债权人或出资人反对一项重整计划，该项重整计划就要保证这些持反对意见的组获得公平对待，即根据破产法处于同一优先顺序的债权人必须获得按比例的清偿。新破产法第87条第2款第（4）项规定："重整计划草案对出资人权益的调整公平、公正"，第（5）项规定："重整计划草案公平对待同一表决组的成员"，并且不得违反破产法关于债权清偿顺序的规定，就是对公平对待原则的落实。

---

① 对郑百文重组事件的分析，详见王欣新《破产法学》，中国人民大学出版社，2004，第148~150页。

第三，绝对优先原则。绝对优先原则，是指如果任何一组债权人或出资人反对一项重整计划，该重整计划就必须保证，只有这个组的成员获得充分清偿后，在优先顺序上低于这个组的其他组才可以开始获得清偿。该原则的宗旨就是，破产法对清算程序规定的优先顺序，在重整程序中对那些持反对意见的组必须同样地适用。这在我国破产法中也有明显的体现。新破产法第 87 条第 2 款第（1）、（2）、（5）项规定：按照重整计划草案，对债务人的特定财产享有担保权或法律规定的优先权的债权将获得全额清偿，其因延期清偿所受的损失将得到公平补偿，并且其担保权或者优先权未受到实质性的损害；按照重整计划草案，劳动债权和税款请求权将获得全额清偿，或者经重整计划草案调整后的清偿比例已经获得相应表决组的通过；重整计划草案规定的债权清偿顺序，不违反新破产法第 113 条的规定。

新破产法中确立了强制批准的法定条件，并遵循了西方国家破产法中的相关原则，但在具体的司法运用中，人们可能遇到的情况会远比法条中列举式的规定复杂，如何保障法院不滥用、错用强制批准的权力，是需要格外关注的问题。美国司法实践中遇到的一个案例值得我们注意。依据美国破产法典的规定，法院强制批准重整计划的条件之一，是重整方案"对没有接受方案且权利受到削弱的请求权和利益类别没有不公平的差别待遇，并且是公平的和公正的"，并且在法典第 1129 条 b（2）中界定了对于担保请求权人、无担保请求权人和债券持有人来说什么样的方案是"公平和公正的"。在一破产案件中，债务大约为 700 万美元，而担保物的价值只有大约 500 万美元，债务人在重整方案中提出以 10% 的利率分 15 年清偿担保物的全部 500 万美元的现有价值，最后一笔付款为 470 万美元，根据这一安排，债务人直到第 20 年末才能还清所欠的 500 万美元。最终法院拒绝批准这样的拖延方案，因为法官认为，"固然不符合第 1129 条 b（2）规定标准的方案不是'公平和公正的',但仅仅是在技术上符合第 1129 条 b (2) 的标准也不能保证该项计划是公平的和公正的"[1]。由此可见,法院在具体的司法实践中,要做到公正、合理地利用强制批准的权力,必然会面临诸多的难题和挑战,这些问题一方面有待于通过司法解释加以明确规定,同时也需要通过提高法官的业务素质和随机判断能力来加以解决。

(本文原载于《政治与法律》2007 年第 1 期)

---

[1] 参见〔美〕大卫·G. 爱泼斯坦等《美国破产法》,韩长印等译,中国政法大学出版社, 2003,第 741、738~748、760 页。

我国商业银行破产法律制度构建的反思

赵万一 吴 敏[*]

在以银行业为主导的庞大金融产业中，银行作为货币的集中者、货币和资本的购买者以及其他多项金融服务的提供者，对一个国家的国民经济发展起着极为重要的作用。银行对于每个公民来说，和水、能源一样都是须臾无法离开的必备品。[①] 在健全的市场经济中，必须有一种机制能够使缺乏竞争力和存在价值的金融机构被淘汰出局，这也是巴塞尔协议所提倡的"市场约束"原则的基本要求。[②] 目前我国商业银行[③]的生死问题，伴随着我国银行业改革的逐步深化，越来越受到理论学界与银行改革践行者的高度关注。我们认为，针对目前我国尚处于起步阶段的银行破产法律制度研究的现状，对有关法律理念问题的研究远比对法律制度本身的研究更为重要和迫切。其原因在于，法律理念决定了法律追求的理想和目标；法律理念确立的正确与否不但直接影响到商业银行破产法律制度设计的价值目标，而且决定了商业银行破产法律制度架构的具体内容。诚如我国台湾

---

* 赵万一，西南政法大学民商法学院院长，教授、博士生导师；吴敏，西南政法大学民商法博士。

① 〔德〕恩扎·克鲁瑟：《对德国和欧洲经济区其他国家银行的谨慎监管》，载徐杰等主编《中国与德国——银行法律制度》，中国政法大学出版社，1999，第163页。

② 周小川：《保持金融稳定防范道德风险》，《金融时报》2004年10月4日。

③ 本文中的商业银行，是指我国《商业银行法》中所指的商业银行，主要包括国有独资商业银行、股份制商业银行、中外合资商业银行、城市信用社、农村信用社等银行类金融机构。若无特别说明，本文中的银行均指商业银行，不涉及政策性银行。

地区法学家史尚宽先生所说:"法律制度乃运用之最高原理,为之法律之理念。"①

一 问题的提出:破产的银行与银行的破产

破产的银行与银行的破产是一个问题的两个方面,同时也是研究我国银行破产法律制度的基本逻辑起点。破产的银行蕴含着银行对破产法律制度的内在需求,银行的破产则勾画出银行这一特定经济组织的破产制度有别于其他法人组织在破产制度上的具体设计内容。破产的银行是出现财务危机的银行和有问题的银行,它反映了该银行的经营水平下降和运作状况恶化,集中体现在银行的风险综合指数上,客观反映了该银行的社会成本与市场价值;银行的破产,是指当濒于破产的银行出现后,银行的主管部门或政府机构做出的对该问题银行的处置及制度安排,包括早期处置、专门救助、市场退出等。破产银行的现状决定了银行破产制度的安排。当银行破产成为一种无法逆转的现实时,银行对破产财产的清算、处置及由此产生的规范设计和制度安排就必将成为无法回避且必须做出的客观选择。但这种客观选择和制度安排的内容却与一国的经济发展水平、市场发育程度、政治生态环境以及传统伦理观、道德观、价值观等紧密联系。在一个国家、一个金融体系内,是否存在濒临破产的银行,这是客观的,但对濒临破产的银行采不采取破产方式却有相当的主观随意性。换言之,濒临破产的银行并不必然导致银行实际进入破产程序,但作为银行破产的前提必然是该银行濒临破产。

濒临破产的银行一般呈现出危机性、病态性特质,其体外表征通常表现为:资本充足率低,资本收益率低,不良贷款总额居高,流动性清偿能力低,资本的抗风险能力弱。如果破产银行对其存在的问题

---

① 史尚宽:《法律之理念与经验主义之综合》,载刁荣华主编《中西法律思想论集》,汉林出版社,1984,第259页。

不能及时诊断和救治，其负外部性[1]立即显现，结果将会导致银行恐慌，诱发系统性金融危机，从而最终引起经济的衰退和社会的动荡。世界上包括发达国家在内的很多国家深受破产的银行困扰。20 世纪 70 年代至 90 年代是美国银行业的灾难性年代：1971～1980 年的 10 年里，银行倒闭 84 家；1980～1990 年的另一个 10 年里，倒闭数为 133 家；1990～1991 年两年内，银行倒闭 349 家。在日本，由于大量的不良资产使日本的银行信用等级下降，在 1992～1994 年 3 年里有 90 家左右的银行降级，净盈利下降，日本 11 家主要商业银行 1994 年度的税前盈利减幅逾 90%，日本都市银行平均盈利率只有 0.53%。[2] 而在我国，破产银行的危机问题业已存在，由于我国银行体系有着与别国不同的特色，以隐性的国家信用做支撑，银行稳定的表象掩盖了我国银行业内的危机与风险，其实很多银行的经营举步维艰，有的已处在破产的边缘。1998 年 6 月 21 日海南发展银行的行政关闭，为我国银行业的健康状况做了最好的注解。而且，现行对破产危机银行的非破产化的处置，除了有道德风险方面的问题外，还掩盖了破产危机银行的危机与风险程度，而且进一步强化了对非法律因素的依赖，破坏了本就薄弱的银行法治与市场约束，增加了处置破产银行的社会成本。2000 年全国银行贷款占企业融资的比重为 72.8%，而到 2004 年已达 96%。金融机构全部贷款相当于 GDP 的 138%，企业过度依赖间接融资，使原本可以通过直接融资化解和分散的信用风险过度向银行集中。我国多数城市商业银行在明显风险管理制度缺陷下危机四伏：贷款集中度过高，风险过于集中，中长期贷款与中长期定期存款的比例明显偏高。

---

[1] 外部性是指经济人的一项经济活动产生的成本或收益与当事人以外其他人产生利益的关系，它有两种结果：正外部性和负外部性。前者是指对经济人的行为收益，当事人以外的其他人可以无偿享用而不需要支付任何成本；后者是指经济人的行为可能会给当事人以外的其他人带来损害而不必为此承担责任。

[2] 王继祖：《美国金融制度》，中国金融出版社，1996，第 46～48 页。

银行的破产，是危机银行经营反映到市场的种种可能的结果，全面体现了一个国家、一个制度对危机银行的救济与安排，从而最终改变破产银行的形态，引起破产银行的死亡或再生，是一个主观化的过程。面对不同程度的银行困境，在崇尚法律或有浓厚法律传统的国家，纷纷运用包括法律手段在内的各种手段进行对银行的诊断及相应的破产制度安排是自然而然的事了。"破产"一词本身属于经济学的概念，破产行为是市场主体的自觉或不自觉的经济行为。但从法律角度设计规范银行的破产制度，是银行破产法律制度建设的中心任务。纵观世界各国，越是市场经济成熟的国家，就越注重银行破产的法律制度的建立和完善，很多国家都有专门的银行破产立法，甚至有一整套银行破产法律制度。[1] 破产的银行危害程度与银行的破产法律制度的成熟度呈负相关关系。从浪费资源和使人们痛苦的观点来看，任何企业破产都是坏事。但是破产对于保持经营效率以及从那些资源使用不当的方面收回资源却是必要的。[2] 国际货币基金组织在《有序和有效的破产程序：重要问题》的报告中就指出："当前的经验已经表明，缺乏有序和有效的破产程序可能加重经济危机和金融危机。"2003年8月，世界银行和国际货币基金组织发起全球银行破产行动计划（Global Bank Insolvency Initiative），旨在提供一个制度框架为各国银行破产立法以指导。目前作为该计划第一阶段产物的《应对银行破产的法律、组织和监管框架》对如何应对银行破产，从法律制度的设计、组织和监管制度框架的建立等角度提出了一系列的建议。实践也充分证明，有效、科学、严密的银行破产法律制度是抵御破产银行危害的最后屏障。

---

[1] 如加拿大、俄罗斯和印度尼西亚等国有专门的银行破产法，美国有专门的处置银行破产的机构。
[2] 〔美〕托马斯·梅耶等：《货币、银行与经济》，洪文金等译，上海三联书店、上海人民出版社，1994，第59页。

二 银行破产法的性质：私法抑或是公法

现代法律理论和实践的最重要区别之一是"公法"与"私法"。由于我国没有政治国家与市民社会分野的历史，没有公法与私法划分的传统，我国许多民事立法中，政治国家对市民社会的干预、公法与私法的混淆已经严重影响了立法和司法。那么，作为破产法特别法的银行破产法是属于私法还是公法，抑或两者之间呢？我们认为，破产法归根到底应当是私法，应具有私法所具有的一些基本内涵。而我国在进行破产法起草时，与其说是在起草破产法，倒不如说是在追求一种政治目标和满足一种政治需要。在制定过程中，掺杂了许多政治性因素。[1] 正是在此背景下，我国1986年的《企业破产法（试行）》至今变异生存，畸形发展。好在社会已站到新世纪门槛，伴随民主政治、人文主义、市民社会在我国的勃兴，重新拾起并高举弘扬破产法私法精神的大旗已成基本共识。私法与公法的划分并不单纯是对一个法律部门分类的技术方法问题，它实际上代表的是一种法的观念，体现了法的内生价值和多方利益诉求，决定了一部法律自身的生命力。[2]

银行破产法是破产法的重要组成部分，破产法的私法属性决定了银行破产法是私法的本质。以下几个方面的考察，足以证明这一点。

（一）银行破产制度的起源

银行破产最初源于商人破产制度。[3] 13世纪以后，意大利各商业城市陆续创立了自己的商事破产制度，由此奠定了意大利的商人破产主义传统。法国1673年的商事敕令，其破产制度只适用于商人。比利

---

[1] 李永军：《破产法律制度》，中国法制出版社，2000，第22页。
[2] 王卫国：《破产法》，人民法院出版社，1999，第13页。
[3] 在破产法研究中，根据破产法的适用范围，划分出两种破产法的立法准则：商人破产主义和一般破产主义。前者主张破产法仅适用于商人，后者则主张破产法可以适用于一切人。

时、卢森堡也采用此例。英国1571年的破产立法，也曾采用商人破产主义。在这些早期商人破产立法中，都将银行、经纪人、保险商等列为商人主体之一。银行破产的商法属性，使银行破产从产生起就深深打上了私法的烙印。

（二）银行破产制度的平等理念

平等是现代私法的基本精神，这一理念深深根植于市民社会的土壤中。平等最初是一种社会观念，在其作为近代资本主义政治法律制度的价值目标之前，早已为远古的哲学家所推崇。从人类历史发展来看，平等这一制度或思想始终都是社会正义的化身，也是法律价值体系中首要的构成内容。在银行破产法律制度中，主体的平等是基本的平等，无论什么公司形态的银行，无论什么规模的银行，在破产能力和破产原因上是平等的，与其他民事主体一样依法平等获得破产资格，平等适用破产程序和规则。

（三）债权人自治

权和监督权的自我管理形式，包括实体自治和程序自治。私法的基本要求是以私法自治作为基本指导思想，尽量排斥国家力量、国家行为对私人活动进行干预。[①] 虽然说银行破产毕竟不是一般企业的破产，世界各国对银行破产总是慎之又慎，但从健康银行到破产银行的蜕变，其最终的命运是掌握在包括存款人在内的债权人手里：经监管部门同意，债权人提起对问题银行的破产申请是不受限制的；债权人可以在权衡自己的利益之后做出该银行是否重整的决定；债权人可以通过债权人会议充分行使对破产管理人的监督；债权人可以自主协商而使各方利益得到均衡，最终是否接受破产分配方案等。

另一方面，我们也不能不看到，由于银行具有天生的脆弱性，以及银行在国民经济中的特有地位——市场经济活动的中介、国民经济增长和价格稳定的重要保障、支付体系中的关键要素——使得对银行

---

① 赵万一：《商法基本问题研究》，法律出版社，2002，第53页。

业破产问题的处理明显不同于对其他公司破产案的处理，这也就决定了对银行破产法做公法与私法的划分不是一件简单的事。按照现代法理学的观点，私法与公法的划分是相对的，它们之间没有不可逾越的鸿沟。因此，有学者将破产法上升为市场经济改革的宪法和基本法，认为在银行破产法中，本身就包含了许多公法因素的规则；若私权不加限制和无限扩大，只会放大银行破产带来的风险。凯恩斯主义为国家干预经济找到了理由，也为银行破产的特殊立法做了很好的注解。各国建立的存款保险制度，就体现了凯恩斯主义关于国家通过干预货币流通来稳定经济的思想，其法理基础也从平等的法律观念转变为保护公共利益。随着现代破产运动的发展，各国对银行等金融机构破产持谨慎态度，正是出于对债权人、债务人、社会公共利益多重利益的兼顾，当今人们对银行破产中重整制度的重视，也从另一个侧面反映出银行破产法中公权的渗入。从其他国家现有银行破产立法来看，破产过程中银行监管部门的主导介入，一定程度上制约了当事人的自治权利。如 1998 年颁布实施的新《英格兰银行法》规定，金融服务管理局可以向法院申请进入银行行政程序或破产程序。德国《金融法》规定，商业银行的破产申请须由联邦金融管理局提出。我国《商业银行法》中仅有的关于银行破产的规定，也充分体现了国家公权的运用旨在维护金融稳定和对社会公共利益的保护。[①] 当然，银行破产法中公权力因素的介入并不能从根本上改变其私法本质；银行破产法所体现的从权利本位到社会本位的演变，也不能推定为是义务本位的回归和对权利本位的否定，其实质仍是权利本位的延伸与继续。

总之，讨论银行破产法的公法私法性质时，我们不能因为公法规范在银行破产法中存在而否认其私法属性，也不能因为该法的私法特

[①] 我国《商业银行法》第 69 条、第 71 条规定，人民法院依法宣告商业银行破产应事先经银行监督管理部门同意，商业银行依法成立清算组，银行监督管理部门应监督清算过程。商业银行破产清算时，在支付清算费用、所欠职工工资和劳动保障费用后，应当优先支付个人储蓄存款的本金和利息。

征而忽视国家公权对银行破产行为的调节与介入。弘扬银行破产法的私法精神，就是要尊重银行业自身发展规律，承认遵守市场纪律与约束；高举银行破产法的公法大旗，就是要我们看到银行业毕竟不是一般商法主体，应认识到银行破产法与一般破产法在理念和制度上差异性的存在。正如罗马人格言所说："公法不得被私人简约所变通，私人协议不变通公法。"① 我们认为，为适应转型社会中的经济、金融方式的变革与要求，在理想与现实的交融中，我国银行破产法律制度应承载传统与现代法治观交替的历史使命。未来我国银行破产法律规范与制度中，应体现与我国银行现状、改革相适应的价值需求、价值内容。也就是说，银行破产法是兼顾公法与私法规范的法律，是充分尊重秩序、效率的法律；是以行政主导介入的退出与司法主导的诉讼破产清算相结合的法律。

三　对我国商业银行破产法律制度需求的审视：杞人忧天还是刻不容缓

我们需要银行破产法律制度吗？我国的商业银行目前是否已到了不通过破产就无法生存的境地了吗？这是银行破产法研究中无法回避的命题，任何不正确的主观臆断都是有害的。如果我们仍沉迷在"银行太大不会倒"②和国有银行坚如磐石的理论中幻想危机破产银行的自我涅槃，如果我们以我国从没有进行过银行破产的实践而得出银行破产法律制度建设并不紧迫的结论的话，最终我们将在破产银行带来的经济灾难中自食其果。

马克思主义法学理论的精髓和基石是经济基础决定包括法律在内

---

① 〔意〕彼德罗·彭梵得：《罗马法教科书》，黄风译，中国政法大学出版社，1992，第10页。
② 〔美〕米什金：《货币金融学》（第四版），中国人民大学出版社，1998，第272页。"银行太大不会倒"理论，是指对于危机银行处置不是依市场规则，而是迫于政治的压力让银行不倒闭。该理论是在1984年美国处理伊利诺斯大陆银行流动性危机时确立的。

的上层建筑。马克思认为,只有毫无历史知识的人才不知道:君主们在任何时候都不得不服从经济条件,并且从来不能向经济条件发号施令。无论是政治的立法或市民的立法,都只是表明和记载经济关系的要求而已。① 在我国银行破产立法过程中,银行业的危机现状包含法律所需的经济条件和经济关系,唯有银行业的危机现状是起决定性作用的因素。正确认识和评价我国银行业的经营状况和生存环境,是研究我国银行破产法律价值形态、模式以及制度设计的前提和首要任务。根据经济分析法学的供给需求分析,社会存在法律市场,也存在法律需求。我国银行业的危机现状正是银行立法需求现状。法律需求属于制度需求,我国银行破产立法源于银行业的现状,其目的在于通过重新的制度安排,改变银行资源的配置。通过法律使显露在现存制度安排结构之外的利润内在化。② 那么,在银行破产立法中,如何给我国银行业做出一个客观而又真实的评价,并由此建立与之相适应的立法模式,以更好回应我国银行破产运动从自发走向自觉?

我国银行业的危机与银行风险、问题银行紧密相连,既有银行自身的脆弱性原因,也有金融体系、金融制度、市场监管、宏观经济环境等方面的原因。根据现代银行理论,我们对于银行危机现状的考察,主要从资产质量、盈利能力、资本充足率、银行流动性等加以识别与评估。

我国银行系统的不良贷款问题比较严重,这是一个久治不愈的沉重问题。据中国银监会的结论,不良贷款仍是高悬在我国金融业头上的利剑。资料显示,截至 2004 年 9 月末,我国银行业不良贷款余额约为 1.7 万亿元,不良贷款率为 12% 以上,其中四大国有商业银行约为

---

① 〔德〕马克思:《哲学的贫困》,载《马克思恩格斯全集》(第 4 卷),人民出版社,1972,第 121~122 页。

② 〔美〕罗纳德·哈里·科斯等:《财产权利与制度变迁》,刘守英等译,上海三联书店,1994,第 266 页。

1.56万亿元。根据国际流行的"不良贷款占GDP的比重"指标来衡量我国银行体系的脆弱性，目前我国银行业这一指标已达17%左右，比最近几年深受银行坏账困扰的日本（10%）还高7个百分点。即使是我国第一家上市银行且由外资控股的深圳发展银行也步入困境，到2004年底，不良贷款高达144亿元，不良贷款率为35.5%，资本充足率跌至23%，按银行为维持正常运转所必需的8%的资本充足率标准计算，深圳发展银行资本金有80亿元的缺口。据有关方面测算，2005年招行、浦发、民生、华夏和深发展等五家上市银行坏账不良贷款将随着宏观调控而大量增加，比率有可能达到26%。更为重要的问题是，不良资产风险依然没有得到解决，中国银监会研究局的《2004年中国银行业发展报告》中，仍然将不良资产占比高列为首要风险，并认为若剔除政策性剥离因素和新增贷款稀释效果的影响，主要商业银行的不良贷款实际上是不降反升。[1]

银行业整体的盈利能力偏低，从另一方面积淀了银行业的风险。究其原因，除去资产质量差外，银行业经营模式的单一、对贷款利息收入的过分依赖是一重要因素。从利息收入占比看，2003年末传统的贷款利息收入约占全部营业收入的66.4%；从贷款总资产占比的指标看，2003年我国境内银行平均为57.53%，而同时期香港银行的贷款总资产占比约为40%；从非利息收入（中间收入）指标看，只有2003年中行、工行、建行的非利息收入在营业收入中占比平均超过10%，而其他发达国家的银行业由于收入的多元化程度高，因此其非利息收入占比约为30%，有的如花旗银行则达40%。收入结构的单一，严重制约了银行业盈利能力的提升。2003年底，我国境内14家商业银行平均总资产收益率（ROA）为0.23%，净资产收益率（ROE）为7.29%，与美国、香港等金融发达国家或地区的银行业相比，盈利能

---

[1] 厉志钢、陈垦：《银监会研究报告：商业银行不良资产双降之因》，《21世纪经济报道》2005年6月6日。

力相差较大。

关于我国银行的高储蓄率所带来的风险问题,也应引起足够的关注。新中国成立以来我国在金融政策上一直采取的是鼓励储蓄的政策,从而使中国成为世界上储蓄率最高的国家之一。据权威性资料统计,到 2004 年底,我国存款类金融机构的各项存款占全部负债的 863%,相当于 GDP 的 168.9%,其中储蓄类存款占整个存款的 60% 以上。正是高储蓄率,构成了我国金融体系稳定的一道防火线,也为中国经济的腾飞做出了重要贡献。但从罗斯托的经济增长理论来看,世界各国高储蓄率发生在经济起飞的 20 年内。经济起飞之后,高储蓄率无不大幅度下降,并且高储蓄的实行是以民间资本的相对匮乏和金融秩序的高度稳定为基础的。目前,欧美各国的储蓄率一般只有 15% 左右。我国的高储蓄率能够维持多少年?若把 1980 年当作经济起飞之年,按照世界各国的规律,我国的高储蓄率大约能够维持 25~30 年,即最迟到 2010 年前后储蓄率就将发生明显下滑趋势,本已脆弱的银行体系也将承受前所未有的压力。再者,按照 WTO 协议,到 2006 年,外资银行可在国内经营人民币业务,在激烈的中外同业竞争之下,国内银行只要有 10% 的新增存款的分流,就会出现银行资金的流动性危机。[①]

影响我国银行发展的另一个问题是资本充足率过低。根据 2004 年颁布的巴塞尔《新资本协议》,银行资本充足问题被视为银行资本管理的核心内容,银行资本充足率已成为银行健康状况的重要评价指标。我国也在逐步强化资本约束资产发展的管理,开始树立经济资本的理念。[②] 银监会颁布的《商业银行资本充足率管理办法》和《关于印发资本充足率统计制度的通知》规定,我国银行资本充足率应不低

[①] 中国人民银行:《2004 年中国货币政策执行报告》,《21 世纪经济报道》2005 年 1 月 5 日。
[②] 资本是银行防范风险的最后一道防线,在商业银行经营中首要任务就是防范不可预期损失。资本的多少决定银行经营规模。所谓经济资本是指为抵御风险所需要的资本支持。

于 8%，这实际上是一家银行抵御风险所需资本支持的底线。问题在于，我国银行的资本充足率一直过低，本来银行业的盈利水平就不高、盈利空间就不大，加上银监会根据五级分类对不良贷款提足拨备的要求而挤占当期的盈利，使我国银行业内生资本的能力不强。同时，银行业融资渠道有限，银行资本不能随着资产规模的扩大而扩大，资本充足率不断下降，规模扩张与资本金不足的矛盾突出。到 2004 年末，像我国城市商业银行的资本充足率平均仅为 1.36%。就是上市银行的情况也不容乐观，2004 年 6 月上市银行中，仅有招商银行一家资本充足率为 8.07%。

另外，我国宏观调控政策对银行业的影响等因素也是银行业经营中不容忽视的问题。特别是房地产行业的泡沫经济与房地产贷款强烈需求在国家新一轮的宏观调控后，对银行的经营构成极大的潜在风险。[1]

运用法律实证主义的方法，通过对我国银行业的危机现状多维的分析，我们试图对各种影响实在法之制定的社会力量进行研究和描述。我们所关注的并不是分析国家制定的法律规则，而是分析导致制定这些法律规则的各种社会因素。[2] 也许现在我们还无法从正面去回答我们所面对的命题，但从银监会副主席唐双宁先生 2005 年 6 月在深圳的一次讲话中也许能找到很好的解读。他说，好银行我们要支持它加快发展，差的要限制其扩张，实在难以救助的就要退出市场。[3] 其中，既有对我国银行业现状的权威评价，同时也暗含了实务界对我国银行破产立法的客观需求。

---

[1] 截至 2004 年底，房地产贷款占交行贷款的 9.9%，占对公贷款的 12.4%，总量为 633.21 亿元，比 2003 年增加 17.3%；住房按揭贷款总量为 639.78 亿元，占零售贷款的 74.6%，比 2003 年增加 50%。

[2] 〔美〕E. 博登海默：《法理学：法律哲学与法律方法》，邓正来译，中国政法大学出版社，2004，第 124 页。

[3] 吴雨珊：《唐双宁笑摆"鸿门宴"，113 家城商行重组声急》，《21 世纪经济报道》2005 年 6 月 7 日。

四 我国商业银行破产立法的制度选择：清算主义抑或是再建主义

伴随着破产法改革运动的产生与发展，清算主义与再建主义的思想交锋愈演愈烈。① 从美国破产法学者对这一问题的泾渭分明，到国内破产法专家的激烈争论，无不体现对传统破产法的价值拷问和当今社会对现代破产法的企盼。从破产运动的发展轨迹可以看出，银行破产法律制度建立伊始，就清晰再现了这两种思想交锋的脉络，也体现了社会对银行破产法怎么立法和立什么样法的要求。

破产法起源于古罗马，长期以来人们一直坚守这样一种观念：破产就是倒闭清算。从古时的"砸凳子"到现在的"摘牌子"，都意味着无力偿债者丧失经营资格，而只能坐视债权人瓜分其财产。破产清算是一种死亡的机制，是一种优胜劣汰的机制，是在司法程序之下，为清偿债务而提供的文明有序的制度安排。破产本质是救济，通常只有债务人的经济状况恶化到崩溃的边缘，才能求助于破产的救济。但破产终究是对破产企业的人格否定，是对现实资源配置的否定，是对现有利益平衡机制的破坏。西方经济学理论认为，破产倒闭是实现资源优化配置的一个重要方面。这些破产法的基本价值观对银行破产的立法产生了潜移默化的作用，所以，巴塞尔银行监管委员会认为，银行监管本身不能也不应保证银行不倒闭，银行倒闭在某种程度上还是建设一个有效的、充满竞争性银行体系的需要。

随着人文主义在破产法运动中的复苏，以及对破产资源的"帕累托最优"经济状态的追求，人们呼唤新的破产立法模式和立法理念。

---

① 在破产法立法体例中，存在着清算主义与再建主义之分。在破产程序启动后，清算主义主张将债务人的全部财产用来清偿全部负债，把破产法变成一个死亡的机制。再建主义主张通过对债务人的重整，使债务人得到债务重组，企业得以拯救与复兴，并使债权人得到清偿。不过，有的国家和地区在立法中将重整和破产清算作为处置危机破产银行的并列措施，如欧盟。

顺应时代的潮流，1978年美国在修改《破产法》时，刻意强调了重整的作用，第一次在破产法中增加了"企业重整"一章。不少学者对该调整给予了高度评价，认为重整概念的提出对传统破产法来说无疑是一次革命，重整所冥思苦想的是公司的继续经营而不是清算，即如果继续经营在经济上是可行的，那么债权人也许就不可能首先强制其破产。20世纪以来，特别是70年代以后，从各国立法情况看，重视重整制度已成为国际破产法发展的重要趋势。[①] 这种破产立法价值重心的迁徙，为再建主义在银行破产立法中的实现提供了契机。巴塞尔银行监管委员会制定的《有效银行监管核心原则》将信用机构的重组、重整或改组作为问题银行的纠正措施。亚洲开发银行也曾提出建议，当某家银行的偿付能力出现困难时，应先由银行监管的重组部门来管理。银行重组战略的主要目标是使各银行和整个银行体系恢复盈利和清偿能力，包含加强有生存能力的银行，改善所有银行经营环境，并处理那些资不抵债、没有生存能力的银行。

在这种思想的启发下，实践中我国对于金融机构市场退出方式主要采用重整、行政性关闭而不是市场化的破产清算方式就不值得奇怪了。我国目前对于破产危机银行的处置，通常采取的是接管、关闭和撤销三种方式。[②] 在银行破产清算方面，我国虽有《商业银行法》第71条的银行破产规定，但《防范和处置金融机构支付风险暂行办法》第27条又规定了破产的附加条件，对问题银行若股东放弃救助，或被中国人民银行行政关闭后发现其财产不足清偿债务，且债权人不同意调解的，经中国人民银行同意后才可以向人民法院申请破产。这里暂且不顾法律层级矛盾的问题，但至少可以看出立法者对于再建主义的立法倾向，而且从这么多年我国一直没有实行银行破产的实践中，也

[①] 王利明：《破产立法中的若干疑难问题探讨》，《法学》2005年第3期，第1~6、20页。
[②] 参见《商业银行法》第64条、《防范和处置金融机构支付风险暂行办法》第26条、《金融机构撤销条例》第5条。

能看出对银行破产的再建主义的青睐。

当今破产法改革的趋势是强调再建主义,但并不能因此否定清算程序。各国在再建程序和清算程序的适用顺序问题上,就有前置主义和并列主义两种体例分类。前置主义将再建程序置于优先适用的地位,法国1985年《困境企业司法重整及清算法》(第6条第2款)是前置主义的代表。但当前多数国家的破产立法实行并列主义,允许当事人自行选择适用再建程序和清算程序。[①] 世界银行和国际货币基金组织制定的《应对银行破产的法律、组织和监管框架》第6章就有专门的银行清算,就各国建立和完善银行破产清算立法提出了建议。《信用机构重组与清算指令》同时也指出,信用机构重组、接管等并不意味着能避免破产的命运,若被接管对象的财务状况恶化,接管重组后仍然有可能被清算或宣告破产。

波斯纳说,公司重整并非灵丹妙药,因为对公司进行司法估价是一种值得注意的问题。另一个问题是,在清算中将丧失工作的经理和在清算中将不可能取得任何东西的小债权人都会对公司重整表现出极大兴趣,其表现是即使通过清算的方式对社会更为有利,他们也会千方百计地阻止公司的清算而尽力使公司生存下去。因为,重整对他们来说是一个没有任何损失的建议。如果重整企业赢利了,他们就可以分得利润,如果它失败了,全部损失就落到了债权人的身上。[②] 不仅如此,重整程序带来的消极后果也是显而易见的:①有物权担保的担保人的担保权益的实现会受到较大影响;②各种优先权的行使会受到限制;③债权人得不到及时的分配;④在许多情况下重整程序比破产清算程序所花费的成本更大。[③] 作为其佐证的是,20世纪90年代日本

---

① 王利明:《破产立法中的若干疑难问题探讨》,《法学》2005年第3期,第1~6、20页。
② 〔美〕理查德·A. 波斯纳:《法律的经济分析》,蒋兆康译,中国大百科全书出版社,1997,第528页。
③ 李永军:《重申破产法的私法精神》,《政法论坛》2002年第3期,第26~31页。

银行的巨额不良贷款，导致了银行风险危机加大，由于在重整程序的幻想中没有及时启动破产清算程序，其后果是拖延了解决破产危机银行的时间，最终加大了该国银行的损失，以至于很多银行机构纷纷破产倒闭。在我国，当初成立海南发展银行就是为了重整当地几家濒临倒闭的金融机构，成立之后两年又奉命接管当地几家支付危机的信用社，但担当挽救使命的海南发展银行最终仍没有摆脱自己被挽救的命运。

实践已证明，试图在两种主义中划出清晰的界限或者采取任何一种极端的做法都是困难和错误的。正确的做法应当是，一方面看到两种主义的分歧，另一方面意识到机械地在两种主义中做出非此即彼的选择而带来的危害，以科学的态度去面对、衡平清算主义与再建主义二者之间的关系。在香港，当一家银行出现危机时，有四个平行的要素用来评估问题的严重性：危机对公众信心的影响；对银行流动资金的影响；对有关银行的偿债能力的影响；对其他银行的牵连性等，以计量分析方法来替代在两个主义之间的人为主观取舍。1983～1986年3年间，由于香港银行贷款过分集中于"泡沫"横生的地产、股票，关联贷款严重失控，7家本地银行陷入困境。香港地区政府正是用前面所述的四个平行的要素对这些银行进行评估，考虑这些银行所面临的问题有可能导致系统性的风险之后，决定实施接管重整而不是让其进入破产清算。但这并不代表香港地区政府惧怕银行破产。1991年香港国际商业信贷银行就被允许倒闭清算，这主要是考虑该行倒闭不会引起香港地区系统性的连锁性反应。不仅仅在香港，越来越多的人抱着这样的信念，假如个别银行的破产不对整个银行体系的稳定性构成威胁，监管者就不会去阻止个别银行破产。

银行破产法立法中的清算主义与再建主义的争论与交锋，反映了银行立法中从破产清算到破产预防的法律价值取向，体现了银行破产法的功能从传统到现代的转变。而且,这种变化也深深影响了我国银行破产法的运动。正如哈罗德·J. 伯尔曼所说,法律的发展被认为是具有一种内在的逻辑:变化不仅是旧对新的适应,而且也是一种变化形式的一部分。变化过程受某种规律的支配,并且至少事后认识到,这种过程反映一种内在的需要。[①] 让我们在波斯纳所做的"破产既是债权人的救济手段又是债务人的权利"结论中,仔细体会清算主义与再建主义交锋留给我国银行破产法律制度选择的现实意义吧!

(本文原载于《现代法学》2006 年第 3 期)

---

① 〔美〕哈罗德·J. 伯尔曼:《法律与革命》,贺卫方译,中国大百科全书出版社,1993,第 11 页。

金融法

信托制度在中国的应用前景

江 平[*]

一 信托制度在中国的继受

一百多年前，英美式样的信托就出现在中国，但信托事业在中国的发展却历经曲折，信托的制度建设更是空白，信托的观念和运用长期处于误解和歧义之中。

2001年中国颁布了自己的《信托法》，这部历经8年努力起草的法律，最终将源自普通法系的信托引进了经济快速增长的中国。《信托法》的颁布和实施的两个背景非常重要，一是我国民法体系正处于建立和完善的过程中，尤其是物权法正在制定过程中；二是社会结构处于深刻的变革中，经济发展处在全球化的浪潮中。《信托法》的颁布和实施是建立和发展我国信托制度的基石，是我国信托事业发展中的里程碑。《信托法》的实施为运用信托提供了有力的制度保证，这将极大地促进信托的应用，使这一在普通法系国家深具社会功能的制度，在我国发挥应有的作用。

二 民事信托在中国的应用

《信托法》第3条规定："委托人、受托人、受益人（以下统称信托当事人）在中华人民共和国境内进行民事、营业、公益信托活动，适用本法。"该条中提到了"民事信托"，目前多数人将其与营

---

[*] 江平，中国政法大学终身教授、博士生导师。

业信托放在一起做出解释，但我倾向于将其与公益信托一起做出对立的解释，即将我国《信托法》中的民事信托解释为普通法系的私益信托，而"营业信托"只不过是受托人为经营信托业务的机构的一类民事信托，这样的理解比较符合《信托法》的原意以及信托的理论。

所谓私益信托，即为确定的或能够确定的私人利益而创设的信托，其目的与公益信托的目的截然相反，《信托法》中的绝大部分条款都是围绕民事信托进行规范的，设立民事信托必须符合《信托法》的规定，才能创设有效的信托法律关系。

(一) 家庭领域的运用

普通法系国家在决定是否及如何创设私益信托时，税法上的考虑通常很重要，许多信托的主要目的在于减少或避免收益、遗产、继承以及赠与税，英美法上的遗产规划在财富传承及管理中占有重要地位。私益信托常见的目的，即委托人运用信托这一设计，将其财产分配于其家庭及其朋友，信托条款通常规定收益归终生受益人或信托条款规定的受益人，保留信托本金，并最终将信托本金转让与其亲属、朋友或公益目的（委托人惯常运用本金和收益分离的信托达其私益目的），有时这种信托被称为"家庭信托"（Family Trust）。

但在我国，由于目前有关的受税法驱动的民事信托还并非主流，运用民事信托的领域主要体现在有效率的财产管理上，我国目前财富的管理分散化严重，这不仅效率低下，而且造成了巨额财富的损耗和浪费，因此信托法重要的立法目标在于建立一套完善的财产管理制度。而与此关联的必然是，如何使国民通过信托的管道实现财富的聚集和分配，我国的婚姻家庭和继承制度使委托人可以支配的财产非常有限，并且遗产管理的手段落后、效率低下，家庭财富因为继承制度分散化严重，巨额的民间财富的管理一直以来缺少有效的制度设计。发展民事信托，克服作为家庭财产管理和遗产管理的信托"先天不足"，应是信托功能发挥的重要领域。

（二）商业领域的运用

以共同基金、退休基金和资产证券化为代表的商业信托法制在全球的迅猛发展，改变了传统上对信托应用领域的狭隘认识，商业信托中受托人的权力得到了极大的扩张。信托以其灵活的弹性设计，在大规模的财产管理方面提供了其他制度无法替代的功能，资金雄厚和信誉卓著的机构受托人凭借较低的信用风险和破产风险赢得了广大投资人的青睐。

《信托法》颁布后，监管部门先后修订和制定了《信托投资公司管理办法》、《信托投资公司资金信托管理暂行办法》等规章，初步搭建了营业信托发展的平台。目前营业信托业务广泛，但真正意义上的信托商品却不多，信托机构应当配合金融形势的发展，研发信托品种，逐步累积经营业绩与受托人声誉，才能赢得社会的信赖。未来的信托业发展空间非常巨大，仅就目前而言，信托业至少在以下几个方面大有可为。

（1）与职工福利或退休制度结合的信托业务。办理企业职工持股信托、企业职工储蓄信托或退休金信托业务，客户以中大型企业为主，未来发展空间很大。

（2）与金融机构中长期债权结合的信托业务。先前银行办理的长期住宅贷款，贷款期限长者可达 30 年，所涉及的信用、利率、流动性及提前还款风险，均由银行自行承担。若能通过贷款债权信托业务，将贷款债权信托或出售，将有助于银行降低经营风险。

（3）与其他金融商品结合的信托业务。信托业可就货币市场工具、金钱债权、外汇、不动产等投资标的，以发行受益证券或记账方式来募集共同信托基金。

（4）与不动产结合的信托业务。通过信托业办理不动产信托业务以进行融资，或募集共同信托基金投资不动产。

三 公益信托在中国的应用

公益信托，是以促进和举办公益事业为目的的信托，其目的在于为社会公众谋求利益，而不是为特定的个人谋私利。通过设立公益信托，能够有效实现各种公益目的，促进社会公益事业的发展。公益信托设立简便灵活，享受税收的优惠支持，运用非常广泛。目前，中国各方面的公益需求非常巨大，立法也非常明确鼓励公益事业的发展，现在大量从事慈善、科技、学术、宗教、环保等公益事业的，主要以基金会的形式出现，其目前拥有庞大的公益基金。不过，随着《信托法》的实施和普及，公益信托灵活和便捷的制度安排将有非常巨大的应用空间。

（一）公益信托的认定

一般而言，公益信托即是社会受益的信托，但并非使社会受益的每一个目的都符合公益信托的目的，早期如英国1601年《慈善用益法》序言中所列举的关于公益目的类型，现代如1959年美国《信托法重述（2）》第368条所列举的公益目的，但即使如此，英美法院在解释、运用上述公益目的时仍并非十分确切，问题是谁为公益信托的真正受益人。公益信托系使社会为其真正受益人的信托，以区别于以单独的私人为受益人的私益信托，但这不意味着公益信托不可以有确定的受益人。

根据我国《信托法》第60条的规定，为了下列公共利益目的之一而设立的信托，属于公益信托：救济贫困；救助灾民；扶助残疾人；发展教育、科技、文化、艺术、体育事业；发展医疗卫生事业；发展环境保护事业，维护生态环境；发展其他社会公益事业。《信托法》只规定了公益信托的目的（性质）认定，并没有规定具体的认定标准，这需要进一步的解释。

（二）发展公益信托的障碍

其一，国家鼓励发展公益信托的措施，例如税收措施还没有出台，影响了委托人设立公益信托的积极性。其二，《信托法》第62条规定，"公益信托的设立和确定其受托人，应当经有关公益事业的管理机构（以下简称公益事业管理机构）批准。未经公益事业管理机构的批准，不得以公益信托的名义进行活动"。但由于公益事业管理机构没有明确到位，致使公益信托的受托人资格和公益信托的有效性大打折扣。其三，按照《信托法》的规定，公益信托管理中很多事项需要公益事业管理机构的批准，但因公益事业管理机构没有明确到位，致使公益信托的有效管理很难实现。

（三）公益信托与基金会的区别

2004年6月1日实施的《基金会管理条例》第2条对基金会做出了明确的定义："本条例所称基金会，是指利用自然人、法人或者其他组织捐赠的财产，以从事公益事业为目的，按照本条例的规定成立的非营利性法人。"《基金会管理条例》对基金会的设立、变更和注销、组织机构、财产的管理和使用、监督管理和法律责任都做出了详细的规定，基金会依照章程从事公益活动，应当遵循公开、透明的原则。基金会章程必须明确基金会的公益性质，不得规定使特定自然人、法人或者其他组织受益的内容。此点对于《信托法》中公益信托的具体认定标准具有借鉴意义。按照目前的规定，基金会的设立成本和管理成本较高，程序比较烦琐，与公益信托相比并没有明显的成本优势，不过，其具有更现实的可操作性。

（本文原载于《法学》2005年第1期）

民间借贷规制的重点及立法建议

岳彩申[*]

经过30多年的改革开放，中国正在从资本穷国变为资本大国，民间借贷规模和影响迅速扩大成为社会关注的焦点问题。2010年5月国务院发布的《关于鼓励和引导民间投资健康发展的若干意见》和2010年10月中共中央公布的《关于制定国民经济和社会发展第十二个五年规划的建议》，都明确鼓励民间资本进入金融领域。在转变经济发展方式的背景下，迫切需要完善民间借贷的法律体系，保护民间资本所有者的正当权利，引导民间金融资源优化配置，提升经济发展的内生动力。本文尝试从立法的角度探讨相关争议，为民间借贷立法提供理论上的分析和对策性建议。

一 关于民间借贷规制的路径和模式

有关规制民间借贷的立法虽然讨论了很多年，但有两个基本问题一直没有解决：一是哪些民间借贷行为应纳入法律规制的范围，即法律规制民间借贷的边界如何确定；二是应当由哪些法律规制民间借贷，以及是否应当制定统一规范民间借贷的法律文本。前一个问题的核心是法律上如何确定规制民间借贷的范围，后一个问题的核心则是如何选择民间借贷的立法路径和模式。如何解决这两个问题，决定了民间借贷立法的基本思路、目标和体系。

---

[*] 岳彩申，西南政法大学党委常委、副校长，教授、博士生导师。

(一) 选择重点规制的路径

是否应当制定一个专门规范民间借贷的法律文件以及如何建立规范民间借贷的法律体系，理论上一直存在争议，立法上始终摇摆不定。解决这一争议的关键在于恰当区分民间借贷的种类和性质，再根据民间借贷的不同种类及特点选择相应的立法策略和规制路径。从法理上讲，民间借贷是放贷人让渡一定时间的资金使用权，到期后借款人还本付息的行为。也有学说认为货币一旦交付就转移了所有权，即所有与占有一致原则。[①] 理论上对民间借贷的划分有多种方法，不以营利为目的的有偿或无偿转让资金的行为应当认定为民事行为，一般公众在生活中发生的民间借贷多属民事行为。但以收取利息为目的的货币流通则具有资金融通的功能，具有了商事行为的性质。如果某一自然人、法人（银行业等金融机构因有专门法律规定不在此讨论）或非法人组织将发放贷款作为一种经营活动时，则具有营利性和反复性，应属商事行为。民间借贷行为性质的这种多重性不仅决定了相关立法的多层次性和复杂性，而且也成为选择规制路径的基本依据。

从金融制度变迁规律看，我国民间借贷目前处于从市场化显性信用阶段向规范化合法信用阶段转变的过程中，但并不是所有的民间信用形式都能够或适合纳入法律体系加以规制，一些地区的小规模民间借贷组织更适合以民间形式存在，以满足不同人群的融资需要。[②] 从立法设计的角度看，对于民间借贷行为，建立全面规制的法律体系不但比较困难，也没有多大必要，世界范围内的这种立法范例迄今极为少见。因此，规制民间借贷的立法不宜选择全面规制的路径，而应当采取重点规制的路径，即只需要在多样的民间借贷中确定某些重要的方面加以规制即可。根据这样的思路，规范民间借贷的立法体系应当是一般性规制与专门性规制相结合的多层次立法体系。在多层次的立

[①] 参见刘保玉《物权法学》，中国法制出版社，2007，第 242~243 页。
[②] 参见王曙光《经济转型中的金融制度演进》，北京大学出版社，2007，第 78 页。

法体系下，根据借贷行为、借贷主体及借贷目的等不同因素，采用由普通法律、相关主体法律及专门的民间借贷法律进行分别规制的模式。根据我国金融市场的结构和法制现状，规范民间借贷的专门立法应当重点规制那些以营利为目的并专门从事借贷业务的机构和个人所进行的商事性借贷，主要包括对借贷主体的准入、借贷利率、借贷地域等加以规范。对于一般性的民间借贷即那些非专门性的私人借贷，因其通常只涉及借贷双方的权利义务，不会对其他人的利益产生影响，由民法通则、合同法等普通民事法律加以规范即可，无需引入过多的国家干预，也不需要再制定专门的法律加以规范。

（二）采用分类规制的模式

对于以营利为目的并专门从事借贷业务的机构和个人的借贷行为，不宜采用由一部法律进行全面规制的模式，而应当区别不同情况采用分类规制的立法安排。①对于私募基金，因其与一般直接融资不同，主要投资领域为证券市场中的股票和债券，而不是直接投向实体经济或解决人们的生活所需，故应将其纳入资本市场法制体系加以规制。[①] ②对于间接融资中具有合作金融性质的合作基金会与金融服务社等，其性质和功能定位于民间的互助，应通过制定专门的合作金融方面的法律制度加以规范，如银监会制定的《农村资金互助社管理暂行规定》等。随着城乡统筹的发展和城乡经济社会一体化的推进，有关合作金融的立法应当扩大调整范围。③对地下银行（私人钱庄），因其脱离了法律的控制可能会积累很高的风险，故应设定合理的准入条件，将其纳入银行类金融机构体系，实施正式和有效的监管。银监会出台《村镇银行管理暂行规定》大致就是这样的路径。④对于专门从事贷款业务而不吸纳存款的金融机构，如财务公司、贷款公司等，应根据其性质不同，由专门的法律制度加以规范，如银监会颁布的《企业集团财务公司管理办法》、《贷款公司管理暂行规定》等。

[①] 参见陈向聪《中国私募基金立法问题研究》，人民出版社，2009，第140页。

上述四种民间借贷因具有特殊的法律性质，由相关主体法进行规范更为适当，专门的民间借贷立法不宜规定这些主体的借贷行为。按照分类规制的方式，规范民间借贷的法律规范体系应包括三个部分：①民法通则、合同法等普通民事法律，规范非专门性的私人借贷行为；②相关主体法，规范特殊的民间借贷机构的借贷行为；③专门的民间借贷法，规范以营利为目的并专门从事借贷业务的机构和个人的借贷行为。本文所讨论的民间借贷立法问题主要是针对第三个部分。

在民间借贷立法中，以营利性为标准将民间借贷划分为民事性民间借贷和商事性民间借贷，是设计和检讨我国民间借贷立法科学性的重要依据。我国现行法律对于民事意义上的民间借贷，无论其是否有偿，在不违反四倍基准利率限制的条件下，都予以保护。对于具有商事性质的民间借贷，如果没有经法定机关核准并登记，则归入非法金融行为（如《非法金融机构和非法金融业务活动取缔办法》第4条规定的非法金融业务）。由此观之，我国现行法律排斥和压制的是未经批准的商事性民间借贷。无论放贷主体是自然人还是法人或其他组织，只有取得法定机关的批准才能获得商事性民间借贷的合法主体资格。总体上讲，我们赞成现行法律对民间借贷的这一限制，因为借贷是银行业中最为核心的业务，对于金融体系和整个国民经济体系的稳定有直接影响。截至2010年11月，银行总资产超过92万亿元，[①]占整个金融业资产的90%以上。银行业的收入绝大部分来自贷款业务，为了维护金融体系的安全与稳定，保证中央银行货币政策的顺利实施，各国都对银行类金融机构的准入实施比较严格的监管。此外，公有制为主体的基本经济制度要求国有企业在涉及国计民生的重要领域占据主导地位，与借贷业务的任意民间化、商事化、扩大化存在冲突。因此，在中国目前的情况下，解除金融抑制无疑是民间借贷立法的方

[①] 参见高晨《银行业金融机构总资产破92万亿》，http://paper.people.com.cn/jhsb/html/2011~01/10/content_ 720247. htm? div = -1，2011年2月11日访问。

向，但确定适当的法律限制仍然应当作为立法的基本原则。

在区别民事性民间借贷与商事性民间借贷时还应当注意，有偿与营利是两个既相互联系又相互区别的概念，不能仅因有偿而认定为营利性行为，后者需具备连续性和职业性特征。多数国家的法律规定，一般民事主体偶尔从事营利活动，不属于商事行为。美国纽约州的《放债人法》第340条明确规定，个人或企业偶尔在该州发放贷款不需要遵守该法"禁止无牌照经营"的规定。实践中，民间借贷日益趋向专业化，某些民事主体反复涉诉，以民事性民间借贷的形式规避监管，实际上是在从事《非法金融机构和非法金融业务活动取缔办法》第4条规定的非法金融业务。法律上如何对这种行为进行规制，应是民间借贷立法也必须解决的一个重点问题。

二 关于民间借贷主体的规制

既然不宜对民间借贷进行全面规制，那么，应当对哪些主体的借贷行为加以规制呢？这同样是理论与实践中争议的焦点，也是立法中必须首先解决的一个难点。关于这一问题，以下两点最为关键。

（一）建立商事性借贷主体准入制度

在现行法律体系中，多个层次的法律规范涉及民间借贷主体的准入。在法律层面，《民法通则》第90条确立了民间借贷的合法性，但没有涉及民间借贷的主体问题。《合同法》第12章规定了借款合同的一般问题，第210条和第211条分别规定了自然人之间借款合同的生效时间及借款利率。在行政法规层面，《非法金融机构和非法金融业务活动取缔办法》第4条规定，非法金融业务活动是指未经中国人民银行批准，擅自从事的下列活动：①非法吸收公众存款或者变相吸收公众存款；②未经依法批准，以任何名义向社会不特定对象进行的非法集资；③非法发放贷款、办理结算、票据贴现、资金拆借、信托投资、金融租赁、融资担保、外汇买卖；④中国人民银行认定的其他非法金融业务活动。在行政规章层面,《贷款通则》第 61 条规定企业之间不得违反国家规定办理借贷或变相借贷融资业务。在司法解释层面,最高人民法院《关于贯彻执行〈民法通则〉若干问题的意见》第 121 条、第 122 条、第 123 条、第 125 条分别涉及"公民之间的借贷"、"公民之间生产经营性借贷的利率"、"公民之间的无息借款"。最高人民法院《关于如何确定公民与企业之间借贷行为效力问题的批复》规定,公民与非金融企业(以下简称企业)之间的借贷属于民间借贷,只要双方当事人意思表示真实即可认定有效,但具有下列情形之一的,应当认定无效:①企业以借贷名义向职工非法集资;②企业以借贷名义向社会非法集资;③企业以借贷名义向社会公众发放贷款;④其他违反法律、行政法规的行为。2008 年 4 月 1 日起施行的最高人民法院《民事案件案由规定》将借款合同纠纷按照借贷主体类型划分为四种:①金融借款合同纠纷;②同业拆借纠纷;③企业借贷纠纷;④民间借贷纠纷。2010 年 11 月 22 日最高人民法院发布了《关于审理非法集资刑事案件具体应用法律若干问题的解释》,具体解释了非法吸收公众存款和集资诈骗罪的适用问题。

根据上述法律、法规、行政规章及最高人民法院的司法解释,合法的民间借贷是指自然人之间、自然人与法人之间以及自然人与其他组织之间的借贷。自然人之间的普通民事行为性质的借贷为法律所允许,但企业之间和带有经营性质的商事性民间借贷则一直受到法律的排斥。从民间借贷的作用及国外的立法经验来看,商事性民间借贷能够有效地克服国家信用的诸多弊端,其合理性与合法性应当获得法律的肯定。[①] 从我国的现实来看,一方面,金融机构网点分布不均,广大中西部地区的不少居民难以享受最起码的金融服务。据银监会统计,截至 2009 年 6 月末,全国仍有 2945 个乡镇没有银行业金融机构营业网点,分布在 27 个省(区、市),其中西部地区 2367 个,中部地

---

① 参见王曙光《经济转型中的金融制度演进》,北京大学出版社,2007,第 74 页。

区 287 个，东部地区 291 个。其中有 708 个乡镇没有任何金融服务，占金融机构空白乡镇总数的 24%，分布在 20 个省（区、市）。[1] 另一方面，现有的正规金融机构没有能力完全消化整个社会的融资需求，中小企业融资难、"三农"融资难一直困扰着我国经济社会的发展，商业性的民间借贷在农村借贷中占有 20% 以上的份额。[2] 从国际范围内看，信贷机构是一个多层次的组织系统，完全靠正规金融机构、大银行难以覆盖全部融资需求，而且风险也过于集中。美国、英国、爱尔兰、南非、中国香港等国家和地区都建立了规范民间借贷的法律体系，从制度上促进非正规金融机构的发展，推进民间信用体系建设也应该成为我国现阶段金融市场建设的重要内容。[3]

为了满足经济社会发展的需要，2004 年以来的中央七个"一号文件"都涉及"发展农村小额信贷和微型金融服务"的问题。2008 年 5 月，中国人民银行、银监会联合发布了《关于小额贷款公司试点的指导意见》（以下简称《意见》），鼓励和指导各省份积极开展小额贷款公司的试点工作。《意见》的出台是我国民间金融发展史上具有标志意义的事件，为商事性民间借贷的发展提供了契机。2007 年 10 月中国人民银行起草的《放贷人条例（代拟稿）》（以下简称《条例》）报送国务院法制办，2009 年列入国务院法制办的二档立法计划。《条例》在市场准入方面允许符合条件的个人注册后从事放贷业务，并规定符合条件的企业和个人都可开办借贷业务。2010 年中国人民银行向国务院法制办报送的《贷款通则》修订稿扩大了借贷主体的范围，对于未经批准设立为放款人的非金融企业和个人，允许在限制总额、笔数和利息收入的前提下从事放贷行为，进一步放松了对民间借贷主体准入的管制。

---

[1] 参见银监会《三年实现乡镇金融服务全覆盖》，http://news.sohu.com/20091021/n267591626.shtml，2009 年 10 月 23 日访问。
[2] 参见韩俊等《中国农村金融调查》，上海远东出版社，2009，第 224 页。
[3] 参见邹东涛主编《中国经济发展和体制改革报告：中国改革开放 30 年》，社会科学文献出版社，2008，第 145 页。

综合《意见》和《条例》的有关规定及目前小额贷款公司的发展现状，笔者认为，可以从两个方面完善对商业性放贷人准入的规范。

一是通过确定注册资金的方式限定主体范围。由于放贷人"只贷不存"，作为经营货币的资金密集型行业，注册资本应当高于我国《公司法》对于普通公司的一般规定。《意见》规定有限责任公司类的小额贷款公司的注册资本不得低于500万元，股份有限公司类的小额贷款公司的注册资本不得低于1000万元，我们认为是合适的，高门槛可以过滤一些不合资格的放贷人进入这种风险行业，也为整个金融安全网的构建提供了屏障。尽管美国一些州对金融公司的准入资本门槛并不高，[①] 如美国加州成立一般的金融公司最低注册资本为2.5万美元，但美国的市场体制和市场约束机制都比较成熟，这些公司必须接受更多的市场约束，日后才能够通过市场渠道融入资金放贷。当前，我国的市场制度尚不完善，通过注册资金适当限制民间借贷市场的准入范围是非常必要的。考虑到自然人在民间借贷领域的传统地位，参考有关国家立法现状，自然人作为放贷主体资格应当通过申请注册予以确定。自然人依法对外承担无限责任，可以不设资本金要求，但在考虑自然人作为民间借贷主体的准入资格时，应当同时考虑其退出机制及个人破产制度，并作为配套制度应早日纳入立法议程。如果缺乏个人破产制度，自然人作为民间商事性借贷的主体则无法切实承担无限责任，从而影响民间借贷制度的实施效果。

二是通过申请人资格审查方式限定主体范围。放贷人资格的审查应当重视对申请人和主要股东、高管人员的"软信息"审查。与一般工商企业不同，民间放贷行业极易与犯罪联系，如雇用黑社会性质组织收债、洗钱、发放高利贷、强迫欺诈交易等，因此必须在准入门槛

[①] 在美国，金融公司（finance company）是指向个人或企业提供贷款的非银行公司，区别于商业银行、信用社、储贷协会、合作银行以及储蓄银行，与我国小额贷款公司相似，目前已经成为美国第二大商业信贷来源。

上警惕那些不适格的主体（如有犯罪前科的申请者）进入民间借贷市场。在美国纽约州申请放贷人牌照需经历严格而复杂的"背景审查"程序，为此需要提交的资料多达11项，包括信贷历史记录，过去十年的民事诉讼和破产诉讼记录，犯罪记录（包括重罪、轻罪和违规），教育经历，从业经历等。此外，合伙人、股东、高管、董事等还需要通过提交指纹程序，审查有无犯罪记录。在我国香港地区申请放债人牌照，首先由警方调查申请人有没有黑社会背景，证实"身家清白"后才交法庭审理，但亦非由法官一人决定，而是由两名市民协同审查，经三人一致通过后才能发放牌照。我国民间借贷的专门立法应当重点规定这方面的程度和条件。

（二）放松对企业之间借贷的管制

企业之间借贷的效力一直颇受关注，依据《非法金融机构和非法金融业务活动取缔办法》和《贷款通则》的规定，此种借贷在法律上是无效的。最高人民法院在1996年下发的《关于对企业借贷合同借款方逾期不归还借款的应如何处理问题的批复》中规定："企业借贷合同违反了有关金融法规，属无效合同。"中国证监会、国资委2003年8月联合发布了《关于规范上市公司与关联方资金往来及上市公司对外担保若干问题的通知》，禁止上市公司有偿或无偿地拆借资金给控股股东及其关联方。因此，在司法实践中，法院基本上将企业间的借贷或变相借贷合同确认为无效合同。在具体适用法律上，有的法院适用《合同法》第52条第4项的规定，以损害社会公共利益为由认定合同无效。有的法院则直接适用《民法通则》第58条第1款第5项的规定，以违反法律或者社会公益为理由确认合同无效。也有专家学者提出不同意见，从合同法、公司法等角度认为企业间借贷合同效力应予认可。[①]

[①] 参见龙翼飞、杨建文《企业间借贷合同的效力认定及责任承担》，《现代法学》2008年第2期。

从性质来看，企业之间借贷的性质比较特殊，作为放贷人的企业并不是专门从事此项业务的主体，一般只是因与借款企业存在业务往来或者关联关系而发生借贷，借贷行为既超越了民事性民间借贷的范畴，但又不完全属于营业性质的商事性民间借贷，而是介于民事性质与商事性质之间。针对这一特征，我们认为立法上应当采取特别规范的方式，既不应像对待民事性民间借贷那样完全放开，也不应像对待商事性民间借贷那样设立准入门槛，而应分类定性，区别对待。在国外的立法实践中，美国纽约州《放债人法》将个人和企业偶尔的借贷行为排除在商事行为之外，不需要申领放债人牌照，具有较强的参考价值。建议我国修改现行法律，放开企业之间的部分借贷，如具有上下游供应商关系、母子公司关系且因生产需要发生的借贷等，应当规定为合法有效的借贷。但是，完全放开企业间的借贷并不可行，也不可取，因为完全放开此类借贷一定程度上等同于放弃了银行业资产业务的准入门槛，势必影响金融市场及金融体系的稳定和安全，因此，通过列举的方式放开企业之间部分借贷的同时，仍然应当保留法律对企业之间借贷的一般管制。

三 关于民间借贷利率的限制

利率是规范民间借贷的核心问题，从目前已有的法律规范看，民间借贷的合法性与借贷利率水平紧密相关，对民间借贷利率的规制决定了民间借贷市场的开放程度以及对民间借贷的保护程度。

（一）应当设置利率限制

2004年10月28日中国人民银行公布的《关于调整金融机构存、贷款利率的通知》第2条第1项规定，金融机构（不含城乡信用社）的贷款利率原则上不再设定上限，贷款利率下浮幅度不变，贷款利率下限仍为基准利率的0.9倍。根据这一规定，有人认为既然银行贷款利率没有了上限，民间借贷利率也应该完全放开。实际上，有关借贷利率的讨论由来已久,实际利息理论、货币利息理论及马克思的政治经济学都有不同的论述。在市场中,利息是资金融通的价格,既然属于价格,必然涉及对价格管制的争议。即使市场经济比较成熟的西方国家,也一直对此存有重大分歧。主张废除利率控制的学者本杰明(Jeremy Bentham)认为,有健全理智的人都不应当反对贷款过程中的议价。[1] 反对者则认为,他的这一主张完全是理想主义的,根本没有现实的基础。[2]

从经济关系的角度看,借贷双方的实际地位并不平等,放贷人相对于消费者具有明显的优势地位,借贷双方之间缺乏讨价还价的实力保障,不具有公平交易的现实基础,依靠放贷人之间的竞争来保证借款人承担合理利率的贷款市场还没有形成,如果没有法律的限制,往往产生不公平交易。从历史上看,规范民间借贷利率的法律制度源远流长。唐《杂令》、《明律·户律》"钱债"部分第168条及《清律·户律》第147条都规定了对借贷利率的限制。从文化角度看,民间借贷的利率限制具有很强的社会感召力,国内家喻户晓的歌剧《白毛女》和莎士比亚的不朽名著《威尼斯商人》都揭露了高利贷的危害,甚至《圣经》中也有禁止高利贷的描述[3]。从社会发展的角度看,高利贷有导致"穷者愈穷、富者愈富"的马太效应和加速社会阶层分化的作用。从政治的角度看,高利贷常常成为历史上朝代更替的原因之一。新中国成立后,消除高利贷是新社会的标志性事件。

高利贷在私营经济较为发达的区域以及农村地区广泛存在,而且经济越不发达的地区,民间借贷的利率就越高。有学者通过考察中国

---

[1] 参见 Jeremy Bentham, Defence of Usury (1787), http://soeserv2.mcmaster.ca/-econ/ugcm/3113/bentham/uaury。
[2] 参见张为华《美国消费者保护法》,中国法制出版社,2000,第124~125页。
[3] 《旧约·出埃及记》第22章第25节中说:"如果你借钱给我的人民,就是与你们在一起的穷人,你对待他们不可像放债的人一样,不可在他们身上取利。"

20世纪30年代末以来和美国19世纪的民间借贷史，验证了这一结论。① 2008年浙江台州的飞跃集团、杭州的南望集团等地方龙头企业出现财务危机，大量高利率的民间借贷都是其导火线。2009年重庆打黑过程中，警方披露的数据是：重庆高利贷逾300亿元，规模已占到重庆全年财政收入的1/3强，黑恶团伙以高得惊人的利息强行放贷，而后通过暴力收债，从中牟取巨额不法收入。② 2009年8月11日《经济参考报》以《宁夏固原民间高利贷盛行》为题披露当地高利贷问题。从众多事实来看，从利率设置上限制民间借贷的资金价格具有突出的现实意义。

从国际范围内考察，市场经济制度比较成熟的美国大部分州也都制定了专门的反高利贷法。20世纪中后期美国在自由主义思潮影响下推行金融自由化，一些人主张取消利率限制，也确实有个别州（如特拉华州及南达科他州）这样做了，但美国的次贷危机表明，利率自由化是本轮危机的主要原因之一，特别是可调整利率抵押贷款，已经受到美国学术界、监管部门、立法机构及消费者保护团体的质疑和批评。英国2006年修订的《消费信贷法》仍然规定了对最高利率的限制，并授权法院可以对此提供司法救济。向来以贸易自由自居的香港也对民间借贷利率规定了限制。综合来看，在我国目前的条件下，不能盲目地放开民间借贷市场，而应通过立法直接规制民间借贷利率，并设置合理的利率上限。

（二）合理规定利率上限

对利率水平的限制关系到借贷双方的权益，无疑是民间借贷制度中最核心的内容。民间借贷利率与政府对产品的定价不同，相关立法不是干预借贷双方在法律限度内对利率的自由协商权，而是防止放贷

---

① 参见陈志武《金融的逻辑》，国际文化出版公司，2009，第102~110页。
② 《重庆打黑挖出黑色产业链高利贷达财政收入1/3》，《经济参考报》2009年8月24日，第1版。

人乘人之危或利用优势地位损害借款人的正当利益。《最高人民法院关于人民法院审理借贷案件的若干意见》(以下简称《借贷意见》)第6条规定:"民间借贷的利率可以适当高于银行的利率,各地人民法院可根据本地区的实际情况具体掌握,但最高不得超过银行同类贷款利率的4倍(包含利率本数)。"中国人民银行公布的金融机构人民币贷款基准利率按期限划分为5个档次,这里的同类贷款利率实际上是指同期同档次贷款利率。

在已有的立法先例中,香港特别行政区的《放债人条例》第24条规定:任何人(不论是否为放债人)以超过年息60%的实际利率贷出款项或要约贷出款项,即属犯罪。第25条规定:关于任何贷款的还款协议或关于任何贷款利息的付息协议,如其所订的实际利率超逾年息48%,则为本条的施行,单凭该事实即可推定该宗交易属敲诈性。由此可见,香港地区实际上是规定了两个不同层次的利率限制,违反不同层次的利率限制承担不同性质的法律后果。我国台湾为防止民间借贷中出现重利盘剥,《民法典》第205条规定:约定利率超过周年20%者,债权人对于超过部分之利息,无请求权。

在美国,对高利贷的规制也非常复杂,主要由各州法律规定。部分州对利率管制采取了较为自由放任的态度,允许借款人和放贷人协商达成任何利率,如特拉华州以及南达科他州,但大部分州仍然制定了限制最高利率的反高利贷法。在限制最高利率的各州立法中,对最高利率的限制通常取决于以下几个因素:①贷款用途;②贷款的种类;③放贷人的种类;④发放用于特定用途的贷款。最高利率通常是一个固定利率,也可能是取决于某些指数的浮动利率,如联邦储备委员会的贴现率。纽约州的高利贷界限通常为年利率16%;华盛顿州高利贷通常的界限为年利率12%,或者合同签署前一个月联储26个星期国库券初次拍卖报价利率加4个点,取两者中较高者;密西西比州高利贷界限为年利率10%,或者为联邦储备利率加5个点,5000美元以上的商业贷款不受高利贷限制；阿肯色州非消费性贷款的高利贷界限为联邦储备利率加 5 个点，对于消费信贷高利贷通常界限为年利率 17%。[1] 虽然美国的国会一般情况下不会介入利率限制，但也有例外，如针对发薪日贷款[2]，2006 年 10 月美国国会专门通过了法律，规定向军人及其抚养人员发放的消费贷款年利率不得超过 36%。[3]

利率本质上是利润率的一部分，因此，利率上限的确定在立法上有很强的技术性，不仅需要考虑生产性资本和消费性资本的收益率，还需要考虑包括投资回报本身的风险性、契约执行的情况等因素，因此，有学者不赞成规定一个确定的利率限制。[4] 对于高利贷的标准，如果规定得过高，则达不到公平保护借款人的目的，超过社会平均利润率后，贷款的偿还客观上存在信用风险。过高的利率也可能诱发道德风险，有的借款人为偿还贷款可能不惜铤而走险，从事违法暴利行为。另一方面，如果对高利贷的标准规定得过低，可能会出现两个结果：一是借款人在市场上得不到足够的信贷，信贷供给出现短缺；二是民间借贷从地上转向地下，为补偿法律风险的成本，实际利率可能进一步走高。从现实经验来看，出现第二种情况的可能性更大，我国广泛存在的地下钱庄就是很好的例子。最高人民法院的司法解释将利率限定为不超过中国人民银行规定的基准贷款利率的 4 倍，根据中国人民银行确定的一年期利率，4 倍限额大约在 21% ~ 25%，折算成民间利率大约接近 2 ~ 3 分。随着中国人民银行对利率的上调，4 倍限额也可能会达到 30% 左右。根据我国民间借贷的实际情况，民间借贷利率一般在 2 分至 5 分之间，生产性借贷超过 3 分就属于比较高的利率了。如果是隔夜拆借或者几天内的拆借，其利率折算成月利率就会显

---

[1] State Interest Rates & Usury Limits, http://www.lectlaw.com/files/ban02.htm, 2010 年 2 月 7 日访问。
[2] 发薪日贷款是一种短期无担保贷款，期限很短，名义利率和实际利率差异巨大。
[3] The John Warner National Defense Authorization Act, http://www.bankersonline.com/regs/jwnda/jwnda.html, 2010 年 2 月 7 日访问。
[4] 参见陈志武《金融的逻辑》，国际文化出版公司，2009，第 101 ~ 102 页。

著高于上述水平。当然,地区、季节、货币政策及法定基准利率水平等因素,都会对民间借贷的具体利率产生影响。例如2008年执行从紧的货币政策,导致各地民间借贷利率水涨船高。另外,通货膨胀对利率的走势也有重要影响。因此,上述因素都应在确定民间借贷利率上限时予以考虑。

(三) 完善高利贷法律责任制度

高利贷行为的危害性很大,从微观角度看,扰乱公民正常的生活秩序,导致借款人陷入债务深渊而无法自拔,收债过程往往伴随着恐吓、欺诈、暴力等非法行为,容易滋生犯罪;从宏观角度看,扰乱了国家正常的金融秩序,影响金融安全、社会稳定及国家宏观政策的执行。美国次级贷款产品中的可调整利率抵押贷款虽然还不是严格意义上的高利贷,但足以证明利率过高会对金融秩序与金融稳定造成危害。尽管高利贷有着诸多危害性,但从最高人民法院《借贷意见》第6条有关民间借贷利率的规定来看,现行法律对发放高利贷当事人不具有真正的惩罚性。在司法实践中,对发放高利贷基本上是听之任之,仅仅不保护其4倍以外的利率。这样一来,高利贷发放者的违法成本几乎为零,可以任意约定高利率,其后果最多是超过的部分不予保护。尽管进入司法程序的民间借贷案件近年来大幅增加,但是与实际发生的民间借贷包括高利贷相比,仍然很少。也就是说,不少高利贷合同实际上由借款人履行了,借款人的合法利益并没有通过司法程序获得应有的保护。

另一个现象也应引起关注,在实践中,多数民间放贷人为规避法律对民间借贷利率的上限规定,采取各种方式、手段掩盖高额利息,从而使借贷利率形式上符合法律规定。如预先将利息在本金中扣除,即借款人实际获得的借款低于借条中的本金(差额部分为利息),这样使得借款人在诉讼中处于非常不利的地位,很难证明高利贷的存在。此外,由于银行贷款政策"嫌贫爱富"和中小企业融资需求不断增长，加之民间资金充裕，因此催生出民间融资市场的职业化，出现了一些职业的贷款人和中介人。这些职业贷款人和中介人往往与当地的黑社会、准黑社会往来密切，依靠其背后力量威胁、恐吓借款人，阻止借款人通过司法途径维护权益。

从美国和我国香港的经验来看，利用刑事手段打击高利贷是其共同的立法选择。香港地区《放债人条例》设定了两个高利贷界限，对于不同层次的高利贷规定不同性质的法律责任。违反该条例第24条（年息60%的实际利率），即属犯罪，任何贷款的还款协议或关于任何贷款利息的付息协议，以及就该协议或贷款而提供的保证，不得予以强制执行。此外，任何人犯本条所订罪行：（a）一经循简易程序定罪，可处罚款港币50万及监禁2年；（b）一经循公诉程序定罪，可处罚款港币500万及监禁10年（由1994年第82号第33条修订）。相比较1994年之前的文本，修订后的条例大幅提高第24条所规定的最高惩罚限度，由最高"监禁2年和罚款港币10万"增至最高"监禁10年和罚款港币500万"。2001~2005年，香港根据《放债人条例》第24条就高利贷提出检控的个案数目分别为26件、18件、1件、28件及10件。违反该条例第25条规定（即所订的实际利率超逾年息48%），单凭该事实即可推定该宗交易属敲诈性。在香港禁止高利率放债的双层法律规制架构中，把利率管制水平分别定为年利率60%和48%，是参考香港当时良好的商业惯例和其他司法管辖区（例如英国）的法例而决定的。香港特区政府认为从执法的角度而言，第24条大体上可有效遏制在香港进行的高利贷活动。[1]

在美国，国会认为根据《宪法》第一章第八节"州际贸易条款"有权监管私人交易中的利率问题，但美国国会并没有划定高利贷的具

---

[1] 参见香港立法会十题《放债人条例》，2006年11月22日在立法会会议上何俊仁议员的提问和财经事务及库务局局长马时亨的书面答复，http://www.fsth.gov.hk/fsb/chinese/ppr/press/doc/pr221106_c.doe，2011年3月22日访问。

体范围，而是通过《反犯罪组织侵蚀合法组织法》界定了"非法债务"的概念，规定以超过当地两倍高利贷界限的利率放贷并且试图收取该"非法债务"构成联邦重罪。① 在各州层面，违反州高利贷法的法律后果通常具有惩罚性，即处罚金额超过所收取的利息与高利贷之差。具体的处罚各州的规定不尽相同，但是通常都包括罚没已收取的利息或者按利息的倍数罚款。在某些情况下，高利贷还会导致整个贷款合同不得执行、放贷人承担刑事责任等。

民间借贷立法可借鉴香港《放债人条例》的立法经验，设置两个利率限制标准，不同程度的违法行为承担不同的法律责任，建立梯级过渡性的双层法律责任制度。这样既可以起到打击和遏制高利贷的作用，也可以避免滥用刑事制裁手段，实现法律责任的梯级过渡。

首先，参考国外及香港地区的立法经验，考虑目前民间借贷的实际利率水平，设定一个明确的年利率（如36%）作为追究高利贷放贷人刑事责任的标准。超过该限度的放贷属于严重高利贷范畴，应当受到行政或刑事处罚。其次，保留目前的规定，即民间借贷不得超过中国人民银行规定的基准贷款利率的4倍。超过该界限但尚未达到严重高利贷年利率的，除法律另有规定外（如严重通货膨胀时适用情势变更原则），不得诉求法院执行该借贷合同及其附属担保合同，通过民事责任遏制此类高利贷。这样规定有充分的法理依据，中国人民银行通常会根据宏观经济发展和通货膨胀情况及时调整利率水平，其公布的基准利率大致反映了当前资金的价格，4倍范围内的利率基本上可以补偿民间放贷人所承担的机会成本和风险。以目前试点的小额贷款公司为例，其经营状况表明，3倍左右的利率已经基本上覆盖了风险，总体上实现了盈利。在有关小额贷款公司后续发展问题的讨论中，也鲜见有关放开利率的呼声，而多集中于贷款的后续资金来源、跨区域

---

① 18 U. S. C. 1961（6）（B）. See generally, Racketeer Influenced and Corrupt Organizations Act.

经营、税收优惠政策等方面。① 20%～30%的利率水平与我们的民间借贷实际利率也基本上相差不多，如果民间借贷能够获得法律的有效保护，其风险水平事实上还会降低。因此，尽管有不少学者主张废除对民间借贷4倍利率的限制，但我们认为目前有关民间借贷利率的规定是适当的，立法上应当坚持。

总的来看，利率水平的确定是一个应当能够实现双赢的选择，借款人和放贷人是一个矛盾体，双方利益的最大化应当以考虑对方的可持续发展为前提，杀鸡取卵式的、掠夺性的高利率并不可取，不顾草根规则的存在，任意压制民间借贷利率也难以达到从法律上规范民间借贷的目的。同时，立法应当始终固守法律的正义性，从实际出发充分考虑借款人在民间借贷中的弱势地位，以及民间借贷特别是有组织的民间借贷易滋生犯罪的事实，汲取中国古代、中国香港、美国的立法经验，限制民间借贷的最高利率，维护资金融通的公平秩序。

四　关于民间借贷区域的限制

大多数民事性民间借贷并不涉及区域限制问题，而对于具有经营性质的商事性民间借贷，区域限制则成为影响民间借贷的优势功能、规模经济与风险集中度的重要因素。在小额贷款公司的试点过程中，参与试点的公司希望扩大经营的地域范围，一些地方政府将允许跨区域经营作为对贷款公司的奖励。② 也有省份明确规定小额贷款公司不得跨区域经营。③

（一）区域限制与民间借贷的优势功能

不少文献认为民间借贷源自金融抑制。麦金农和爱德华·肖在对

---

① 参见张建华等《中国农村多层次信贷市场问题研究》，经济管理出版社，2009，第29～30页。
② 《内蒙古自治区小额贷款公司试点管理实施细则》第22条规定，具备一定条件的小额贷款公司可跨旗县、盟市设立分支机构。
③ 《浙江省小额贷款公司试点暂行管理办法》第25条规定，小额贷款公司不得跨区域经营业务。

发展中国家的经济发展过程进行分析后,提出了著名的"金融抑制"理论,认为金融抑制使部分经济主体的融资需求无法通过正规金融渠道获得满足,民间借贷由此而产生。① 但民间借贷在一些发达国家如美国、英国、澳大利亚等也非常发达,而且这些国家都有专门规范民间借贷的法律。以美国为例,美国的非吸收存款类金融公司种类包括消费金融公司、商业金融公司和销售金融公司(也叫承兑公司)。据美联储的统计资料,截至 2010 年初,美国国内金融公司应收账款余额为 14194 亿美元,资产总额为 19368 亿美元。② 由此可以看出,金融压抑并不是民间借贷存在的根本原因。美国范德比尔特大学教授 CliveBell 等人在 20 世纪末从需求和供给两方面解释了非正规金融产生的条件。由于正规金融机构金融产品供给的不足,因此对金融产品的超额需求便"溢出"到民间借贷市场,这从需求方面解释了民间借贷存在的原因。同时,在现有条件下,民间借贷在信息、担保、交易成本等各个方面均具有正规金融无法比拟的优势,因此有能力供给部分金融产品以弥补正规金融供给不足造成的缺口,这就从供给方面解释了非正规金融的产生。③

在现实的经济活动中,民间借贷具有"人格化金融"的特点,以"熟人关系"作为交易及契约执行的基础④,能够凭借各种人缘、地缘关系更有效地收集中小企业的"软信息",在向中小企业提供贷款方面具有独特的信息优势。这种信息优势正是其广泛存在的根本性原因,而金融抑制不过是一个强化因素。⑤ 以浙江某商业银行小额贷款

---

① 参见〔美〕R. I. 麦金农《经济发展中的货币与资本》,卢骢译,上海人民出版社,1988,第 78~82 页;黄达:《金融学》,中国人民大学出版社,2003,第 764~766 页。
② Domestic Finance Companies Assets and Liabilities, http://www.federalreserve.gov/releases/g20/hist/fc_ hist_ q. txt.
③ 参见陈蓉《我国民间借贷研究文献综述与评论》,载李昌麒主编《经济法论坛》(第 4 卷),群众出版社,2006,第 165 页。
④ 参见陈志武《金融的逻辑》,国际文化出版公司,2009,第 120 页。
⑤ 参见林毅夫、孙希芳《信息、非正规金融与中小企业融资》,《经济研究》2005 年第 7 期。

营销的成功经验为例，归纳其做法可以发现，利用地域及信息优势是其成功的重要原因。经营者认为本土化的客户经理非常关键，他们充分发挥地缘、亲缘、人缘的优势，凭借亲朋好友、老师同学、客户熟人等关系，从侧面对小企业主的家庭历史、道德品质、经营状况等信息深入了解，从而摆脱了对财务报表的过分依赖，解决了信息不对称的难题，已累计向四万余家小企业发放了超过 800 亿元的贷款，不良贷款率仅为 0.7%（2010 年初我国国有商业银行不良贷款率为 1.80%，城市商业银行不良贷款率为 1.30%，农村商业银行不良贷款率为 2.76%）。[①] 在对贷款的监督过程中，民间借贷的信息优势有利于贷款人能够较为及时地把握贷款按时足额归还的可能性。

除信息优势外，民间借贷的交易成本优势也是其得以存在的重要条件。民间借贷经营者的监管负担较轻，组织机构本身小巧灵活，业务的技术性并不强，操作简便，对参与者的素质要求不高，合同的内容简单而实用，契约执行也往往通过民间习惯得以实现，避免了通过正规法律途径进行诉讼所需的高昂费用和时间成本。

民间借贷的上述两大优势功能与其经营的地域范围有着密切的关系。具体讲，民间借贷只有在一定范围内才具有信息优势和交易成本优势，一旦超越一定的范围，离开了"熟人社会"的依托，信息不对称的问题就会凸显出来，放贷人的风险也将骤然上升，其优势功能就会因此而丧失。

(二) 区域限制与民间借贷的规模经济

规模经济又称"规模利益"，指在一定科技水平下生产能力的扩大使长期平均成本下降的趋势，即长期费用曲线呈下降趋势。上述定义具有普遍性，银行业规模经济便由此而来。民间借贷的单一客户贷款规模较小，尽管近几年司法实践中民间借贷的总金额和单笔

[①] 参见张建华等《中国农村多层次信贷市场问题研究》，经济管理出版社，2009，第 141～142 页。

金额越来越大，纠纷涉案标的额成倍增长，但与商业银行动辄千万甚至上亿元的单一客户贷款规模显然无法比拟。虽然在同等条件下民间借贷比正规金融机构的交易成本更低，但就其自身经营规模来看，民间借贷成本还是比较高的，无论是贷前调查还是贷后追踪，都需要做大量的工作，民间信贷机构如果没有规模效应，就很难持续发展。

本质上看，限制跨区域经营的确存在一定程度上的金融抑制，不仅民间借贷存在这样的问题，银行业机构也遭遇过同样的难题。20世纪90年代以前美国对银行业同样实施严格的地域限制，《麦克法登法》（McFadden Act）禁止银行跨州经营，银行和储贷协会只能在一个州开设分支机构。直到1994年美国国会通过了《里格-尼尔银行跨州经营与跨州设立分支机构效率法》，才基本上扫除了银行在跨州扩张方面所受到的种种限制。美国众议院在审议该法案的报告中指出，消除这些限制，将会带来大量的好处：①使银行有机会进行更有效的建构，剔除重复性的职能，并降低费用；②可以推动建立更安全和更稳健的银行体系；③可以给客户提供更大的方便；④通过使金融机构能够进入目前没有实现完全竞争的市场，有利于促进信贷市场的竞争。[①]

美国众议院放开银行业跨州经营的上述理由同样可以适用于放开民间借贷的地域限制，如增加竞争、降低费用、便利兼并等，这些理由很大程度上反映了规模经济的要求。但是，我们也要看到，长期费用曲线的下降不是无限的，现实中也存在着规模不经济的现象。规模不经济则是指公司因规模扩大而导致公司利润率降低的情况。也就是说，在规模经济与不经济之间存在一个临界点，在临界点内，呈现规模经济，反之，则为规模不经济。有研究发现，银行的资产从10亿美

[①] 参见〔美〕布鲁姆等《银行金融服务业务的管制案例与资料》，李杏杏等译，法律出版社，2006，第462页。

元增加到 100 亿美元时，可以实现规模经济，但从 100 亿美元增加到 1000 亿美元时则几乎很少能实现这种规模经济。[1] 民间借贷也有这样一个问题，因其具有自发性、民间性等特点，在一定范围内，规模越大业务量就越大，相应单位成本费用通过分摊会减少，信誉的外溢效应也较为明显。但是超越特定的地域范围后，其规模优势可能因其比较优势的丧失而呈现迅速下降趋势。尤其当其规模超越其管理能力时，规模越大可能效率越低。

（三）区域限制与民间借贷的风险集中度

我国商业银行贷款的集中度风险相对比较高，对中小银行而言，主要表现为客户集中度风险和区域集中度风险。为了降低这种风险，银监会于 2006 年和 2009 年分别颁布了《城市商业银行异地分支机构管理办法》、《关于中小商业银行分支机构市场准入政策的调整意见（试行）》，放松了银行跨区域经营的限制，不再对股份制商业银行、城市商业银行设立分行和支行规定统一的营运资金限制，由各股份制商业银行、城市商业银行根据业务发展和资本管理需要统筹调节及配置。规定出台后，南京银行、宁波银行等多家城市商业银行异地开设分支机构的申请被批准。

民间借贷与银行的信贷业务在某些方面并无二致，民间放贷机构的贷款集中于某一区域也会面临如同银行贷款集中的风险。经营范围界定在一个县（区）的贷款人，其业务必然与当地中小企业的经营紧密相关，一旦当地中小企业面临市场冲击（如浙江绍兴的纺织业），贷款风险就会急剧上升，从而威胁到放贷人的可持续经营。从现有的经验看，这种风险特别容易集中在沿海一些出口导向型地区以及内地的资源富集型地区。从规避风险集中的角度来看，跨区域经营又是必要的，但也同样存在一个度的问题，否则，民间借贷机构因地域扩大而丧失地缘信息优势又会使其风险从另一个方面凸显出来。因此，民

---

[1] 参见史纪良主编《银行监管比较研究》，中国金融出版社，2005，第 188 页。

间借贷的专门立法必须恰当处理好这一对矛盾。

（四）按照审慎监管原则规定民间借贷的区域限制

结合上述三个因素的考虑，笔者认为，完全禁止民间借贷机构跨区域经营不利于其可持续经营，完全放开区域限制会诱发风险。考虑到民间借贷在一定区域范围内的地缘信息优势，民间借贷经营地域的拓展不宜过于匆忙，应按照审慎监管的原则，比照《商业银行法》第19～22条的有关规定，适当规定跨区域经营机构的营运资金、管理人员等要求。同时，为体现审慎经营与监管的要求，相关立法应当明确规定商事性民间借贷跨地域经营的一些约束条件，如规定民间借贷主体在开业经营的三年内无重大违规、连续盈利等，保障民间借贷稳定与可持续的发展，增强我国经济发展的内生动力。

五 关于民间借贷资金来源的限制

对于民间借贷的资金来源问题，以前理论界讨论得较少，但随着民间借贷制度化试点（小额贷款公司试点）的推进，这个问题显得颇具实务性，并成为业界关注的焦点问题。禁止吸收公众存款是民间借贷资金来源的"红线"，不容越过，否则就等于放弃了对银行类机构的监管，难免危及金融安全。在坚守这个红线的前提下，应当创新民间借贷资金来源制度，促进民间借贷的健康和可持续发展，提高金融市场的整体效率。

（一）建立商事性民间借贷经营者负债融资制度

虽然民间借贷不能通过吸收公众存款的渠道扩大放贷资金来源，但是作为资金密集型行业的商事性民间借贷经营者必须通过适度负债融资才能保障持续经营。

首先，如果仅仅允许其使用资本金放贷，意味着其财务资源的严重浪费。在金融资产的经营中，杠杆率高低与经营效率和安全有着密切的联系。美国次贷危机爆发前，华尔街五大投行的杠杆率高达30倍左右，意味着它们的资产价值只要出现3.33%左右的下降，理论上就可能面临破产清算。危机爆发后美国的金融机构正在经历痛苦的"去杠杆化"过程。但是绝对禁止金融机构负债同样是不可能的，民间借贷也不例外。负债经营的关键是控制适度的杠杆率，反之则过犹不及。在禁止其负债的情形下杠杆率为零，但势必造成严重的财务资源浪费。一般认为，企业在资产负债率为50%~60%时仍然可以处于比较稳健的经营状态，银行类机构由于更多地依靠负债获取资金来源，其资产负债率可以更高一点。以中国工商银行和中国农业银行为例，截至2010年9月30日，中国工商银行的资产负债率为94.34%，中国农业银行的资产负债率为94.78%。[①] 商事性民间借贷作为资金密集型行业，其资产负债率应当高于普通企业。

其次，如果没有一个正常的融资渠道，民间融资就可能会转为地下，进而寻找其他途径，包括非法吸收公众存款及其他非法集资行为，与民间借贷规范化、阳光化的方向背道而驰，监管机构无法掌握民间借贷的资金流向，并导致国家税收流失。

最后，有限度地放开民间借贷的银行批发资金融资渠道，有利于培育商业银行贷款零售商，分散银行信用风险，构建多层次贷款渠道。依赖大客户是银行经营过程中很普遍的现象，但这容易导致风险过于集中，允许银行将资金批发给民间借贷经营者，可以使银行通过信贷配给方式甄别出优质的企业来[②]，不失为解决这一问题的有效方法。民间借贷机构作为资金中介，可以发挥其熟悉当地市场、专营小额信贷、监管负担较轻及贷款手续简便等诸多优势，有利于改善贷款的结构。此外，银行作为批发者将资金交由民间借贷经营者发放，民间借贷经营者再将资金分成若干小份，发放给不同的借款人，相对于由银

[①] 参见中国工商银行和中国农业银行2010年第三季度报告。
[②] 参见徐忠、张雪春、沈明高、程恩江《中国贫困地区农村金融发展研究》，中国金融出版社，2009，第255~256页。

行发给单一客户而言，明显分散了信贷风险。在现实中，无数小额借款人同时违约的概率极小甚至不会存在。因此，通过立法建立民间借贷经营者融资渠道制度，对于分散银行风险及促进商事性民间借贷可持续发展都具有积极意义。

（二）规定商事性民间借贷经营者的融资渠道

如何规范商事性民间借贷经营者的融资渠道，是民间借贷立法中不能忽视的一个要点。

首先，应当在立法上明确"非法吸收公众存款罪"与民间借贷的界限。《商业银行法》第81条及《刑法》第176条规定了非法吸收公众存款罪。但何谓"公众"、何谓"存款"，认识上存在很大争议。合法的民间借贷在实践中与"非法吸收公众存款"纠结不清，比较著名的案例如"孙大午非法吸收公众存款案"，反映出我国法律制度存在明显的缺陷。因此，准确界定非法吸收公众存款罪的内涵和外延对于活跃民间融资以及丰富民间借贷经营者的资金来源，具有重要意义。《非法金融机构和非法金融业务活动取缔办法》第4条将"公众"界定为"不特定对象"。对于所谓的"不特定对象"，应当结合行为人吸取资金的方式才能恰当确定。[①] 实践中，借款人往往从一定范围内的人员如职工、亲友等处募集资金，这些人是否属于"公众"范畴，亟待在立法上加以明确。在实践中，司法机关对此进行了有益的探索。2008年浙江省高级人民法院、人民检察院、公安厅联合下发的《关于当前办理集资类刑事案件适用法律若干问题的会议纪要》在区分民间借贷与非法吸收公众存款的标准上有两点值得关注：第一，融入资金的对象为不特定对象（即所谓的公众）没有成为非法吸收公众存款罪构成要件中的充分条件；第二，企业资金的用途成为构成非法吸收公

---

① 参见黄德海、张富荣、罗真《何为"向社会不特定对象吸收存款"？非法吸收公众存款罪与一般民事借贷纠纷的界限》，http://www.chinacourt.org/html/article/200811/18/331084.shtml，2010年11月18日访问。

众存款罪的关键要件，为生产经营活动所需筹集资金一般不认定为构成非法吸收公众存款罪。因此，非法吸收公众存款罪所指的"存款"应该是从资本、货币经营的意义上理解。只有在这个意义上去理解"存款"，才能解释清楚民间借贷中的资金来源与银行吸收存款的区别，才能找到合法的民间借贷与非法吸收公众存款的界限。[①] 相对《商业银行法》及《刑法》的规定，浙江省司法部门与公安部门的纪要更具有现实性和针对性，是一种有益的改革尝试。2010 年 11 月 22 日最高人民法院发布的《关于审理非法集资刑事案件具体应用法律若干问题的解释》规定，未向社会公开宣传，在亲友或者单位内部针对特定对象吸收资金的，不属于非法吸收或者变相吸收公众存款。这一解释虽然发展了民间借贷制度，但因不属于正式的法律渊源，而且仅仅适用于刑事处罚，没有将筹款用途考虑在内，对民间借贷发展的推动较为有限。因此，建议有关立法及法律适用机构应结合筹款（融入资金）目的界定非法吸收公众存款行为，对于民间借贷经营者向不特定对象吸收资金从事发放贷款、买卖证券、融资租赁等专属金融业务，可以纳入"非法吸收公众存款"的范畴，对于企业确因生产经营需要的借贷应归入合法的民间借贷，避免因打击面过宽而累及合法的民间借贷。

其次，在商业原则下，应逐步放开商事性民间借贷经营者向银行、保险机构融资的渠道。目前有关规定允许小额贷款公司从银行业金融机构融入资金，但有两个限定条件：一是不得超过资本净额的 50%；二是不能从两个以上的银行业金融机构融入资金。由于小额贷款公司尚处于试点阶段，对于其风险的认识还缺乏足够积累，因此暂时开了一个小口子，尽可能按照谨慎原则操作。在积累一定经验后，建议可以逐步放开民间借贷经营者向商业银行、保险公司的融资率上限，为

[①] 参见孙金栋《非法吸收公众存款罪与民间借贷的本质区别》，http：//blog. china. alibaba. com/blog/amwayajd/article/b0-i8546400. ht-ml，2010 年 11 月 23 日访问。

民间借贷提高融入资金的来源。

再次，在风险可控的前提下，对于专门或主要服务"三农"的民间借贷经营者，应当适当给予政策性金融资金支持。民间借贷经营者中的一部分是面向"三农"、微型企业、下岗职工等金融弱势群体的。如目前试点中的小额贷款公司，当前经营的大部分业务是国有商业银行主动撤离和不愿介入的领域。这些领域利润小且风险大，如美国、泰国的法律要求存款类机构对弱势群体进行放贷、投资、服务，监管机构负责对此进行考核。我国目前还没有类似的专门法律或者强制性规定，新《公司法》第5条在肯定公司追求股东价值最大化的同时，强调了公司的社会责任，但这个条款缺乏操作性，难以落实。虽然我国有政策性银行，但从实际效果看，对"三农"的支持与社会的期待有很大差距。为拓宽商事性民间借贷经营者的资金来源，改进政策性金融的运行方式，可以考虑在政策性金融中拿出一部分资金，包括政策性银行发行金融债券募集的资金、中国人民银行的支农再贷款或者其他财政扶持资金等，借给那些从事弱势群体金融服务的商事性民间借贷机构使用。这一立法举措还有另外一个重要意义，即为政策性金融领域引入了适度的竞争机制，有利于提高政策性金融资源配置的效率，是一举两得的制度安排。

最后，前瞻性规定商事性民间借贷经营者发行商业票据、股票、债券、吸收非金融类企业的大额存款、资产证券化等融资渠道。客观地说，我国资本市场并不缺钱，民间资本高达数万亿元，从长远来看，随着我国金融市场的不断发展和金融工具的不断创新，可以借鉴发达国家如美国的经验，通过市场融资的方式解决民间借贷经营者的资金来源问题。商事性民间借贷经营者可以通过发行商业票据、股票、债券、资产证券化或资产转让等模式，在资金市场主动融资负债。这样有利于形成多层次的融资市场和多元化的融资渠道，促进金融市场的有效竞争。另外，我国香港地区实行金融牌照分级制，接受存款公司可接受 10 万港元或以上、最初存款期最少为 3 个月的存款，存款利息没有最高额限制，但是吸收公众存款则必须获得银行牌照。这种做法实际上是保留了对公众存款最严密的监管，而对大额存款的管制相对较松，在我国的民间借贷立法中，这一经验很值得参考。

(本文原载于《中国法学》2011 年第 5 期)

土地法

后农业税时代农地权利体系与运行机理研究论纲
——以对我国十省农地问题立法调查为基础

陈小君 高 飞 耿 卓 伦海波[*]

近十年来,学术界关于农地制度的研究成果颇丰,但这些研究成果主要集中于农业经济学、农村社会学和政治学等领域,法学界对该问题的专项深入研究较少。在物权法制定过程中,该领域引起了部分学者的密切关注,但其研究仅涉及农地物权的单项内容。针对农地立法问题,法学理论探讨主要集中在三个方面:其一,在农村土地所有权的归属方面,存在着主张国有化、私有化和坚持完善集体所有制等观点;其二,在农地征收方面,主要着力于公共利益的界定、征收程序的完善和对补偿标准的提高;其三,在土地承包经营权方面,主要探讨其法律性质以及如何促使该权利物权化等问题。虽然在这些方面取得了一定的研究成果,但对农地制度缺乏实证的体系化研究。为此,我们承担了国家教育部重大攻关课题项目"农村土地立法问题研究"。本文就是依据课题组对我国十个省农地问题社会调查数据和典型素材以及分类研究报告进行综合研究所形成的研究成果。本文遵循以人为本的价值理念,按照我国农地制度所要实现的政治、经济和社会功能以及由此决定的自由、公平、效率、秩序的价值目标,在广泛深入的

---

[*] 陈小君,中南财经政法大学教授、博士生导师,曾任中南财经政法大学副校长;高飞,中南财经政法大学副教授;耿卓,中南财经政法大学副教授;伦海波,燕山大学法学院副教授。

社会调查基础上,对我国农地权利的体系、运行机理以及法律救济做了系统的研究。

一 农地权利体系的梳理、整合与利益实现

(一) 现行农地权利类型之梳理

根据我国现行法律制度的规定,农地权利类型主要包括集体土地所有权、土地承包经营权、宅基地使用权、集体建设用地使用权和自留地、自留山使用权[①]等。

集体土地所有权,是构建农地权利体系的基石,其他农地权利类型均由集体土地所有权所派生。尽管《宪法》、《土地管理法》、《物权法》、《农村土地承包法》等对农村土地所有权归属状况的规定非常明确,即除法律规定属于国家所有的以外均属于农民集体所有,但集体土地所有权在实践中却被有意无意地轻视甚至忽视了。根据课题组关于农户对农村土地所有权归属状态之认识的调查,认为承包地所有权属于村集体(村民委员会)的受访农户仅占29.57%,其中四川、贵州、河南、黑龙江、湖北、湖南6省的受访农户认为承包地所有权属于村集体(村民委员会)的均低于20%。可见,集体土地所有权在实践中已经被严重弱化。这种状况,在本课题主持人组织的2001年教育部"十五"规划人文社科研究项目——"农村土地法律制度研究"——的调研中有近似反映,[②] 最近5年来该状况并未有明显改变。

土地承包经营权,是土地承包经营权人对其依法承包的土地享有的占有、使用、收益的权利。该权利是当前农民享有的一种重要的土地权利,也是社会各界最为关注的农地权利。但在社会实践与法律制度层面,土地承包经营权制度都存在诸多问题,且影响了其基本功能

[①] 在课题组调查的湖南省湘潭县茶恩寺镇不少村如护湘村都拥有大片的自留山,多达数千亩,主要种植竹子,是当地竹器加工业的主要原材料。

[②] 陈小君等:《农村土地法律制度研究——田野调查解读》,中国政法大学出版社,2004,第5页。

的正常发挥。从土地承包经营权权利变动这一角度可以把各问题分为以下几种情况：在取得阶段，如何保障包括妇女在内的新增人口平等获得该项基本经济权利，如何从制度层面解决一户中人多地少和人少地多的不公平现象；在流转阶段，如何促成土地承包经营权在流转主体宽松界定、流转内容自愿、流转方式多元、流转效力肯认、流转纠纷解决等方面全面实现流转自由的问题；① 在土地征收阶段，土地承包经营权作为独立征收客体如何对其加以充分、有效保护的问题。

集体建设用地使用权，是指乡（镇）村集体经济组织投资或集资，兴办乡镇企业及进行各项公益事业、公共设施等非农业建设而使用土地的一种用益物权。根据《土地管理法》第 43 条的规定，集体建设用地使用权主要涉及兴办乡（镇）企业、村民建设住宅②或者乡（镇）村公共设施和公益事业三类用地，其他任何单位或者个人进行建设需要使用土地的，必须依法申请使用国有土地。依照上述规定，农民个体工商户兴办工商企业的用地，也应在申请获得批准后使用国有土地。这种不甚切合本土农村实际的制度设计，在实践中引发了大量规避法律的现象。另外，集体建设用地使用权的流转（包括抵押）也受限于法律的规定，既违反了物权法平等一体保护原则，也限制甚至剥夺了农民集体对土地所有权、土地利用权的收益权能和处分权能，损害了农民集体及其成员农民的合法权益。③ 可见，该种类型农地权利的法律规范还很不完善，亟待加强。

宅基地使用权，是农民因建设住宅而无偿取得、使用集体土地所形

---

① 耿卓：《农地承包经营权流转自由之实现》，《甘肃政法学院学报》2009 年第 1 期。
② 需要说明的是，虽然根据土地管理法的规定和法理的逻辑，宅基地使用权为集体建设用地的一种，但鉴于物权法在"用益物权"编以"宅基地使用权"为题做了专门规定，把其定位为一种独立的有别于建设用地使用权的独立用益物权类型，本研究报告在论述时也将宅基地使用权与集体建设用地使用权分别论述。
③ 值得肯定的是，广东省在此方面率先做了积极有益的尝试。广东省根据本省的社会现实、相关实践经验以及本省的社会、经济发展需求，于 2005 年出台了《广东省集体建设用地使用权流转管理办法》，为集体建设用地使用权的流转在制度完善及实践方面均做出了有益探索。

成的独立类型的用益物权。宅基地使用权与农村集体经济组织成员的资格紧密地联系在一起，具有社会福利和社会保障功能，且包含宪法所赋予农民之生存权这一重要内涵。但对于这一重要权利，我国现行的法律规范却非常原则，缺乏可操作性，而且法律所规定的一些审批程序在实践中也被大打折扣，以致在同一地甚至同一村不公平现象时有出现。

地役权是物权法以专章形式规定的一项较有代表性的新制度。①根据《物权法》第 156 条的规定，地役权是指不动产权利人按照合同约定利用他人不动产以提高自己的不动产的效益的权利。尽管从严格意义上说，在《物权法》颁布实施以前，我国是不存在地役权的，但从宽泛意义上看，无论物权法是否颁布，都存在地役权性质的解决方案。由于地役权内容极其宽泛，种类繁多，与人们的生产、生活息息相关，因此了解地役权的实际运行情况，梳理社会实际生活对地役权的需求以及其中存在的问题，在法律上给予回应和解决是我们亟须完成的课题。

自留地、自留山使用权。自留地、自留山是在进行农业、农村社会主义改造，推进合作化的过程中，土地由农民私有转化成公有后遗留给农民自用并可以自由支配的一类土地使用形式。自留地、自留山"在'大跃进'和'人民公社化'浪潮的推动下，合作化时期留给社员的自留地曾被收归公社所有，从耕作用途上看，它一般被辟为公共食堂的菜园，并随政治环境的变化而变化，时而被下放给社员，时而又收归集体。这种反复在 1958 ~ 1962 年表现最为明显"。② 也就是说，自留地、自留山最初以资本主义的尾巴——农民个人私有——的形式遗留了下来，在以后的历次政治运动中最终被革除，进而实现了所有

---

① 需要说明的是，虽然本课题组开始第一轮大规模农村社会实地调研前《物权法》既已颁布，但在此次调研中并未设计关于地役权的问题。不过，本课题组成员通过深度访谈对地役权在农村的使用情况进行了较为深入的了解。

② 黄荣华：《农村地权研究：1949 ~ 1983——以湖北省新洲县为个案的考察》，2004 年博士学位论文，复旦大学，2004，第 99 页。事实上，在改革开放初期，自留地、自留山也同样因中央和地方相关政策的出台与变动而产生了反复，如在辽宁省东港市。参见杜江等《对东港市自留山历史遗留问题的探讨》，《现代农业科技》2009 年第 4 期。

权与使用权的分离：所有权归农民集体，使用权归农民个人。当前除了《宪法》对自留地、自留山使用权有所涉及和《物权法》将之确定为不得抵押的财产外，①现行法律对自留地、自留山使用权的规范几乎是一片空白。因此，我国理应在未来的农地立法中对自留地、自留山的使用权给予明确定位，从而将其纳入法制化轨道。

农地使用权之抵押权。在理论上，我国农地用益物权因流转需要可适用担保物权中的抵押权制度自不待言，但实际上法律却采取了基本禁止的十分谨慎的立法态度，其是否具有正当性，在我们获得调研数据和深度访谈素材后，颇令人深思。我们以为，一个开放的法制建设中的中国，如给弱势的农民群体让利，农地流转之抵押制度的适用应为题中之义。因此，将抵押之担保物权纳入农地权利的体系范畴正当其时。

上述各种农地权利虽然在法律中有或多或少，或粗疏或细密的规范，但从农地权利的体系化的要求和农村社会的实际需要来看，其在构建上的不足之处值得检视，极具整合之必要。

（二）农地权利体系之整合

对现行农地权利进行有效整合是农地权利体系立法构建的基本前提，也是本课题后期研究中提供农地法律制度示范文本的重要基础。就我国现行农地权利类型而言，其体系化构建应当以农地立法的价值目标为指引，既要考虑农地权利类型的完整，又要尽可能使各种农地权利的内容充实，从而促使农村法律的制度功能的完满实现。

1. 集体土地所有权

在我国现阶段，集体土地所有权是在一定的范围内为了全体成员的整体利益，由全体成员以集体或集体组织的名义享有土地所有权，

---

① 《宪法》第10条第2款后半句规定："农村和城市郊区的土地，除由法律规定属于国家所有的以外，属于集体所有；宅基地和自留地、自留山，也属于集体所有。"《物权法》第184条规定："耕地、宅基地、自留地、自留山等集体所有的土地使用权不得抵押，但法律规定可以抵押的除外。"

并在集体利益的基础上实现成员的个人利益。由于村集体所承载的行政职能淡化了其私权属性,当村集体的"所有人角色"更多地为完成政治上的职能时,所有者的角色就当然为公法所吞没。[①] 同时,法律缺乏关于单个农民作为集体成员的一分子通过何种途径参与到集体土地所有权的行使中去,分享行使土地所有权带来的收益的规范,致使农民未能合理享受到集体土地所有权的利益。上述情形已经影响到农民对集体土地所有权归属的期望。根据课题组的调查可以看出,有 **46.41%** 的受访农户倾向于承包地最好归个人所有,而访谈材料显示,该情形在一定程度上既与不少农民混淆了集体土地所有权与土地承包经营权的性质有关,又与集体组织虚有、弱势及不称职有关,也反映了集体成员对集体土地所有权所蕴含的收益权能、排他效力的强烈而朴实的渴求。因此,在关于集体土地所有权的制度设计上须切实赋予其作为所有权应具有的权能内容,特别是在国家征收农村土地的制度设计方面,应充分尊重集体土地所有权的处分权能和农民集体基于土地所有权的收益权,切实保障农民集体具体运作的经济基础。

  根据法律的规定,农民集体是农村土地所有权的主体,但从我国当前农村土地所有权的运行状况来看,集体土地所有权在实践中出现了主体虚位、错位,收益被剥夺,保护力度不够等诸多问题,亟待解决。而且,由于受到以物的"利用"为中心代替以物的"所有"为中心的思想的影响,出现了淡化所有权或将集体所有权虚无的趋势,这对作为农村土地所有权主体的集体利益的保护十分不利,使集体土地所有权的功能难以彰显,进而直接影响到土地承包经营权权益的全面落实和农民其他权益的保护。因此,以集体土地所有权制度的变革为切入点,对推动农村土地法律制度的完善和保障农民合法土地权益的实现具有不言而喻的特殊意义。

[①] 陈小君等:《农村土地法律制度研究——田野调查解读》,中国政法大学出版社,2004,第9页。

2. 土地承包经营权

土地承包经营权是家庭承包制的产物，是农民集体成员作为集体土地所有人一分子所应获得的一项独立财产权，是他们就业并获得生活来源与保障的主要法律手段，也是农民生存权乃至发展权内容的体现。该权利是当前国家政策、法律规范和社会关注的重点，也是学界研究的焦点。

就土地承包经营权而言，其主要存在两个问题：一是权利的自主行使问题；二是无地农民对享有土地承包经营权的期盼。随着法律、政策对农民土地权益保护的日益强化和农民法律意识的提高，目前农民对农地承包经营自主权的认识更加明确、坚定，要求也更加强烈、充分，警惕非法干预的自我保护意识明显增强。同时，外在社会环境也在改善，村集体和基层政府对土地承包经营权自主性的认可程度有所提升，在法律上对其物权性质的明确规定，使该权利获得了更为有效的保护。但基于"增人不增地，减人不减地"的政策约束，如何解决未承包到土地的农民实现其土地承包经营权的享有问题，仍然是实践中的一大难题。

根据课题组对"增人不增地，减人不减地"的农地政策的调查，仅有 25.90% 的受访农户认为该政策"好"，而认为该政策不好的受访农户则高达 56.03。因此，充分保障无承包地的农户与失地农民是农地立法中一个不可回避的难题。有学者指出，可以变集体成员通过承包土地而获取福利和体现所有人一分子的身份为集体成员从农村集体经济组织分得一定地租来获得福利和体现所有人一分子的身份，变责任田经营系集体成员唯一的或主要的就业途径为普通或次要途径。[①]也有学者明确主张，将农民集体改造为股份合作社法人，在社员之间进行土地股份的平均配置，保证社员享有集体土地所有权之利益的平等性，同时根据马克思主义的地租理论，规定社员承包农民集体所有的土

---

① 崔建远：《土地上的权利群论纲——我国物权立法应重视土地上权利群的配置与协调》，《中国法学》1998 年第 2 期。

地应当支付地租,并将该地租作为农民集体的收益在社员中按照股份进行分配,从而使无地人口也能够分享集体土地所有权之收益,以实现土地的社会保障功能,促使严格执行"增人不增地,减人不减地"的农地政策,避免在承包期限内调整承包地。[①] 本课题组通过对农村社会实践的广泛调查认为,在废除两千多年历史的"皇粮国税"即农业税后的农村,又立即以"地租"形式增加土地承包经营权人的支出,农民在感情上很难接受,哪怕是为集体谋利也难以实行,而目前许多地方实行的"大稳定,小调整"政策似乎更具有务实性。

3. 集体建设用地使用权

集体建设用地使用权制度,[②] 法律并未给予足够的规范,《物权法》也通过转介条款将规制依据指向公法性质的《土地管理法》,冲淡了该权利的私权属性,没有体现私法的权利本位,影响了农民集体及其成员对该权利所生利益之公平享有。由于集体建设用地使用权的法律规范目前尚处于空白,而学界对该项权利的研究刚刚起步,本研究报告对该领域将在今后做出专项研究,后文不再赘述。

4. 宅基地使用权

宅基地使用权在物权法"用益物权"编被专章规定,凸显了该权利的私权之用益物权属性,值得肯定。需要特别指出的是,宅基地使用权是与农民具有切身利益关联的重要的土地使用权,是对农民居住环境的基本保障,也是农民生存权的内容之一,其配置合理与否关系农村社会稳定、农村经济发展和农民生活安定。由于我国当前有关法律规定限制了宅基地使用权的流转,造成了土地资源的浪费,阻碍了经济的发展,并且催生了宅基地使用权隐性市场,扰乱了社会经济秩序。对农民而

---

① 高飞:《集体土地所有权主体制度研究》,博士学位论文,中南财经政法大学,2008,第189~190页。
② 这类使用权在全国普遍存在,不过其具体形式因经济发展水平不同而有较大差别。公用事业用地如修路、建校、村部办公等使用权在各地普遍存在,而工商业用地使用权主要在沿海经济发达地区则较为广泛。

言，尽管该权利是如此理所当然和必需，但限于理论研究的浅陋，对宅基地使用权的取得（分配及其标准）、流转（包括抵押）等的规定，有必要反思和检讨，并应当认真思考在实践中完善审批程序，解决宅基地使用权制度中存在的诸多问题。其中，就"一户一宅"之规定，[①] 考虑到土地利用效率之维持与耕地保护、城乡规划等政策，应该坚持，并在制度设计上做出明确规范。

在现行法律、法规以及实践中，宅基地使用权与集体建设用地使用权相并列而独立存在，该种处理方式是不妥当的，因为两者并无本质区别。鉴于此，未来的集体建设用地使用权的构建应包括乡村企业用地使用权、公用事业用地使用权、农民个体工商企业用地使用权及宅基地使用权等。

5. 地役权

一块土地的有效充分利用往往离不开对其他土地的适度使用，因此，作为人类生产生活基本物质基础的土地等不动产，欲实现"物尽其用、地尽其利"的目标，在实践中除了相邻关系提供的有限保障手段外，往往离不开地役权提供的制度安排。《物权法》专章规定地役权，其通过张扬地役权在不动产利用中的重要功用，凸显了地役权之私权的用益物权属性，对物权体系之构建可谓意义重大。

在社会实践层面，乡村地役权主要存在于以下领域：一是因房屋建筑而生的地役权；二是土地灌溉耕作方面的地役权；三是由宗族传统文化习俗引生的地役权。[②] 其存在方式大致可以分为以下三种：其一，以相邻权（相邻关系）的形式表现出来，即名为相邻权而实为地役权[③]；

---

① 《土地管理法》第62条规定："农村村民一户只能拥有一处宅基地，其宅基地的面积不得超过省、自治区、直辖市规定的标准。"
② 王德庆：《清代土地买卖中的"除留"习惯——以陕西紫阳契约与诉讼为例》，《唐都学刊》2006年第2期。
③ 从《民法通则》颁布到《物权法》出台这个阶段，地役权虽然没有在立法上得以确立，但与之有密切关联的相邻关系已经有了初步的规定。而学界也多从相邻权角度对相关社会问题加以研究。参见梁慧星、陈华彬：《物权法》，法律出版社，1997，第271~282页。

其二，将地役权的功能内化在农村土地制度之中，即以集体所有制下的公共道路通行权与水利设施利用权以及土地承包经营权的流转与调整来替代实现地役权的功能；其三，以基于利益关系相对简单、权利意识相对淡漠出现的非权利（法制）化途径，如感情通融，在一定程度上消解地役权制度的适用空间。

6. 自留地、自留山使用权

自留地、自留山使用权在我国不少地区仍然存在，该权利主要因客体的特殊性而形成不同于一般的以农业耕作为目的的土地承包经营权。尽管自留地、自留山使用权的权利内容与土地承包经营权等用益物权在根本上是一致的，但其与土地承包经营权相比在法律依据、取得、流转、权能以及是否有偿等方面都存在差别，故应该将其作为一种独立于土地承包经营权的用益物权类型。鉴于法律规范方面存在空白，未来农地立法应当对该权利的获得与运作予以明确规制。

7. 抵押权

在理论上，我国农地用益物权因流转需要仅可适用担保物权中的抵押权。但实际上，该项制度却基本没能走进农村土地权利保障的视野，被排斥在政策和立法正式安排之外。

本课题组成员无论是在2002年的调研还是本次的十省调研中均了解到，通过抵押方式流转土地承包经营权的情况在民间早有市场。在课题组提出"你们村农地（田）流动有哪些方式"问题时，有八个省的农户反映有抵押方式，平均选择"抵押"的受访农户占4.39%，平均选择希望能够以抵押方式流转农地的占13.62%。甚至在黑龙江省有22.10%的受访农户表示抵押方式在本村存在，且有40.33%的受访农户希望能够以抵押方式流转，其他省受访农户对"希望能以抵押方式流转"的选择比率均明显高于对实际抵押流转的选择比率，说明各省农户对农地抵押制度有迫切的要求。对于已存在的农地抵押实际运行程序和管理，各省极不统一：在山东省，承包地可以抵押，但一律要经过政府批准，说明当地政府对抵押的管制非常严格；而在农地抵押较开放的黑龙江省，受访农户的80%反映双方签订抵押合同即可。随调研问卷开展的深度访谈也证明了，在一个开放的现代社会，大多数中国农民对抵押制度的实施意义特别是法律后果已有比较清醒的认识。有相当一部分农民在受访中表示，之所以未选择农地流转的抵押方式，一方面是担心农地风险可能对自己的实际利益产生不测影响，另一方面也担心政府的管制。可见，在当下农村社会，农民较少以土地承包经营权进行抵押更多是基于实然的考量，并非不需要该制度。

鉴于此，在农地权利体系中，担保物权制度理应进入农地立法全面构建的视野，以保障广大农民和集体能真切感受到担保物权对土地承包经营权、宅基地使用权抑或集体建设用地使用权乃至地役权等一系列用益物权所带来的"物尽其用"的实惠或利益。

考虑到实践中抵押主要是在土地承包经营权流转时需求最多，对加快推进农地的增值最直接和最有必要，加之农民已具有适用之心理预期，其需要配套的制度设计问题较之宅基地使用权等农地上的权利则简单许多等多重因素，因此，抵押权在农地权利适用时，当选土地承包经营权为其立法展开之突破口或进路，进而有条件地辐射适用于其他农地权利。

8. 其他农地权利

除上述权利类型外，在农地上还存在其他权利类型，如以集体土地为基础产生的征收征用补偿权、对农地债权性利用形成的债权性权利、农民的社会保障权和成员权（社员权）以及土地发展权等权利。

征收征用补偿权是农民集体及其成员在基于公共利益的土地征收征用中，享有要求国家对其予以公平补偿特别是合理补偿的权利。为使农民集体及其成员充分享有征收征用补偿权，并保障征收征用补偿权的实现，抵制征收征用权的滥用，应明确赋予农民集体及其成员参与协商、谈判的权利以及参与形成合理补偿过程的权利。

至于利用农地的债权性权利，一般以合同的形式出现，故直接适用合同法的规定即可。

关于农民的社会保障权，农民表达出强烈的需求。[①]而健全的社会保障制度的建立，首先需要解决的就是资金问题。由于在农村社会，集体经济实力、财力处于虚无状态。农户自身经济能力十分有限，故要完善农村社会保障制度，提高农民的社会保障水平，必须借助外力，因此，现实要求国家成为建立社会保障制度的主导力量。农村、农业对城市工业的多年强有力的保障与支持为国家现代化付出了几代人的努力，在中国发展进入现代化、信息化、国际化的时候，工业、城市反哺农村、农业正当其时，并应持续相当时日。可见，中国农村、农业的广泛性、弱质性、基础性的特点，决定了农民应当享有请求国家提供一定社会保障资金的权利，失地农民更应如此。[②]

同时，农民作为集体经济组织的成员，其还享有成员权，通过成员权的正当行使，农民参与到集体事务的决策中，从而分享集体的收益。不过，在现实生活中，农民成员权的实现和行使与集体经济组织常年纠缠不清，实现路径也还有待疏通。尽管《物权法》对代表农民集体行使所有权的组织进行了规范，但集体经济组织的虚无以及经济功能被村委会（自治的政治性组织）所取代，导致农民对集体经济组织的认可度比较低。因此，必须在法律上规范农民个体于其所属农民集体中的成员权，使农民个体享有土地所有权利益，同时明晰农民集体意志的归属和意志的表达程序，建立农民集体行使土地所有权的路

[①] 根据课题组的调查，有 96.57% 的受访农户认为应建立农村医疗保险制度，有 94.36% 的受访农户认为应建立农村养老保险制度，有 86.88% 受访农户认为应该建立农民失地保险制度。

[②] 国务院在《关于在全国建立农村最低生活保障制度的通知》中明确提出："农村最低生活保障资金的筹集以地方为主，地方各级人民政府要将农村最低生活保障资金列入财政预算，省级人民政府要加大投入。地方各级人民政府民政部门要根据保障对象人数等提出资金需求，经同级财政部门审核后列入预算。中央财政对财政困难地区给予适当补助。"

径，使该权利之行使真正体现全体集体成员的意志力量，以避免被个别人、个别组织所操纵。

土地发展权是指集体及其成员改变土地现状用途和强度等利用方式，进行非农建设开发过程中动态的权利归属与利益分配，以落实土地用途管制，耕地与环境保护政策的基础性财产权与制度设计。[1] 因土地资源在一些场合如征收征用、规模化经营中显示出其所蕴含的巨大经济效益，农民集体已经充分认识到土地资源对自身利益的重要性，却未享有该种发展权所生之利益，农民作为成员更谈不上分享了，并且这在法律上也没有相应的规范。而源于西方的土地发展权理论却是一种可以借鉴的理论解释模式，[2] 并可依此理论进行相应的制度构建。土地发展权作为一种对土地因改变用途而激增的价值的法律表达，主要用于国家征地中补偿利益分配的解释。在物权平等保护原则下，该理论还可以进一步解释集体建设用地使用权流转的正当性问题，更充分体现了"还权于民"的思想。

9. 农地权利体系的层次

在上述各种农地权利中，集体土地所有权为原权利，这是第一层次的权利，处于农地权利体系的核心。以集体土地所有权为基础，将派生出土地承包经营权、集体建设用地使用权、宅基地使用权、地役权、自留地、自留山使用权和债权性农地使用权，这是第二层次的权利，是农地权利体系的基础。同时，由集体土地所有权衍生出征收征

---

[1] 孙弘:《中国土地发展权研究：土地开发与资源保护的新视角》，中国人民大学出版社，2004，第7~8页。

[2] 土地发展权制度的建立始于1947年英国《城乡规划法》。该法规定，一切私有土地将来的发展权移转归国家所有，但国家必须支付相应的对价；美国在分区制度基础上，创立了可转让的发展权制度，即土地发展权归属于土地所有者且是一项定量的可转让的财产权。法国、德国、意大利、加拿大、新加坡、韩国以及我国台湾地区等陆续建立了土地发展权制度，或类似于土地发展权的土地开发管理制度。参见孙弘《中国土地发展权研究：土地开发与资源保护的新视角》，中国人民大学出版社，2004，第7~8页。这两种立法模式尽管有所不同，但都以保护土地所有人的合法权益为核心和目的。这也说明，农民集体作为土地所有权人同样应享有该种权利所生之利益。

用补偿权、农民的社会保障权和成员权、土地发展权等是第一、二层次各种农地权利实现的保障，其处于农地权利体系的第三层次，是农地权利体系的外围支柱。总体来说，农地权利构成了一束丰富的土地权利群体系，由于该体系的构建源于实践，故其将随着实践的发展而不断变化。我们既要从权利构造、运行及救济这个实践的逻辑脉络展开较为抽象的宏观探讨，同时，还必须就各种具体权利的不同运行阶段进行深入细密的专门研究。

（三）权利主体的利益实现

在我国，农地权利的主体主要包括农民集体与农民个人，而双方主体角色多重、力量对比失衡、行动目标与策略各异，故为了确保农地权利所蕴含的利益得以实现，必须理顺农民集体与农民个人的法律地位及相互之间的权利义务关系。所以，本研究报告以上述农地权利体系的构造为依据，在努力反映农村社会的发展要求的基础上，对农民集体与农民个人的利益实现途径进行分析。

1. 农民集体的利益实现

集体土地所有权，不但发挥着巨大的经济功能，而且还发挥着为九亿多农民从生存到养老提供保障的社会功能以及对抗公权力干预、限制私权实现时的防御功能。这三项功能存在内在的关联，其中经济功能的发挥一方面是为了维持集体自身的正常运作，为农民集体行使土地所有权、表达其独立意志奠定物质基础，使其有力量对抗公权力的不当干预，充分有效地发挥私权力本身内在的防御功能；另一方面土地的经济功能为其社会功能——从生存、养老到医疗、教育提供社会保障——的发挥提供物质上的条件。不仅如此，依托于社会保障功能，农民集体在发挥土地所有权防御功能时，又为经济功能的实现提供了有力的保障。

然而，尽管农民集体是农地权利的重要主体，但我国法学界对其法律地位的理解存在诸多争议，法律上也没有农民集体作为农地权利主体的可操作性规范，因此，关于农民集体享有的农地权利之实现的研究基本上是一个理论空白，理应展开深入、系统的探讨。① 其中除了科学构造集体土地所有权主体外，从自身运作、权利行使条件以及物权法的基本原理来看，农民将来在取得土地承包经营权、集体建设用地使用权与宅基地使用权等土地权利时，均应支付相应的对价（表现为地租、缴费等形式）。因为只有一定的经济实力和物质基础，集体才能维持自身正常运作，发挥各项职能，为集体成员，即农民服务。②

当然，就土地承包经营权而言，党和政府为减轻农民负担，增加农民收入，相继彻底取消了农业税及其他税费，有其正当性，但就学理而言，国家通过取消课加在农民身上公法负担的方式剥夺了农民集体对农村土地所有权的收益权能，并不利于集体的壮大与发展。对具有生存权性质的宅基地使用权，近期来看，继续坚持无偿取得原则有其必要性与合理性，是符合实际的。但从长远来看，根据土地所有权的法律属性和市场经济的要求，宅基地使用权作为设立在农民集体所有土地上的用益物权，应支付对价，切实体现和保障农民集体作为土地所有权主体所应享有的收益权能的需要，这也是充实农民集体、增强其服务能力的必然要求，有利于农民集体资金的筹集，也有助于提高土地的利用效率。同时，宅基地有偿使用还是宅基地使用权有序流转的必要条件。③

---

① 法律的制定是为了法律的运行，但在集体土地法律制度的研究中，不少已有成果脱离制度发展的宏观背景，忽视影响制度建构的特定的时空环境，缺乏对集体土地权利运作的深入探究，故作为农地权利主体的集体制度的可操作性建构方案仍然暂付阙如。本课题组已有成员对集体作为农地权利主体的运作现状进行了细致研究，并对相关的制度完善提出了若干建议，具体内容参见高飞《集体土地所有权主体制度研究》，博士学位论文，中南财经政法大学，2008，第四、七章。
② 以上所述只是一种应然情况，在社会现实中，还必须建立科学、完善的监督机制，保证集体仅仅服务于农民。
③ 课题组的调查表明，受访农户对于是否建立宅基地有偿使用制度的分歧较大，表示赞同的占 48.4%，表示反对的占 36.7%。

要有效地发挥集体土地所有权的制度功能,应当把集体土地所有权的主体改造为一个实在的经济组织,确实赋予其经济职能,并能够通过行使包括土地所有权在内的各种权利获取收益,为其正常运转奠定经济基础。在具体运行机制上可充分利用村民委员会的现有资源,借鉴政治生活中的"议"与"行"、经济领域中的公司治理结构原理,"明确村民委员会的法律地位,将其改造为集体组织的真实代表机关,进而脱离政治职能赋予的繁杂事务,行使经济组织的职能"。[①]不过,以法律肯定农民集体有向农地使用权人收取地租的权利的命题,需加强调研论证,并考虑通过努力完善配套制度为农民集体该权利的确立积极创造条件,走好"平衡木",尚不必操之过急。

2. 农民个人的利益实现

农民作为农地权利的主体,除享有成员权之外,其还应享有土地承包经营权、宅基地使用权、地役权和自留地、自留山使用权等。

在土地承包经营权中,应当关注农民享有的成员权的具体内容及表现形式,将该权利的实现与土地承包经营权的取得相联系,并以农民的生存权和发展权的实现为目标,以成员权的享有为基本前提,重视对承包地调整制度的完善。同时,考虑到土地公有制的特性,集体土地所有权不能转让,应当强化各种土地利用权的财产性,允许其在法律限定的条件下自由有序地流转,从而保障权利人享有的各种土地权益的实现,并根据具体农地权利的类型差异,赋予其相应的配套权利。如在土地征收过程中,应明晰集体与个体权利的双重属性,使农村承包经营户享有各种实体和程序性权利,以切实保障其由于土地承包经营权的丧失而置换来的失地补偿权。

[①] 陈小君:《农地法律制度在后农业税时代的挑战与回应》,《月旦民商法杂志》第 16 期,第 27 页。课题组也有成员提出了将农民集体改造为股份合作社法人的思路,其主张对集体土地股份合作社法人的民法构造可以参照公司法相关成熟的制度予以设立,同时彰显其特殊性,其中,分别以社员大会、理事会作为集体土地股份合作社法人的意思机关(权力机关)和执行机关(代表机关)。参见高飞《论集体土地所有权主体之民法构造》,《法商研究》2009 年第 4 期。

如何保证农村妇女公平享有土地承包权益也是一个较少受到关注的棘手问题。"从夫居"的习俗、封建思想的影响以及现代教育的缺乏，性别歧视的陋习在当代社会还有大量残留，这直接或间接地侵害了农村妇女就业选择权，而《农村土地承包法》第30条的规定具有不可操作性，在权利主体的设定上存在明显缺陷。[①] 因此，有必要对这些法律规范进行修订。需要说明的是，规模经营并非对土地的利用特别是土地承包经营权自由流转强调的唯一目的，而只是其自然产生的一个结果。事实上，即使在发达的西欧国家，主导的经营模式也非租佃经营的大农场，而是家庭农场。因此，我们在建构农地法律制度时，不能无视明显的地区差别，一味盲目地甚或强制推行农地的规模经营。

宅基地使用权由农民集体成员享有，在宅基地上建造的自有住房的所有权属于农民。尽管《物权法》明确了宅基地使用权是一种用益物权，但其对该权利的规范却极为粗疏简略，其中既未明确宅基地使用权人能否转让以及在何种情况下可以转让，也没有规范应否准许城镇居民购买宅基地使用权，这些均有待未来立法进一步完善。

地役权在农村社会的适用在当前尚未引起学界足够的重视，而自留地、自留山使用权较为特殊，故如何维护地役权人和自留地、自留山使用权人的权利尚须进一步研究。

在农地权利实现过程中，国家无疑是一个会产生根本影响的主体。在农地法律关系中，国家主要以公权力主体的身份出现，其不仅对农地拥有行政管理权，而且作为宏观调控的外部主体，出于平衡多

[①] 参见陈小君等《农村土地法律制度研究——田野调查解读》，中国政法大学出版社，2004，第355～364页。《民法通则》第27条和《农村土地承包法》第1条的规定赋予了农村承包经营户的民事主体资格，农村承包经营户在承包土地获得土地承包经营权时必须以"家庭"的名义出现，农户或家庭承包制以家庭为单位，土地承包经营权理所当然地掌握在家长手中，妇女的土地权益为家庭掩盖，其土地权益完全被家庭掌握。妇女作为家庭成员与其他成员就以家庭名义获得的土地承包经营权所产生的共同共有关系，在该妇女结婚离开家庭，且解除共同共有关系时，其土地权益极易遭受损害。

元主体之间的利益及发展社会经济之考量,其还拥有限制集体土地所有权及其派生之权利的农地征收权(力)。① 因此,国家公权力的规范行使,是农地权利之实现关键的外部环境。

总之,由于我国现行法律关于农地权利的规定比较散乱,《土地管理法》、《农村土地承包法》、《物权法》等从不同角度进行了规定,前者侧重于行政管理,后两者则侧重于私法保护,在内容上存在明显冲突和矛盾。因此,农地权利体系化构建既有利于各种农地权利内容上协调统一,也有助于避免立法资源的浪费,并促使农地经济效能最大限度地发挥。然而,因我国以农地为核心或者说涉及农地的权利一直就是横跨公法、私法,而兼及公权、私权两种不同类型。在农地立法中一方面要求构建农地权利体系不能忽视任何一种类型,以充分发挥农地的经济功能、社会保障功能和生态功能;另一方面也要求明确公权和私权之间的界限,划定各自的活动空间,防止公权力对私权利的干预和侵害,避免引起更多农地纠纷。但是,我们也应当借鉴国外有益的立法经验,深刻认识到农地权利体系的构建关涉到土地自然资源的维护,从而有必要对权利主体行使权利的行为予以适度限制,并禁止其对土地的非理性开发。② 因此,我们认为,农地权利体系的构建应以内部构建为基础,同时关注对农地权利体系的外部合理约束进行探讨。具体而言,在我国,应当以物权法定为原则,以物权体系为基础,以《物权法》规定的农地物权为骨架,系统整合并构建农地权利体系,并将该体系内容完整地置入未来制定的民法典中,结束《农村土地承包法》、《物权法》各自为政的现象;同时,研究以农地权利紧密相关的承包地流转权、征收征用补偿权和社会保障权以及土地登

---

① 国家在农业税取消前还享有收税权。该权利之所以被取消,尽管是国家财政实力增强的缘故,但不可否认,这在客观上却是国家在集体所有领域的一次进步的撤退。
② 参见〔阿根廷〕Claudio Marcelo Kiper《阿根廷农牧业土地的利用、收益和开发的法律形式》,《"农村土地立法问题:国际经验与中国实践"国际研讨会论文集》,中南财经政法大学中国农村土地法律制度研究中心,2008,第15页。

记、土地管理、土地规划等，使《土地管理法》、《社会保障法》和《环境法》等在完成各自任务时，在农地权利体系的构建中也有所作为。

二 农地权利的运行机理

（一）集体土地所有权：自公权主导回归私权自治

1. 集体土地所有权实际的公权化运作机理背离了其私权属性

由于作为农村土地所有权主体的农民集体在实践中具有诸多缺陷，决定了其自身并不能有效地行使所有权，因此，我国法律规定了农民集体土地所有权的行使主体为农村集体经济组织。同时考虑到我国体制建设中的历史原因，法律规定"村集体经济组织"可由村民委员会替代行使土地所有权，对"村内集体经济组织"可由村民小组替代行使土地所有权。① 在国家政策取消集体对承包人的收费权后，实际上是剥夺了集体的所有权收益权能。对这样一种集体土地所有权的运行现实，就所调查的10个省的数据而言，几乎半数的受访农户认为承包地属于"国家所有"（41.91%）；只有不到1/3的受访农户认为属于"村集体所有"（29.57%）；分别有很少的受访农户认为属于"乡（镇）集体所有"（3.56%）或"村小组所有"（6.23%）。从访谈得知，在很多农户看来，村集体代表国家，所以才有这么大比例的受访农户认为承包地属于国家所有。这种有失偏颇的判断与课题组多数成员近几年的数次调查结论几乎一致。因此，以法律的形式明确农民集体之土地所有权的私权主体地位及所有权的运作程序是后农业税时代农地立法的当务之急。

2. 集体土地所有权回归其私权的运作机理具有现实性

由于公权力严重干扰了集体土地所有权的正常运行，农民对承包

---

① 在课题组成员前期调查的地区，仅广州市白云区存在独立于村委会的集体经济组织代位行使农村土地集体所有权的实践，而且其运作良好。参见陈小君等《农村土地法律制度研究——田野调查解读》，中国政法大学出版社，2004，第113~116页。

地所有权的归属之期望与现行法律的规定明显不一致。在课题组的实地调查中，就农户对农村土地所有权归属期望的情况来看，有近半数的受访农户（46.41%）认为承包地归自己最好，但是，我们在同期的访谈中了解到，这并不表明将来农地私有化会更符合农户的意愿。造成这一现象的主要原因在于村集体的职能日趋式微，在现有的农村经济形势下村集体缺乏对农民的影响力。同时，有许多受访农户虽然表示承包地归个人所有最好，但其真正的意图并不是希望实行农村土地私有化，而是希望享有更稳定且更少受到干预的土地承包经营权。此外，我们特别注意到统计数据的横向比较，在主张承包地归"国家所有"还是"集体所有"上，各省受访农户的看法显示出相当大的差异，如广东、江苏和山东等经济较发达的省份的农户倾向于"村集体所有"，这是因为三省文化与经济发达，很多受访农户完全知悉农地属于集体所有，并且也切身地感受到村集体在现实生活特别是经济发展中所起到的重要作用，所以对"村集体所有"的期盼较高；而四川、贵州等省受访农户期盼承包地归村集体所有的比例则较低。可见，农民集体经济的发展有助于其成员有意识地行使成员权，使其成员享有相应的权利、承担相应的义务，并促使农民集体之私权利主体功能的发挥，避免农民集体的运作陷入停滞或混乱，从而成为法律文化弘扬的重大推动力量。

实际上，不管农户表现出"个人"取向还是"集体"取向，折射出的均是集体土地所有权回归私权的运作机理极具现实意义。尽管农民集体所有权由于存在主体虚位、权能残缺等缺陷，为不少学者所诟病，但也有学者从社会学的角度论证了农民集体在我国现实存在的合理性和意义。[1] 我们认为，在当下中国公有制体制中，应考虑在具体的制度设计上以法律的形式明确农民集体独立的民事主体地位，通过限制国家权力不当介入农地处分权的运行而使农民集体成为真正的所

---

[1] 毛丹、王萍：《村级组织的农地调控权》，《社会学研究》2004年第6期。

有权人，从而克服农民集体所有的缺陷；在农地法律制度完善过程中不但不能因噎废食，草率地废弃集体土地所有权制度，还应当以立法技术淡化集体土地所有权主体的公权化色彩，使其能够切实代表农民行使所有权，并加强对公权力的限制，堵住因其滥用而侵害集体土地所有权的管道，使集体土地所有权制度走出公权力的羁绊，并回归其物权本质，以防御来自公权力的不当干预，实现基于集体土地所有权而产生的利益。

3. 明确农民集体的私法主体资格，构建理想的集体土地所有权主体

我国现行民事立法未对农民集体的独立民事主体资格做出细致规定。既然农民集体是宪法和法律确立的农村土地所有权主体，就应当立足于我国所处的时空环境，依照民事主体的内涵对其进行充实，使其符合民事主体的特性，同时在立法上理顺农民与农民集体之间的权利义务关系，改变社员与农民集体关系中存在的不对等模式，避免农民集体在运作中失去物质基础，从而陷于瘫痪，最终损害集体成员及农民的利益。这样就可以通过农民行使成员权积极参与农民集体土地事务，实现集体土地所有权主体的民主决策和顺利运行；同时，在国家征收集体所有的土地的过程中，"农民集体"这一法定的农村土地所有权主体才有底气在公平的条件下和国家进行合理博弈，以切实维护农户的权利。可见，只有构建出合理的农村土地所有权主体，使其在开展民事活动时淡化公权色彩，才能使农民集体在面对国家和农户时摆正自己的位置。因此，构建科学的农村土地所有权及其主体制度是解决我国农地法律制度运行中产生的一系列问题的关键，也是完善我国农地法律制度的重心所在。

（二）土地承包经营权：逐步强化物权效力、拓展自由流转的制度空间

1. 土地承包经营权之物权性的实现机理

为了稳定承包经营权，党和政府出台了"农地承包期30年"、"严格控制机动地的面积（禁止超过整个集体耕地面积的5%）甚至不允许再留机动地"和"增人不增地,减人不减地"等政策规定。在《物权法》通过以前,我国试图以此强化土地承包经营权的物权性,使农户与农民集体处于平等的法律地位,同时促进农地规模化经营。尽管这些目标并未一一达成,但土地承包经营权的物权性意义却由此深入百姓,深得人心,并为弥补土地承包经营权债权性缺陷和抑制实践中的不良做法发挥了一定的积极作用。然而,课题组调查结果显示,经过20多年的制度磨合和运作后,大多数受访农户(741000)并不认同"增人不增地,减人不减地"、"承包期30年不变"等政策、法律。究其原因,主要在于土地承包经营权的取得以农民的成员权为基础,而在农业税取消后,土地承包经营权基本上成为农民享有集体土地所有权利益的唯一渠道,但是,上述保持承包地稳定的规定过于刚性,几乎完全关闭了农民集体成员中未取得承包地的成员实现其成员权的路径,同时排除了土地承包合同的双方当事人通过意思自治变更权利义务的可能性,从而产生了一些农户因人口减少而人少地多,另一些农户因人口增多而人多地少的明显不公平或失衡的现象。可见,在当前集体土地对农民具有基本社会保障且集体土地所有权利益分解于土地承包经营权的情形下,土地承包经营权物权性的彻底实现背离了农民由来已久的"均田地"的朴素的公平理念,并确实造成了承包期内人口增加的部分农户因承包地未能增加而生活出现困难。长此以往,在城乡二元体制下,又必然造成农民阶层的收入分化,在取消农业税并实行农业补贴且农地收益有所增加的今天,这种分化愈发明显。由此可知,此项政策的实施虽在一定程度上起到了保护农民利益的作用,但也已危及人口增加的农户的合法权益,其如同一把双刃剑,这或许是该政策的设计者们始料未及的。如果背离中国农民的现实需求,现阶段一味强调土地承包经营权的物权性,僵化地以较长的承包期限来保障土地承包经营权的稳定性,其法律后果可能会适得其反,从而既不能实现土地承包经营权物权性所欲发挥的制度价值,也不能得到农户的理解和集体的严格执行。①

然而,根据《物权法》的基本原理,土地承包经营权作为物权应有其独立性,保持土地承包经营权的稳定性是一种必然的制度逻辑,因而"大稳定,小调整"的土地承包制度显而易见地具有短期性和阶段性特点,现有农户之间人地不均的矛盾最终将由作为集体土地所有权主体的"农民集体"向土地承包经营权人收取适当的土地使用费(租金)加以较为彻底的解决,即农民基于成员权取得土地承包经营权时,须对土地所有权人即农民集体承担缴纳一定租金的义务。为此,有两个法律问题或前提条件应当明确:第一,由于农户和农民集体都具有相互独立性,农民集体自己也应有合理的利益诉求,故收取租金的额度应由农民集体成员大会决议确定,而不能由村委会独自决定;第二,租金的用途必须明确和公开,应用于村集体全体农民,即为全体农户谋福利,包括眼前利益(如修建水利设施、公共设施和环境改造等基本福利项目)和长远的社会保障(如成员的失地保险、养老保险和医疗保险等社保项目)。

现行法律并没有明确赋予农村土地所有权人在发包土地时收取土地使用费即租金的权利,也没有明确规定土地承包经营权人有缴纳适当的土地使用费即租金的义务。但根据本课题组的调查结果显示,多数村集体公益事业资金枯竭,眼前的事情无人管理,更不要说长远打算,如果立法只考虑农户的双重身份就忽视其在农民集体中这一身份主体应尽的必要义务,必将走向另一个极端。农民个体与农民集体相辅相成、利益攸关,在我国现阶段,农民集体的存在价值是重要的、多元的,且富有体制与制度深意。如果架空农民集体,无视集体利益,很难说是公平合理,更无法实现中国式农地制度缩小城乡差距受惠于

---

① 实地调查结果显示,大多数受访农民(74.10%)并不认同"增人不增地,减人不减地"的政策,对"承包期30年不变"的法律规定也表现出同样的态度。之前课题组成员的几次类似的田野调研结果均与此意见一致。

数亿农民的初衷。而且，由于农民相应财产利益（如土地承包经营权）的获得，必须通过成员权之行使或以成员权为基础，而现行"增人不增地，减人不减地"的土地政策，忽视了对新增人口成员权的保护，其在一定程度上直接与公平原则相悖离。所以，农民集体以收取的租金给无地和失地的农民做出一定的经济补偿正可作为实行"增人不增地，减人不减地"政策的有益有效补充，完成实现土地承包经营权的长期稳定的现实与法律目标。自然，对农民集体收取的租金的使用应当有严格的制度保障，而其推行也应当是一个逐步发展和完善的过程，在当前刚完成废除千年"皇粮国税"的农业税的社会环境下不可操之过急。对此，我们分析认为，在我国农村社会和国家政治经济环境下，承包地调整问题的解决应采"三步走"的方略：第一步是在近期实行"大稳定，小调整"的政策；第二步是在条件成熟的地区逐步推行地租制，并以收取的地租补偿未分配或失去承包地的农民集体成员，从而保持土地承包经营权的稳定；第三步是将地租制施行于全国，真正实施物权意义上的"增人不增地，减人不减地"规则，使土地承包经营权的独立财产价值得以充分圆满的实现。

2. 土地承包经营权自由流转的强化

从土地承包经营权流转的社会实践来看，其自由是有限的，未达到法定的要求。

第一，承包经营权流转方式有限，法律没有赋予农民更大或更合理的选择空间。《物权法》已将土地承包经营权规定为物权，这样的权利本应可以采用适合于物权的一切流转方式进行流转，但该法却沿用了之前原有法律规定的流转方式，完全没有丝毫变革和新的突破，特别是仍未规定允许土地承包经营权抵押。根据课题组的调查，如前所述，农户对土地承包经营权的抵押已有现实操作更是有一定的需求，十省随机受访农户中有13.62%希望土地承包经营权可抵押，在黑龙江省甚至有高达40.33%的受访农户希望能够以土地承包经营为客体设定抵押权。

第二,流转程序不合理,阻碍了流转的顺畅进行。从我国现行法律关于土地承包经营权流转程序的规定来看,个别规定既有悖于《物权法》的基本原理,也不符合市场经济发展的效率要求。如按照《物权法》第 128 条及 133 条的规定,即土地承包经营权流转的具体操作准用《农村土地承包法》。而按照《农村土地承包法》第 37 条的规定,对于通过家庭承包方式取得的土地承包经营权,"采取转让方式流转的,应当经发包方同意"。这样的规定存在两个严重的问题:一是在理论上违背了土地承包经营权的物权性质,这在一定程度上使得土地承包经营权的"用益物权"之定位有名无实,因为只有普通债务的转让才须征得债权人(即原对方当事人)的同意;二是在实践中为集体土地所有权人对土地承包经营权的流转提供了干涉空间,而且该条规范的立法指导思想已经落后于社会现实,因为农户进行土地承包经营权流转时并未遵守或已无须遵循这一规定。① 这样规定的结果,就有可能在司法实践中适用法律时出现不合理的判决。

第三,尚未建立起完善的配合土地承包经营权流转的相关制度。本调查结果表明,影响农户决定流转土地承包经营权的因素主要有两个:一是土地收入不是主要生活来源;二是土地流转的收入较高。在具备前者条件下,会把土地承包经营权流转出去的受访农户为 44.58%;在具备后者条件下,会把土地承包经营权流转出去的受访农户为 35.02%。如果土地承包经营权流转形式没有进一步的突破,即不建立规范的抵押或入股等配套制度,农民的致富、农业的兴旺、城乡二元差距的缩小将依然无果。此外,根据《农村土地承包法》的规定,土地承包经营权流转主要有转包、出租、互换、转让等方式,当

---

① 从问卷调查来看,最常见的流转形式中,无论转包还是互换,通知发包人的比例很低(分别为 8.10% 和 8.21%),村委会一般也管不了。可见,农民本人并不认同该规范,没有实践该规范,一般情况下村委会也没有去主动管。

事人采用这些方式流转承包经营权应当签订书面合同。但调查结果表明，该规定并没有得到很好的实施，农户主要通过口头形式来进行流转。① 流转的形式是采取书面还是口头形式都应由当事人自主选择。目前之所以不强求当事人采取书面形主要是基于以下理由：一是缺乏必要性，因为农村是一个乡土社会、熟人社会，虽没有正式的制度安排，但基于个体特征的熟悉就能保障信任的产生，从而也有其特殊的执行保障机制；二是可行性不强，即文化水平的有限、相关知识的欠缺，这是一个现实障碍；三是有政策和习惯替补，国家可以提供参考模板或者在效力上予以补正以及承认当地的惯常做法。

从制度完善的角度看，未来的农地立法应对土地承包经营权从以下方面做出科学、合理的安排。

第一，制度设计应有利于土地承包经营权顺畅流转。首先，《农村土地承包法》第 37 条的规定由于违反基本的法理，忽视了土地承包经营权的物权属性，滞后于社会现实，为流转的不法干预提供了借口。从物权法原理来看，土地承包经营权既然是用益物权，那么，所有权主体应当不针对特定的某个土地承包经营权人，土地承包经营权发生了变动，只需由新的土地承包经营权人去履行相应的义务，承担相应的责任即可，故如何流转应由转让人与受让人约定，与所有权人无涉，所有权人在其中的容忍义务是法定的。因此，《农村土地承包法》第 37 条的规定应予废除。其次，根据《物权法》的规定，② 土地承包经营权的变动采取登记对抗主义。目前，基于认可农民普遍采用口头协议的同样理由，这种登记对抗主义有其现实合理性，但随着交易的复杂化和开放性，登记对抗主义将来应逐渐过渡到登记生效主义。

第二，土地承包经营权流转方式应多元化。从民法基本原理出发

---

① 根据课题组的问卷调查，以口头形式进行转包和互换的分别为 65.92% 和 78.38%。
② 《物权法》第 127 条第 1 款规定："土地承包经营权自土地承包经营权合同生效时设立。"第 129 条规定："土地承包经营权人将土地承包经营权互换、转让，当事人要求登记的，应当向县级以上地方人民政府申请土地承包经营权变更登记；未经登记，不得对抗善意第三人。"

分析，在不影响公共利益的前提下，法律应当通过制度设计，将各种流转方式均考虑适用于土地承包经营权之上，抵押这样具有较强物权效力的流转方式自然不应成为例外。

第三，加强土地承包经营权流转采取书面形式之优选理由的宣传。在当前及今后一段时期采取口头形式的农地流转有其现实合理性，但随着流转的规模化、复杂化、频繁化，这种现实趋势要求更精细稳妥的法律制度安排则是必然的。口头协议将难以满足新情况，农地流转交易，包括抵押权适用在陌生农户中的书面化开展将成为常态。因此，加强农地承包权流转规范性的宣传和示范，使农户认识其土地用益物权交易的便捷与安全性兼顾的意义极有必要。

第四，应加强土地承包经营权流转形式的规范实施，为促进土地承包经营权流转之最佳效能的产生提供条件、创造机会。为实现农村经济的规模化发展，一方面要为农户生活摆脱过度依赖土地提供条件和创造机会；另一方面也要通过地尽其利的制度工具，致力于提高农地的比较效益，实现土地承包经营权的规模性全面良性流转，从而加快农民脱贫致富的进程。

（三）宅基地使用权：由随意性操作渐入科学规范轨道

宅基地使用权的运行一般包括宅基地使用权的取得、使用和流转三个方面。

1. 规范初始取得，促进宅基地使用权各项基本功能的实现

宅基地使用权是农民基于其集体成员身份而拥有的法定性权利，鉴于农村社会欠发达和农业经济水平较为低下的社会现实，这一权利具有明显的社会福利性质和社会保障功能，这种状况在我国未来很长一段时间内将会持续。受此影响和决定，我国的宅基地使用权取得制度反映出两个方面的特点：一是农民取得宅基地使用权无须支付宅基地使用权的对价；二是所取得的宅基地使用权的范围以保障农民的基本生活为限，严格控制其规模以保护耕地和集体利益。

这是基于初始公平的考虑，作为拥有平等成员权的农民，关于取得宅基地使用权依据的制度设计，须贯彻平等的价值目标和涉及粮食安全的耕地严格保护原则。

但在课题组调查中，问及"在你们村，根据什么取得宅基地"这一问题时，有14.12%的被调查者回答"有钱就可以多买"，其中在贵州此问题的回答比例达到了40.33%。同时，整合十省的问卷，对此表示有两处或三处以上宅基地的情况仍然存在，平均比例依次是7.78%、0.83%和0.44%。这说明，实践中一户多宅、超占宅基地等现象存在或有存在的基础。由此，不但有违宅基地使用权保障农民基本生活的基本制度理念，有违取得宅基地的初始公平，而且很可能对耕地造成破坏。因此，控制宅基地使用权的非法和不当取得应当在公平的理念引导和保护稀缺之耕地资源的大框架下展开。

调查结果还显示，全国分别有26.07%和24.07%的被调查者认为村里面取得宅基地是依据"儿子的数量"或"子女的数量"，这种实践中的做法反映了一定的习惯理性，但过于粗略。为防止该制度被滥用，应在此基础上基于成员权，明确制定具体的宅基地使用权取得规范条件，以促进宅基地使用权社会保障功能的真正实现。

2. 完善相关立法，强化宅基地的合法使用权

宅基地使用权具有社会福利性质和社会保障功能，是农民生活的基本保障之一，因此其在用途上应基本局限于生活必须之用。大体应包括居住、小面积出租和一般性的从事于邻居无重大不利影响的商业行为。[①] 其他商业活动，特别是一些具有个人独资和合伙企业以及会对邻里生

[①] 虽然我们对实践中在住宅（或在宅基地的非住宅空间）从事小卖部经营的行为没有统计，但从了解的情况来看，几乎百分百的农村小卖部经营都是在上述地点进行。这一现象可以从以下几个方面得到解释：一是农村小卖部主要出售居民日常生活用品，且没有固定的经营时间，因此小卖部必须有人常住；二是一户一宅的限制和生活习惯使得一户人家很难出现分别在住宅和小卖部居住的情况；三是小卖部地点的选择大多在人口比较集中的地方，而人口集中的地方能够从事经营的场所只能是在住宅或在宅基地的非住宅空间中进行；四是农民很难或不愿意通过申请获得小卖部经营场所（涉及成本问题）。

活造成不利影响的个体工商户的活动不应在宅基地上进行。我国《土地管理法》第 43 条规定，除经依法批准兴办乡镇企业、乡（镇）村公共设施和公益事业以及村民建设住宅所需土地可以使用农民集体所有土地外，其他任何单位和个人进行建设，只能申请使用国有土地。从形式上看，《土地管理法》既未允许也未限制农民在自有住宅中从事工商业活动，但从解释论上来说，我们以为，随意改变宅基地的基本用途有违立法初衷和中国农村现实，应予以合理控制。

我们在访谈中了解到，一些农民个体工商户由于人手不足、资金单薄，既没有精力来履行手续烦琐的国有土地出让手续，更无财力支付昂贵的国有土地出让金来取得建设用地使用权，故在急于拓展税源彰显政绩的部分基层官员的默许甚至"牵线搭桥"下，有农户便"欺上不瞒下"地将以宅基地名义取得的土地改作或转让为工商业用地。此种现象表明，强化宅基地的规范使用，不能简单一禁了之，必须先完善相关的法律规定，为农民个体工商企业留下适合其生存的法律空间又须有效控制其滥用。

3. 顺应现实要求，取消宅基地使用权流转不合理的限制条件

宅基地使用权的流转，是指宅基地使用权人将其宅基地使用权通过出租、转让和入股等方式让与他人使用的一系列交易行为。据课题组调查了解，一些地区农村住房闲置，而经济发达地区城乡接合部的"小产权房"交易现象时有发生。我国现行的"禁止城镇居民在农村购买宅基地"的规定，无疑是针对这一现象的规范。"禁止城镇居民在农村购买宅基地"的规定虽然仅仅是限制了宅基地使用权的受让对象，但实际引发的后果是，有购房需求的城镇居民无权购买宅基地使用权，而有权优先购买宅基地使用权的农村居民因能够无偿申请宅基地，故他们不会购买他人的宅基地，而农村住房闲置的情况的确存在。在此种情形下，宅基地使用权市场的发育缺乏必要的制度空间，从而最终或因住房闲置而损害了农民的利益，并造成土地资源的极大浪费，或因"小产权房"交易不受法律保护，在一定程度上损害了作为城镇居民的买方的利益。

然而，主张宅基地使用权的放开流转并不意味着万事大吉，其由此可能导致的负面效应或许会消解掉开放流转带来的益处。因此，如何在交易中体现农民集体作为宅基地所有权人的利益，如何区别对待不同取得方式和取得成本的宅基地使用权主体所进行的交易，如何保障农民在宅基地交易中利益得以充分维护，如何防止资本侵入农村后可能发生的农民失地情形，如何在资本的最大收益和宅基地使用权的基本保障功能之间找到合适的平衡，如何在交易中贯彻意思自治和法律调控，如此等等，都需要立法设计者进行深入而全面的思考。

我们认为，宅基地使用权是否以及如何进行流转体现了自由与限制的博弈和冲突，具体制度规范设计应以调和其中的自由和限制为主要内容，其主要包括以下几个方面。(1) 宅基地使用权应采用有条件进入市场的模式。即在下列情况下应当允许宅基地使用权自由流转：一是作为宅基地使用权主体的农户全家迁入设区的市，转为非农业户口；[①] 二是在房屋继承中，遗产分割后房屋归属者具有非农业户口或者已不具有本农民集体成员资格；三是作为宅基地使用权主体的农户全家成为其他农民集体成员。除此之外的其他情形，应以不允许宅基地使用权流转为原则。(2) 在宅基地使用权流转过程中，本农民集体成员享有同等条件下的优先购买权。(3) 宅基地使用权流转需区分具体情况的不同而分别向农民集体缴纳相应的费用，以体现农民集体的所有者身份。影响宅基地使用权人缴纳费用的因素主要包括：获得宅基地使用权的原因；宅基地使用权与房屋在交易价格中所占的比重；宅基地面积与规定的人均占有面积之间的关系等。(4) 宅基地使用权流转出后不得再向本农民集体申请宅基地使用权。

[①] 此项建议系借鉴《农村土地承包法》第 26 条第 3 款。

（四）地役权与自留地、自留山使用权：从保守的制度立场转至开放的立法姿态

就调研情况来看，农村社会实践中的诸多现象可以通过地役权的制度构建实现当事人之间的利益平衡，维护当事人的合法权益，并实现规范化、法律化，但因当事人对地役权制度缺乏认知和法制大环境的制约，地役权制度未能发挥其应有的积极作用。

由于我国物权立法与大陆法系存在一定的传承关系，同时又根据本国实际做了一定程度的改造，因此，作为舶来品的地役权在当下中国语境中如何理解、适用需要我们在实施《物权法》时加以认真思考。进而言之，这种传承与改造是否符合我国的现实国情，我国城乡二元结构与地役权的城市、乡村二元分类是否有着某种关联，在新的社会条件下，乡村地役权又会呈现何种面貌，这些同样也值得我们深思。就具体操作层面而言，在广大农村，地役权设定的主体如何确定，地役权的公示问题，有偿设定地役权时的费用分担（对需役地权利人而言）与分享（对供役地权利人而言）问题，甚至在当事人双方协商不成或处于僵局时的补救方案设计，[①] 都是地役权适用中急需解决的难题。

值得注意的是，在农地权利体系中，自留地、自留山使用权也是农地立法中不可忽视的内容。这种权利在实践中问题丛生，在理论上研究薄弱却又没有得到应有的关注，在属性上晦暗不明，在制度构造上模糊不清。从法律理论和历史变迁来看，自留地、自留山使用权应当属于用益物权的范畴，不过有别于土地承包经营权。自留地、自留

[①] 在调研中了解到，湖北监利县就有因谈判主体不明、无法达成补偿协议而出现邻近农村难以引水灌溉农田的情况，从而实实在在地影响了农业生产，给相关村民带来很大不便。另据报道，重庆市垫江澄溪镇人和村三面环水，50 年淹死 53 人，修建一座便民桥成了村民多年的梦想。2008 年，村民砸锅卖铁凑款 20 万，加上捐款和拨款总计 150 多万元开始造桥；相邻的村子以要经过他们村里的道路为名，索要 4.8 万元修路费。村民未支付 4.8 万元，运材料的公路被挖断 5 次，工程被迫停工。参见杨继斌《修桥记——农民自建基础设施样本观察》，《南方周末》2009 年 6 月 24 日，http://www.infzm.com/content/30550/1。

山使用权制度虽然在我国法律中缺失，从而处于农地权利的边缘，但其存在于我国广大农村社会却是一个事实，故在民法典制定时应将其纳入以便使其能够规范运行。

可以说，农村社会现实情况迫切要求在理论上对地役权和自留地、自留山使用权给予科学、务实的说明，在立法上坚持一种开放的不断满足现实需求的立场，进而进行相应的制度构建。

（五）农地登记制度：从行政管理手段到物权的公示公信

《物权法》的颁布实施给我国的农地登记制度带来了契机，这将使我国农地登记制度从过去公法性质上的行政管理模式向私法上的物权登记的公示公信模式过渡。因此，如何很好地施行和规划农地登记制度，对我国农地制度将是一个历史性的转变，对进一步的保障农民的土地权益有着更深远的现实意义。土地登记制度在我国农村具有重要的应用前景，是农地承包经营权物权性强化的必由之路。农地权属登记对物权法上的权属公示具有重大意义。但在当前农地登记制度实然层面上，我国的传统模式一直都是采取行政管理登记方式，也就是说，就农地的国家行政管理手段而言，国家主要是通过农地登记将土地的权属关系、用途、面积、使用条件、等级、价值等信息情况记录于专门的簿册，以确定土地权属，进而颁发《农地承包经营权证》等，同时，各级政府又下设专门职能部门对农地进行行政管理，如各级土地行政管理部门主要以审批、登记、备案、处罚违法用地行为等手段为媒介，具体实施对农地利用情况的监督检查及其他行政管理，这是国家加强对土地管理的重要判断依据，同时也为保护权利人享有合法土地权益提供了信息支撑。这样看来，传统模式下我国农地行政管理登记模式，其性质完全是公法性质的，而非民事上的登记行为。从公示公信应然的层面上看，农地登记行为应该是一个民事权利的私法上的登记行为。由于物权具有排他性，其变动主要产生排他性的效果，如果没有由外界辨认其变动的表征，则会使第三人遭受不测的损害。因此要使农地物权具有排他性，防止他人对物的争夺或侵害，必须规定农地物权公示的制度和公示的方法。

尽管《物权法》规定的农地登记对抗主义，对农民土地合法权益的保护具有十分重要的现实意义。但是，从农地法律制度的发展趋势来看，我国应当以《物权法》第 129 条①规定为基础，在农地登记方面，进一步强化农地登记制度在《物权法》上的私法效力，突出强调农地一旦依法登记，其所有权和使用权均受法律保护，不可侵犯，同时突破过去长期以来对农地登记采取的行政管理功能侧重模式，健全和规范农地产权登记制度，以明确农地权利主体的归属和农地用途的法定性。此外，随着土地承包经营权流转的复杂化，登记对抗主义将来应逐渐过渡到登记生效主义。

（六）农地征收：从适用强制过渡到权益平衡

农地的征收是与农地的运行密切相关的制度。征收的特点是国家对农民土地所有权的强制取得。由于国家与被征地农民在征收过程中地位的悬殊，国家利用其强权侵害农民利益的情况大量发生。因此，在土地征收中如何由国家强权过渡到征收与被征收者的相对权益平衡，也是确保农地权利运行的重要方面或者说是重要的外部性问题。在这一方面除了依据目前的研究成果，严格界定土地征收目的的公共利益范围、完善征收程序外，还应当特别在以下两个方面做出规定。

1. 依法扩大征收客体

农村土地征收在我国是指将集体所有的土地收归国家所有，其法律后果是土地所有权在国家和集体之间发生变动，但不可忽视的是，

---

① 《物权法》第 129 条规定："土地承包经营权人将土地承包经营权互换、转让，当事人要求登记的，应当向县以上地方人民政府申请土地承包经营权变更登记未经登记，不得对抗善意第三人。"

农地承包经营权是一种用益物权，其可以依据法律的规定进行流转，具有交换价值，在集体土地所有权被征收由国家取得土地所有权时，土地承包经营权亦归于消灭，因而其应被纳入土地征收的补偿范围。因此，对农村土地的征收应不限于土地所有权，而且应当包括土地承包经营权。

将土地承包经营权纳入征收的客体范围符合法律的一般原则，但在我国以往的土地征收实务中却没有将被征收土地上的土地承包经营权作为征收的客体，也就没有将承包权人作为被征收土地上可获得补偿的独立主体对待，在土地征收过程中往往由集体所有权人包揽土地承包经营权人对土地承包经营权的补偿事宜，这极可能导致集体土地所有权人牺牲承包经营权人的利益的情况的发生。因此，应当在法律中明确将土地承包经营权纳入被征收的客体范围，进而将土地承包经营权人作为被征地的一方当事人，赋予其在土地征收中享有知情权、协商权和申诉权，以切实保护土地承包经营权人的合法权益。《物权法》第132条已经规定："承包地被征收的，土地承包经营权人有权依照本法第42条第2款的规定获得相应补偿。"但如何贯彻执行这一法律规定，使承包经营权人能够成为独立权利主体参加征地的谈判和补偿的取得显然尚需时日。

2. 完善补偿标准

补偿标准的不合理和补偿数额偏低是我国在土地征收中农民土地权益遭受损害的突出问题。由于公平交易最能体现财产的真正价值，通过市场认定财产价值才可能是公正的，因此"按照国家规定给予补偿"或"给予合理补偿"规则，理应以市场价值补偿为原则，以切实保障被征收人的基本生活需求为依归，并坚持补偿标准的动态性，根据经济、社会发展情况适时调整。[①] 同时，政府应与当事人平等协商，

[①] 石佑启：《私有财产权公法保护研究——宪法与行政法的视角》，北京大学出版社，2007，第16~17页。

而不能单方面强调大可商榷的"合理补偿"标准伤及农民的权益。

此外,应坚持征地补偿方式的多元化。土地补偿的方式可以是货币补偿,也可以采用实物补偿和债券的方式补偿。对于一些有稳定收益的公共事业项目,如高速公路、供电供水设施等,可以采取将被征土地折价入股的方式补偿、使权利人能够获得较为长期的稳定收益。而且,应考虑在我国土地对农民的基本生存保障的功能,补偿制度应更多地考虑今后农民的基本生存保障问题。

三 农地权利救济

对于农地权利救济制度,可以从权利类型、救济手段、救济方式等诸多视角进行分析,但我们认为以下两种分类更为重要:其一,从救济手段上将农地权利救济制度分为民事救济、行政救济和刑事救济;其二,从权利的内在设计到权利的外在保护的角度,将农地权利救济制度分为实体上的救济制度和程序上的救济制度。鉴于农地权利的民事救济在三种救济手段中的核心和基础地位,本报告将着重研析农地权利救济中的民事救济问题,其中既包括民事实体法上的农地权利救济,也包括民事程序法上的农地权利救济。

(一)民事实体法上的农地权利救济

根据我国法律的规定,与农民土地有关的权利主要有两方面:其一为农民集体成员权;其二为以农地为客体的财产权,包括所有权、用益物权、担保物权等。对于前者,因其是以集体经济组织成员的身份为前提的,从而与单纯的财产权利明显不同,其包含对某些人如发包方案确定后出生或死亡的人、发包方案确定后户口迁入或迁出的人是否有承包土地的权利,发包人和该当事人各执一词而产生的纠纷。如何对该种纠纷的当事人进行救济法律上并无明确规定,明显存在法律上的漏洞。我们认为,法律之所以对该种情形未做规定与《农村土地承包法》实施时二轮延包已经完成,迄今没有开始新的发包行为有关，但这并不意味着没有在法律上对此加以规范的必要。一方面，农业税取消和一系列惠农政策导致二轮延包过程中不规范的行为和矛盾逐渐暴露出来，其中有不少属于村委会以"非本村村民"为理由剥夺和限制集体成员应享有的土地承包经营权而产生的纠纷。如果法律上不明确成员权的确定方法，则这一类纠纷的解决势必面临很大的困难。另一方面，虽然土地承包经营权30年不变，但并不意味着承包地不能够做任何调整，特别是在解决新增人口的土地承包经营权问题时，明确成员权资格的确定规则显得尤为必要。

在确定成员权资格的程序方面，因为现行法律没有单独为其设计一种全新的制度，故当前直接根据民事诉讼程序进行处理是一种可以参考的方案。鉴于该种纠纷需要及时处理的要求与民事诉讼的较长诉讼周期不相协调，我们认为就此问题单独规定特别的救济程序为妥，①在具体制度设计方面，可以参考民事诉讼特别程序中有关选民资格案件的处理规定。

依据我国宪法和法律的规定，土地所有权不能进入市场，因而集体土地所有权纠纷的表现形式主要有两种，即土地所有权边界纠纷和土地征收纠纷。因为土地所有权范围与村集体行政区划边界重合并由后者决定，故土地所有权边界纠纷也就同时属于村与村的边界纠纷，因此，该纠纷应当在边界纠纷救济程序中加以解决。至于土地征收纠纷，现行《物权法》仅在第121条规定"因不动产或者动产被征收、征用致使用益物权消灭或者影响用益物权行使的，用益物权人有权依照本法第二十四条、第四十四条的规定获得相应补偿"，至于究竟补偿哪些内容，用益物权人在征收补偿过程中享有哪些实体和程序性权

---

① 为了通过立法建立健全农村土地承包经营纠纷解决机制，及时、有效化解农村土地承包经营纠纷，我国制定了《中华人民共和国农村土地承包经营纠纷调解仲裁法》，从该法关于农村土地承包仲裁委员会的受案范围的规定来看，其未把认定农民集体成员权纠纷纳入其中。由此可以推断，将来如果发生一些人员是否有权承包经营集体土地的纠纷时，该法对此类纠纷的处理将无能为力。

利则只能留待土地管理法的修改去完成①。但是，我们认为，在具体的制度设计中应坚持两个原则：一是补偿要考虑土地的市场价值，要考虑到土地在农民生活中的地位和农民将来的生活保障；二是要公开透明，保障土地权利人在获得充分、及时补偿过程中的程序性权利。

就集体土地所有权之外的其他农地权利纠纷而言，主要包括土地承包经营权、宅基地使用权、地役权、抵押权②等土地权利纠纷。对上述农地权利进行救济一般可适用传统民法对物权提供的保护措施，其包括《物权法》上的救济和债法上的救济。具体来说，《物权法》上的救济手段包括物权确认请求权、返还原物请求权、排除妨害和消除危险请求权、恢复原状请求权等，债法的救济则主要是合同法上的债权保障机制和侵权法上的损害赔偿请求权。所不同的是，传统民法中的土地侵权救济以所有权保护为核心展开，而在我国社会主义公有制环境下，我国的农地权利救济主要以土地承包经营权、宅基地使用权等他物权（特别是其中的用益物权）的保护为核心展开。

诉讼时效制度也是农地权利救济中应给予关注的一个重要问题。在设计农地权利纠纷的诉讼和仲裁中，诉讼时效制度只适用于农地权利中的债权请求权，而对于上文中提到的物权确认请求权、返还原物请求权、排除妨害和消除危险请求权、恢复原状请求权等物权请求权则不能适用。

（二）民事程序法上的农地权利救济

民事程序上的农地权利救济可以根据救济程序的不同做进一步区分，如和解、调解、仲裁、行政复议、信访、诉讼等，这些救济程序虽在内在机理上存在差异，但均为针对一般权利而设的权利救济机

---

① 《土地管理法》修改工作已经开始进行，参见 http://www.mlr.gov.cn/xwdt/jrxw/200905/t20090504_119360.htm。

② 在这里，抵押权的客体是权利而非土地本身，不过，即使以农地使用权进行抵押在法律上也存在较多的限制，如根据《物权法》第180条的规定，以招标、拍卖、公开协商等方式取得的荒地等土地承包经营权可以抵押，但《物权法》第184条则规定，除法律规定可以抵押以外，耕地、宅基地、自留地、自留山等集体所有的土地使用权不得抵押。

制。土地权利作为民事权利的一种当然可以适用。但是，农地纠纷的主体范围毕竟不同于一般的民事纠纷，这些主体基本上处于一个比较封闭的"熟人社会"之中，彼此之间极有可能非常熟识，故农地权利纠纷的解决程序在实践中的运作仍然体现了一定的特殊性。本课题组的调查显示，在承包地纠纷的解决途径中，有19.13%的受访农户表示纠纷以当事人和解方式解决；有67.19%的受访农户表示纠纷由村委会调解；受访农户到人民法院起诉从而以诉讼方式解决纠纷的仅为1.09%；另外，有1.56%的受访农户是通过上访解决纠纷的。在对"你认为采用哪种方式解决承包地纠纷最好？"问题的回答中，认为当事人和解最好的受访农户所占比例为30.02%，认为村委会调解最好的受访农户所占比例为54.28%；另外，认为到人民法院诉讼最好的受访农户所占比例为6.53%，认为以上访解决纠纷最好的受访农户所占比例为1.40%；主张采用其他方式解决纠纷最好的受访农户所占比例也有3.27%。可见，熟人社会中的纠纷更多是由该民间社会本身去消解，而非直接求助于现行法律固定下来的主流救济途径。这是在未来的农地权利救济制度设计时应当考虑的问题。

（三）有关农地权利救济的特殊视角

1. 对农村妇女土地权利的特殊救济

农民是弱势群体，农村妇女又是其中更弱势的群体。在一些地方的农村，村民委员会经常利用所谓村规民约实施侵害妇女权益的行为，这一方面表明对村民自治的界限有加以明确的必要，另一方面也说明在农地权利方面，妇女的权益确实较之于男子更有可能受到侵害。其中突出的表现就是出嫁女、离婚妇女的农地权利很有可能在法律上或者在事实上不能获得保障。因此，在现代民法更注重实质正义的背景之下，立法中应有针对性地提供可操作的规则，使农村妇女享有与男子同等的土地权益，同时对妇女的土地权利及其救济机制加以特别规范。具体而言，其应包括两个方面：一是在实体上通过制度设计保障妇女与男子享有平等的土地承包经营权等农地权利；二是在程序上充分考虑妇女实现该权利的现实障碍，从而通过制度上的设计弥补这一问题。

2. 农地权利救济与农民的社会保障

对农民土地权利的救济还涉及社会保障问题。因农地在实际上负载着为农民提供基本生存资源的社会保障功能，故必须把农村社会保障体系的建立作为对农地权利予以救济的一个重要环节予以考虑。该方面最为典型的体现就是农民失地保险制度的建立。当农民的土地权利遭受到自然灾害的毁损时，其丧失的可能不仅仅是土地权利，更为重要的是失去了对未来生活的保障和信心，因此，单单依靠传统民法学提供的理论和规则无法在实质上解决失地农民遇到的难题，故必须将其纳入更为广阔的社会保障的视野之中给予切实的关怀。

（本文原载于《法律科学》2010年第1期）

宅基地如何进入市场？
——以画家村房屋买卖案为切入点

王卫国　朱庆育[*]

一　画家村案[①]

北京通州区宋庄镇因聚集大量画家而被称为"画家村"，人数最多时，住有艺术家2000余人，其中300多人买下了农民的房子。近年来，由于房价上涨等原因，出现了一部分出卖人反悔而导致的买卖契约纠纷案件。马海涛诉李玉兰案即为其中之一。该案轰动一时，在2008年的年终盘点评选中获得多项"殊荣"："十大艺术事件"、"北京房地产十大维权事件"、"十大法制新闻"之"十大典型案件"、"十大民生案件"等。[②]

原告马海涛原系北京通州宋庄镇辛店村农民，被告李玉兰则为河北省邯郸市城市居民。2002年7月1日，原告与被告签订《买卖房协议书》，将讼争房屋及院落以45000元的价格卖于被告。契约签订后，被告依约支付房款，原告亦依约将房屋及《集体土地建设用地使用证》交付被告。被告入住后对原有房屋进行装修，并于2003年10月经辛店村民委员会批准新建西厢房三间。

2006年12月，马海涛起诉至一审法院称：2002年，马海涛将北

---

[*]　王卫国，法学博士，教授、博士生导师，曾任中国政法大学民商经济法学院院长；朱庆育，浙江大学光华法学院教授。
[①]　基本案情与裁判要旨来自北京市通州区人民法院（2007）通民初字第1031号判决书与北京市第二中级人民法院（2007）二中民终字第13692号判决书。
[②]　王笠泽：《宋庄房讼纪实》，中国政法大学出版社，2013，第3页。

房五间、西厢房三间卖与李玉兰。因李玉兰不属于通州区宋庄镇辛店村农民，无权使用辛店村宅基地，故请求确认双方所签房屋买卖协议无效，责令李玉兰返还房屋，马海涛按房屋现值退还李玉兰购房价款。李玉兰则主要以双方签订的房屋买卖协议合法有效为由，要求驳回马海涛的诉讼请求。

一审法院认为，违反法律、行政法规强制性规定的契约无效。李玉兰系城市居民，依法不得买卖农村集体经济组织成员的住房，遂依《合同法》第52条第5项之规定，判决房屋买卖契约无效。[①]

被告提起上诉，二审法院除维持一审的无效判决之外，增加裁判理由称："宅基地使用权是农村集体经济组织成员享有的权利，与享有者特定的身份相联系，非本集体经济组织成员无权取得或变相取得。马海涛与李玉兰所签之《买卖房协议书》的买卖标的物不仅是房屋，还包含相应的宅基地使用权。李玉兰并非通州区宋庄镇辛店村村民。因此，原审法院根据我国现行土地管理法律、法规、政策之规定，对于契约效力的认定是正确的。"

二　何以无效？

一审法院判决房屋买卖契约无效，法条依据是《合同法》第52条第5项：违反法律、行政法规的强制性规定的契约无效。对此，首先需要讨论的是，是否所有违反"强制性规定"的契约均无效。法律规范有强制规范（zwingendes Recht, ius cogens）与任意规范（nachgiebiges Recht, ius dispositivum）之别，前者必须为当事人所遵守。不过，当事人虽然有义务遵守强制规范，倘若违反，效果却未必一律。德国法上，"违反'必须的规定（Mußvorschrift）'者无效，违

[①]（2007）通民初字第1031号判决书认定无效的裁判依据为"《中华人民共和国合同法》第五十二条第一款第（五）项"，此显系技术错误，因为该条未曾分款，无所谓"第一款"。

反仅属'应当的规定（Sollvorschrift）'者，却不会产生无效之后果"。① 中国法律亦有类似区分，属于"Sollvorschrift"者如《公司法》第149条。同时，最高法院于2009年4月24日发布的"合同法解释（二）"第14条规定："合同法第五十二条第（五）项规定的'强制性规定'，是指效力性强制性规定。"该"解释"虽然晚于本案，却不妨作参考之用。所谓"效力性强制性规定"，即相当于德国法上"必须的规定"。可见，在适用时，《合同法》第52条第5项之规定须作目的性限缩。但法官显然认为，本案所违反的强制性规范属于"Mußvorschrift"，可作为无效认定的依据。遗憾的是，即便如此，本案裁判依据仍然不够充分，因为第52条第5项只是参引规范（Verweisungsnorm），自身不足以成为独立的裁判依据。于是，我们还需要进一步追问：本案房屋买卖契约所违反的"法律、行政法规的强制性规定"是什么？

两审判决均未出示具体的规范内容，只在二审裁判理由中通过"房地一体"的接引，将房屋买卖问题转换成为宅基地使用权转让问题，以宅基地转让之禁止作用于房屋买卖契约。但是，这一接引纵使能够成立，对于本案的无效判决，仍无可供直接援引的禁止宅基地转让之"法律"或"行政法规"。有可能作为裁判依据的法律规定，是《土地管理法》第62条第4款："农村村民出卖、出租住房后，再申请宅基地的，不予批准。"然而，就内容而言，很难认为，该款乃效力性强制规范，因为据其规定，农村村民出卖住房的后果只是"再申请宅基地的不予批准"，而此种法律效果仅在出卖人与宅基地审批机关之间发生，管制对象仅仅是作为出卖宅基地以后再度申请的农村村民。同时，恰恰未否认房屋买卖契约的效力，在逻辑上才需要处理"再申请宅基地"之问题，否则，出卖人寻求的法律救济理应是请求买受人返还，而非向审批机关"再申请宅基地"。

---

① Brox/Walker, Allgemeiner Teil des BGB, 34 Aufl., Verlag Franz Vahlen, 2010, Rn. 60.

另一个可能的裁判依据则是行政法规。那么，本案的法律适用，是否有行政法规的依据呢？中国土地奉行"最严格"的管理制度，[①]土地利用权上覆盖着公权力之手。为了维持城乡二元分割的格局，中国政府在计划经济时期曾通过严格的户籍管理实行"禁止乡下人进城"的政策。改革开放后，逐步取消了农村人进入城市的限制，却形成了对"城里人下乡"的封堵。在20世纪80年代，由于计划经济时期延续下来的鼓励"城里人下乡"的政策，农村宅基地是向城镇居民开放的。1986年《土地管理法》第41条规定："城镇非农业户口居民建住宅，需要使用集体所有的土地的，必须经县级人民政府批准，其用地面积不得超过省、自治区、直辖市规定的标准，并参照国家建设征用土地的标准支付补偿费和安置补助费。"1988年《土地管理法》修改时，保留了这一规定。1998年《土地管理法》再次修改时，为了减少耕地流失，在明确农村村民一户只能拥有一处宅基地的同时，取消了城镇非农业户口居民申请取得宅基地的规定。[②]但是，关于城市居民购买取得宅基地的问题，该法并无禁止性规定。1999年，国务院办公厅发布《关于加强土地转让管理严禁炒卖土地的通知》，明确了禁止城镇居民购买取得宅基地的政策，形成了对宅基地使用权流转的限制。于是，实质上禁止"城里人下乡"的政策，出于制止土地投机的管理动因，轻易地出台了。可以质疑的是，既然这一政策的目的在于禁止土地投机，那么，为了自住而非投机的购置宅基地行为就不应该被禁止。况且，制止炒卖土地只需限制或禁止在购买以后再出卖即可，何须"殃及池鱼"？

2004年10月21日《国务院关于深化改革严格土地管理的决定》（国发〔2004〕28号）规定"禁止城镇居民在农村购置宅基地"。该

[①] 《全国人大法律委员会关于〈中华人民共和国物权法（草案）〉修改情况的汇报（2006年12月24日十届全国人大常委会第二十五次会议）》，载全国人大常委会法工委民法室编著《物权法立法背景与观点全集》，法律出版社，2007，第73页。

[②] 王卫国、王广华主编《中国土地权利的法制建设》，中国政法大学出版社，2002，第142页。

决定将这一禁止性规定的目的泛化为"加强村镇建设用地的管理"。至于城镇居民下乡购房在什么意义上或者在什么范围内违反农村土地管理秩序，该文件语焉不详，以后也未见说明。这种以"一刀切"式的全面禁止代替具体甄别式的行政许可的做法，何尝不是为规避《行政许可法》以及节省行政资源而不惜牺牲城乡居民财产自由和迁徙自由的"懒政"行为？

可以推知，在"画家村案"中，法院认定房屋买卖契约无效，是以国发〔2004〕28号决定为依据的。那么，该决定是不是行政法规？我国《宪法》第89条规定：国务院可以"根据宪法和法律，规定行政措施，制定行政法规，发布决定和命令"。显然，国务院的决定和命令均不能等同于行政法规。《立法法》第61条规定："行政法规由总理签署国务院令公布。"该决定不是以国务院令公布的，显然属于行政决定而非行政法规。因此，如果严格依照《合同法》第52条第5项的规定，该决定尚不足以成为认定合同无效的裁判依据。

三 宅基地使用权流转的制度现实

《物权法》第155条规定：已经登记的宅基地使用权转让的，应当及时办理变更登记。这似乎肯认了宅基地使用权转让之可能，但第153条同时规定，"宅基地使用权的取得、行使和转让，适用土地管理法等法律和国家有关规定"。根据《土地管理法》第62条，村民取得宅基地使用权，是通过行政审批的方式，并且，根据该条"一户只能拥有一处宅基地"和"农村村民出卖、出租住房后，再申请宅基地的，不予批准"的规定，村民成为宅基地与房屋买受人和出卖人的可能性均微乎其微。这意味着，在城乡人口二元化的体制下，农村居民对其拥有的房屋基本上不会有投入流转的缔约自由，城镇居民也难以有机会到农村买房。

然而，随着破除城乡二元体制和推动城乡一体发展的需求日益凸显，这种固化的流转管制还能继续维持下去吗？

《物权法》制定过程中，对宅基地流转曾有过松动管制的尝试，但最终随着政策环境的步步收紧而作罢。在初期的草案中，宅基地使用权人的缔约自由曾经得到一定程度的尊重。2002年12月的草案第一稿第169条和2004年10月第二稿第163条的内容均是："宅基地使用权不得单独转让。建造在该宅基地上的住房转让的，宅基地使用权一并转让。"除"房地一体"原则外，缔约自由未受更多限制。但是，为了呼应国务院加强农村土地管理、禁止城镇居民购置宅基地的政策，[①] 从2005年6月的第三稿开始，当事人的选择自由遭到大幅限制，其中第162条规定："宅基地使用权人经本集体同意，可以将建造的住房转让给本集体内符合宅基地使用权分配条件的农户；住房转让时，宅基地使用权一并转让。禁止城镇居民在农村购置宅基地。""农户依照前款规定转让宅基地使用权的，不得再申请宅基地。"这实际上是沿袭了《土地管理法》的管制政策。按照这样的规定，不仅城镇居民被明确排除于宅基地交易之外，即使是农村居民也只能是本集体且符合宅基地使用权分配条件之人。第四稿（2005年10月）第162条、第五稿（2006年8月）第156条以及第六稿（2006年10月）第154条内容与其一致。随后的修改，更进一步提高了管制程度。但是，2006年12月的第七稿删除了上列内容，在第153条中增加规定"宅基地使用权的取得、行使和转让，适用土地管理法等法律和国家有关规定"。与此相类似是关于集体建设用地的规定。早期的草案中对集体建设用地只字未提，后来加上了现在的第151条："集体所有的土地作为建设用地的，应当依照土地管理法等法律规定办理。"据笔者了解，这两条规定的主要含义，一是承认这些用益物权的流转问题尚未解决，

[①] 《全国人大法律委员会关于〈中华人民共和国物权法（草案）〉修改情况的汇报（2005年6月24日十届全国人大常委会第十六次会议）》，载全国人大常委会法工委民法室编著《物权法立法背景与观点全集》，法律出版社，2007，第26页。

有待解决，但在"大政策"出台以前还不能立法解决；二是不因袭《土地管理法》和现行政策限制流转的体制，为以后的改革预留空间。

《物权法》颁布后的第二年，2008年10月，中共十七届三中全会通过了《关于推进农村改革发展若干重大问题的决定》，提出："逐步建立城乡统一的建设用地市场，对依法取得的农村集体经营性建设用地，必须通过统一有形的土地市场、以公开规范的方式转让土地使用权，在符合规划的前提下与国有土地享有平等权益。"这标志着我国土地制度的一次重大改革的开始。之后，各地纷纷出台推动农村宅基地流转改革的地方文件。例如，2009年天津市推出《以宅基地换房建设示范小城镇管理办法》，探索"以宅基地换房"新模式；同年成都市出台《农村房屋抵押融资管理办法》，标志着成都市2007年以来农村集体建设用地改革的进一步完善；2010年浙江省出台《关于进一步加大农村土地整理改革试点的通知》，推广宅基地流转的"嘉兴模式"。地方的土地改革也得到人民法院的积极响应。例如，2009年7月浙江省高级人民法院出台《关于为推进农村土地流转和集体林权制度改革提供司法保障的意见》，提出："对我省各地根据省委、省政府决策部署推出的各项改革创新措施，只要不违反法律、行政法规的强制性规定，有利于农民得实惠，有利于土地集约化经营，有利于推进新农村建设和城镇化发展方向，都要给予有力的司法支持。出现矛盾和问题时，不要轻易认定涉案流转合同、协议无效。"

中共十八大以后，在"推动城乡发展一体化"的战略方针的鼓舞下，地方进一步加大了土地改革的力度。例如，2013年3月广东省政府发布《广东省城镇化发展"十二五"规划》，明确提出："建立转户农民权益保障机制，允许转户农民在自愿基础上通过市场流转方式出让承包地、房屋、合规面积的宅基地并获得财产收益。"同年10月，安徽省政府出台《关于深化农村综合改革示范试点工作的指导意见》，提出将坚持自愿、有偿原则，探索建立符合农民合理需求的宅基地退出补偿激励机制，与此同时，建立农民通过流转方式使用其他农村集体经济组织宅基地的制度，同时还将建立统一的城乡土地交易市场，将农村集体建设用地、宅基地、林地使用权、森林和林木所有权、土地承包经营权、建设用地指标、耕地占补平衡指标的转让、出租、入股、抵押等逐步纳入。

2013年11月，中共十八届三中全会通过《关于全面深化改革若干重大问题的决定》就宅基地流转制度改革设定了以下路径："保障农户宅基地用益物权，改革完善农村宅基地制度，选择若干试点，慎重稳妥推进农民住房财产权抵押、担保、转让，探索农民增加财产性收入渠道。建立农村产权流转交易市场，推动农村产权流转交易公开、公正、规范运行。"由此，宅基地使用权流转的政策大门，宣告正式开启。

四 "房地一体"原则的制度意义

回过头来看画家村案。其判决理由显示，房屋买卖合同被判无效是以"房地一体"原则和宅基地使用权的身份性为前提的。由于农村房屋买卖必定及于宅基地，而按照有关管制政策宅基地使用权只能为集体成员享有，所以购买农村房屋者如果不是集体成员，就没有受让取得宅基地使用权的资格。

中国的现行的土地制度是"公有私用"，即土地不可以私人所有但可以私人使用，而且土地使用权可以依法流转。与此同时，中国法律承认私人的房屋所有权，故地上建筑物却可以成为独立物权客体而为私人所有。这种独特的体制下，私人房屋所有权的处分自由在很大程度上取决于土地使用权的处分自由。

1990年《城镇国有土地使用权出让和转让暂行条例》第3条"土地使用权转让时，其地上建筑物、其他附着物所有权随之转让"和第24条"土地使用者转让地上建筑物、其他附着物所有权时，其使用范围内的土地使用权随之转让"的规定,"房地一体"原则得到此后立法的遵行。《城市房地产管理法》第32条"房地产转让、抵押时,房屋的所有权和该房屋占用范围内的土地使用权同时转让、抵押"的规定、《物权法》第146条"建设用地使用权转让、互换、出资或者赠与的,附着于该土地上的建筑物、构筑物及其附属设施一并处分"的规定、第147条"建筑物、构筑物及其附属设施转让、互换、出资或者赠与的,该建筑物、构筑物及其附属设施占用范围内的建设用地使用权一并处分"的规定和第182条"以建筑物抵押的,该建筑物占用范围内的建设用地使用权一并抵押。以建设用地使用权抵押的,该土地上的建筑物一并抵押"的规定都说明,"房随地走"和"地随房走"是两条并行不悖的规则。

很明显,所谓"房地一体",结为一体的不是两个所有权,而是房屋所有权与土地使用权。在土地公有的框架之下,土地用益物权对私人而言,起到相当于所有权的作用。值得注意的是,上述规定涉及的都是国有土地使用权。国有土地使用权不具有身份限制性。只要缴纳了土地出让金,土地使用权人就有权处分其土地权利。所以,在土地市场较为发达的城市中,土地用益物权具有充分的流转功能。

但是,在长期以来的城乡二元体制下,农村土地基本上没有市场化。显然,这有利于保证工业化和城市化所需的土地、资金和劳动力供给。但是,这种片面发展的代价是乡村凋敝、农业落后和农民贫穷。由于这种体制下对宅基地流转的严格限制,"房地一体"原则带来的是对农村房屋买卖的管制。不仅宅基地使用权的取得以具备集体成员资格并通过行政审批为前提,其转让也仅限于本集体内部,故非集体成员不得因购买农村房屋而受让取得集体宅基地使用权。此亦画家村房屋买卖案两审判决所共同遵循的逻辑。在此情形下,农民虽然在"法律"上享有房屋所有权,却因为"房地一体"而几乎无法处分。这样,私人房屋上的所谓"所有权",不得不沦为空洞的安抚性概念。

然而，十八届三中全会决定关于宅基地流转改革的政策，是以"赋予农民更多财产权利"为出发点的。指导思想的变化，是不是预示着"集体所有权优先于私人财产权"的制度选择有可能发生变化？

五 "没有赢家的官司"

画家村房屋买卖案虽为个案，其所体现的宅基地上房屋流转困境却具有一般意义。为了坚持土地公有和城乡分割，对农村土地流转实行了最严格的管制政策。其管制措施从立法、行政到司法，环环相扣，密不透风。在此密网之下，私人契约自由几乎被剥夺殆尽。

管制所带来的远不止是概念图景上契约自由的萎缩，实际上，其深远影响并未局限于书面的法律效果。任何管制都有社会成本。除了管制本身所需运行成本之外，本案显示，它至少还产生了两个外部效应。

第一，严苛的管制在制造无效契约的同时，财富积累的途径亦可能被强行阻断。画家村案发生后，据宋庄艺术促进会的主管干事曹维回忆，"宋庄从十年前的年人均收入300元到现在的12000元，画家的到来是主要因素"。一组调查数据则表明，十几年前的宋庄，小堡村人均年收入仅三四百元，如今，这个聚集了最多艺术家的小村，2006年仅租金收入就有750万元，几乎占全村村民收入的一半，并且，当年整个宋庄的文化产业投资3.2亿元，全年利税则高达3.5亿元。[1] 显然，画家的迁入，无论对宋庄、宋庄村民和画家们，还是对国家，所产生的效应均是积极的。可以想见，倘若画家因为房屋买卖无效而被迫大批迁出，这些积极效应必将大幅消退乃至丧失。正因为如此，案件发生后，宋庄镇政府一方面为了"保证不会让大家'退房'"而与

---

[1] 王小乔、张涛：《宋庄案还在开庭》，《南方周末》2008年3月12日。

法院"做了很多沟通工作",① 另一方面,案件尚未审结,宋庄即已未雨绸缪地着手挽留画家,具体措施包括"安排了一些废旧厂房,一旦判决不利,可以出租给画家作为工作室"等。② 而本案当事人李玉兰在退还房屋之后,小堡村委会为其提供了一年的免费工作室,作为安抚,而且一年后又帮助李玉兰迁入艺术园区的新居。③ 很明显,契约无效的判决可能带来的连锁性消极效应,在一定程度上被当事人之外的利益相关者主动的补偿举措消解了。然而,无法消解的事实是,无效判决之下,除了谋求不当利益的出卖人之外,无论是买受人、村集体,还是国家,皆为之受损。声言旨在保障农民利益的农村土地管制政策④,实施结果却南辕北辙。由此产生的独特现象是:司法判决在政府的政策指导下做出不公平判决,导致民间不得不在法律之外自行找回公平。⑤ 如果这种现象成为常态,是意味着法治的进步,还是法治的倒退?

第二,严苛的管制为以"遵守法律"为由的道德危险行为提供了合法借口。讼案之所以发生,利益驱动是直接动因。因为"很多村民想通过诉讼,把房子要回来,以图更多的利益",⑥ 竟然置契约严守的基本诚信于不顾,而法院却通过判决告知:此等行为将会得到法律的支持。这当中的法律逻辑实在令人费解。如果法律规则或司法裁判的效果是为背信弃义的毁约行为提供支持,其正当性将如何说明?法律的权威又如何维护?当法律不再值得信仰时,人们会

---

① 成功、徐国允:《画家村农民诉讼索房》,《南方周末》2007年8月1日。
② 王小乔、张涛:《宋庄案还在开庭》,《南方周末》2008年3月12日。
③ 王笠泽:《宋庄房讼纪实》,中国政法大学出版社,2013,第485~487页。
④ 王兆国:《关于〈中华人民共和国物权法(草案)〉的说明(2007年3月8日十届全国人大第五次会议)》,载全国人大常委会法工委民法室编著《物权法立法背景与观点全集》,法律出版社,2007,第9页。
⑤ 本案李玉兰的败诉,让即使是宋庄镇党委书记的胡介报亦感到不可理解:"为什么城市居民可以出售私有房屋,而农民不可以?农村里很多老房子不住都塌了,不卖怎么办?"他本人则早在多年前就已将老家的房子作价卖与邻居。参见成功、徐国允《画家村农民诉讼索房》,《南方周末》2007年8月1日。
⑥ 成功、徐国允:《画家村农民诉讼索房》,《南方周末》2007年8月1日。

逐渐相信，为了维护自己的利益，除了尽可能地采取机会主义行动，别无良策。道德滑坡，有时不只是制度扭曲的原因，也会是制度扭曲的结果。

六　制度创新之道

十八届三中全会决定提出："保障农户宅基地用益物权，改革完善农村宅基地制度，选择若干试点，慎重稳妥推进农民住房财产权抵押、担保、转让，探索农民增加财产性收入渠道。"在住房财产权可以自由转让的情况下，农民的宅基地是否也可以自由转让？目前，仍有官方权威人士宣称："宅基地不等于农民住房财产权"，"宅基地是我国的特有概念，简单来说就是'自有的土地、自用的建筑'，即只能由本集体经济组织的成员申请，用于自住"，"农民对宅基地只有使用权，建在宅基地上的住房才是农民的私有财产，土地则属于农民集体所有"。[①] 照此说来，莫非农民住房财产权本该享有的自由处分权，还将继续被禁锢在宅基地使用权不能自由处分的"底线"上？在大量农民进城和大量"空心村"存在的今天，我们是否只能在这条制度死结的束缚下，任由闲置的农村民居衰败凋敝，导致资源浪费而别无其他出路？

法律制度的创新源泉来自思想的创新。如果我们跳出非此即彼的"零和"思维，遵循共赢观念和均衡理论，这一制度死结也许不过是一种假象。

其实，目前妨碍农民住房流转的症结并不在于宅基地的集体所有性质。土地用益物权的流转不受所有权拘束，国有土地使用权已经提供例证。主要的症结在于宅基地使用权的身份属性。在计划经济时期，这种身份属性是与"禁止乡下人进城"的政策相联系的。改革开放

---

① 《农村土地制度改革，底线不能突破（权威访谈·学习贯彻十八届三中全会精神）——专访中央农村工作领导小组副组长、办公室主任陈锡文》，《人民日报》2013年12月5日。

后，尽管允许农民进城，但进城农民的市民化毕竟是一个缓慢的过程。在这种情况下，在一定程度上承认宅基地使用权的身份性，实际上是维持宅基地对农民的保障功能，即为外出农民保留回乡返农或者回乡养老的"退路"。因此，我们需要寻求一些制度设计，是农民能够在保留宅基地使用权的情况下转让其房屋所有权，在获得进城发展的资金的同时，保留将来返归故园的选择权。

为此，在法学理论上，首先必须对"房地一体"的概念加以澄清。所谓房地一体，在中国特定的制度环境下，从来都不是房屋所有权与土地所有权的命运一体。换言之，房屋所有权转让并不导致土地所有权随之转让。既然如此，至少在逻辑上，宅基地上房屋所有权转让也可以不必伴随宅基地使用权转让。宅基地使用权是合法取得土地上房屋的基础，但没有理由认为，房屋所有权的存续必须以吸附于宅基地使用权为唯一条件。如果能够由宅基地使用权派生出一种权利，令其具有支撑房屋所有权的效力，宅基地使用权即不必随房屋所有权而移转。易言之，在宅基地使用权不转移的情况下，房屋所有权可以依托于某种派生的用益物权而转移。所以，法律可以设立一种新的物权形态，赋予房屋所有权人在宅基地使用权不改变权属关系的情况下占用宅基地的合法地位。

满足这一需要的权利类型之一，就是传统用益物权体系中的地上权。

七　何谓地上权？

地上权（Superficies / Surface Rights）是指以在他人土地上拥有建筑物或其他工作物为目的而使用他人土地的权利。[1] 此制度滥觞于罗

---

[1] 德国《地上权条例》第1条第1款规定："为了某人的利益，可以在土地上设定负担，该人因此享有一种在该土地表面或者地下拥有建筑物的权利，该权利具有可转让性与可继承性（地上权）。"《荷兰民法典》第五编第101条第1款规定："地上权是在他人所有的不动产内、不动产上或不动产上空拥有或取得建筑物、工作物或种植物的物权。"

马法。罗马法原本奉行"地上物属于土地"（superficies solo cedit）原则，即房屋、植物等地上物归属于土地所有权人。但是，由于地上权为二者的分离创造了可能，地上权人可以取得他人土地上的房屋所有权。①《德国民法典》曾在第94条规定，地上建筑物作为土地的重要成分而归属于土地所有权人。此系接纳罗马法原则的结果。此规定"排除了对建筑物所有权进行平面分割。这就意味着，只有那些买得起土地，并能建造（或取得）房屋的人，才能居住于'自己的家'中。但这些人毕竟只是少数，故而绝大多数人必须通过租赁而居住于别人的房屋中。这一状态，自社会根源上看，也不能令人满意。故必须有所改变。因此，立法者也一直致力于推进'拥有自己的家'的发展趋势，并采取了各种不同的法律形式"。② 1919年1月，德国颁行《地上权条例》，突破民法典第94条确立的原则，"使经济弱小的社会阶层，也能取得住宅上的所有权"。③《地上权条例》（现已改称《地上权法》）第1条第1款规定，地上权是指在土地地表之上或之下拥有建筑物，并可让与及继承之权利。

地上权可以是土地所有人为他人建筑物设立的土地用益权，也可以是土地所有权人单独转让地上建筑物的结果。《意大利民法典》第952条规定："土地的所有人可以允许他人在自己的土地上建造、保留建筑物，并且取得建筑物的所有权。""土地的所有人同样可以将建筑物的所有权与土地的所有权相分割，只转让土地上已经存在的建筑物所有权。"这后一种情形，与本文讨论的我国农民在保留宅基地使用权的情况下转让土地所有权的情形十分相似。

地上权在与土地所有权的关系上，具有相当于地役权的效力。在德国，地上权被认为是土地上负担的一种限制物权，即为了一定目的

---

① 谢在全：《民法物权论》（中册）（修订5版），中国政法大学出版社，2011，第431页。
② 〔德〕鲍尔、施蒂尔纳：《德国物权法》（上册），张双根译，法律出版社，2004，第631页。
③ 〔德〕鲍尔、施蒂尔纳：《德国物权法》（上册），张双根译，法律出版社，2004，第632页。

而支配物的权利。这种限制物权本身被视同土地,有专门的登记簿,可以像土地那样被设定担保,并受到如土地所有权般的保护。① 尤其重要的是,建筑物与地上权结为一体,而不是与土地所有权结为一体。② 所以,建筑物转让时地上权随之转让,或者地上权转让时建筑物随之转让,均与土地所有权无涉。地上权基于契约和登记而设立。地上权可以为有偿的,也可以是无偿的。在有偿的情形下,地上权具有租赁权的属性。③ 如《荷兰民法典》第五编第 101 条第 3 款规定:"设立契据可以约定,地上权人有义务定期或不定期地向所有权人支付一定数额的金钱作为地租。"第 104 条还规定,地上权适用民法典关于永租权的相关规定。德国《地上权条例》第 9 条规定,当事人约定以反复给付的方式给付的地上权租金,准用民法典关于土地负担的规定。《日本民法典》第 266 条规定,地上权准用关于地租的规定。

地上权可因期限届满、解除条件成就等原因而消灭。但是,除非有相反约定,地上物灭失不导致地上权消灭。④ 地上权消灭时,地上物的所有权仍属于原所有人,土地所有人可以在支付对价后取得该物的所有权,地上权人有权为恢复原状而撤去该物。⑤ 也有的国家规定,附期限的地上权在期限届满而消灭时,土地所有人自动取得建筑物所有权。⑥

宅基地使用权与地上权有相似之处,二者都对所有权具有限制作用,且同样具有取得地上建筑物所有权之效力。在我国,目前的宅基地使用权还保留着一定的身份属性。由于这种身份性,宅基地使用权

---

① 〔德〕鲍尔、施蒂尔纳:《德国物权法》(上册),张双根译,法律出版社,2004,第648页。
② 德国《地上权条例》第 12 条规定:"基于地上权而建筑的建筑物是地上权的重要成分。设定地上权时已存在的建筑物,亦同。"
③ 〔日〕我妻荣主编《新法律学辞典》,董璠舆等译,中国政法大学出版社,1991,第 645 页。
④ 参见《意大利民法典》第 954 条第 3 款。
⑤ 参见《荷兰民法典》第五编 105 条、《瑞士民法典》第 779 条、《日本民法典》第 269 条、《魁北克民法典》第 1116 条。
⑥ 《意大利民法典》第 953 条。

无期限限制，一经取得便可永久存续，与地上权的限制物权特点有所不符，反倒更接近于所有权。于农民而言，宅基地使用权虽无所有权之名，却有着所有权之实；相应地，宅基地使用权赖以设立的农村集体土地所有权虽有所有权之名，但在长期以来的制度变革中，实际效能已基本上被宅基地使用权等用益物权所承载，其意义仅仅在于维护土地公有的基本经济制度，表彰法律制度的社会主义性质。在此意义上说，宅基地使用权与其说是限制物权，不如将其视作农民土地所有权的替代物。利用传统地上权制度，宅基地上权利构造的制度创新已是呼之欲出。当宅基地上房屋所有权让与他人时，宅基地使用权本身不必随之让与，仅需为取得房屋所有权之人设定法定或约定地上权即为已足。该地上权为设立于宅基地使用权上的限制物权，宅基地使用权人因而有权要求房屋所有权取得人支付地租；地上权期限届满时，宅基地使用权人得在补偿地上建筑物价值的条件下收回土地及其地上建筑物。如此，宅基地使用权人不至于因为转让地上房屋而失去宅基地，亦不必为保有宅基地而听任闲置房屋破败凋敝，可谓两全之策。

八 结论

对于宅基地及其地上房屋，一味固守禁止让与的政策惯性无法真正起到维护农民利益的作用，甚至不能给相关各方和整个社会带来任何正面利益。制度创新之道在于，对传统地上权制度略加改造，借助权利层级构造的手段，在宅基地使用权上设立地上权。这一依托传统法制资源的制度创新既不必触动土地公有制格局和宅基地使用权身份属性的底线，亦为宅基地使用权及其地上建筑物开辟出入市流转的合法渠道，从而实现资源的最优配置。

当然，一旦套在农民财产权利之上的制度枷锁被打开，市场将会在利益均衡的理性思维下，开辟出宅基地使用权流转的更多合法形式。例如，在法律延长土地租赁合同期限的情况下，购房人以租赁方式取得房屋所有权。又如，在宅基地入股形成地权共有的基础上进行规模化房屋建设，按照建筑物区分所有的模式转让住房所有权。

  总之，农村土地流转制度的改革是一个渐进过程。所谓渐进，一是要渐次推进，二是要坚定前进。看看过去35年我国改革走过的历程，曾几何时，多少曾经被视作不可逾越的制度鸿沟和难以打破的政策坚冰，在改革大潮下化为道道坦途和一江春水。35年积累起来的制度理性和实践智慧，难道不是中国人迈向新的改革目标的强大动力吗？

        （本文原载于《政法论坛》2014年第3期）

经济法

论经济法的社会本位理念及其实现

薛克鹏[*]

"社会本位"是 20 世纪以来法学中使用频率颇高的一个概念。民法学者常将它与民法现代化联系在一起；经济法学者更是将它作为本学科的核心理念和安身之本。显而易见，社会本位与 20 世纪的法学和法律有着紧密联系。这是因为：一方面，它对传统私法进行了纠偏式改造，使之适合现代社会之需要；另一方面，它成功指导了法律领域的新一轮变革，催生了经济法等社会法的诞生，使面临危机的传统法得以重新整合。这说明，社会本位并没有停留在思想层面上，而是已经转化为实实在在的社会行动，其中以经济法为代表的社会法是这种思想转化的最大制度成果。不过，虽然经济法等社会法将社会本位作为自己的原则和理念，但学界至今并未充分论证经济法等社会法的产生就是社会本位的当然结果，社会本位作为经济法的基本理念是理所当然的；甚至，对何谓社会本位，人们的认识还有些模糊，生怕它成为义务本位在现代社会的代名词。为此，要使人们从理性的角度认同由此产生的法律制度，从内心深处理解社会本位与经济法等社会法的关系以及实现过程，还需对社会本位进行进一步的论证和分析。本文即在阐释社会本位的基础上，试图说明这些问题。

一 社会本位的语境和语义分析

"任何一个法律、法学的词语都没有确定、一成不变的意义，而

---

[*] 薛克鹏，中国政法大学民商经济法学院教授、博士生导师。

是依其被使用的语境有着多重意义,只有弄清这些语境,才能确定它们的意义。"① 社会本位的产生和使用同样有着深刻的历史背景,只有了解了这一背景,了解它所针对的问题,才能把握其内涵、真谛和意图所在。而且,作为法律变革的思想前奏,社会本位的提出必与一定时期的社会需要或社会问题相关,因为"经济和社会就像生物物种那样演化着。为了保证它们的生存和发展,它们必须解决随着系统演化而产生的一系列问题。每一个问题都产生了对某种适应性特征的需要,那就是社会制度"。② 社会本位属于社会法学派的价值观,虽然提出这一概念的具体年代和人物已无从考证,但人们普遍将它与19世纪末、20世纪初的社会背景联系在一起。社会本位是针对这一时期的社会制度和由此产生的社会问题提出的一种法律改革思想,当时的社会制度与社会问题则构成了社会本位存在的主要环境因素。

众所周知,自17世纪中叶开始,各资本主义国家先后通过不同方式重建自己的法律制度。经过100多年的努力,重建工程基本完成,形成了以宪法为核心的一整套近代法律制度。与以往不同,指导这一法律工程的是洛克、卢梭和孟德斯鸠等启蒙思想家的古典自然法理论,由此形成的法律成为自然法思想的制度化形式。古典自然法拥有理性主义、个人主义、激进主义、分权主义和社会契约论诸多主张,其中个人主义在整个理论体系中占有重要地位,并在制度建构中起着决定性作用。③ 个人主义在个人与社会的关系上强调个人的终极地位,认为只有个人才是唯一的实体,社会仅仅是由个人组成的简单集合体,所以,个人不但优先于社会,而且具有目的性。与此相适应,个人主义的立法认为,权利只能是个人的权利,个人权利与生俱来,并非政治权威或立法机关所赋予;而社会是个人的派生物,它不可能像

---

① 张文显:《马克思主义法理学》,吉林大学出版社,1993,第105页。
② 〔美〕安德鲁·肖特:《社会制度的经济理论》,陆铭、陈钊译,上海财经大学出版社,2003,第3页。
③ 张文显:《二十世纪西方法哲学思潮研究》,法律出版社,1996,第44~47页。

个人那样享有权利。20世纪前的欧美立法完全贯彻了自然法的这一思想，从宪法、行政法到民法，再到程序法，无不以个人和个人权利为目标，社会和国家、义务和权力都成为满足权利的手段，而且权力被当作个人权利的天敌时刻受到限制。可以说，近代西方法律是个人本位或个人权利本位法，这些法律构成西方各国社会结构中最稳定的部分，并成为日后社会本位产生的前提条件。

个人本位符合人性的法律制度设计极大释放了个人的潜能和创造力，激活了个人这个决定整个社会活力的细胞，使人类社会在快车道上飞速前行。考证近代社会进步的原因，无疑应首推个人本位及其法律制度的确立。然而，这种个人本位的法律制度并非完美无缺，或者说它本身就先天不足。因为自然法学派在批判中世纪法律的同时，将无辜的社会与国家等同加以否定和鞭挞，特别是在分配权利时仅仅看到了个人而忽视了在个人之外的社会整体的存在，以至于在社会受到不断伤害时却无法获得救济。所以，个人本位如同一把"双刃剑"，在为人类带来福音的同时也带来了痛苦。19世纪中叶以后，垄断、环境、劳工和消费者等社会问题层出不穷，经济危机频繁爆发，社会秩序极度混乱。其直接原因看似是法律制度的问题，但真正的罪魁祸首则是隐藏在法律背后的极端个人本位思想。社会本位正是产生在这样的历史条件下。因此，当我们现在谈论社会本位并试图解读它时，首先必须想到个人本位和与此相关的法律制度，必须将它与那些个人本位不曾想到后来却不断困扰着人们的社会问题联系在一起。唯其如此，才能对社会本位进行恰当的定义，更重要的是在当下的制度重建中才不会重蹈前人的覆辙。

19世纪末之后，"社会本位"开始频繁使用，法律也按照社会本位的预期在悄悄发生变化。但何谓社会本位？人们对此语焉不详；有学者将义务本位、权利本位和社会本位并列为一种历史发展逻辑关系，[1]甚

---

[1] 郑玉波：《民法总则》，中国政法大学出版社，2003，第77页。

至有人将计划经济时期的国家本位与社会本位混为一谈。① 可见，不同学者虽不反对社会本位，却各自有各自的解释。要真正理解社会本位以及由此产生的经济法等社会法，还需进一步分析社会本位的语义。

"社会本位"是由"社会"和"本位"构成的复合名词。"本位"一词的含义相对固定，它强调的是主导、中心、起点和重点之意。对此人们分歧不大，所以，关键是如何理解和认识"社会"一词，也正是对"社会"的不同理解，才导致对社会本位的不同认识和不同的法律本位观。在对社会的认识上，历史上一直存在着"唯名论"和"唯实论"这两个截然不同的观点。"唯名论"认为，只有个人才是真实的存在，社会是一群"同心人"的集合体，是代表具有同样特征的许多人的名称，是空名而非实体。② 相对于个人，"社会只是满足个人需要的工具，或只有工具性的价值"。③ 显然，近代大多数启蒙思想家持这种社会观。"唯实派"或"实体派"则认为，社会不是简单的个人集合，而是一个客观存在的东西，是真实存在的实体。如同个人一样，社会是一个有机整体，"是一个由各种制度和规范构成的有机整体，社会外在于个人，并对个人具有强制性"。④ "唯实论"的思想渊源可以追溯到柏拉图和亚里士多德，近代许多社会学家承袭并发展了这一思想，并对社会法学派的诞生产生了重要影响。马克思主义认为："生产关系总和起来就构成所谓的社会关系，构成所谓社会，并且是构成一个处于一定历史发展阶段的社会，具有独特特征的社会。"⑤ 因而，马克思主义社会观也属于"唯实论"范畴。我国学者沿用了马克思的观点，将社会理解为"以一定的物质生产活动为基础而相互联系

---

① 梁慧星：《民法总论》，法律出版社，1996。
② 郑杭生：《社会学概论新修》，中国人民大学出版社，1994，第332页。
③ 于海：《西方社会思想史》，复旦大学出版社，1993，第167页。
④ 张敦福：《现代社会学教程》，高等教育出版社，2001，第66~67页。
⑤ 《马克思恩格斯选集》第1卷，人民出版社，1965，第363页。

的人类社会共同体",① 或"是由共同的物质生产活动为基础而相互联系的人们的有机整体"。②

社会是唯实还是唯名对社会本位的意义关系重大。如果如"唯名论"所言,社会只是单纯的名称,只有个人才是真实的存在,那么,社会本位与个人本位并无实质差别,社会本位不过是个人本位的另类表述,从法律上区分二者也就毫无意义。因为在"唯名论"看来,一切社会关系最终可以还原为个人与个人之间的关系,法的本位也就只是在个人和个人之间选择以权利还是义务为主导的问题。然而,社会虽然以个人为主体要素,但它是一个有机整体,是由自然资源、空间环境、公共物品、制度规范和精神文化系统等诸多要素构成的共同体,是"包括人类行为习惯、情操、民俗在内的遗产"。③ 对特定的个人来说,他只是暂时加入社会中完成作为生物体一生的过客,从属于社会这个单位,从中获得生存和发展的机会和条件,并将自己发展的成果归还给社会。个人可以视社会为实现个人幸福和价值的手段和工具,但这种工具属于所有人共同共有,不为个人所独享。"共同体是社会基础与价值本原,个人至少部分地受其所生存的社会共同体的决定。作为共同体的成员,个人必然要分享共同体的文化传统、价值思想、物质利益乃至社会责任,其自由必然要受到限制。"④ 所以,社会实际上是一个独立于个人的实体和共同体。立法者只有将社会视为一个与个人并存的实体单位,所谓的社会本位才有实质意义,否则,法律只能停留在 19 世纪的水平上停滞不前。为此,社会本位应当是以社会整体为中心和起点,要求在个人与社会之间重新安排权利和义务的思想原则。它是个人主义或个人本位发展到极致的产物,是对个人本位的颠覆和反动。不过,社会本位并非完全否定个人本位,它承认个人相

---

① 商务印书馆辞书研究中心编《新华词典》,商务印书馆,2001,第 866 页。
② 孙国华:《法理学教程研究》,中国人民大学出版社,1994,第 29 页。
③ 张敦福:《现代社会学教程研究》,高等教育出版社,2001,第 66~67 页。
④ 张文显:《二十世纪西方法哲学思潮研究》,法律出版社,1996,第 44~47 页。

对于社会的独立地位,反对将个人当作唯一目的,社会仅仅作为手段的个人本位观。它要求承认社会和社会公共利益的独立地位,并将法律的重心适当向社会公共利益倾斜,从而使个人与社会之间的关系趋向和谐。由此可见,社会本位是与个人本位相对应的一个概念,是处理个人与社会之间关系的一项原则和价值选择。此外,社会本位与国家存在联系,但绝不等同于国家本位。国家本位是一种国家至上、国家中心、国家意志决定一切、国家统筹一切的观念。[1] 它不仅抹煞个人的独立性,而且把社会也看作国家的附属之物;它强调国家的目的性,将个人和社会均视为满足国家意志的手段和工具。但是,由于国家常被视为社会公共利益的当然代表,特别是人们经常从人格化社会的角度使用国家一词,[2] 因而有人将社会本位与国家本位等同。我国计划经济时期的立法大多体现的是国家本位思想,而非社会本位,但有学者认为这一时期的立法是"彻底的社会本位"[3]。其实,国家与社会是两个既有联系更有区别的实体,所谓本位是各有所指。为防止国家僭越社会,或者以社会名义行国家本位之实,我们必须科学理解社会与国家以及社会本位与国家本位的关系。对此本文将在此后述及。

二 社会本位理念的法律化

理念是制度建立并运行的理论基础,只有建立在一定理念基础之上的制度才具有强劲的生命力。一种社会制度要想获得普遍接受,必须表明自己代表了全体或某些社会成员的共同利益,观念原则正是社会制度对共同利益所具有的代表性的意义表达,也是具体规范的依据。[4] 相反,制度作为社会价值观的一种载体,是理论和观念发挥作

---

[1] 江平:《罗马法精神在中国的复兴》,博客中国网,http://www.column.bokee.com/82234.html,2006年3月5日。
[2] 〔英〕戴维·M.沃克:《牛津法律大辞典》,北京社会与科技发展研究所组织翻译,光明日报出版社,1988,第851页。
[3] 梁慧星:《民法总论》,法律出版社,1996。
[4] 郑杭生:《社会学概论新修》,中国人民大学出版社,1994,第332页。

用的重要途径，任何观念和理论只有通过制度这种形式表现出来，才能转化为具体的社会活动，成为改造客观世界的力量。纵观人类发展史，各种思想和理论无不借助制度特别是法律这种形式进行转化和表现，从而实现对社会的改造。离开法律这种形式，任何思想只能停留在口号和精神层面上。与个人本位相比，社会本位无疑是一种崭新的法律理念，它通过对传统法律观念的扬弃和矫正，体现了新时期的正义观和利益观，从此意义上讲，社会本位首先是一种价值选择。但是，通过法律手段实现社会本位的主张，必须使用法律上的方法和工具，以法律化形式承载并实现自己的价值。"从法律实践看，全部法律行为都是围绕权利和义务而进行的，权利和义务通贯法律运行和操作的全部过程。"[①] 所以，社会本位法律化亦即法律制度化，就是运用权利、义务和责任等手段将社会本位理念转化为社会规范，从而为人们设定行为模式的过程。这一过程也是社会本位在传统法的基础上重新分配权利和义务，通过权利和义务等方式表达自己主张的过程。归根结底，社会本位的实现，首先是如何将其观念转化为法律上的权利、义务以及责任。

权利在法律中有着极其重要的意义，任何立法都无法回避。由于近代法普遍采行个人本位和权利本位原则，宪法、行政法、刑法以及诉讼法无不体现个体权利本位，民商法更是个体权利本位的典型。因此，社会本位在法律化过程中首先面临如何安排权利尤其是应否继续遵循权利本位的问题。有人担心社会本位是对权利本位的否定，结果必然是义务本位。其实这里存在着重大误解。权利本位表征的是权利和义务的一种关系，它是指相对于义务，权利应当是"基础、根源、出发点和逻辑起点"[②]；"权利应当成为法的价值取向，立法者应从权利的角度出发来进行义务的设定与分配，义务是实现权利的必要手段而不是目的"。[③]

[①] 张文显：《法哲学范畴研究》，中国政法大学出版社，2001，第 327~347 页。
[②] 郑成良：《权利本位论——兼与封日贤同志商榷》，《中国法学》1991 第 1 期，第 31 页。
[③] 程燎原、王人博：《赢得神圣——权利及其救济通论》，山东人民出版社，1998，第 304~393 页。

但是，社会本位表征的是个人与社会的一种关系，它要求法律在确认个人独立地位的同时承认社会和社会公共利益的独立地位，而不是将社会视为个人的简单相加，更不是将社会作为手段。显然，在法本位的相关范畴中。社会本位和个人本位相对，权利本位和义务本位相对。① 社会本位和权利本位既不相互对应，又非一个非此即彼的矛盾选择关系，个人本位既可以选择义务本位，也可以选择权利本位；社会本位同样有这样两种选择。不过，社会本位仍然主张权利本位而非义务本位，但是与传统权利本位不同，它强调社会作为一个整体的权利——社会公共权利或社会权利，而非个人权利。社会公共权利是将社会看作独立实体的必然逻辑，也是社会公共利益在法律上的要求和表现，因为"利益是法律的产生之源"，"权利是利益的法律形式"②。社会公共权利包括社会公平和社会保障的权利，以及发展权、健康和生态平衡的环境权、和平权与对人类共同遗产的所有权等权利在内的"社会连带权利"，这些权利为所有社会成员（当代的和后代的）所有，而非个人所独享。③ 所以，社会本位的法律化结果，是在原有的权利清单中加入社会公共权利的内容，从而形成个人权利、集体权利、国家权利和社会公共权利四权并存的新权利体系④，而且社会公共权利始终居于其他权利前列，占有位序上的优先性。这也正是现代民法确立的违反社会公共利益的民事行为无效原则的缘由。由此可见，"所谓社会本位之法制，亦仅仅权利本位之调整，绝非义务本位法制

---

① 刘水林博士将第一种定义为价值意义上的法律规范选择，将第二种定义为具意义上的选择。参见刘水林《经济法的观念、方法论、本位及规范构造》，中国第二届中青年经济法博士论坛。
② 孙文恺：《社会学法学》，法律出版社，2005。
③ 此处的社会权利基本指的是 20 世纪中人权概念中的社会权利，但作为社会公共权利还不限于这些权利。参见张文显《二十世纪西方法哲学思潮研究》，法律出版社，1996，第 511 页。
④ 个人权利和集体权利可以合称为个体权利，因为大多数中国学者将集体理解为一种与个人相对的组织形式，因此，集体权利最终可以还原为个人权利。

之复活"。①

然而，当法律体系已经被分裂为诸多部门法时，社会公共权利应当放置在哪个部门法或者是通过哪个部门法确认并加以保护，这是社会本位在法律化过程中必然面临的一个问题。因为在大陆法中，部门法的观念是如此的根深蒂固，以至于人们有时很难突破这种长期形成的观念，在它们之外寻求解决问题的方案。社会公共权利同样如此。作为由法律确认的和新生的权利，它理应有自己的部门归属。为了符合法律保守性要求，在将社会本位权利化时，我们可以而且应当尽量利用传统的部门法资源，通过既有权利结构的改变来确认和保护这一权利，只有在传统部门法难以相容时，才选择突破。② 应当说，20世纪后，任何部门法都未拒绝和排斥社会本位，甚至为增强自己的适应性不断迎合社会本位的呼吁。而社会本位也要求既有的部门法对原有的权利进行适当限制，以社会公共利益和社会权利为中心重置权利和义务。问题是，形成于个人权利本位时代的传统部门法都是围绕个人权利进行分工的，适当限制个人权利尚不足以从根本上动摇其基本原则，但一旦用社会本位原则进行彻底改造，则会颠覆个人权利本位的本质，超过其容忍限度而遭到抵制。宪法可以在一定程度上容纳社会公共权利，20世纪大多数国家的宪法中实际上也确立了社会公共利益原则，但宪法的理念至今仍然是从限制国家权力角度保护个人权利的法律；20世纪的行政目标虽然向福利化和服务型转变，但行政法的本质仍然是为了保护个人的自由和权利而控制行政权，社会权利在其中鲜有表现。

社会本位理念对私法的影响较为明显，它直接导致了对个人所有权绝对原则和契约自由的限制以及无过错责任的采行，并规定了公序

---

① 梁慧星：《民法总论》，法律出版社，1996。
② 关于法律的保守性，可参见苏力《法治及其本土资源》，中国政法大学出版社，1996，第7页。

良俗或社会公共利益原则，但这只是对传统民法原则的修正而不是背弃。① 正如民法学者所言："20世纪以来所谓社会化之法制，在于矫正19世纪立法过分强调个人、权利而忽视社会利益之偏颇，其基本出发点，仍未能脱离个人及权利观念。"② 所以，尽管私法社会化表现为对个人权利的限制和社会公共利益原则的确立，这种限制也不乏保护社会权利的意图，但必须承认，这种所谓限制的目的主要是保护其他个体的权利而非社会整体的权利，就其整个权利体系而言，仍然是以个体为中心，未超越个人权利本位范畴。因为在现有的民事权利体系中，社会在观念和现实中既不是利益主体，更不是权利主体，所有民事权利仍被个人和法人瓜分殆尽，所谓社会公共利益在民法中不过是个空洞之物。

当然，要使根深蒂固的私法彻底改变自己的理念，将社会作为一个独立的法律实体看待，这既不是它所能及，也不是它所追求的目标和分内之事。因为社会本位不是仅仅为个人简单地增加一些义务（尽管这些增加很有必要）就可以实现的，它要求的是彻底改变对社会的认识，将社会视作一个同个人、集体和国家同等的利益实体，并将这种利益即社会公共利益确认为法律上的权利，以该权利为中心和出发点进行义务和责任的配置。为此，传统部门法同有的理念和相对封闭性，决定了社会公共权利只能在传统部门法之外寻求自己的栖息地，这就是经济法和其他社会法。③

尽管经济法等社会法还有待发展和成熟，但就已有的反垄断法、消费者保护法、劳动者保护法、资源和环境保护法等法律制度来看，其背后无不折射着社会公共权利。这些法律虽然在形式上以义务规范为主，形似义务本位，但这些义务的前提是社会公共权利，亦即以权

---

① 孙笑侠：《法的现象与观念》，山东人民出版社，2001，第82、118页。
② 梁慧星：《民法总论》，法律出版社，1996。
③ 目前关于社会法有广义和狭义理解。本文将其视作一个与公私法相并列的法域，而非部门。

利为本位。所以，经济法和其他社会法是社会本位完整而系统化的法律形式，是社会公共利益的权利化形态。它坚持的是社会权利本位而非义务本位。如果说个人本位转化的法律化的结果是民商法的发达，那么，社会本位理念法律化的结果则是经济法等社会立法的产生和繁荣，二者相得益彰，共同构成20世纪立法中的"社会—个人本位"格局。

但是，社会本位的法律化不仅仅是确立社会公共权利，而且还有设置义务问题。

首先，从权利本位论者看，权利和义务不仅具有相关性，而且在数量上是等值的。在相关关系中，二者相互对立，又相互依存，权利虽然是目的，但离开义务，权利只能是空谈；[①] 在等值关系中，权利和义务在数量上永远相等，分配权利的同时必然分配义务。[②]

其次，从"义务重心论"看，"法作为社会控制、规范手段，主要通过义务性规范来实现自己试图达到的目的。当法的价值目标确定之后，立法者应将侧重点、注意力放在法的义务规范，以及违反这些义务规范所要遭致的不利后果的精心设定上，以便使法具有可操作性"。这是因为，"当一种客观的社会关系存在而无法律干涉的时候，可能破坏、损害该种社会关系的一般不是享有'权利'的一方，而是承担'义务'的一方。当法律要维护既定秩序、保持社会稳定和保护该种社会关系时，法律所要对付的就是那些可能损害既定的社会关系的、在该关系中的义务承担者"。[③]

再次，从个人利益与社会公共利益的关系看，社会是由物质要素和精神要素构成的统一的共同体，它"虽有自己独立的利益诉求，但由于缺乏独立的人格而无法通过自身行为表达和维护自己的利益，任

[①] 张文显：《法哲学范畴研究》，中国政法大学出版社，2001，第327~347页。
[②] 徐显明：《公民权利和义务通论》，群众出版社，1991，第65页。
[③] 张恒山：《义务先定论》，山东人民出版社，1999，第11~13页。

何一个有生命的个体都可能对社会公共利益形成危害，而以维护社会公共利益为己任的国家由于各种原因也经常站在社会的对立面。因此，与个人利益相比，社会作为一个利益实体就显得十分脆弱，个人、企事业组织和政府往往成为破坏这一关系平衡的主要来源"。① 所以，社会所拥有的公共利益虽然可以被确认为法律上的对世权利，但是人的本性决定了每个人首先关心的是自己的切身利益而不是社会公共利益，加之长期以来个人本位一直将社会视为实现和满足个人需要的手段，在个人利益面前，社会公共利益和社会权利就常常成为工具和牺牲品。

最后，从人们对权利和义务的态度来看，"不是人们不会自觉行使权利，法律不必为此操心，而是因为义务往往被人们拒绝，法律要实现自己的实效，主要依靠义务规范的设定与执行"。② 为此，社会本位的实现仅仅在法律上宣示权利还远远不够，确定权利固然重要，但设定义务可能更为重要。从此意义上讲，社会本位法律化在实践层面上多表现为义务立法，通过对个人义务的确立达致保护社会权利的目的。

这就是经济法等社会法以义务性规范为主，甚至在一些立法中全部设定为义务性规范的主要原因。所以，社会本位的实质是权利化，而形式上表现的则是义务化，无怪乎有学者怀疑经济法是"义务本位法"。由于义务与责任的密切关系，也有学者将经济法和其他社会法上的社会义务与"社会责任"等同。③

除权利和义务外，社会本位法律化在立法方面还包括法律责任的设置这一重要环节，因为权利—义务—责任三者之间是一个前后决

---

① 张恒山：《义务先定论》，山东人民出版社，1999，第11~13页。
② 薛克鹏：《经济法的定义》，中国法制出版社，2003，第257页。
③ "社会义务"和"社会责任"是一个相关概念，非法学学者首先使用的是"社会责任"。但确切讲，用法学语言表达，首先应当将社会责任表达为社会义务。关于社会责任的论述，可参见卢代富《企业社会责任的经济学与法学分析》，法律出版社，2002；刘俊海《公司的社会责任》，法律出版社，1999。

定、缺一不可的逻辑关系，责任作为最后的保障措施置于链条的终端，当立法者确定权利目标和义务手段后，法律责任就是一个无法绕开的问题。社会本位的法律责任与社会权利和社会义务安排相一致，它是一种社会责任，其目的是为保护社会公共利益和社会权利，制裁义务人的侵权行为。不过，与私法上的侵权行为不同，社会责任针对的是侵犯社会公共权利的行为，如垄断、不正当竞争、破坏自然环境和生产伪劣产品等，因此，其责任形式主要以惩罚责任为主。这就预示着社会本位思想不但改变了传统法的权利和义务体系，而且改变了传统的法律责任体系，从而系统地对法律进行改造。

三　国家与社会本位的实现

社会本位从理念到具体的法律制度，再到具体的社会行动，最终到其目标的实现，是由诸多环节和多种社会力量参与的复杂过程。在这一过程中，其他社会力量的参与固然重要，但国家在其中的作用更是举足轻重；言重一些，那就是社会本位能否实现，关键取决于国家这一因素。不过，国家与社会本位的关系的定位要取决于如何理解国家，而国家的多义性和学者的随意使用使得这一问题变得错综复杂，如果定义不当，则极易向国家本位回归。正如凯尔森所言："国家这一术语通常所指对象的多样性而弄得很难界定。这个词有时在很广的意义上用来指'社会'本身，或社会的某种特殊形式。但这个词也经常在狭得多的意义上用来指社会的特殊机关，例如，政府或政府主体、'民族'或其居住的领土。"[1] 此外，其他一些思想家、学者和政治家也对国家进行过定义[2]。在所有定义中，有两种定义与社会本位及其实现有着重要关系：一是社会意义上的国家；二是政府或社团意义

---

[1] 〔奥〕汉斯·凯尔森：《法与国家的一般理论》，沈宗灵译，中国大百科全书出版社，1996，第203页。
[2] 翁文刚等：《法理学论点要览》，法律出版社，2001，第187~194页。

国家。前者将国家与社会等同,"国家本位"与"社会本位"也就很容易被理解为同一概念,社会本位自无独立意义。因此,从社会本位角度看,国家只能是政府或社团意义上的国家,也就是将"国家只是作为一个法律现象,作为一个法人即一个社团来加以考虑",国家是"在一定领土范围内对其国民进行控制并享有最高主权的一种特殊的社会组织形式"。① 同时,"社会是一个自主组织的,有着内在规律的'独立经济法体系',它是一个先于政治,外在于政治的独立领域,有其内在的原则,独立于政治或国家"。② 这种意义上的国家相对于社会和个人不但是派生物,而且只有工具性的价值。但是,对这种工具意义国家的目的在不同时期和不同的学派有不同的解释,自然法学派不但否认社会的独立性,而且将其视为实现个人利益的手段。如洛克认为:"在我看来,国家是由人们组成的一个社会,人们组成这个社会仅仅是为了谋求、维护和增进公民们自己的利益";"国家的存在是为了维护个人天赋权利,而个人权利的不可取消性则构成了国家权威及其权力的限度"。③ 我国有学者现在仍然持这种看法,认为"国家存在之理由,唯在维护个人权利,法律之终极目的,亦在于此"。④ 但是,社会法学派不但将社会置于个人之上,而且高于国家,认为"国家所进行的活动仅仅是为了维护秩序,而秩序是社会的目的所决定的——国家从属于社会,国家是随社会的产生、存在而产生和存在的,国家必须为社会的利益服务"。⑤ 显然,该学派主张的是公益政治而非传统的权利政治。狄骥甚至认为,自然法学派所主张的自然权利不可能存在,在现实中国家和公民个体也都是分别承担义务,而不是享有权利。社会本位是社会法学派的价值观,同样主张国家与社会本位之间这种

---

① 唐士其:《国家与社会的关系》,北京大学出版社,1998,第18页。
② 孙晓莉:《中国现代化进程中的国家与社会》,中国社会科学出版社,2001,第14页。
③ 邓正来:《国家与社会——中国市民社会研究》,四川人民出版社,1997,第38页。
④ 梁慧星:《民法总论》,法律出版社,1996。
⑤ 孙文恺:《社会学法学》,法律出版社,2005。

手段与目的关系论。

国家要成为实现社会本位的工具,关键在于正确发挥立法机关的作用,将社会本位的理念和主张上升为国家意志后以法律形式公之于世。社会本位的法律化实际就是国家立法机关运用法律工具将社会本位制度化的过程。在这一过程中,立法者要对个人与社会的关系重新定位,在个人与社会之间分配权利和义务并设置法律责任,特别是要求确认社会公共利益和社会公共权利的地位。如果社会公共利益和社会公共权利得不到确认和体现,则社会本位根本无从谈起,所以,立法是社会本位实现的至为关键的环节。在这一环节中,立法者的意识至关重要,它必须克服国家本位和极端的个人本位思想,以社会整体为重心考虑权利的安排。纯粹的个人主义曾经是近代西方法律的指导思想,它要求立法者无视社会整体存在的意义,将全部权利赋予个人或者是只承认个人的天赋权利,结果是,在权利谱系中只见个人而不见社会。我国长期推崇的国家本位思想,同样是无视社会的存在,抹煞社会的独立性,或者以社会的代言人自居,将社会湮没在国家之中。国家本位的立法是根据国家掌控者的意志和需要分配权利和义务,强调的是权力的至高无上地位和个人的绝对服从性,结果必然导致个人自由和权利的丧失以及社会发展停滞,因此,它给人类造成的危害远远超过纯粹的个人主义。纯粹的个人本位的弊端已被西方近代历史所证实,国家本位立法的消极后果在我国和苏联同样得到验证,所以,当代立法的指导思想应当是社会本位。社会本位的立法既是对纯粹个人主义法律的矫正,又是对国家本位立法的否定,它既不是对个人主义的否定,也不是向国家本位的回归,而是对传统个人主义的发展和扬弃,是在考虑各个个人利益的基础上强调所有人的利益;另外,它要求立法机关将国家看作手段而不是目的,将国家权利还原为社会的权利。其具体要求,一方面,是对传统的私法进行社会化改造,从社会公共利益角度对个人权利进行适当限制;另一方面,则是在传统法律之外制定经济法等社会法，将社会公共利益转化为法律上的权利，并根据这一权利设定相对人的社会义务和责任。因此，社会本位的实现首先是国家立法机关在个人权利、集体权利和国家权利的基础上，重新发现和确认社会公共权利并将其列入权利清单的过程。

社会本位上升为法律制度后仍然无法脱离工具意义的国家，具体来讲其无法脱离国家行政和司法机关而自动实现。"在一个强调和尊重权利的社会中，根据权利和义务所获得的保障和救济，是人们真实地享受权利的关键因素之一。而保卫权利的重责，不仅应由各个个人和社会团体来承担，而且应由国家来承担。"[1] "没有救济就没有权利"，私权利如此，社会本位主张的社会公共权利同样如此。国家应当像救济个人权利一样，向社会权利提供救济的方法和途径。与个人权利本位的立法相适应，近代国家强调的权利救济实则是对个人权利的救济，其途径和方法是专为救济个人权利而设。由于启蒙思想家普遍将权力滥用与个人权利被侵犯联系在一起，因此，近代的权利救济更多的是针对权力滥用。与个人权利相比，社会公共权利更需要国家的关注和呵护。因为个人权利是具体的个人或组织的权利，这些权利与个人利益息息相关，在其受到伤害后，通过权利者个人的自主活动可能获得救济。社会公共权利则不同，其受益对象是所有社会成员或不特定的社会公众，甚至包括后代人的利益，而且它与特定的个人利益之间尚有一定的距离，不如个体权利与个人利益之间联系那样紧密，为此，它更容易成为被侵害的对象。此外，作为一个难以人格化的实体，社会也不具有直接表达自己意志的能力和行为能力，其意志的表达和利益的维护只能依赖国家、其他社会组织或个人。因此，国家应当根据社会权利的这种特殊性，提供不同于个人权利的救济方法和途径，而不是固守传统的救济理念，缺乏必要的适应性。

---

[1] 邓正来：《国家与社会——中国市民社会研究》，四川人民出版社，1997，第38页。

在现代社会，司法是维护社会公共权利和实现社会本位的重要途径，因为司法的天职是救济权利。传统司法以救济个人权利为主，但司法权的高度权威性和公共性决定了它应当是救济所有权利的首选机制，而不是仅限于救济个人权利。救济个人或个体权利固然重要，但如果进行利益衡量，救济社会公共权利则更为重要。所以，当社会本位成为法律追求的目标并且制度化后，司法作为手段应当及时做出调适，以迎合社会公共权利的救济需要。19世纪末期以后，欧美等国的司法已做出这种调适，开始了以救济社会公共权利的现代型诉讼，即"围绕在公共利益产生的纠纷基础上形成的诉讼"。[1] 与传统诉讼相比，这是一种公益性诉讼，它允许公民、有关团体或政府代表社会对欺骗政府、垄断、欺诈消费者和污染环境等侵权行为提起诉讼[2]。从此意义上讲，司法实际上已经是实现社会本位的重要途径。我国目前虽不缺乏社会本位立法，但缺乏的是救济社会公共权利的司法观念和切实可行的公益诉讼制度，这也正是当下社会公共权利无法得到维护的司法因素。所以，中国的司法改革应当确立救济个人权利和公共权利的双重目标，而不是简单重复西方国家传统司法单纯以救济个人权利的老路。

然而，传统司法毕竟深受个人权利本位的影响，为了保障保持中立和公正，法律要求司法权不得主动行使，并只能在事后实施救济。被动性使得司法机关即使面对社会公共权利受到现实的威胁或危害也无能为力，事后救济只有当具体损害事实发生或行为完成才能请求司法保护。而社会公共权利需要国家主动和及时地救济，否则可能导致许多人利益受损，甚至引发社会公共危机。所以，司法机关在实现社会公共权利方面存在致命的弱点；要保证社会本位的实现，还需发挥

---

[1] 左卫民、周长军：《变迁与改革——法院制度现代化研究》，法律出版社，2000，第100页。
[2] 颜运秋：《公益诉讼理念研究》，中国检察出版社，2002，第210～259页；韩志红、阮大强：《新型诉讼——经济公益诉讼的理论与实践》，法律出版社，1999，第240～249页。

国家行政的作用。行政机关实现社会本位的任务是由行政本身的性质决定的，因为社会本位与社会公共利益直接联系在一起，而行政则是"公共服务的总体，从事于政府意志的执行和普遍利益规则的实施"①；"在法律所限定的范围内，司法所实现的是争议中的法律，行政实现的则是公共利益"。② 与司法机关相比，行政机关在维护社会公共权利方面有着天然的优势，它可以利用行政权的主动性和程序的简便快捷，及时发现、制止或制裁侵权行为，在职权范围内对社会公共权利实施救济。欧盟委员会对微软垄断行为的处罚和我国的"苏丹红事件"都充分说明行政机关的这一优势。③ 可以说，在现代社会，离开行政，社会公共利益或社会权利，几乎无从谈起。所以，行政机关应当是实现社会本位的"主力军"，当然，也正是社会本位的需要才促使行政改变了传统的"夜警"政府形象，从传统行政发展到现代行政。我国的行政机关曾经是推行计划经济和遏制个人权利的手段，在传统的行政观念中，存在着个人权利和社会公共权利的双重缺失。在目前的制度框架下，个人权利的缺失，个人尚可通过司法机关在一定程度上获得救济；而社会公共权利观念的缺失，却使它失去了最基本的保护。随着法律体系中个人权利和社会公共权利的不断确立和完善，行政机关应当在尊重个人权利的前提下，将传统职能转移至维护社会公共权利方面。这是公共行政的天职，也是实现社会本位的要求。

---

① 〔美〕F. J. 古德诺：《政治与行政》，王元译，华夏出版社，1987，第11页。
② 〔德〕拉德布鲁赫：《法学导论》，米健、朱林译，中国大百科全书出版社，1997，第130页。
③ 微软公司由于滥用在操作系统软件领域的垄断地位，在欧盟市场将自己的媒体播放器和Windows操作系统捆绑销售，妨碍正常竞争。欧盟委员会于2004年3月裁定，做出罚款和公开源代码等多项处罚，微软公司虽向法院提出上诉，但也随即停止其垄断行为。后欧盟法院支持了委员会的裁定。而"苏丹红"是一种化学染料，对人体有致癌作用。我国个别食品企业将之用于辣椒酱等食品，以改善食品颜色。2005年3月被有关部门发现，工商、质监和卫生等行政机关分别采取行动，及时制止了生产和销售行为，对保护消费者的人体健康和人身安全起到了重要作用。

四 结语

综上可知,"社会本位"是一个有着自身规定性和历史正当性的概念,而不是国家本位和义务本位的简单回归,它与传统的个人本位各自构成了近代以来法律在不同历史阶段的主题,催生了以经济法为代表的社会法诞生;它与个人本位有着矛盾,但国家本位却是它们的共同的敌人。20世纪前,西方国家法制的主题是个人本位主张的个人权利本位;而20世纪则转向社会本位主张的社会权利本位。如今,它们已有机地融合在同一个法律体系当中。中国正在进行着轰轰烈烈的法制重建工程,与前人不同,在这一重建工程中我们可以不再盲目,因为在法的本位问题上已经有个人本位和社会本位、权利本位和义务本位等多种方案可供比较和选择,这是作为一个后发者的优势。不过,从某种意义上看,时下我们遵循的是西方国家第一阶段走过的路线,这一阶段强调的个人权利本位对缺乏权利传统的我国而言意义非凡、关系重大,无疑应当继续;但眼下不时出现的社会公共利益危机却也提醒我们,盲目重复他国已走过的道路,必然也重复着他人的教训和错误,而这些教训和错误其实完全可以避免。能够避免这些错误的,那就是社会本位。

(本文原载于《现代法学》2006年第6期)

求经世之道 思济民之法

——经济法之社会整体利益观诠释

冯 果 万 江[*]

无论人们对经济法存有多少不解和非议，作为"政治法和民法的补充和必然结果"的经济法的存在却是一个毋庸置疑的客观事实。[①] "关注社会，体现国家干预"已经成为经济法的核心和存在的基础，维护"社会整体利益"或"社会公共利益"为经济法学界之共识。然而，何为"社会整体利益"或"社会公共利益"在理论界都莫衷一是，其与国家利益、个体利益之关系更是鲜有论及。笔者认为，在价值多元化和注重利益妥协及规范协同的当今社会，我们需要的是什么样的社会整体利益观，不仅关乎经济法学科的自身发展，而且更关系和谐的法律秩序的建构等重大理论问题。基于此，本文拟从经济法存在的潜在抽象理性假设入手，对经济法所应有的社会整体利益观做全面的诠释，以求经济法学科建设建立在科学的理念基础之上，使之真正成为"经世济民"之法。

一 经济法的整体利益观的渊源：对民法和经济法的理性假设前提的对比分析

（一）民法与经济法的理性假设差异和制度差异

任何法律制度都有其自身的利益价值衡量尺度，各部门法律制度

---

[*] 冯果，武汉大学法学院副院长，教授、博士生导师；万江，国家发改委反垄断执法局。
[①] 王卫国：《改革时代的法学探索》，法律出版社，2003，第346页。

对利益体系当中的某项利益都会采取偏向性的保护。这种现象的出现有其客观性。我们考察法律制度的发展史可以发现，不同的历史时期，先后诞生出不同的法律制度，而这些法律制度的诞生通常伴随着相关利益价值理念的泛社会化，即人们普遍认同某类利益应该得到适当的制度性保障，这种价值理念在当时人们的利益取向理念中占据统治地位，甚至在社会上形成某种利益价值取向的单一向度。这些价值理念对人类社会的制度建设产生了深刻影响，往往成为各种新建法律制度的指导理念。如今，随着社会利益体系的丰富，有关的利益保障制度体系不断地得到充实和发展，而利益体系内各种利益博弈制衡内生机制的生成和稳定，必然会在客观上造就一套内部彼此协调相关的法律制度体系。

民法制度的生成可以上溯至古罗马法。在罗马私法当中，对个人权利尊重的观念可谓根深蒂固。即便是有保皇倾向的法学家也承认权力来源于人民，所以罗马私法将保障每个市民的权利及行使权利的自由作为目标。此后，罗马法在欧洲倡导人文自由的文艺复兴时代获得"新生"，并经过整个自由资本主义时代的发展，形成现代民法制度，对个人权利的绝对尊重成为民法的基调。在这基调的背后，现代民法制度为自己的存在找到了一个潜在的理性假设，这个理性假设就是社会中的成员可尽显自身才智，获得自身利益的最大化，从而可以促使社会利益的最大化。民法制度滥觞之际，人们完全没有考虑社会利益的保障问题，立法者仅仅考虑到国家利益或者说政府利益，认为政府只要作为一个外在主体，监督非法的市场交易，保障每个市民（当时的国家成员基本是自由民）得以凭借自身才智的发挥即可以实现其自身利益的最大化，从而促进整体的利益的最大化，实现国家利益的增长。这种利益理性假设是建立在依据简单基数相加原理，即单位利益增加则整体利益增加的理论基础之上的。

经济法的理性假设与民法的理性假设不同，因为经济法的产生出现在社会观念强势发展的时代。由于个人利益张扬的时代已经过去，民法不得不对新情况做出一系列的原则修正。这时，因为社会经济活动中出现了经济力非常强大的经济组织，这些经济组织凭借其强大的经济实力在市场交易中不仅享有民法上的权利，而且具有控制市场的权力，这些权力的滥用对市场中其他交易参与者的利益构成了极大威胁，人们逐渐认识到若听任这种权力的滥用，最终必然导致市场的崩溃进而致使人类社会的崩溃，故而提出社会整体利益观念，要求从社会整体利益的角度限制社会个别成员为谋求其个体利益而滥用权力的行为。经济法的横空出世，正是源于这种社会整体利益观的出现和日渐清晰。它的理性假设就是，社会整体利益必须给予保护，这种保护有利于社会全体成员，在保障社会整体利益实现的过程中也保障了社会成员个人利益的实现。可以看出，经济法的理性假设进路与民法的假设进路正好相反，但都是为了保障社会整体利益和社会成员个人利益的增进，只是在保障这种双向利益增进所依据的制度手段上有完全相反的进路。民法确立了基本的交易程序制度、交易道德制度、交易保障制度等，而经济法确立的是政府规范交易行为制度、政府促进交易制度、政府参与交易制度等。

民法制度的创立者和发扬者们"相信"，参与经济活动的"人"至少具有以下素质：①总是有获取个人最大利益的冲动；②知晓如何以合法的方式获取自身利益的最大化。正因如此，所以民法坚持政府对市场交易"无为而治"，不干涉两主体之间的具体交易过程，仅仅为这个过程规定了有关的边界，在这个边界范围内当事人可以自主地依自己的才智协商确定交易的方式、价格、履行手段等具体内容，只有这样，才能到达利益分配的最大化，而个人利益的最大化则必然使社会整体的利益能够实现最大化。正是基于这样的主体假设，民法对人格的平等抱着抽象的、绝对的观念。民法为保证每个社会成员都能获得平等的交易初始机会——也就是通常所说的"机会平等"——而建立起一整套保障制度，人类原始的"机会平等"观体现为民法制度上的"形式平等"。然而，由于社会成员个人的才智不同，就如同人类社会早期的剥削阶级的出现一样，社会地位的拉开伴随着财富积累的量的不同，导致在经过了一轮机会平等前提下的自由竞争后，因财富累积结果的不同而造成社会地位不平等的出现。在这种情形下，"机会平等"理想与制度上的"形式平等"分离，在新的一轮交易活动中，民法制度一系列的"形式平等"准则保障的不再是"机会平等"，而是"机会不平等"。于是，在这种"形式平等"掩盖下，实质的不平等大量出现，并伴随着社会成员个人财富积累的"马太效应"泛滥化，民法确立的交易制度运行阻滞。这时的民法理性假设就会出现难解的困惑。

而经济法很大程度上是在社会利益受损害的情况下出现的，也就是说，当社会整体利益受到损害之际，人们普遍发现民法无法对此给出合理的调整，经济法便应运而生。这里，经济法显然是为了防止社会利益被个人利益过多地侵害，或者说是为了防止社会绝大多数人的利益被某些个人利益所侵害。之所以要保障社会整体利益，就是要保障全社会的成员的利益，保障整体利益之后果必然要落实到社会成员身上，否则社会整体利益的保障也就没有意义。这里的逻辑假设是，社会整体利益的保障带来的是社会全体成员的利益，即便是与之相冲突的个人利益，社会整体利益保障的是其长远的，更是基本的利益，而其个人利益显得就是眼前的、短期的利益了。

如果说民法主要调节的是个人利益之间的冲突，经济法要面对的则主要是社会整体利益与个人利益之间的冲突。民法对社会利益的尊重仅仅体现在不损害社会利益上，经济法对个人利益的尊重则体现在对社会成员长远的、重大的、全面的利益的保障和增进上。从社会的宽泛角度来看，个人利益与社会利益冲突时，个人利益不过是短期的即得经济利益，而社会利益落实到该个体的利益所得则是长远的和根本的。

（二）民法和经济法理性假设的迷惑

任何理性假设都是将社会存在的某一面的某特定要素扩大化，将相关价值取向抽象出来作为人们行为的指导。这种抽象与现实有一定的距离，而这种理性假设的悖论命题就在于，理性假设的存在本身具有重大意义这一点无人否认，但其往往与社会现实并不相符。若仅仅赖此建立某些行为规范便会带来一些负效应，而基于人的"求善"天性，这些负效应都会被要求修正。这种修正尽管不会动摇理性假设之基础，但往往会使一些规则在具体细节上背离该理性假设的原则。

民法的理性假设如上所述是个人利益的最大化必然带来社会整体利益的最大化，这个假设的一个基本工具是"$1+1=2$"原理，即个体的增量能完全体现为整体的增量，这个假设有其基本的数学原理为据。在自由资本主义阶段，这种简单的相加和假设能够体现其合理性。因为早期资本主义是一个自由竞争的时代，个体的经济影响力小，个体对全局利益的负面影响完全可以忽略不计，交易表现为生产出来的物质财富被平等地交换给交易各方，社会财富随社会物质财富产量的增加而增加，人们沉浸在个人财富和国家财富共同大幅度增进的喜悦之中，对个人权利自由的保护到了极致的地步。近代民法的理性假设前提设想似乎被证实为一种现实，以至于整个近代法律的发展可以看作一个"民法时代"，由此带来了法律的权利本位和个人自由至上等诸多社会理念的形成。但是进入20世纪也就是进入垄断资本主义时代，个人财富积累到一定程度，足以与社会大多数人乃至国家的利益对抗，往往个人利益的取舍可以决定国家政策的取向。这时，人们认识到个人利益的片面增进将对社会大部分人的利益造成损害，民法的理性假设出现问题，各国遂对民法的理念性原则做出修正，以期对个人权利的滥用给予限制。但基于民法属于市民法的本质，当面临个人为实现自身利益而"自由"行使其权利的同时对社会中大多数人的利益产生负面影响的状况，民法的调节显得软弱无力，因为民法的修正只会在坚持其基本理念的基础上做一些符合社会现实状况的修正，不可能彻底背叛它的理性假设前提。由此看来，民法理性假设前提的悖论就在于个人利益的极度膨胀将使其足以影响社会乃至国家的利益的获取，此种情势的发展使利益冲突的出现不可避免。这时，个体利益对社会整体利益的负面影响相当大，而这种影响的结果使简单个体利益相加形成社会利益的等式不再成立，个体利益与个体利益不再仅仅是简单相加，它们往往在经过复杂的冲突整合之后才形成社会整体利益。

当民法的理性假设遇上难解的困惑，便意味着民法对这些问题束手无策，需要一项新的制度以防止个人利益对社会整体利益或者说社会绝大多数人的利益的侵害，这种新的制度需求就是经济法制度。经济法的出现自然地基于这样一个基本的理念：促进社会整体利益的增进，从而保障社会绝大多数成员个人利益的增进。每一个提出社会整体利益保障的人都有一个潜意识，即社会整体利益的保障和增进将能够给社会全体成员带来利益，否则，社会整体利益就没有存在的可能性。经济法基于此理念而诞生成长，发展出政府干预社会经济的法律制度，它一方面对市场的缺陷加以弥补修正，防止个人利益对社会整体利益的损害，一方面利用政府公权力使社会整体利益得以增进，给全社会成员带来福祉。然而，经济法的理性假设同样面临着困惑，这就是社会整体利益的增进是否必然带来个人利益的增进。和民法遇到的问题根源一样，社会整体利益与个人利益之间不是简单的线性联系。从宏观上说，个体利益的增量将得以部分乃至全部（这种情况基本上是理想的状况）转化为社会整体利益的增量，社会整体利益的增量可以保障个体利益的增加，这导致在两部门法的价值层面上的不同，即民法以保障个人利益、保障个体自由为其基本价值取向，而经济法则以社会整体利益的增进为其基本价值理念；在微观上，个体利益对社会整体利益存在着损害的可能，而社会整体利益也同样可能损害个体利益，这导致民法在制度上的权力不得滥用等原则和制度的确立，而经济法则在制度层面考虑限制政府行为以在一定程度上尊重个人利益。如果说民法是在保障个体利益的基础上表现出对社会整体利益的尊重，那么经济法则是在保障社会整体利益基础上表现出对个人利益的尊重。民法以个人为本位，经济法则以社会为本位，民法以个人利益为其制度的出发点，经济法则以社会整体利益为其制度的起始。

（三）民法假设与经济法假设存在共生衔接关系

民法与经济法的共生源自社会整体利益与社会成员个人利益之间的对立统一关系，即，在两者不发生冲突对立时，无论两方利益中任何一方利益的增长，另一方利益的增长都成为可能乃至必然。然而二者的矛盾冲突又是不可避免的，因为两方利益的主体不同。根据利益冲突理论，社会中不同主体的利益必然存在冲突和协调的问题，而这利益冲突的"主角"却有着包含和构成关系。本质上而言，正是这种关系的存在，使经济法和民法的假设前提得以共生并衔接起来。

如前所述，民法的理性假设的问题在于在新的时代，其普遍的"形式平等"掩盖了"实质的不平等"，导致民法法律施行被普遍质疑，面对着广泛的质疑，民法不得不做相应的修改，但这种修改没有解决实质的不平等问题，仅仅是在坚持形式平等的前提下对实质平等的兼顾，这种兼顾体现在对形式平等原则的修正上。而经济法的出现恰恰是应对"实质平等"的要求出现的，追求所谓的社会整体利益，其实不过是追求实现社会范围内的成员间的"实质平等"，而经济法对实质平等的保障往往表现为倾向性地保护弱势群体，而对社会交易的强势群体进行诸多限制。如果说形式平等是平等的基本形式，那么实质平等则是平等的例外选择，经济法就是在平等的追求上对民法的补充。这种衔接是非常紧密的。

二 经济法的社会整体利益观念：对社会整体利益观的理论解释

（一）经济法保障的是社会整体经济利益

经济法是维护社会整体经济利益的法律规范制度，所谓维护社会整体经济利益是指保障社会整体的财富总额得以平稳协调的增长，从而带动全社会所有成员个人财富的增长。有学者认为经济法是"社会本位"的法，所谓社会本位应该是指法律制度的价值目标是维护社会的整体利益，在经济法的视野当中，社会是作为一个单一体，作为一类型利益的享有主体而存在的。

首先，关于利益，各方的解说有很多种，诸如认为利益即"好处"的"好处说"、认为利益是人的一种"需要"或者"需要的满足"的"需要说"，或者认为利益是能够给人带来快乐与幸福的东西。[①] 经济法所维护的利益主要是一种经济利益，即物质利益，具体可解释为一种"所得"，即财富上的增量，因此，关于精神上的所得不在本文讨论的范围之内。

其次，社会整体利益是指将社会作为一个单一的利益主体看待而具有的利益形态。所谓利益是一个很广泛的概念，包括了得为或不为某事的自由、物质所得、权利等，那么社会整体利益指的是社会作为一个组织体存在的所得。20世纪初，在西方世界掀起了一场声势浩大的"社会化"运动，这场运动影响了整个社会学领域的发展，人们将越来越多的目光投向社会范畴的新领域。无论是关注社会的公平正义，社会财富的分配，乃至全球（人类社会）的经济发展平衡，无不是将社会作为一个整体看待。这个社会的范围相当广泛，可以指某个

---

① 张玉堂：《利益论：关于利益冲突与协调问题的研究》，武汉大学出版社，2001，第39~42页。

范围当中的一切联系，其广泛的程度取决于我们选取的范畴。它可以是一个区域内的所有公民，一个国家，乃至整个人类世界，其涉及的范围越广泛，整体利益的抽象性、模糊性和不确定性就越明显。经济法是国内法，其是以一个国家政权的强制力为保障得以适用于世的，所以，经济法范畴的社会仅仅局限于一国政权约束力所及的范畴内的联系性。所谓经济法关注的"社会"是指一个主权控制范围内的社会，这项利益诉求体现的是这个范围当中的成员的整体利益。它不是个人利益的简单加减，不是个人利益的共性提炼，而是在衡量社会权利成员的共同要求基础上，依据公平正义理念由各方利益博弈形成的最终利益形态。

再次，学界对社会整体利益涉及不多，有关此概念内涵的理解显得模糊，特别是在社会整体利益与所谓社会公共利益、社会利益以及国家利益等的区别与联系方面。往往在使用"社会利益"的表述时，却同时包含了这几类利益的意义。我们认为，作为经济法法益的研究，具体的利益区分有必要澄清。其中，澄清与"社会公共利益"、"社会利益"的区别与联系有助于我们理解"社会整体利益"的内涵，而分析其与"国家利益"、"民族利益"的区别则有助于我们理解"社会整体利益"的外延。

关于社会整体利益、社会公共利益和社会利益，在我国无论是立法方面还是学术研究方面都存在混用的现象。认为无论是社会公共利益还是社会利益、社会整体利益都是同一种利益，即社会整体利益。[①] 但这种混用本身体现出我们的法学理论早期使用概念的随意性，因为从词义意义上理解三个不同的用语，我们仍然可以认为这三者的含义有所不同。尽管这种区别相当细微，但我们认为依据对"公共"与"整体"的不同解释，社会公共利益与社会整体利益的

[①] 李友根：《社会整体利益代表机制研究兼论公益诉讼的理论基础》，《南京大学学报》2002年第2期；王保树、邱本：《经济法与社会公共性论纲》，《法律科学》2000年第3期。

内涵并不完全重合，而社会利益也不是在任何情况下都是指社会整体利益的。

社会公共利益应该指社会中全体成员个人利益中的共性利益，社会公共利益往往不会与个人利益发生冲突。因为，社会公共利益的范畴决定在"公共"而不是"社会"上，与其说是社会公共利益不如直接称之为"公共利益"为好。所谓公共就是指特定范围内的共性特征，公共利益就是指特定范畴当中的成员个人利益中的共性利益，这种形态的利益当然不会也不应该与该特定范畴中成员的个人利益发生冲突和不协调。而社会整体利益则不同，我们的社会整体利益的范畴存在于一个国家政权控制范围之内，指的是与国家地域和人口外延重合的组织性联系体，但其又不同于国家，一个是市民社会，一个是政治国家，两者在具体内涵上有很大的区别。社会整体利益是以这个与政治国家在地域和人口外延上重合的组织性联系体为基础生成的利益要求，其形成过程比"公共利益"的形成过程复杂得多。公共利益与社会整体利益是两类不同的利益，公共利益是微观的，整体利益是宏观的；公共利益的形成不过是就共性的提取，整体利益的形成取决于社会利益各方的博弈协商；公共利益与个人利益不存在冲突，而整体利益与个人利益（即社会某些成员的个人利益）必然存在冲突。当然，因为社会公共利益是社会成员个体利益的共性追求，这种追求往往也包含于社会整体利益当中，只是我们认为社会公共利益是整体利益当中不需要人为整合主动形成的那部分。社会公共利益属于社会整体利益的一部分，也是社会整体利益当中最稳定、最符合人类本性的那部分需要的利益，表现出相当的抽象性。在一定情景条件下，社会公共利益与社会整体利益是可以互换使用的。

社会利益是一个模糊的利益形态术语，兼有公共利益和整体利益的含义，当然，在更多时候它与社会整体利益是一个意思，只是学界对社会整体利益的理解比较模糊，通常在整体利益与公共利益之间不做区分。因此，使用社会整体利益的表述无疑将使整体利益的含义更鲜明。

国家利益是个很复杂的概念，因为人们从不同角度对国家有不同的理解。仅在法律意义上讲，国家利益就至少存在以下三种情况：一是国家政权的稳定与安全，这是政治统治利益的需要；二是国家法上国家主权意义上的利益，在此与民族利益相近；三是民事法律上的国家财产所有权的利益（与这种利益相对应的权利，有人称为"私权利"）。[①] 由于国家兼有政治统治和社会管理的双重职能，国家利益和社会整体利益一般都需要借助国家来实现和维护，而且社会整体利益和国家利益之间的确存在着某种良性的互动关系，如国家政权的稳定与安全，可以使政府的经济政策延续有力，有利于社会的稳定和社会经济的持续健康发展；而社会的稳定、经济的安全、高速、持续有效发展，也有助于国家政权的稳定，因此，人们常将社会整体利益与国家利益混为一谈。但国家作为独立于社会存在的政治实体，其必然代表统治集团的利益，作为一个会异化的权力机器，它不仅不等同于社会整体利益，甚至有时会损害社会整体利益。由于国家的"权力"本性而带有较强的"强权色彩"，它有一个可依靠而且在相当程度上非常可靠的利益获得手段，而社会整体利益的形成机制则偏弱，在很大程度上要借助于国家权力的整合。因此，为避免国家借社会之名为自己牟利，进而侵犯社会及私人的合法利益，必须严格限制国家权力实现自身利益的领域，不允许国家利益任意扩张侵犯社会整体利益。但更重要的是要不断强化社会整体利益的整合和实现机制。

社会整体利益与民族利益的区别也比较大。应该说，民族在成员构成上是一个与社会（一国政府控制的社会）范畴不一定重合的概

[①] 孙笑侠：《论法律与社会利益——对市场经济中公平问题的另一种思考》，《中国法学》1995年第4期。

念，而且民族利益往往有更多的非经济学和法学的意义。社会整体利益与民族利益的重合部分在于，民族国家的强盛繁荣有利于民族的生存发展，而社会整体利益的实现往往可以促进民族国家的经济发展维护社会稳定，这样，社会整体利益与民族利益的重合部分出现。但是在大部分场合，两者的分别还是相当大的。

至于社会整体利益与个体利益，则是对立而统一地存在着。个体是构成社会的元素，没有个体，也就成不了"社会"。社会整体利益的增进如果能够实现合理分配必然能够使所有个体的利益增进，而个体利益的增进在某些情形下也可以促进社会整体利益的增进，因而社会整体利益与个体利益具有统一的一面。然而，因为社会作为一个整体成为一个独立的利益主体，不同主体之间的利益冲突不可避免，社会整体利益与个体利益也存在对立的一面，如何协调二者之间的冲突遂成为经济法必须面对的问题。这也是确立正确的社会整体利益观的关键所在。

（二）经济法的社会整体利益观：摆脱国家主义、弘扬和凸显社会本位、尊重个体利益

1. 摆脱国家本位

如前所述，国家利益与社会整体利益是两个根本不同的主体利益。经济法从其诞生之日起，就以"社会本位"作为其思想基础，旗帜鲜明地追求社会整体利益，以维护社会正义、追求社会进步为己任，代表着人类社会的超越和进步。但遗憾的是，在过去相当长的时期内，经济法的社会整体利益观一直受到各种各样的"误读"，社会整体利益往往被混同为国家利益而对立于个体利益，经济法也就被视为"国家主义法"。这些"误读"造成人们对经济法产生抵触和排斥心理，经济法难以为世人所理解和接受，导致中国经济法今日的困境。因此，经济法的社会整体利益观必须摆脱"国家本位"的阴影，回复到社会本位的起点。否则，不仅经济法自身的价值不能得以弘扬，反而会助长国家权力的膨胀。

2. 弘扬和凸显社会本位

经济法要保障的社会整体利益是符合社会全体成员的共同要求的利益，高于个人利益，在当今这个"社会性"价值张扬的时代，此观念早已被人们接受。所以，当社会整体利益与个人利益冲突之际，原则上，个人利益应该给社会整体利益让路，这一点不仅在作为典型经济法的反垄断法当中表现明显，而且事实上在很多法律领域都客观地存在，比如国家垄断经济领域排斥私人资本的进入，公众公司的设立需要经政府职能部门的审查批准等。这是由社会整体利益优位于个人利益决定的。当然，社会整体利益要符合社会整体的发展方向与目标，这个发展方向和目标往往基于人们对现实的认识而确立。人类社会的发展最终要走向的是物质的丰富、社会的平等，社会生存环境的优越等。因此经济法要保障和增进的所谓社会整体经济利益，就不仅仅是社会整体的物质财富得以合理高效的增加，而且社会财富的增进的最终目标应该是使社会中绝大多数个体获益，这就要求社会财富必须合理地分配到社会成员手中。所以经济法要达到的社会总目标就是实现社会财富的"总量增进，合理分配"，这也是经济法法律制度建立的宗旨。

由于在过去的实践中，人们将国家利益视同社会整体利益，出现了以"社会"反对"个体"，导致个人利益残缺的悲剧，以至于人们谈"社"色变，似乎人们唯有弘扬"个体利益"，高举"自由"之大旗，方能成为改革的斗士，而若谁强调"社会利益"，就成为顽固不化之徒。然而殊不知，人的根本属性就在于其社会性，脱离社会之人将不能称其为真正意义的人。个体的人正在由单纯的"经济人"向"社会人"转变。人类社会发展的历史已充分告诉我们：个体主义的无节制发展，与人类固有的社会属性必然产生矛盾，如果任由个体主义无限发展下去，人类社会终将会"礼崩乐坏"，自取灭亡。正是基于此，富有社会责任感的哲学家们才重提整体主义，而曾支撑民商法庞大体系的个人自由主义的自然法学派日趋衰微，以庞德为代表的法社会学随之勃兴，并在法哲学领域取得了主导地位。中国的改革无疑应该是"个人权利复苏"的一场伟大的社会变革。但对市场化改革中所暴露出的严重的社会问题，我们决不能熟视无睹。社会个体作为自利性主体所表现出的尔虞我诈、损人利己、为富不仁，以及社会转轨时期所出现的严重的贫富分化、环境污染、诚信缺失等无不表明，纯粹的个体主义和绝对的市场自由只能使我们的改革付出沉重的代价。因此，我们应该牢记"矫枉不能过正"的古训，对绝对的个人权力滥用施加必要的限制，以弘扬社会整体利益。经济法的价值即在于对传统民商法的矫正，是对极端个体主义的一种扬弃。

3. 尊重个体利益

经济法所强调的社会整体利益绝不是将社会整体利益与个体利益相对立。正如有的学者所指出的那样："社会整体利益与个体利益有区别，有矛盾，但并不是绝对对立的。社会整体经济利益的源泉和动力在于'个体私利的激励与追求'，即使于二者背离之处，国家对于社会公益的自觉推进和维护亦不能不以个体私利的弘扬为其价值基础、界定依据及逻辑规定。"[1] 蒋安先生更是明确地指出，经济法应该通过个体利益的最大化、普遍化和持续化来实现社会整体利益。他认为，个体利益的最大化是社会整体利益的前提，整体利益植根于个体利益，不能实现个体利益的最大化，就无法实现社会整体利益；个体利益的普遍化是社会整体利益的根本，整体利益不是个体利益的机械叠加，而是个体利益相互博弈的结果，只有尽量逼近绝大多数人的利益最大化的"帕累托最优"，并在不能实现最优的情况下尽量促进最小受惠者利益，才能实现从个体利益到社会整体利益的初步进化；个

---

[1] 刘红臻：《经济法基石范畴论纲》，《法制与社会发展》1999年第4期。

体利益的持续化是社会整体利益的升华，只有每一代人形成的个体都持续发展，历史长河中的人类才能真正形成一个整体，才能实现个体利益到社会整体利益的最终完成。[①] 这里所提出的"社会优位，个体基础"的经济法社会整体利益观堪为精辟，应当成为经济法面对利益冲突时的制度选择基石。实际上，社会整体利益的承受主体是被看为一体的社会整体，此利益的最终受益者仍是社会成员，无论何种利益，其最终的受益者都会是社会当中的个体，区别往往仅仅是受众的多寡。个人利益仅仅由个人承受，集体利益则是某个集体中的成员得益，但我们之所以要将整个社会作为一个团体考虑，是因为我们希望能够使社会全体或者绝大部分成员都受益，这其中蕴含着深刻的社会公平观念。因此，以维护社会整体利益为己任的经济法与维护个体权益为己任的民商法之间不仅不存在对立，而且完全应该互为衔接和补充。

三 经济法整体利益观实然与应然体现：经济法具体制度体现的社会整体利益观分析

如前所述，经济法维护和保障的是社会整体经济利益，也即实现社会财富"总量增进，合理分配"的目标，这一利益观作为经济法存在的理性基础，对具体经济法法律制度的制定和完善有极为重大的指导意义。下面仅以几个经济法具体制度为例给予分析。

（一）反垄断法体现的社会整体利益观

反垄断法是规范市场上占据垄断地位的经济团体的市场行为的法律规范，是针对具有垄断力或倾向于获得和使用市场垄断力的经济体的行为的约束机制，以防止出现损害市场经济正常运行的后果。这里，很显然，保障市场机制正常运转是一个国家经济正常运行的基础，是

[①] 蒋安、李晟：《经济法的社会整体利益观解读》，载《第十届全国经济法理论研讨会论文集》，第159页。

国家社会财富稳定增长的前提,市场的动荡对于一个国家经济的正常运行是灾难性的。而在约束具有、可能具有或试图具有市场垄断力的市场个体(通常为规模庞大的经济组织)的市场行为的过程中,必然会对该个体的经营活动产生影响,那些出于便利企业最大化发展目标而采取的市场经营行为被法律强制禁止,企业的发展进程受阻,然而,只要该经济组织被认定其行为对市场的负面影响力巨大,甚至覆盖了整个市场交易,法律的适用就会受到保障。因为,依据相关经济理论,该组织的行为对社会整体经济利益的负面影响超过其带来的正面影响。反垄断法现的社会整体利益观表现为法律在面对社会成员个体利益对整体利益的损害时,保护的是社会整体经济利益。此时,个体经济利益损害的是社会上其他绝大多数成员的利益,当个体经济利益的增进以损害社会整体经济利益为代价,作为经济法之部门法的《反垄断法》必然站在维护社会整体利益的立场上,保障社会整体利益,阻止个体以损害社会整体利益的方式获得其个体利益。类似的还表现在《反不正当竞争法》、《广告法》、《产品质量法》等具有强制性规定的市场管理法当中。

(二) 价格听证制度体现的社会整体利益观

我国的《价格法》中规定了价格听证制度,即由消费者、决策者和其他相关人士共同协商决定某项事物的价格。通常需要听证决定的价格都是由政府垄断的关系社会中所有人利益的公共消费物品,诸如水价、电价、火车票价。这种协商往往伴随着与社会个体利益的冲突而产生,各方利益博弈较量,形成最后的结果,而往往最终的结果能够使绝大多数成员接受。《价格法》规定价格听证制度就是要防止在价格形成过程中政府单方面的决策产生倾向于政府利益而损害其他社会成员利益的结果,避免导致一系列市场问题的产生。例如近来各地的自来水公司纷纷举行调节城市用水价格听证会,试图通过调节水价来弥补市政经营上的亏损,而调节的幅度往往成为各方争执的焦点。

通常而言，居民用水因为用水量不大，对水价的调节反应不大，而企业因为用水量大，对水价的调节持反对态度，因为这样则意味着企业的生产成本上升，进而影响企业的生产经营，所以往往企业用水价格的调节幅度低于城市居民用水价格上调的幅度。我们可以看到，在价格听证制度当中，各方利益碰撞冲突，最终整合形成的结果往往能够带来比较大的社会利益。自来水公司调高水价可以筹集更多的资金用于城市水业的发展，出于这个目的普通城市居民在可接受的价格范围内一般不会反对公司的调价策略，而企业则会在听证会上争取最大限度的利益，参与听证会的专家则会从社会整体的角度提出有利于社会各方的意见，最后由政府职能部门根据各方的意见综合考虑确定具体的调价方案。这种规范政府定价行为的听证制度充分体现了经济法的社会整体利益观。参与社会整体利益形成过程的主体是各种社会个体利益的代表，这些利益代表通过讨论协商形成最后的决策结果，由政府部门以规范性文件的方式向全社会公布，形成对社会全体的拘束力，而这个决策结果是符合社会整体经济利益的实现的。《消费者权益保护法》也以类似的方式体现其所具有的社会整体利益观。

（三）产业政策法体现的社会整体利益观

产业政策是政府涉及有关产业发展，特别是关于产业结构演变的政策、目标和政策措施的总和，产业政策法规范的是产业政策制定实施过程中发生的经济关系，[①] 属宏观调控法的一种。宏观调控是国家管理社会经济发展的基本政策之一，而产业政策是宏观调控的手段之一，产业政策法规范既有产业政策的实体内容，也包含制定和实施产业政策的程序内容，如我国制定的《90年代国家产业发展纲要》，日本于1952年颁布的《企业合理化促进法》。这些上升为法律的产业政策无疑是国家为促进整个社会经济快速协调发展而制定的基本制度，这种国家经济政策的法律化是经济法的特点之一。产业政策法体现出

[①] 杨紫烜主编《经济法》，北京大学出版社、高等教育出版社，1999，第284页。

来的社会整体利益观表明国家作为谋求社会整体利益的机器，在确立了社会整体的发展目标的基础上通过法律的形式将具体的方式手段法律化，形成对全社会的约束力，集合全社会的力量促进社会的发展。类似的还有计划法等宏观政策法。

（四）财政法体现的社会整体利益观

财政，是指国家和其他公共团体为满足公共需要而取得、使用和管理资财的活动的总称，是国家参与国民收入分配和再分配的重要手段。[①] 财政法则是调整国家的财政活动的法，规范的是代表国家的政府对国民收入进行全社会范围内的分配和再分配的行为。社会财富总量的增进最终须体现为社会成员个体利益的增进，而这种政府分配行为是社会成员个体在社会财富增进的基础上获得利益的方式之一。社会财富的合理分配也是社会整体经济利益实现的必需环节，否则，单纯的财富总量增长只会满足少数特权者的利益需求，而这种增长往往是以社会中部分成员个人利益受损为代价的。当然必须强调的是，如果财富的分配将使社会整体利益的实现成为特权者牟利的借口，国家则不再是一个社会管理机器，而成为统治者的统治工具。经济法也就不成其为以增进社会利益为己任的"经世济民"意义上的社会法，而颓变为纯粹意义上的"国家法"。因此，现代意义上的财政法体现的社会整体利益观应表现为实现社会整体利益增进的最终目标——促进社会成员个体利益的均衡与合理增进。同样，另一分配法即税法也应如此体现出它的社会整体利益观。

四　结语

经济法是"经世济民"、维护社会整体利益之法，社会整体利益是经济法制度设计的起点和归宿。但是，我们不能否认，社会整体利益是人类抽象理性提出的一种利益形态理论，对社会整体利益的保护

---

① 杨紫烜主编《经济法》，北京大学出版社、高等教育出版社，1999，第377页。

最终是为了保护全社会成员的个人利益,从这一点来说,经济法是通过保障社会整体利益的方式来实现社会中人们的个人利益之法。因此,我们坚信经济法总是游走在社会整体利益与个体利益之间,以自己的方式处理两者的复杂关系。坦率地讲,本文对经济法的社会整体利益观的探讨还处于初始阶段。对经济法的整体利益观的探讨,完全可以放在经济法发展的历史、现实和未来的宏大空间中给予全面的审视。幸而学界对经济法的社会整体利益问题的讨论渐趋热烈,关于经济法的社会整体利益观的研究也将不断走向深入。

(本文原载于《法学评论》2004 年第 3 期)

反垄断法

经济体制改革与我国反垄断法

王晓晔*

随着经济体制的改革,我国的法制建设也取得了巨大成就,特别是建立了一批推动社会主义市场经济体制的法律制度。在民、商、经济法领域,我国颁布了《公司法》、《合同法》、《物权法》,2007年颁布了《反垄断法》,这就使我国基本建立了社会主义市场经济体制的三大基本原则:合同自由、保护所有权和竞争自由。本文主要论述反垄断法与我国经济体制改革的关系。笔者的观点是:反垄断法作为维护社会主义市场经济秩序和市场竞争秩序的基本法律制度,是我国经济体制改革的产物,它的颁布和执行也有利于深化我国的经济体制改革和推动政治体制改革。我国反垄断立法中各种思想、观点的撞击不仅推进了我国的法制建设,推动了我国的竞争文化,而且也是我国经济体制改革万花筒中的一大亮点。

一 我国反垄断立法以经济体制改革为契机

反垄断法是市场经济国家的基本法律制度。市场经济国家几百年来的经验表明,市场竞争非常重要,因为只有竞争才能激发人们的智慧和热情,调动企业的积极性和创造性,由此推动企业的发展和国家经济进步。从这种意义上说,竞争是国家经济发展和进步的阶梯,是民族繁荣和昌盛不可缺少的推进器。因此,为了建立社会主义市场经

---

* 王晓晔,中国社会科学院法学研究所研究员、博士生导师。

济体制，为了使市场机制在国家的宏观调控下真正对资源配置起到基础性作用，我国就应当建立一个推动和保护竞争、反对垄断、反对限制竞争的法律制度。对于一个实施了几十年计划经济的国家，我国的反垄断立法是经济体制改革的结果。

（一）反思计划经济体制下的反竞争论

在我国计划经济体制下，竞争不仅不被视为调节生产的手段、优化配置资源的机制、激励企业创新的动力，反而带上了意识形态的色彩，成为负面的东西。例如，在我国20世纪80年代出版的《政治经济学辞典》一书中，将"竞争"称为"在私有制条件下商品生产者之间争夺经济利益的斗争"；在资本主义制度下，"由于竞争和生产无政府规律的作用，社会劳动和生产资料不能得到合理的安排和充分的利用，造成社会生产力的严重浪费和破坏"。"一方面，大批商品卖不出去，堆在仓库里或被毁坏掉；另一方面，千百万劳动者则因失业而陷于贫困。"其结论就是：计划经济是最好的经济制度，"只有在以生产资料公有制为基础的社会主义条件下，国民经济才能有计划按比例地发展，竞争和生产无政府状态规律也就失去了作用"。[①]今天在我们看来，这些对竞争的评价是不正确的，至少是片面和不公平的。然而，计划经济体制下的人们之所以蔑视竞争，将竞争视为洪水猛兽，其根源在于人们对科学社会主义创始人关于未来社会的抽象分析做了简单化和教条主义的理解。

按照马克思和恩格斯的理论，竞争是与生产资料私有制连在一起的，而私有制则把人与人的关系割裂开来，且置于相互对立的地步。因此，马克思和恩格斯设想，未来的共产主义应当是一种没有商品、没有商品生产、没有货币，从而也没有竞争的社会。恩格斯在其《共产主义原理》一文中对新社会做了以下描述："首先将根本剥夺相互竞争的个人对工业和一切生产部门的管理权。一切生产部门将由整个

[①] 许涤新主编《政治经济学辞典》上册，人民出版社，1980，第597~599页。

社会来管理。也就是说，为了公共利益按照总的计划和在社会全体成员的参加下来经营。这样，竞争将被这种新的社会制度消灭，而为联合所代替。因为个人管理工业的必然后果是私有制，因为竞争不过是个别私有者管理工业的一种方式，所以私有制是同工业的个体经营和竞争密切联系着的。由此，私有制也必须废除，代替它的是共同使用全部生产工具和按共同协议来分配产品，即所谓财产共有。"① 简言之，未来的社会因为消灭了私有制，人与人的利益不是相互对立的，而是一致的，竞争从而也就消灭了。

这里的问题是，马克思和恩格斯是对未来社会进行一种逻辑分析，而后来的人们却将这种抽象的逻辑分析作为可立即付诸实施的方案，未考虑社会主义社会现实的物质条件和人们的思想水平，从而对社会主义条件下的竞争做出不合乎实际的评价。例如斯大林将资本主义的竞争和社会主义的竞赛视为水火不相容的概念："竞争的原则是：一些人的失败和死亡，另一些人的胜利和统治。社会主义竞赛的原则是：先进者给予落后者以同志式的帮助，从而达到普遍的提高。竞争是：打败落后者以确立自己的统治。社会主义竞赛是：一些人工作得不好，另一些人工作得好，再有一些人工作得更好，赶上更好的以达到普遍的提高。"② 总而言之，由于很多人设想的社会主义社会和共产主义社会是没有商品生产、没有市场和没有竞争的理想化社会，这就使"十月革命"胜利后建立的社会主义国家在理论和实践中都遭遇了一系列极大的难题。对此，1984年中国共产党第十二届三中全会通过的《中共中央关于经济体制改革的决定》（以下简称《决定》）做了非常好的总结："马克思主义的创始人曾经预言，社会主义在消灭剥削制度的基础上，必然能够创造出更高的劳动生产率，使生产力以更高的速度向前发展。我国建国35年来所发生的深刻变化，已经初步显

---

① 《马克思恩格斯选集》第1卷，人民出版社，1972，第219~220页。
② 《斯大林全集》第12卷，人民出版社，1956，第99页。

示出社会主义制度的优越性。但是必须指出，这种优越性还没有得到应有的发挥。其所以如此，除了历史的、政治的、思想的原因之外，就经济方面来说，一个重要的原因，就是在经济体制上形成了一种同社会主义生产力发展要求不相适应的僵化的模式。"从企业方面来说，这种僵化模式的弊端主要表现在以下几个方面。

第一，政企职责不分，国家对企业统得过死。企业不是独立的生产者和经营者，而是被作为国家机关的组成部分或基本生产单位，其任务只是完成上级机关所指定的任务，以保证国民经济有计划和按比例地发展。这正如《决定》指出的："由于社会需求十分复杂而且经常处于变动之中，企业条件千差万别，企业之间的经济联系错综复杂，任何国家机构都不可能完全了解和迅速适应这些情况。如果全民所有制的各种企业都由国家机构直接经营和管理，那就不可避免地会产生严重的主观主义和官僚主义，压抑企业的生机和活力。"

第二，企业与市场完全割裂开来，价值规律和市场机制不能发生作用。因为企业原则上只是按照国家的计划进行生产，其产品不管能否满足社会需求都可由国营商业企业统一销售，生产中的盈利或亏损都由国家统一承担，企业本身既没有利益也没有责任，从而感受不到来自市场的外部压力。这正如《决定》指出的："如果脱离现实的国情，企图把种种社会经济活动统统纳入计划，并且单纯依靠行政命令加以实施，忽视经济杠杆和市场调节的重要作用，那就不可避免地会造成在计划的指导思想上主观和客观相分离，计划同实际严重脱节。"

第三，企业吃国家"大锅饭"，职工吃企业"大锅饭"，企业和职工普遍缺乏积极性和主动性，缺乏创新精神，从而导致计划经济普遍存在的生产率低下和短缺经济的问题。这也正如《决定》指出的："具有中国特色的社会主义，首先应该是企业有充分活力的社会主义。而现行经济体制的种种弊端，恰恰集中表现为企业缺乏应有的活力。"

(二) 市场竞争是社会主义市场经济体制的生命力

我国经济体制改革不是像某些国家那样采取"休克疗法",而是走了一条循序渐进的发展道路,因此是一场真正的经济体制改革。党的十一届三中全会吹响了我国社会主义经济体制改革的号角。全会《公报》指出:"实现四个现代化,要求大幅度地提高生产力,也就必然要求多方面地改变同生产力发展不适应的生产关系和上层建筑,改变一切不适应的规律方式、活动方式和思想方式,因而是一场广泛深刻的革命。"党的十二大提出,我国应建立以"计划经济为主、市场调节为辅"的经济体制。这种体制虽然不是市场经济,但是已经把市场调节纳入我国经济体制改革的目标模式。党的十二届三中全会通过《决定》是发展我国社会主义市场经济的决定性步骤。《决定》指出:"商品经济的充分发展,是社会经济发展的不可逾越的阶段,是实现我国经济现代化的必要条件。"从而突破了计划经济与商品经济对立的传统观念。党的十三大明确提出"社会主义有计划商品经济的体制,应该是计划与市场内在统一的体制","计划和市场的作用范围都是覆盖全社会的",从总体上说,新的经济运行机制应当是"国家调节市场,市场引导企业"。党的十四大确立了我国经济体制改革的目标是建立社会主义的市场经济体制,"要使市场在社会主义国家宏观调控下对资源配置起基础性作用"。十四届三中全会《关于建立社会主义市场经济体制若干问题的决定》还在总结经验的基础上,勾画了社会主义市场经济体制的基本框架:坚持以公有制为主体、多种经济成分共同发展的前提下,由现代企业制度、全国统一的市场体系、健全的宏观经济调控体系、合理的社会收入分配制度和多层次的社会保障体系五个环节构成,体现了社会主义基本制度和市场经济的有机结合,具有我国社会主义初级阶段的鲜明特色。

随着我国经济体制逐步从计划经济走向市场经济,我国也从一个在过去竞争文化严重缺失的国家,逐步开始倡导和鼓励市场竞争。例如，在经济体制改革初期，有些人将竞争视为洪水猛兽，对之口诛笔伐。[①] 经过十几年的经济体制改革后，特别是在党的十四大报告中，竞争已被视为优化配置资源和协调生产和需求的根本机制。十四大报告指出："我们要建立的社会主义市场经济体制，就是要使市场在社会主义国家宏观调控下对资源配置起基础性作用，使经济活动遵循价值规律的要求，适应供求关系的变化；通过价格杠杆和竞争机制的功能，把资源配置到效益较好的环节上去，并给企业以压力和动力，实现优胜劣汰；运用市场对各种经济信号反应比较灵敏的优点，促进生产和需求的及时协调。"这就充分肯定了市场机制、价格机制和竞争机制这些市场经济制度下的基本范畴，同时也是社会主义市场经济的基本范畴，肯定了价格调节和市场竞争是社会主义市场经济一种本能的秩序，从而也肯定了竞争对我国经济体制改革和建立社会主义市场经济体制的重要意义。

我国的经济体制改革在实践中也是与市场竞争同步发生的。一方面，社会主义市场经济作为一种市场经济，它必须与竞争相联系，即要运用竞争的优胜劣汰机制，淘汰低效率的企业，剔除不合理的生产程序和劣质产品，促进社会资源的合理分配；要通过价格机制由企业确定生产计划和经营计划，以改善供求关系，满足市场的需要；并且还要运用竞争这个强大的激励机制推动企业进行技术改造和产品更新，改善经营管理，努力降低生产成本和价格，以最少的投入，实现最大的产出。另一方面，推动竞争对我国经济体制改革有着特殊的意义。我国的经济体制改革主要是从两方面进行的，一是建立全国统一的市场体系，实现市场机制。然而，事实上，市场竞争就是市场机制，

[①] 如金名俊指出，在社会主义公有制基础上的商品经济中提倡竞争有以下三大危害：第一是给社会生产带来无政府状态，从而使国民经济的比例失调；第二是会腐蚀党组织、干部和职工的思想，败坏社会风气；第三是会从根本上改变国家与企业、企业与企业的社会主义关系。参见金名俊《竞争不适用于社会主义经济——与吴同光同志商榷》，《学术月刊》1979年第7期。

竞争规则就是市场规则，竞争的作用就是市场的作用。所以，没有竞争，就没有市场，就没有市场机制。改革的另一方面是企业，即建立现代企业制度，特别是转换大中型国有企业的经营机制，把企业推向市场，增强它们的活力。然而，竞争对搞活企业同样有着决定性的意义。因为企业的活力在于它们能够按照市场的需要，不断进行组织调整，进行技术改造和产品更新。然而，没有市场竞争，企业就没有动力按照市场的需求不断调整和发展自己，也不会创新和改善经营管理。由此，没有竞争就不能搞活企业，竞争是搞活企业不可缺少的手段。

（三）社会主义市场经济需要保护竞争

竞争作为调节市场的机制，是市场经济活力的源泉。然而，市场经济国家的经验表明，市场本身并不具备维护公平自由竞争的机制。恰恰相反，竞争中的企业为了减少竞争的压力和逃避风险，它们总想通过某种手段谋求垄断地位，限制竞争。在我国现阶段市场不成熟和市场机制不完善的条件下，限制竞争的现象也频频出现，如企业联合限价，限制生产数量，分割销售市场，生产和销售企业联手排除竞争者，有些行业通过联合或组建企业集团甚至发展到少数企业垄断市场的局面。尤其需要指出的是，由于我国当前处于由计划经济向市场经济过渡的阶段，政企不分的情况尚未完全改变，来自政府方面行政性限制竞争的力量仍然十分强大。而且，从发生作用的范围和深度看，行政性限制竞争远比经济性限制竞争严重得多，从而成为妨碍我国建立有效竞争市场模式的主要症结。随着经济体制改革，我国的经济生活虽然开始有了竞争，但是由于形形色色限制竞争的影响，特别是由于政府对不同企业的差别待遇和实行高度的经济分割，其结果就是一些低效率企业劣而不汰，高效率企业优而不胜。这种竞争状态如果继续下去，不仅会严重影响我国企业的竞争力，而且也会影响国家的经济发展。

根据发达市场经济国家的经验，市场有效竞争的前提条件至少有三个：一是开放性的市场，即企业可以自由进入市场，参与市场竞争；二是独立的市场主体，即企业可以自主决定价格，决定投资方向，制订自己的经营计划；三是市场竞争规则，这就如同体育比赛一样，没有规则不能比赛，没有规则不能决定胜负。在当前，第一和第二个条件的实现需要我国继续深化经济体制改革。因为只要企业还分属这个部或那个政府，它们就很难享有真正的经营决策权，也谈不到竞争性市场主体。只要企业进入市场还会受到来自政府方面的种种阻力，没有真正的投资决策权，产品或者服务的价格就不能真正反映市场供求，从而也很难谈到开放和竞争性的市场环境。第三个条件则是国家在立法方面的任务，需要我国建立规范市场竞争秩序的法律制度，特别是建立反对垄断和保护竞争的法律制度。

总而言之，为了建立和维护社会主义市场经济体制，为了给我国市场上的企业建立一个公平自由竞争的法律环境，我国需要《反垄断法》。《反垄断法》抽象和概括地反映了市场本身的规律，是市场经济本能和内在的要求，同时也是社会主义市场经济本能和内在的要求。我国需要反对垄断和保护竞争的法律制度，这说明市场经济不是自由放任的经济，而是有秩序的经济。

二 《反垄断法》是我国经济体制改革的标志性法律

我国于 2007 年颁布《反垄断法》，这虽然在一定程度上顺应了我国加入世界贸易组织对国际社会所做的承诺，但从根本上说，这顺应了我国于 1978 年开始实施的经济体制改革。即通过 30 年经济建设和经济体制改革，我国计划经济条件下的价格垄断制度已经被打破；企业所有制结构已经实现了多元化；国有企业已经享受到比较充分的经营自主权；而且随着对外开放政策，我国的经济已经彻底融入国际经济，我国的市场已经国际化。在这种情况下，我国的法律制度就应当现代化，特别是应当建立一个反对垄断和保护竞争的法律制度，为企业营造一个自由、公平的竞争环境。因此,《反垄断法》的制定和颁布标志着我国配置资源的方式已经基本上从政府的行政命令转变为市场机制,我国的经济制度已经基本上从计划经济转变为市场经济。

(一) 我国《反垄断法》的基本内容和特点

《反垄断法》的经济学原理是,一个企业如果取得垄断地位或者市场支配地位,它势必会抬高产品价格,减少对市场的供给。因此,我国《反垄断法》的目的就是预防和制止垄断行为,保护市场公平竞争,提高经济运行效率,维护消费者利益和社会公共利益,促进社会主义市场经济健康发展。为了实现这个目的,我国《反垄断法》借鉴其他国家,特别是借鉴竞争政策和竞争法发达国家和地区的经验,在实体法方面:(1) 禁止垄断协议(第二章);(2) 禁止滥用市场支配地位(第三章);(3) 控制经营者集中(第四章)。此外还出于国情的考虑,禁止行政性限制竞争行为(第五章)。除了实体法,我国《反垄断法》也规定了执法机构(第9、10条),调查程序(第六章)和法律责任(第七章)。

与其他国家或者地区的反垄断法相比,我国《反垄断法》的特点首先是其鲜明地立足于国情,例如关于行政垄断的规定。此外,《反垄断法》第4条规定,国家制定和实施与社会主义市场经济相适应的竞争规则,加强和完善宏观调控,健全统一、开放、竞争、有序的市场体系。这说明我国《反垄断法》的目的虽然是反对垄断和保护竞争,但是还必须从国情出发,使《反垄断法》的制定与实施与社会主义市场经济相适应。出于这个考虑,《反垄断法》第5条规定,经营者可以通过公平竞争、自愿联合,依法实施集中,扩大经营规模,提高市场竞争能力。第7条规定,国有经济占控制地位的关系国民经济命脉和国家安全的行业以及依法实行专营专卖的行业,国家对其经营者的合法经营活动予以保护,并对经营者的经营行为及其商品和服务的价格依法实施监管和调控,维护消费者利益,促进技术进步。这些规定说明，我国《反垄断法》在制止滥用市场势力损害消费者利益的同时，还鼓励关系国家安全和国民经济命脉的重要行业和关键领域的国有企业做大做强，提高它们的国际竞争力。这些协调竞争政策与产业政策的规定说明，竞争政策固然很重要，但它不是国家唯一的经济政策。特别是在当前我国经济体制转型的时期，我国立法者确有必要考虑很多问题。因此，一部法律体现多个立法目的甚至相互冲突的目的是可以理解的。《反垄断法》是经济法，但它决不仅仅是经济方面的法律手段，同时也是一个政治方面的法律武器。人们可能提出这样一个问题，即在竞争政策和产业政策发生冲突的情况下，哪一个政策应当优先。这个问题只能由未来的反垄断执法机关来解答，且这个答案在一定程度上取决于反垄断执法机构的地位、权威和独立性，也取决于国家的经济发展和整个社会的大环境。

我国《反垄断法》作为一部 21 世纪产生的法律，它有条件站在他人的肩膀上。因此，我国《反垄断法》第二个特色就是它在很多方面借鉴了竞争政策发达国家和地区的先进经验，特别是借鉴了美国法和欧洲法的经验。例如第 2 条规定了《反垄断法》的域外适用。也就是说，一个在外国订立的价格卡特尔或者一个在外国发生的并购活动，如果能够对我国市场竞争产生严重的不利影响，我国《反垄断法》对其有管辖权。鉴于卡特尔的严重危害和隐蔽性，我国《反垄断法》第 46 条第 2 款借鉴美国反托拉斯法中的宽恕政策，规定经营者能够主动向反垄断执法机构报告垄断协议的有关情况并提供重要证据的，可以酌情减免处罚。这个规定有利于分化瓦解违法者联盟，提高反垄断执法的效率。我国《反垄断法》第 45 条借鉴欧盟竞争法中的承诺制度，规定被调查的经营者如果承诺采取具体措施消除垄断行为后果的，如反垄断执法机构认为接受承诺可以解除它对限制竞争的担忧，就可以把接受承诺作为解决限制竞争问题的办法。我国《反垄断法》还借鉴了很多德国法的经验，如豁免卡特尔的规定、认定市场支配地位的因素以及关于市场支配地位的推断等。借鉴世界各国反垄断立法潮流，我国《反垄断法》与1993年的《反不正当竞争法》相比，还大幅度提高了行政罚款的金额，对实施垄断协议和滥用市场支配地位的行为可处违法者上一营业年度市场销售额10%以下的罚款，大大提高了《反垄断法》的威慑力。这些规定不仅说明了我国《反垄断法》是一个很现代化的法律，而且也说明了我国《反垄断法》所要推动和保护的一种以市场为导向的经济体制。

（二）《反垄断法》是我国的"经济宪法"

《反垄断法》在市场经济国家中有着极其重要的地位。它在美国被称为"自由企业的大宪章"，在德国被称为"经济宪法"，在日本被称为"经济法的核心"。《反垄断法》在市场经济国家中的地位是由市场经济的本质决定的。因为在市场经济条件下，经营者必须要把他们的产品或者服务带到市场上接受消费者的检验和评判，这个过程就是市场竞争的过程。因此，可以说，市场经济就是竞争的经济，市场经济是建立在竞争的基础上。

《反垄断法》在我国的地位取决于我国的经济体制。在计划经济条件下，制定和颁布《反垄断法》是不可想象的事情。在社会主义市场经济体制下，因为市场机制和竞争机制在我国配置资源中同样发挥着基础性的作用，是发展国民经济的根本手段，《反垄断法》在我国就有着极其重要的地位，是我国的经济宪法。《反垄断法》是经济宪法，这不是说这一法律制度在我国宪法中做出了规定，而是说这个法律可以说明我国的经济体制，说明我国是以市场机制配置资源的一种经济秩序。德国著名法学家梅斯特梅克认为，经济法是关于国家经济秩序的法律，国家经济秩序则取决于人们制订其经济计划的方法。在中央集权的计划经济体制下，企业没有经营自主权，国家的经济秩序就是国家的计划，经济法就是制定、执行和修改国家计划的法律。市场经济秩序是以经济主体独立自主地制订其生产经营计划为特征，这种分散订立的经济计划是通过市场价格进行协调的,而市场价格又是通过竞争和在企业自由参与市场交易的条件下产生的,保护竞争就是市场经济秩序不可缺少的制度,是经济法的核心。① 哈耶克也指出了计划经济和市场经济两种体制下经济法的区别。他说,计划经济体制下的经济法是组织法或者授权法,因为这些规则的前提是:"每个人在一定组织中的地位是由命令规定的,每个人遵循的规则取决于其地位和目的,而这些目的是由发布命令的权威事先规定的。"② 相反,市场经济体制下的经济法则体现了市场经济的规律,"它们适用于不确定的人或事件,它们的适用于不取决于任何共同的目的,甚至个人也不需要知道这些共同的目的"。③ 因此,市场经济是一种有秩序的制度。当然,从另一方面说,《反垄断法》在市场经济体制下的重要地位也是由其反垄断和保护竞争的伟大功能决定的。因为实践已经表明,绝大多数的垄断包括企业垄断和行政垄断都是不合理的现象,其本质不过是限制价格机制调节社会生产和优化配置资源的功能。从短期看,垄断导致产品价格上涨和质量下降,损害消费者利益;从长期看,垄断导致企业生产效率低下和国家经济短缺。更重要的是,垄断会遏制一个国家和民族的竞争精神,而竞争精神才是国家经济发展的真正动力。

除了理论上的意义,《反垄断法》的地位也取决于它对我国经济生活的影响。《反垄断法》是专门针对企业市场行为的一种法律制度,因此毫无疑问,它的颁布和实施对我国企业将会产生直接和重大的影响。这即是说,市场经济条件下的企业即便享有充分的自主权,它们也没有权利可以随意限制市场竞争。《反垄断法》禁止企业以结成价格联盟、共同限制数量或者分割市场的方式排除、限制竞争,损害消费者的利益;不允许企业通过并购手段消灭竞争对手,导致垄断性市

---

① 〔德〕E. J. 梅斯特梅克:《经济法》,《比较法研究》1994 年第 1 期。
② 〔德〕E. J. 梅斯特梅克:《经济法》,《比较法研究》1994 年第 1 期。
③ 〔德〕E. J. 梅斯特梅克:《经济法》,《比较法研究》1994 年第 1 期。

场结构；也不允许那些通过各种方式，例如通过国家授权或者凭借知识产权取得市场支配地位的企业滥用其市场势力，随意盘剥消费者或者妨碍竞争对手。可以预见，随着《反垄断法》的颁布，我国企业将会在更大程度上感受到市场竞争的压力。这种压力同时也是企业不断适应市场和不断完善自己的动力，从而会提高它们的生产效率和市场竞争力。

在实践中，《反垄断法》对两种企业可能有着更大的影响：一种是带有行政色彩的国有大企业；另一种是以专利、技术标准等为手段的大跨国公司。《反垄断法》第5条虽然规定，在关系国民经济命脉和国家安全的行业以及依法实行专营专卖的行业，国家对国有经济占控制地位企业的合法权益予以保护，但同时也明确规定，这些经营者不得利用其控制地位或者专营专卖地位损害消费者的利益。这些大国有企业与其他的垄断性企业一样，在市场行为方面将会受到我国《反垄断法》的特别关注。大跨国公司一般不仅拥有世界驰名品牌，拥有强大的销售网络和广告宣传，而且在资金和技术方面较我国一般企业有着明显的竞争优势，有些在我国市场上已经取得支配地位，甚至垄断地位。为了避免和减少跨国公司垄断我国市场的情况，为了避免占市场支配地位的跨国公司滥用其市场势力，我国就需要一个竞争政策。在这方面，《反垄断法》是最重要的法律武器。当然，我国《反垄断法》不仅遏制外国的垄断势力，而且运用竞争这个优胜劣汰的机制实现资源的优化配置。但是，因为大跨国公司在我国市场上有着明显的竞争优势，甚至取得了市场支配地位，我国《反垄断法》就应当特别关注这些企业。

因为社会生产的最终目的是社会消费，《反垄断法》毫无疑问对我国消费者有着重大影响。《反垄断法》中的消费者权益主要体现在消费者在选择商品和自主交易方面的权益，因为在垄断和限制竞争市场条件下，消费者选择商品和服务的权利实际上受到了限制。事实上，《反垄断法》的任何规定都是为了保护消费者的利益。例如，禁止卡特尔的规定有利于降低产品的价格，扩大消费者的选择；控制企业合并的规定可以维护市场的竞争性，从而有利于维护消费者自主交易的权利。《反垄断法》禁止滥用市场支配地位的规定，目的也是制止这些企业滥用其市场优势，剥削消费者，从而成为直接的消费者权益保护法。2007年正值《反垄断法（草案）》在全国人大常委会审议期间，方便面协会出面组织本行业的企业联合抬高产品的价格。出于保护消费者利益的考虑，我国《反垄断法》不仅在总则第11条规定，"行业协会应当加强自律，引导本行业的经营者依法竞争，维护市场竞争秩序"，还在"垄断协议"一章做出专门规定，"行业协会不得组织本行业的经营者从事本章禁止的垄断行为"。我国经济体制改革前后的实践已经表明，只有市场竞争才能给消费者带来最低的价格、最好的质量和最大的物质进步，因此反对垄断和保护竞争的《反垄断法》就是一部实实在在的消费者权益保护法。

随着我国《反垄断法》禁止行政机关和法律、法规授权的具有管理公共事务职能的组织不得滥用行政权力，排除、限制竞争，《反垄断法》对各级政府也会产生重大的影响。特别是该法第五章详细列举了滥用行政权力限制竞争的各种行为，包括强制交易、地区封锁、限制跨地区招投标、限制跨地区投资、强制从事垄断行为以及抽象性行政行为等，这就有助于提高我国各级政府机关及其工作人员的反垄断意识，有利于他们明辨是非，划清合法与违法的界限，也有助于在我国减少行政性限制竞争行为。当然，令人感到遗憾的是，《反垄断法》没有把行政垄断的管辖权交给反垄断行政执法机关，这使《反垄断法》面对行政垄断有点像一只没有牙齿的老虎。但是，《反垄断法》关于行政垄断的规定意义仍然十分重大，它表明我国立法者对行政垄断持坚决反对的态度，表明反对行政垄断是全国上下的主流观点，从而有助于在我国培育和发展竞争文化，长远来说有利于推进我国经济体制改革和政治体制改革，也有利于促进我国政企分离。

（三）《反垄断法》与私法

谈到《反垄断法》在我国的地位，也有必要谈谈《反垄断法》与私法的关系。在起草《反垄断法》的过程中，有些民商法学者担心《反垄断法》的制定和颁布会影响民法的合同自由原则和保护所有权制度。有人甚至认为，中国不需要《反垄断法》，因为合同法可以解决所有的问题。事实果真如此吗？非也！在这个地球上，任何一个市场经济国家的经济体制都是建立在竞争自由、所有权保护和合同自由三大支柱之上，而不是仅仅建立在所有权保护和合同自由两大支柱之上。这说明，《反垄断法》所保护的竞争自由不仅是国家配置资源的方式和手段，一种可被视为外在的东西；而且也是市场经济的基本原则，或者说，市场经济的内涵、本质和属性，其也是一种内在的东西。

首先谈谈反垄断法与私人所有权保护。私人所有权制度是市场经济国家的基本制度。如果没有保护私人所有权制度，如果国家可以随意没收私人财产，如果一个人的财产可以随意遭他人抢劫，那么任何人都不会去创造财富，国家和社会就不会得到发展。也就是说，市场经济体制保护私人所有权是出于两个目的：一个是减少人们以暴力和欺诈手段剥夺他人财产的欲望；另一个是激励人们的生产经营活动，激励人们创造更多的社会财富。然而，市场经济国家对私人所有权的保护不是绝对的。如果一种所有权会导致长期的垄断性经营，并由此导致社会经济效益低下，这种所有权就不应当得到保护。例如，美国历史上拆散过很多垄断企业。美国法院1982年对电信垄断企业AT&T的判决中，强迫该企业向竞争者开放电信网络，这实际上就是对私人所有权的限制。[①] 1997年美国政府诉微软公司一案中，美国地方法院也考虑过拆散微软。德国梅斯特梅克教授曾指出反垄断法对私人所有权的重要意义。他说，私人所有权制度不足以建立市场经济体制，因为私人所有权可以随着市场的变化，特别是随着市场竞争效力的变化，不断地改变其功能。而在这方面，反垄断法就是避免私人所有权

---

① C. Christian von Weizsaecker, Wettbewerb in Netzen, WuW 7 u. 8/ 1997, S. 576 ff.

导致经济和社会不良状态的重要手段。[1]

　　反垄断法不仅是对私人所有权的一种限制，目的是保障这种制度对市场经济能够发挥积极的影响，而且也是对合同自由原则的一种限制，以保障这种自由能够对市场经济发挥积极的影响。同私人所有权制度一样，合同自由也是市场经济的一个基本原则。因为在没有合同自由的条件下，人们不能自由地与他人进行交易，不能自由地从事生产经营活动，这样的社会肯定不能满足人们的消费需求。计划经济体制下的经济之所以被称为短缺经济，几乎所有的产品都不能满足市场的需要，其根本原因就是生产者没有经营自主权，没有合同自由。为此，我国《合同法》第4条规定："当事人依法享有自愿订立合同的权利，任何单位和个人不得非法干预。"然而需要指出的是，尽管合同自由是市场经济制度的一个基本原则，但是如果市场上没有保护竞争的制度，市场上没有竞争，合同自由是不可能实现的。例如，在消费者面对垄断企业或者面对霸王条款的情况下，他们是不可能享受合同自由的，合同自由必须得以市场竞争为保障。再举例说，我国《宪法》第16条规定国有企业在法律规定的范围内有权自主经营。然而，要保障企业的自主经营权，前提条件是保障企业的竞争自由。如果我国到处是地方割据、地区封锁以及其他各种限制竞争，企业的经营自主权或者合同自由就是空话。其实，我国经济体制改革30年的历程，就是我国经济生活不断打破垄断的过程。我国很多企业没有真正的经营自主权，根本原因也是我国经济存在着形形色色的垄断，特别是行政垄断。从这个意义上说，打破垄断，反对限制竞争，就是我国社会主义市场经济体制下经济自由包括合同自由的保障。其实，世界上没有绝对的事情，也没有绝对的自由。比如，言论自由是一般宪法规定的基本权利，但事实上，任何言论自由都会受到一般法律的限制，如保护青少年以及保护人格尊严的法律规定。与此相似，市场经济条件

---

[1] 参见王晓晔主编《反垄断法与市场经济》，法律出版社，1998，第3页。

下的合同自由同样会受到限制。反垄断法禁止限制竞争的行为，特别是禁止竞争者之间订立卡特尔，禁止严重限制竞争的企业并购，禁止占市场支配地位企业的滥用行为，这是因为这些限制会损害竞争，损害消费者的利益，因此它们不能适用合同自由原则。反垄断法规范市场秩序，规范企业市场竞争行为，并通过禁止性的规定为企业的合同行为划定了一个可以发展的范围。

简言之，合同自由、所有权保护和竞争自由作为市场经济体制的三大支柱以及这种经济制度下市场主体应当享有的权利，它们相互不是独立的，而且也都不是绝对的权利。人们通常感兴趣的问题只是：为了建立和维护一个合理的经济制度，人们应当享受什么样的合同自由、所有权保护和竞争自由。因此，我们可以毫无疑问地说，反垄断法所保护的竞争不仅是国家配置资源的手段，而且也是市场经济的本质、内涵和根本属性。

三 《反垄断法》是深化我国经济体制改革的推进器

经过十多年争论，我国《反垄断法》终于在 2007 年 8 月 30 日经第十届全国人民代表大会常务委员会第二十九次会议获得通过，并于 2008 年 8 月 1 日起施行。尽管《反垄断法》已经开始实施，但我国绝大多数人对这部法律的有效实施信心不足，这是因为这部法律能否真正成为一个打破垄断和保护公平自由竞争的法律武器，还取决于很多因素，包括经济体制改革、政治体制改革、相关配套制度、竞争文化，当然更取决于我国决策者推动市场经济体制和竞争政策的决心。但可以肯定的一点是，因为《反垄断法》的任务是反垄断，保护竞争，随着这部法律的实施和反垄断观念逐步深入人心，我国经济体制将进一步市场化，我国配置资源的方式将进一步以市场为导向。

（一）我国反垄断执法当前面临的挑战

《反垄断法》虽然能够对国家经济生活和几乎所有经济部门产生

重要影响，对企业的市场行为和消费者产生重要影响，是一部规范国家经济秩序和市场秩序的基本法律制度，但因我国经济体制转型任务尚未彻底完成，特别是政府和企业的职能尚未彻底分开，加上《反垄断法》本身存在这样那样的不完善之处，可以预见，我国反垄断初期执法会遇到严峻的挑战。

我国《反垄断法》执法首先面临的一个挑战是，我国尚未建立一个统一、独立的反垄断行政执法机构，即我国反垄断法处于由国家商务部、国家发展改革委员会和国家工商局三家机构分头执法的局面。多家机构分头执法毫无疑问会影响《反垄断法》的效力和权威。虽然按照国务院法制办的解释，我国建立国务院反垄断委员会就是为反垄断执法机构今后的调整和变化留有余地，但在统一的反垄断执法机构建立之前，多家执法机构之间不可避免地存在管辖权的冲突或执法工作中的摩擦，特别是国家工商局和发展改革委员会之间的管辖权很难明确划分，这是影响我国《反垄断法》有效执行的一个大问题。

我国反垄断执法还面临法律本身不完善的问题。如该法第55条规定："经营者滥用知识产权，排除、限制竞争的行为，适用本法。"但是，何谓滥用知识产权排除、限制竞争的行为？这就需要法律解释。因为我国《反垄断法》的规定非常原则，垄断协议、滥用市场支配地位以及控制经营者集中等各方面的很多条款都需要释义性配套法规，可以想见，国务院反垄断委员会和反垄断执法机构在立法方面任重而道远。我国《反垄断法》的颁布不是我国反垄断立法的结束，而是刚刚走完的第一步。

除了上述问题，我国反垄断执法还面临行政垄断的问题。行政垄断在我国主要表现为行业垄断和地区垄断。行业垄断主要表现为某些行业集行政管理权和生产经营权于一体的特权企业，它们往往凭借政府的授权，有着一般企业不可能具有的竞争优势，在生产、销售以及原材料采购等方面处于人为的垄断地位。这种现象也被称为"权力经商"。如国务院办公厅转发经贸委等8部门1999年第38号文件规定，除了中石化和中石油外，其他企业一概不得从事成品油的批发业务。在国务院办公厅转发经贸委等5部门2001年第72号文件中，中石化和中石油又被授予石油产品零售的专营权。地区垄断也称为地方保护主义。如有的县政府为阻止外地化肥流入本地，在发布的地方性文件中规定："为了保护本县化肥生产，禁止任何单位和个人（包括供销合作社系统）从外地购进化肥，违者除没收商品和非法所得外，还要按有关法规予以重处，并追究乡镇人民政府和管理部门主要领导的行政和经济责任。"[①] 上述限制竞争有些是出于个别企业的利益，有些是出于地方的利益，但它们的本质是一样的，即偏爱个别企业，排斥其他企业；或者偏爱个别地区，排斥其他地区，对市场经济条件下本来有着平等地位的市场主体实施不平等的待遇。行政垄断的后果是保护落后，妨碍市场的自由、公平竞争，妨碍建立统一、开放、竞争、有序的大市场，导致"优"不能胜，"劣"不能汰，社会资源不能得到合理和有效的配置。而且，因为行政垄断是"官商勾结"，为某些官员以权谋私和权钱交易提供了机会，从而也会引发腐败，损害政府的形象。因此，反行政垄断是我国《反垄断法》的一项重要任务。

然而，令人遗憾的是，尽管《反垄断法》第8条明确规定："行政机关和法律、法规授权的具有管理公共事务的职能的组织不得滥用行政权力，排除、限制竞争。"《反垄断法》第五章还较详细地列举了滥用行政权力排除、限制竞争的表现，包括强制交易；妨碍商品在地区间自由流通；排斥或限制外地企业参与本地招投标活动；排斥或限制外地资金流入本地市场；强制经营者从事垄断行为；制定排除、限制竞争的行政法规，但却没有把行政垄断的管辖权交给反垄断执法机构。但是《反垄断法》第51条规定："行政机关和法律、法规授权的

---

① 李必达：《中国的反不正当竞争、反垄断行政执法》，《中国反垄断法国际研讨会》论文集，1997。

具有管理公共事务职能的组织滥用行政权力,实施排除、限制竞争行为的,由上级机关责令改正。"这就使《反垄断法》面对行政垄断像一只没有牙齿的老虎。笔者认为,出于下列原因,反行政垄断的任务不能依靠政府上级机关:第一,行政性限制竞争本质上都是歧视行为,目的是保护地方企业或者个别国有企业的利益,这就使政府上级机关在其下级机关与非国有企业或者与来自其他地区企业之间的争议中,很难保持中立态度;第二,这里的"上级机关"不是专门的机关,也不是特定机关,这些机关的工作人员一般没有反垄断意识,不可能对其下级机关的限制竞争行为进行有效的监督和检查。不可否认,反行政垄断在其他国家也是一项艰难任务,因为这是在限制政府权力。反行政垄断在我国尤其是一项艰难任务,因为这不仅需要深化经济体制改革,而且需要进行政治体制改革。但无论如何,在行政垄断普遍存在的社会环境下,在国有企业可以寻求政府"保护"或者可以通过政府"寻租"的情况下,《反垄断法》很难得到有效执行。

(二) 行业垄断是我国市场公平自由竞争的最大障碍

经济体制改革30年来,尽管我国的经济发展取得了举世瞩目的巨大成就,但计划经济体制下的"权力寻租"特别是行业垄断问题仍没有得到有效解决。据2008年的调查数据显示,我国石油民营批发企业663家已经倒闭2/3,民营加油站45064座已经倒闭1/3,亏损企业达1万多家。有些民营石油企业在中石油、中石化两大巨头断油的困境中与俄罗斯的石油公司签订了购油合同,但是由于我国进口原油的垄断权属于中石油和中石化,这些民营企业在进口原油的交易中困难重重。[①] 中石油和中石化垄断我国石油产品市场的后果有目共睹。有学者指出,我国垄断性原油进口和国家对垄断企业的巨额补贴,一方面导致垄断企业可不计成本地从国际市场采购原油或者产品油,进而直接对政府形成调价的压力;另一方面国家的财政补贴也加强了石油行

[①] 钟晶晶:《民营企业欲诉两石油巨头垄断》,《新京报》2008年10月13日。

业的垄断性，抬高了我国石油产品的价格。①

据学者们的独立研究，我国"权力寻租"的"租金"约占 GDP 总额的 20%～30%，总金额高达 4 万～5 万亿元。②"权力寻租"的受益者当然是社会上的强势群体，当前主要是国有大垄断企业，如电力企业的抄表工一天抄 4 次电表可以领取 10 万元年薪。收入严重不公的现象也反映在金融、证券、保险、石油等其他国有垄断行业以及电信、铁路等被视为"自然垄断"的行业。人们感到忧虑的是，国有垄断企业凭借其垄断地位所获的垄断利润无止境地不断扩大，国有企业很大程度上失去其传统上为人民服务的良好形象，成为在社会上享受特殊利益的特殊群体。一方面，有人甚至担心，一些以国有经济为基本形态的垄断大企业已成为我国社会两极分化的经济基础，担心这些大企业因在政府部门有代言人，"权力寻租"问题难以得到解决。③ 但另一方面，因为社会主义市场经济是以公有制为基础，有人认为"国有经济负有帮助政府调控经济"的任务，是"保证社会正义和公平的经济基础"，认为我国不应减少国有经济在国民经济中的比重，而是应当扩大这个比重；不应减少国有企业的数目，而是应当提高这个数目，并提出"同样是中央掌握的大型国有企业，为什么私有化的俄罗斯保留的是社会主义中国的好多倍"的问题。④

其实，世界各国实践经验已经表明，国有经济和私人经济的比例虽不能说明国家的经济体制，如法国和德国的国有经济比例有很大不同但都属市场经济，但是如果国有经济在国民经济中的比例过大，这肯定会对国家经济体制产生质的影响。因为在生产资料全部或者基本

---

① 张锐：《谁在抬高中国石油价格》，《中国经济时报》2008 年 8 月 15 日。
② 张剑荆：《市场化改革：从哪里来，到哪里去？——专访著名经济学家、国务院发展研究中心研究员吴敬琏》，《中国经济时报》2008 年 9 月 1 日。
③ 邓万民、杨尧忠：《消除两极分化的有效手段——停止对社会资源的垄断性侵占》，《社会科学报》2007 年 8 月 9 日。
④ 参见刘国光《十七大重申坚持和完善基本经济制度的意义》，《中国经济时报》2007 年 12 月 13 日。

掌握在国家手中的情况下，政府代表国家是经济的绝对统治者，企业不可能真正享有自主权，它们的生产经营活动不过是完成国家经济计划的方式和手段。在这种情况下，国家配置资源的方式就是国家计划或者政府行政命令，而不是价格机制、竞争机制等市场机制，这种经济体制也不可能是市场经济，而是计划经济。这个分析同样适用于具体行业或者具体部门。即当一个行业或者部门的生产资料基本掌握在国家手中的时候，尽管法律上有尊重企业经营自主权的规定，但因政府代表国家履行出资人的职责，包括选派或者任免企业领导层，这些企业的生产经营决策权在一定程度上就掌握在政府手中，即企业生产经营活动受制于政府，而不是取决于市场需求。以我国电信业为例。在中国联通、中国电信、中国网通等开展竞争的情况下，如果国资委代表国家作为这些企业的出资人，对企业领导层随意相互调动，或以推动国有资产合理流动为由要求它们相互合并，这些企业能够相互竞争吗？因此，当一个行业或者部门国有经济的比例过大，大到可以控制这个行业或者部门的情况下，这个行业或者部门就难以引入竞争机制。正是因为国有经济部门事实上不存在竞争，很多国家的反垄断法过去都有对电信、电力、邮政、银行等垄断性行业的豁免规定。这些豁免一方面基于行业的自然垄断或者国家垄断属性，另一方面基于国家的所有权制度。

20世纪80年代以来，随着东西方"冷战"的结束，特别是随着私有化和减少政府行政干预成为世界各国经济政策的主流，这些行业逐步引入了民营经济，降低了垄断性。特别是那些从计划经济转向市场经济体制的国家，无一不是将产权制度的改革作为解决中央集权经济的重要手段。有些国家如波兰甚至明确将反垄断与经济私有化联系在一起。这说明，要在垄断性行业引入竞争机制，除了改革国有企业，一个非常重要的手段就是放宽非公有制经济的市场准入限制。国务院于2005年2月也发布了《关于鼓励支持和引导个体私营等非公有制经济发展的若干意见》，提出要贯彻平等准入、公平待遇的原则，允许非公有资本进入电力、电信、铁路、民航、石油以及金融服务等行业，并提出要加大对非公有制经济的财税金融支持，完善对它们的社会服务等措施。然而，根据非公经济论坛2006年的调查报告，我国2/3以上的民企认为，我国垄断行业的改革尚未见效，1/3以上的民企认为没有享受国民待遇。这说明，行业垄断是当前制约我国民营经济发展和制约我国经济体制改革的重要因素。笔者认为，允许民营经济进入垄断行业对国家经济发展至少有以下几个好处。

第一，有利于提高企业的竞争力。为了提高国有企业的竞争力，人们曾提出过各种各样的政策性建议，如兼并、重组、股份制、债转股、抓大放小、搞活搞死等。但从根本上和长远的眼光看，提高企业竞争力的根本出路在于引入市场竞争机制。经济学最基本的原理是，只有在市场竞争压力下，企业才会努力降低产品价格，改善质量，不断开发新技术、新产品、新工艺，改善经营管理。事实上，市场竞争就是企业不断磨炼自己和不断适应市场的过程。从企业的角度看，提高了效率和市场竞争力；从社会的角度看，优化配置了资源。任何人都不可否认，在提高国有企业的竞争力方面，民营企业的市场准入能够起到非常重要的作用。

第二，改善国家财政。国内外实践表明，任何国家对国有垄断企业都存在补贴的情况。亏损的多补一点，盈利的少补一点。不管是明补还是暗补，补贴全部来自国家财政。我国对国有企业更是普遍存在各种形式的补贴。打破垄断和放宽非公有制经济的市场准入限制，不仅可以减少国家对国有企业的财政补贴，而且随着私人投资进入国家垄断经营的经济领域，还会大大减少国家对这些部门的投资。这样，国家一方面减少补贴和投资，另一方面增加税收，国家财政状况自然会得到改善。

第三,改善国家宏观调控。打破垄断可以提高国有企业的生产效率,降低价格,增加产出,这从长远看有利于改善国家宏观调控。例如,即便打破垄断会出现失业问题,但随着新的经营者进入市场,还可以为社会创造新的就业机会。把社会主义简单看成公有制的观点是不正确的。邓小平说过:"空讲社会主义不行,人民不相信。"[①] 他还认为,贫穷不是社会主义,少数人致富不是社会主义,"一大二公"也不是社会主义,只有在解放生产力、发展生产力、消灭剥削、消灭两极分化基础上的人民共同富裕才是社会主义。所以,邓小平给社会主义下的一个精辟定义是:"解放生产力,发展生产力,消灭剥削,消灭两极分化,最终达到共同富裕。"[②] 因为行业垄断在我国明显不利于解放生产力,不利于发展生产力,而且在一定程度上成为我国社会两极分化的一个经济原因,我们没有理由维护个别企业在这些垄断行业的垄断地位,更没有理由加强它们的垄断地位。

(三)《反垄断法》是打破行业垄断的法律武器

尽管我国《反垄断法》对滥用行政权力限制竞争包括行业垄断的行为做出了禁止性规定,但由于下列原因,这些规定在打破行政垄断方面只能发挥有限作用。

第一,一个国家是否将一种行为视为滥用,在于这个国家的反垄断意识。如果国家认为,推动建立大企业是提高国家竞争力的唯一手段,它就可能通过行政手段将一个行业的企业联合起来组建本国的"航空母舰"。在这种政策的引导下,政府强迫企业加入企业集团虽然可能严重损害竞争,但因为这些企业并购是国家鼓励的,它们就可能被视为合法并且从反垄断法中得到豁免。如我国《反垄断法》第28条规定,经营者集中具有或者可能具有排除、限制竞争效果的,国务院反垄断执法机构应作出禁止经营者集中的决定;但经营者能够证明

---

① 《邓小平文选》第 2 卷,人民出版社,1993,第 314 页。
② 《邓小平文选》第 2 卷,人民出版社,1993,第 373 页。

该集中符合社会公共利益的，反垄断执法机构可以作出对集中不予禁止的决定。考虑到《反垄断法》第 7 条对关系国民经济命脉、国家安全以及实行专营专卖行业的经营者国家予以保护的特殊规定，这些行业的经营者集中就可能易于通过"社会公共利益"的条款而得到《反垄断法》的豁免。

第二，界定一个行为是否构成滥用，还取决于国家其他法律制度以及竞争政策之外的其他经济政策。每个国家都有很多目的不同的法律和经济政策，它们会不同程度或不同范围地影响国家的竞争政策和竞争法。如很多国家对某些被视为自然垄断的行业仍然实行国家管制的政策，或对某些行业实行优惠的产业政策，或者实行保护国内市场的政策，或者实行过度保护知识产权的政策，等等。这些制度或者政策因为不是专门为了保护竞争的，它们就可能与竞争政策和竞争法产生冲突。我国《反垄断法》第 4 条规定："国家制定和实施与社会主义市场经济相适应的竞争规则，完善宏观调控，健全统一、开放、竞争、有序的市场体系。"这条规定给反垄断执法机构留下了很大的空间，给了它们很大的自由裁量权，同时也为它们提供了适用国家产业政策的可能性。

笔者要强调的是，尽管竞争政策不是国家唯一的经济政策，尽管《反垄断法》在制止行政垄断方面的作用是有限的，但任何一个实行市场经济体制的国家都必须高度重视行政垄断问题。这一方面是因为市场竞争机制与政府行政手段相比是配置资源更好的方式；另一方面，政府限制竞争对市场竞争影响的程度、范围会大大超过企业的限制竞争行为。正如古典经济学派指出的，无论过去、现在还是将来，政府限制竞争都是对竞争危害最甚的行为。正是出于行政性限制竞争的考虑，很多反垄断法明确规定了不同所有制企业公平竞争的原则。如德国《反对限制竞争法》第 130 条明确规定，除中央银行外，该法适用于全部财产权或者部分财产权属于国家所有的企业以及由国家管理和经营的企业。为了维护共同体大市场的竞争秩序，《欧共体条约》第 86 条第 1 款还对国家授予特权或者专有权的企业做出了限制性或禁止性的规定。据此，欧共体尽管在原则上不禁止成员国出于普遍经济利益的需要向国有企业授予特权或者专有权，[①] 但这些授权不得违反《欧共体条约》中关于商品和服务自由流动的原则，特别是不得违反条约中的竞争规则。根据欧共体法，因国家授权取得特权或者垄断权的企业不得滥用其垄断地位，特别是不得将垄断权随意扩大到其他领域，如以拒绝交易的方式阻碍竞争者进入与其产品或者服务相关的上游或者下游市场。欧共体法院 1993 年对 Corbeau 一案的判决就是这方面的一个著名案例。Corbeau 是法国一家提供特快专递服务的私人企业，因为它提供的特快专递服务比国家邮政的服务更快、更有效，而且还能提供特殊服务，如允许客户变更其邮递地址，它被国家邮政视为不可容忍的竞争对手。在这种情况下，国家邮政便阻挠 Corbeau 的业务，并以损害了自己的专有权为名对 Corbeau 提起了诉讼。欧共体法院的判决指出，尽管国家邮政提供具有普遍公共利益的基本邮政服务，但 Corbeau 提供的是国家邮政没有能力提供的服务，且这些服务不损害国家邮政所提供基本服务的经济稳定性。因此，国家邮政妨碍 Corbeau 向社会提供服务的做法是不合理地扩大其垄断权，违反了欧共体竞争法。[②] 欧共体委员会竞争总局前局长埃伦曼指出："欧洲法院的判决表明，除绝对必要的情况，任何导致限制竞争的专有权都应予以禁止。无论电信、邮政还是能源服务，它们的专有权只是基于服务的非营利性和公共利益。成员国授予它们专有权或者维护专

[①] 根据欧共体法院判例，提供普遍经济利益的企业应满足以下条件：（1）提供的服务属人们基本生活需求，如供应电力或者传递邮件等；（2）基本服务在一定地域提供；（3）基本服务得按人们能够承受的价格或者其他条件提供，如电力供应保证 24 小时需求。提供普遍服务的企业不以盈利为目的，发生亏损可从国家税收中得到补贴。见 V. Emmerich, Kartellrecht, in: Dauses（Hrsg.），Handbuch des EU-Wirtschaftsrechts, Bd II, Rdnr. 155。
[②] EuGH 19. 5. 1993, Slg. 1993 I 2553, 2569 "Corbeau".

有权也只能出于公共利益，即在合理、公正和无歧视的条件下向社会提供普遍服务或者提供公共网络的必要性。"[1] 国有企业基于公共利益的服务在这里是指，一个交易不管经济上是否有利，它们都得与对方进行交易，如国家邮政规定全国统一的价格，而不考虑发信人和收信人之间的距离。因此，国有企业具有公共利益性质的服务也具有国民收入再分配的功能。

为保证竞争政策在国家各项经济政策中的优先地位，有些反垄断法还授权反垄断执法机构向政府部门提供有关市场竞争的咨询意见。匈牙利1996年修订后的《禁止不正当的和限制性市场行为法》规定，所有涉及或者影响市场竞争（特别如限制经营、限制进入市场、保护专有权或者影响价格或者销售条件）的法律、法规草案必须征求竞争局的意见。[2] 俄罗斯1995年《关于竞争和在商品市场中限制垄断活动的法律》第12条规定，俄联邦反垄断执法机构不仅有权向联邦行政权力机构、联邦各部门的行政权力机构和市政当局提出取消专有权、取消配额等各种建议，而且有权对这些机构发布禁令，制止它们违反反垄断法的行为或者撤销、变更它们与反垄断法相抵触的合同。波兰2000年12月修订的《竞争与消费者权益保护法》依据欧共体竞争法，还授权竞争主管机关监督国家补贴的情况。据此，国家补贴某些服务或者某些产品的生产而扭曲市场竞争，这些补贴得被视为违法行为。与欧盟法相一致，波兰竞争法中的国家补贴是广义的，包括国家财政补贴、无息贷款、国家担保以及国家以优惠条件提供商品或者服务等。根据这个法律，仅当国家补贴是出于自然灾害或者例外的情况，它们方可得到反垄断法的豁免。[3]

---

[1] 转引自 Ray Rees, Competition Policy and Public Enterprise in the European Community, in: Aad van Mourik: Developments in European Competition Policy, p. 63。
[2] Hungary, www.oecd.org/dateoecd/32/27/2404607.pdf.
[3] http://paiz.pl/index/?id=43baa6762fa81bb43b39c62553b2970d.

四　结束语

我国经济体制改革从"市场化"方向而来，也应当坚持朝"市场化"方向走下去。在当前行政垄断成为我国经济体制改革巨大障碍的情况下，我国应当通过各种措施来打破行政垄断，特别是应当从法律上保证公有制与私有制、国有企业与私人企业处于平等地位，保证国家对不同所有制的企业一视同仁和适用相同的竞争规则。所以，《反垄断法》在反对行政垄断中大有可为。当然，反对行政垄断不是一部《反垄断法》能够奏效的。在这个方面，我国还需要深化经济体制改革，进一步转变政府的职能，改革行政法，加强对行政权力的规范和监督。但这些改革需要法律先行，法律不仅可以维护现有的秩序和制度，而且还能够推动建立新的秩序和新的制度。随着我国经济体制改革的进一步深入，随着政治体制改革和政企进一步分离，随着非公有制经济能够自由进入越来越多的行业，我国企业将在竞争中进一步提高竞争力，我国消费者将在竞争中享受更低的价格、更好的质量和更大的物质进步，我们的国家也必将在世界竞争中从经济大国变为经济强国。

（本文原载于《东方法学》2009年第6期）

《反垄断法》的出台与我国
竞争法体系的协调完善

王先林[*]

一 《反垄断法》是我国竞争法体系中的龙头法

竞争法作为以规范市场竞争行为、维护市场竞争秩序为基本内容的法律规范的总称，其在各个国家和地区不仅在名称的使用上有差异，而且在内容方面也是不尽相同的。在一些国家和国际组织中，竞争法就是用来指代反垄断法的，反不正当竞争的内容一般不包括在内，即使有，也属于附带而不占重要的地位。但是，多数国家和地区的竞争法除反垄断法外，还包括反不正当竞争法的内容，只是在具体的立法模式上，有的采取将反垄断与反不正当竞争合并立法，有的则是将反垄断与反不正当竞争法分别立法。

我国1993年的《反不正当竞争法》是名不符实的，因为它禁止的11种行为中，只有6种属于严格意义上的反不正当竞争法的范畴，其余5种则通常属于反垄断法的内容。因此，该法既不是纯粹的反不正当竞争法，且由于只涉及很少一部分反垄断的内容，因而也算不上合并立法式的完整的竞争法。随着在《反不正当竞争法》实施后不久就着手《反垄断法》的起草，特别是《反垄断法》最终在2007年8月出台，我国的竞争立法已经现实地走上了反垄断与反不正当竞争分别立法的道路。

---

[*] 王先林，上海交通大学特聘教授、博士生导师。

虽然我国的竞争法由反垄断法和反不正当竞争法两部分构成，而且两部分都占有重要的地位，但是由于这两部分的性质和特点决定了，反垄断法应该是其中的龙头法。这是因为，虽然反垄断法和反不正当竞争法在对竞争保护和消费者利益的维护上有共同的取向和积极作用，在一些国家或地区甚至采取合并立法，并由同一执法机构负责执行，但是，它们在作用机制和实体内容方面又存在重要的差别。

相对来说，反不正当竞争法旨在防止竞争过度，消除恶性竞争的影响，主要是保障具体交易场合特定当事人之间的利益平衡，侧重维护微观的竞争秩序，追求局部和个案的公正，保障静态的财产权和人身权，甚至可以视为商事或经济领域的侵权法；而反垄断法的目的则主要是保护竞争机制本身不受扭曲，竞争不被排除或限制，防止竞争不足，主要是维护宏观的竞争秩序，侧重追求整体和宏观的效率，实现动态的交易安全。

基于以上差异，两者的调整手段与责任形式也不同。反不正当竞争法主要是事后调整，以民事救济（主要靠私人提起民事诉讼）手段为主，辅以行政和刑事制裁的手段；① 而反垄断法则主要是事前管制，如调查市场结构、掌握和公布垄断情况、核准企业合并甚至核准卡特尔等，偏重行政手段，如罚款、在特定情形下分拆大企业等，主要依靠行政程序和公诉，辅以民事制裁和刑事制裁手段，② 并且其在实施中需要进行复杂的经济分析。因此，反垄断法对经济的影响更为重大、更为宏观，并且其具有明显的国家干预性、社会本位性和经济政策性等特征，非常典型地体现了经济法的特点，是经济法的一个非常重要的组成部分。在一些国家被称为"经济宪法"的是反垄断法，而不是笼统的竞争法，更不是反不正当竞争法。

正是从这个意义上说，《反垄断法》的出台是我国经济生活和法

---

① 但是，我国《反不正当竞争法》中行政制裁占了重要地位。
② 我国最终通过的《反垄断法》中没有规定刑事责任。

律生活中的一件大事，其有效实施将会对维护自由公平的竞争机制和经济活力，实现资源有效配置，增进消费者的福利，维护社会公共利益具有非常重要的意义。

二 《反垄断法》出台后修订《反不正当竞争法》的必要性和迫切性进一步凸显

我国的竞争法体系既然由反垄断法和反不正当竞争法两部分组成，这个体系的完善就需要这两部分各自的完善和彼此的协调。由于我国《反垄断法》刚刚出台，因此目前竞争法的完善就主要表现为《反不正当竞争法》自身的完善及与《反垄断法》的协调。

我国《反不正当竞争法》自1993年12月1日实施以来对于鼓励和保护公平竞争，制止不正当竞争行为，保护经营者和消费者的合法权益，保障社会主义市场经济的健康发展，无疑起到了积极的作用，该法已成为我国社会主义市场经济法律体系的重要组成部分。但是，由于在该法制定之时，我国社会主义市场经济体制刚刚确立，市场经济发展中的许多问题还没有得到充分的表现和暴露，更难以反映到法律中去，再加上立法本身也存在一些问题。

从《反不正当竞争法》实施以来的情况看，法律本身存在不少的问题，主要表现在以下几个方面。

第一，《反不正当竞争法》在立法体例上具有过渡性、应急性，既不是采取完全狭义的反不正当竞争法的立法模式，也不是采取完全地包含垄断和不正当竞争行为在内的广义上的竞争立法模式，这导致该法自身在体系上不协调。

第二，《反不正当竞争法》在内容上封闭性与原则性并存，一方面缺少必要的兜底条款而使其在适用时没有灵活性，对经济生活中层出不穷的不正当竞争行为缺乏调控力度，另一方面该法不少规定过于原则、抽象，在实践中难以具体操作。

第三，《反不正当竞争法》执行机构的职权与执法手段不足，行政强制措施及调查取证手段严重不适应有效打击不正当竞争行为的需要。

第四，《反不正当竞争法》在不少方面没有反映国际竞争法制的发展趋势，没有体现反不正当竞争法的应有特点。

第五，《反不正当竞争法》在法律责任方面也不完善，对有些不正当竞争行为没有规定行政责任，而且民事责任也过于笼统，不足以有效地制止不正当竞争行为。

如果说上述这些问题在《反不正当竞争法》通过之时就已经存在的话，那么在目前《反垄断法》已经出台的背景下，这些问题就显得更为突出。《反不正当竞争法》中除了具体规定假冒、仿冒等6种比较典型的不正当竞争行为外，还规定了5种从性质上看应该属于反垄断法调整的行为，包括公用企业滥用独占地位、行政垄断、掠夺性定价、非法搭售、串通投标。

从目前看来，《反垄断法》已经对这些行为做了更明确、更完整和更合乎逻辑的规定。例如，《反垄断法》第17条第2项和第5项分别规定的掠夺性定价和搭售是需要以行为主体具有市场支配地位为前提的，而《反不正当竞争法》第11条和12条分别规定的掠夺性定价和搭售则没有规定这样一个前提，因而在实践中就难以操作或者容易出现不合理的情形。

如果不对《反不正当竞争法》及时做出修订，那么在《反垄断法》实施后，同样的行为就存在适用哪个法律的尴尬。即使按照处于同一位阶的法律后法优于前法的原则来处理，但由于这时《反不正当竞争法》的实质内容已支离破碎，且其规定本身已经严重不能适应实际需要，对其进行全面修改也是势在必行。

三 修订《反不正当竞争法》以促进我国竞争法体系的协调完善

既然《反不正当竞争法》存在明显的问题，而且其在《反垄断法》出台后呈现出明显的不协调，因此当务之急应是抓住《反垄断法》颁行的契机，对现行《反不正当竞争法》进行修订，以促进我国竞争法体系的协调。

在《反垄断法》出台后，《反不正当竞争法》修订的问题可分为与《反垄断法》相协调的问题和《反不正当竞争法》自身的问题两个基本方面。

就与《反垄断法》相协调的问题来说，基于我国已经采取反垄断与反不正当竞争分别立法的模式以及《反垄断法》已经出台的现状，《反不正当竞争法》的修订首先就需要将现有涉及反垄断的内容删去，使得修订后的《反不正当竞争法》只调整狭义上的不正当竞争行为，从而使得以维护诚实信用原则和公认的商业道德为己任的《反不正当竞争法》与以维护竞争自由公平和经济活力为己任的《反垄断法》之间保持内在的协调，共同形成我国完善的竞争法体系。从理想的角度看，修订后的《反不正当竞争法》与《反垄断法》应同时实施，但如果这在事实上难以做到的话，相距的时间也不宜太长。

从《反不正当竞争法》自身完善的角度，涉及很多方面的问题。就其要者，至少需要涉及以下几个主要方面。

（一）扩大主体范围

扩大《反不正当竞争法》调整的主体范围，将《反不正当竞争法》调整的主体由原来的经营者扩大到一切从事市场交易活动的主体（组织和个人）。根据我国现行《反不正当竞争法》，其主体被界定为"经营者"，即"从事商品经营或营利性服务的法人、其他经济组织和个人"。但是，这里存在从不同角度对"经营者"进行理解的问题，即可以分别从主体资格的角度和从行为的角度进行界定。若依前一种理解，只有具有经营（商品经营和营利性服务）的法定资格（权利能力）的人才可以成为经营者。这样，企业职工（如在侵犯商业秘密中）、单位的法定代表人或具体经办人（如在商业贿赂中）、无照经营的人等就不能包括在内。而这些主体恰恰又应该受到反不正当竞争法的规制。

虽然学界多数人主张按后一种理解，而且 1995 年国家工商行政管理局发布的《关于禁止侵害商业秘密行为的若干规定》第 3 条第 4 款将"权利人的职工违反合同约定或者违反权利人保守商业秘密的要求，披露、使用或者允许他人使用其所掌握的权利人商业秘密"规定为侵害商业秘密的一种形式，这就将职工直接纳入经营者的范畴。

但是，这还是比较牵强，与通常关于"经营者"的解释还是有较大的差异，尤其是不能涵盖现行《反不正当竞争法》中规定的行政垄断的主体。为避免这种尴尬情况的出现，修订《反不正当竞争法》时需要对此做出调整，将不正当竞争行为的实施者扩大到所有从事市场交易的主体。而且，根据已故的郑成思教授对笔者的提示，对不正当竞争行为的认定，不仅不需要限定行为人（侵权者）的资格，而且也不需要限定受害人（被侵权者）的资格，即不必限定不正当竞争的受害者必须是"经营者"。这样有利于在更广泛的范围内适用反不正当竞争法，使其真正成为"不管法"，尤其有利于发挥其对知识产权"附加"保护的作用。这是很有道理的。

（二）克服封闭性缺陷

《反不正当竞争法》的现有缺陷，将总则中的有关条款改造成一般条款，克服现有《反不正当竞争法》的封闭性。我国现行《反不正当竞争法》存在着明显的封闭性的缺陷，而且这种缺陷不纯粹是立法技术上的，而是立法指导思想上的，或者说是由立法指导思想引起的立法技术上的缺陷。

虽然从合理解释的角度将我国《反不正当竞争法》第 2 条可以理解为有限的一般条款，但其最多只能针对追究民事责任的行为，对追究行政责任没有意义，因为行政违法行为必须法定。在调整立法指导思想的基础上，可以去掉该法第 2 条第 2 款"违反本法的规定"几个字，或者在第二章增加规定"其他不正当竞争行为"条款作为兜底条款。这样，执法机关就可以依据《反不正当竞争法》第 2 条第 1 款和第 2 款的公平和诚实信用等原则条款在被具体列举的不正当竞争行为之外去认定其他不正当竞争行为，将第 2 条真正改造成我国反不正当竞争法的一般条款，从而大大增强该法的灵活性和适应性，也可在一定程度上维持该法的稳定性。考虑到我国目前执法人员的素质随执法机关的级别高低而依次递减的状况，立法授予执法机关在现有法律规定之外认定其他不正当竞争行为的权力就不应是普遍的，而应有级别限制，最好限定在中央一级，最多也只能放到省一级。

（三）修订细化种类

增加列举典型不正当竞争行为的种类，并对各种具体列举的不正当竞争行为进行细化。修订《反不正当竞争法》既需要将已由《反垄断法》规定的那些具体垄断行为剔除，又需要将现有《反不正当竞争法》中没有具体规定，但在市场上表现突出、危害严重、现实中亟须禁止的那些不正当竞争行为做补充列举。

与此同时，还需要对具体列举的不正当竞争行为进行细化规定，以增强法律规定的实用性和可操作性。这与前面主张规定不正当竞争行为的一般条款以增加认定的灵活性是并行不悖的。在这方面，注意结合国际上有关立法的最新进展，尽可能借鉴、吸收一些合理的新规范，尤其是《WIPO1996 年关于反不正当竞争保护的示范规定》。

（四）完善法律责任制度

强化行政执法手段，完善法律责任制度，修订《反不正当竞争法》时需要增加必要的执法措施，规定监督检查部门在对不正当竞争行为进行调查时，可以对涉案场所进行检查，可以对违法财物实施查封、扣押、冻结等行政强制措施。同时，针对不同的不正当竞争行为重新规定处罚标准和幅度，增加新的处罚种类，加重违法行为人的法律责任。

各国的实践表明，制止不正当竞争行为需要综合运用民事的、行政的和刑事的制裁手段，让从事不正当竞争的行为人根据具体情况分别承担民事责任、行政责任和刑事责任。随着不正当竞争行为在越来越多的国家已不单纯被视为民事侵权行为，而同时被视为一种危害市场竞争秩序的违法行为，因而行政责任在反不正当竞争法中越来越受到重视。就是一些原先立法中未规定行政责任的国家，后来也在其他有关立法中增加了行政责任。

我国现行《反不正当竞争法》本来是重视行政责任的规定的，这构成了该法的一个特色。但是，该法并没有对掠夺性定价行为、搭售行为和诋毁商业信誉行为规定行政责任。而从近年来我国的行政执法实践来看，对这些行为规定行政责任是有必要的。

此外，民事责任中的有关赔偿的规定过轻，不能起到对违法行为人应有的约束和制裁作用，对受害人也起不到补偿之效果。修订时应当加大对违法行为人的制裁力度，这有利于充分维护权利人的合法权益，更能有效地制止不正当竞争行为。

（五）确保执法统一

确保《反不正当竞争法》的执法统一，修订《反不正当竞争法》时需要改变现有反不正当竞争执法机构不统一、反不正当竞争执法权不断遭到肢解的问题，应当保证对各种不正当竞争行为由统一的执法机构进行监督检查。

与此同时，还需进一步明确，对有关行业的不正当竞争行为不是由行业主管机关直接进行认定和处罚，而是由专门的反不正当竞争执法机构统一进行认定和处罚，只是反不正当竞争执法机构在认定这些行业的不正当竞争能否构成时应需要考虑行业主管部门的专业意见。这样有利于保证反不正当竞争法的有效和统一的实施。其法理依据就在于竞争法在性质上属于市场经济的基本的、具有普遍性意义的法律规则，它不同于仅在有关具体的部门或行业实施的特殊性、专门性的法律规则，它应统一实施于各个行业和部门。如果竞争执法机关的职权被各个行业主管机关所分解，那么竞争法律在各个行业的实施就会呈现出差异性，不利于竞争法律的统一实施。当然，进一步说，在竞争法体系内部，也还有一个反不正当竞争执法与反垄断执法如何协调的问题。

（本文原载于《华东政法大学学报》2008年第2期）

消费者法

论消费者及消费者保护在经济法中的地位
——"以人为本"理念与经济法主体和体系的新思考

徐孟洲　谢增毅[*]

一　"以人为本"理念与经济法的创新

以人为本的发展观要求一切社会经济发展活动为满足人的全面需求和全面发展服务，尊重人权、保障人权，建立以人为本的社会主义市场经济新机制，实现社会的全面进步。[①] "以人为本"口号的提出，不仅将对我国经济社会发展战略产生直接影响，而且将对我国立法和法学研究产生重要影响。立法如何贯彻"以人为本"理念，促进"人的全面发展"、"着力解决关系人民群众切身利益的突出问题"[②] 应是一个重大的理论和实践课题。按照法理学的一般原理，法的价值包括自由、秩序、正义、安全和效率等。"以人为本"要求法律注重对人权的保护，包括对人的政治权利和财产权、人身权的保护。在设计具体制度时，张扬人性，在经济社会条件允许下，最大限度维护人的安全、尊重人的自由、增进人民的福祉、合理安排人民税赋和其他负担，维护交易安全和交易公正，保护劳动者、消费者等弱者的权利。当个人的权利受到他人或者国家机关侵害时，对其提供有效救济，使有利于促进人之生存和发展的各种利益得到法律的保护。

---

[*] 徐孟洲，中国人民大学法学院教授、博士生导师；谢增毅，中国社会科学院法学研究所副研究员，科研处处长。
[①] 参见2004年十届全国人大二次会议通过的《政府工作报告》。
[②] 陈卫、李建民、于学军、周皓：《论以人为本》，《人口研究》2004年第2期。

经济法作为调整"社会性与管理性相融合的经济关系"的法律部门,[①] 天然地弘扬"全面、协调、可持续"的发展观,并致力于促进社会的实质公平正义。"以人为本"理念并在新发展观的提出,为经济法的进一步发展提供了良好的契机。当前,一个重要课题是,经济法如何进一步深化自身理论,完善自身体系,将"以人为本"进一步落实到经济法的立法和法学研究中,使经济法在新时期贯彻"以人为本"理念并在新发展观中做出自己独特的贡献。无疑,这是一个巨大的课题。我们认为,重新审视经济法的主体,认识经济法上的"人"以及不同主体的关系,探讨如何保护不同主体的权利,以何者的权利保护为中心并完善经济法的体系,是新时期贯彻"以人为本"理念的基本问题。这也是本文所要阐述的主要问题。

二 经济法上的"人"——以消费者为核心构造经济法的主体制度

(一) 经济法的主体

对经济法主体的概括,应当体现现行法的规定。同时,我们认为,经济法主体的概括及类型化必须表明该类主体所承载的经济法特殊的权利(权力)义务。"经济法是否存在自己的独特主体制度,关键就在于经济法的调整对象、调整任务是否具有特殊性,这种特殊性对于其主体产生什么特殊要求,赋予了何种权利义务,从而形成了不同于其他部门法的主体特色。"[②] 因此,不同部门法主体的特殊性,并非由于不同的法律部门创造了新的主体,而是由于不同部门法具有不同的调整对象和调整任务,并在不同的领域和层面赋予主体特殊的权利义务,这些主体基于其在该部门法中承载的权利义务,也就成为该部门法的主体。同一主体(自然人或法人)由于不同法律部门调整对象和

[①] 徐孟洲:《经济法的对象、根据和体系结构研究》,法律出版社,2001,第22页。
[②] 李友根:《论经济法主体》,《当代法学》2004年第1期。

调整任务的不同，可以以不同的身份成为不同法律部门的主体，对该"身份"的概括和类型化就是对不同部门法主体的提炼，因此，考察经济法主体，应立足于经济法的调整对象以及承载经济法上权利义务主体的特殊身份及其特征，从而将其与其他部门法的主体相区分。

有学者将经济法的主体概括为经营者、消费者和政府。[①] 我们认为，将经济法的主体概括为消费者、经营者和管理者更具有现行法的依据，也更能体现经济法特殊的调整对象和立法宗旨。消费者和经营者的概念已经为《反不正当竞争法》、《消费者权益保护法》、《价格法》使用，并且法律对其也有明确定义，是市场规制法保护或规制的对象。[②] 市场规制法主要调整经营者之间的竞争关系以及经营者与消费者之间的交易关系，宏观调控法中的调控对象主要为企业，企业是以营利为目的的组织，也可归结为经营者，因此，消费者和经营者是经济法的典型主体。另一方面，由于经济法调整具有社会公共性的经济管理关系，[③] 政府机关或成为市场管理机关，或成为宏观调控的实施机关，政府或者政府机关也是经济法的主体。但政府也可以作为民法、行政法和其他部门法的主体，而作为经济法的主体时，主要以公共管理者的身份出现。因此，将政府概括为管理者似更为合理，更能体现其在经济法上的公共管理职能和特定的权利（权力）义务，而且，除了政府之外，其他国家机构或者组织也行使经济管理的职能，也应成为经济法的主体。具体而言，有些独立于政府的行政机关，例如，许多国家独立于政府的中央银行，其制定和实施货币政策，属于宏观调控机关，应为经济法的主体。此外，政府之外的机构（例如议

---

① 李友根：《论经济法主体》，《当代法学》2004年第1期。
② 我国《反不正当竞争法》第2条规定："本法所称的经营者，是指从事商品经营或者营利性服务（以下所称商品包括服务）的法人、其他经济组织和个人。"我国台湾地区在"消费者保护法"中也将"企业经营者"作为法律的概念，其规定："企业经营者：指以设计、生产、制造、输入、经销商品或服务为营业者。""企业经营者"和"经营者"的外延是相近的。
③ 王保树：《经济法原理》，社会科学文献出版社，1999，第34页。

会）也行使经济监督的职能，议会享有国家财政预算的审批和对个案进行监督等权力，由此可见，议会等权力机构也可以成为经济法的主体。再者，行业协会或者其他组织（例如消费者保护组织）等具有准公共职能的机构行使管理的职权，也可以成为经济法的主体。这三类主体难以纳入政府的范畴。因此，将经济法的一方主体概括为"管理者"，一方面可以反映其在经济法中承担的管理职责，另一方面又可以将政府之外的承担经济管理职能的机构和组织纳入经济法的主体体系，应更具说服力。需注意的是，此处的管理者指政府和其他承担公共管理或行业管理的机构，而非指企业的管理者。

（二）消费者应成为经济法主体的核心

在确定经济法的主体为消费者、经营者和管理者之后，以何者为中心，三者的利益如何衡量就成为一个重要问题。我们认为，应以消费者为中心构建经济法的主体体系。

1. "以人为本"的理念要求"以消费者为本"

"以人为本"所指的人，应指自然人，因为，只有自然人才谈得上"人"的全面发展；同时，"以人为本"中的"人"，应该包括抽象意义上的人，即包括广大的国民及子孙后代，因此需要强调全面、协调和可持续的发展观；也应指现实中具体的个人，否则"以人为本"就会陷入空洞，无法将"以人为本"真正落实到现实中的个人并使广大的人民群众真正受益。而从消费者的定义看，消费者仅包括自然人。例如，《布莱克法律词典》认为："消费者区别于制造商、批发商和零售商，是指那些购买、使用、持有、维护以及处理产品或服务的个人。"《牛津法律大辞典》认为，消费者是指那些购买、取得和使用各类物品和服务（包括住房）的个人。[①]而经营者和管理者主要指组织，而不是个人，而且，在经济法的三方主体中，消费者和个人的关系最为密切。人们首先必须吃、喝、住、穿，然后才能从事政治、科

[①] 张严方：《消费者保护法研究》，法律出版社，2003，第113页。

学、艺术、宗教等。吃、喝、住、穿，生活消费是也，消费为天地间第一要义，因此，人人都是消费者，消费者保护法，为与人人密切相关的法律。① 因此，作为自然人的消费者应当首先得到保护，这是现代社会"以人为本"理念的要求。消费者的保护应是经济法的第一要义。

2. 从经济学的理论出发，消费者也应该得到优先保护

根据马克思主义的经典理论，消费是社会再生产的一个不可缺少的环节。马克思在《〈政治经济学批判〉导言》中，科学分析了生产、分配、交换、消费四个社会再生产环节的互相依存、互为媒介的辩证关系，并把生产看成手段，把消费看成目的，而分配和交换则是中间的过渡环节。消费是生产的出发点，是生产的目的。"没有需要，就没有生产。"②消费者权利的保护，有利于消费的实现，也能促进生产。亚当·斯密在其名著《国富论》中指出："消费是一切生产的唯一目的，生产者的利益，只有在能促进消费者利益时，才应加以注意。"③只有当消费者的权利得到充分保护，才能刺激消费者的消费需求，从而增加产品和服务的供给，实现国民经济持续增长的目标，因此，无论是从消费在抽象的社会再生产环节中的地位看，还是从刺激消费、扩大需求、促进国民经济增长的现实角度考虑，消费和消费者的保护都应当得到充分的重视。

3. 消费者处于弱者地位，应该给予特殊保护

尽管经济法是政府干预经济或者管理经济之法，但是，经济法并非维护国家利益之法，"经济法追求对社会公共利益的保护"④，经济法以维护社会整体利益为自己的价值追求，政府或管理者尽管被赋予

---

① 张严方：《消费者保护法研究》，法律出版社，2003，序言。
② 马克思：《政治经济学批判》导言，载《马克思恩格斯选集》第2卷，人民出版社，1972，第94页。
③ 〔英〕亚当·斯密：《国民财富的性质和原因的研究》，郭大力、王亚南译，商务印书馆，1974，第227页。
④ 王保树：《论经济法的法益目标》，《清华大学学报》（哲社版）2001年第5期。

了强大的管理职权，但由于管理机关的特殊地位，经济法无须对其进行特殊保护；相反，在赋予其权力的同时，还必须对其权力的行使进行约束和规范，保证其不侵犯市场主体的正当权利。与管理者和经营者相比，消费者处于弱者的地位，法律应给予特殊保护。因为：第一，在消费者与经营者的交易中，经营者与消费者的利益形态不同，经营者所承担的是经济风险，而消费者除了承担经济风险外，还必须承担生存风险，因为消费品本身可能存在危害人身和财产安全的风险；第二，在消费品交易中，经营者的利益可以得到及时的满足，而消费者的需求只能在交易完成、获得并使用消费品后才能得到满足，[1] 双方的利益并不平衡；第三，经营者和消费者对信息的掌握程度严重不对称。第四，经营者可能处于垄断的地位。在不完全竞争的市场中，垄断者支配市场，消费者无其他选择，不得不购买垄断者提供的产品，[2] 不得不接受质次价高的消费品。

因此，与实力强大的经营者相比，消费者显然处于弱者地位。在消费者和经营者的利益衡量中，消费者应当优于经营者得到法律的保护，以实现实质的公平正义；另一方面，管理者负有保护消费者和经营者权利并监督经营者履行相应义务的职责，且现代社会越来越强调政府的服务行政，管理者的权力配置均应以消费者和经营者的保护和规制所需为其界限，政府的权力是手段而非目的。因此，在经济法的视野中，在其主体的体系构造中，消费者应处于核心地位，经营者的生产经营目的是为消费者提供有偿服务与商品，管理者应服务于消费者和经营者。对所有经营者与管理者而言，消费者是"上帝"，这是"以人为本"的应有之义；也是经济法的立法必须加以贯彻的理念。

---

[1] 李昌麒等：《消费者保护法》，法律出版社，1997，第7页。
[2] 李昌麒：《中国经济法治的反思与前瞻：2000年全国经济法学理论研讨会论文精选》，法律出版社，2001，第430页。

三 消费者保护与经济法

消费者保护是国际社会共同关注的话题,消费者保护的框架应当满足消费者的哪些合理需要？如何通过各种措施和制度的建立和完善满足消费者的合理需要？这是各国消费者保护中的主要问题。《联合国保护消费者准则》（1999年扩大版）[①]的一般原则指出：这套准则的目的是确保下列合理需要获得满足：（a）保护消费者的健康和安全不受危害；（b）促进和保护消费者的经济利益；（c）使消费者有机会取得足够资料，让他们能够按照个人愿望和需要做出知情的选择；（d）消费者教育，包括关于消费者所作选择的环境、社会和经济影响的教育；（e）提供有效的消费者赔偿办法；（f）享有建立消费者团体和其他有关团体或组织的自由，而这种组织对于影响到它们的决策有表达意见的机会；（g）促进可持续消费形式。其中，在（a）身体安全方面，该《准则》提出：（1）各国政府应当许可或鼓励采取适当措施，包括法律制度、安全条例、国内或国际标准、自愿标准和保存安全记录，务求确保产品在指定用途或通常预期的用途方面安全可靠。（2）应确保制造商生产的商品在指定用途或通常预期的用途方面安全可靠。（3）应保证产品上市之后，制造商或经销商如果发现未曾预见的危险，毫不延迟地通知有关当局并酌情通知消费大众。政府也应考虑保证消费者适当获悉危险的方法。在（b）促进和保护消费者的经济利益方面，该《准则》要求：政府政策应设法使消费者能够从其经济资源中获得最大利益，也应设法达成最令人满意的生产和绩效标准、适当的经销方式、公平的商业作法、提供资料的销售方法，有效保护消费者的经济利益和市场上的选择，使其不受不利做法的影响。

[①] 1985年4月9日，联合国大会投票通过了第39/248号决议，大会在该项决议中通过了《保护消费者准则》。这是一部具有世界意义的保护消费者的纲领性文件。1999年联合国大会对该文件进行了补充和完善。该准则的详细内容见 http://www.un.org/esa/sustdev/sdissues/consumption/chinese.pdf（2004年8月8日最后访问）。

各国政府应加紧努力,确保制造商、经销商和其他从事提供商品和服务的人遵守既定法律和强制性标准,以防止损害消费者经济利益的做法;应鼓励公平和有效的竞争,以便能有最多种类、最相宜的产品和服务可供消费者选择;应定期审查有关度量衡的法律,并评估负责执行的机构是否恰当。

由此可见,消费者的保护需要建立和完善各种措施和制度,并非仅仅一部消费者保护的单行法所能解决。消费者的保护仅仅依靠传统的民法亦很难实现,需要政府制定基本的消费者政策和具体的法律法规加以实现,政府参与甚至直接作为法律关系的一方主体是十分必要的。例如,在上述保护消费者身体安全方面的措施中,政府的作用非常明显,政府必须制定相应的标准,明确经营者的义务,并在出现可能危害消费者安全的危险时发挥作用,政府机关应当在保证消费者身体安全方面的法律中充当执法者。在促进和保护消费者经济利益方面的措施中,生产和绩效的标准、适当的经销方式、公平商业做法的认定和监督,都离不开政府的参与,公平和有效的竞争需要政府作为执法机构,度量衡制度的执行也需要政府的监督。

因此,消费者的法律保护除了依靠民法外,必须依靠经济法,发挥政府和消费者组织的作用,运用经济法的理念和调整手段。具体而言,产品质量管理和信息披露的法律、产品标准的法律、危险产品紧急处置的法律、广告法律、防止不公平商业做法的法律、维护公平和有效竞争的法律、维护商品合理价格的法律等,都必须运用经济法的理念和调整手段,体现政府的管理和参与,它们也属于典型的经济法。这些经济法律,或者直接为消费者的保护而制定,或者将消费者的保护作为主要目标之一,是消费者保护的专门制度。通过这些制度,经济法对经营者和消费者之间交易的各个要素(主体、客体和媒介)进行全面的保护和规制:规定作为交易主体的经营者的一般义务以及消费者的一般权利;对作为交易客体的产品(服务)的质量要求、信息披露、广告宣传、度量衡进行全面的规制；对作为交易媒介的价格进行规制，从而确保消费者和经营者的公正交易以实现消费者的保护。由此可见，消费者保护需要运用经济法的理念；经济法是消费者保护的主要法律部门。

四 以消费者保护为中心构造经济法的体系

由于消费者保护需要经济法，经济法可以为消费者提供全面的保护，同时，由于在消费者、经营者和管理者中，消费者应处于核心的地位，因此，我们主张，以消费者的保护为主旨，建构经济法的立法和理论体系。这种主张的根据在于消费者保护与经济法的理念具有一致性，经济法可以充当消费者保护的主角，消费者保护的宗旨贯穿于经济法的主要制度中，同时，经济法的内在体系需要强化。消费者保护需要哪些法、消费者保护的法律与现阶段经济法范围的一致性或者差别性，是我们应否以消费者保护为中心构造经济法体系的重要依据。就消费者保护需要哪些法律而言，我国台湾地区对消费者保护的法律的认识为我们提供了参考。按照我国台湾地区"消费者保护法"第3条的规定："'政府'为达成本法目的，应实施下列措施，并应就与下列事项有关之法规及其执行情形，定期检讨、协调、改进之：一、维护商品或服务之品质与安全卫生；二、防止商品或服务损害消费者之生命、身体、健康、财产或其他权益；三、确保商品或服务之标示，符合法令规定；四、确保商品或服务之广告，符合法令规定；五、确保商品或服务之度量衡，符合法令规定；六、促进商品或服务维持合理价格；七、促进商品之合理包装；八、促进商品或服务之公平交易；九、扶植、奖助消费者保护团体；十、协调处理消费争议；十一、推行消费者教育；十二、办理消费者咨询服务；十三、其他依消费生活之发展所必要之消费者保护措施。'政府'为达成前项之目的，应制定相关'法律'。"从我国台湾地区对消费者保护必须制定和执行之法律的认识来看，消费者保护的法律除了规范消费者组织、消费者教育和消费者服务外，基本上就是保证经营者和消费者公正交易和保证经营者之间公平竞争的法律，这些法律几乎囊括了经济法中市场规制法的全部内容。商品或服务的质量、标示、广告、度量衡、商品包装的法律，商品或者服务价格的法律，商品或服务公平交易的法律，都属于经济法的范畴。消费者保护法与市场规制法范围的高度一致性，说明了市场规制法保护消费者的功能。可以断言，消费者保护是贯穿于整个市场规制法的立法宗旨；市场规制法就是保护消费者之法。① 从《联合国保护消费者准则》和我国台湾地区"消费者保护法"的规定看，消费者保护是整个市场规制法的基本任务甚至是整个经济法的基本任务。就许多国家而言，竞争法被视为"经济宪章"，是经济法的核心；市场规制法被视为经济法的主要内容；而消费者保护乃所有市场规制法的共同目标。因此，以消费者的保护构建经济法的体系顺理成章。经济法作为政府干预经济的法律，具有综合的调整手段，以维护社会公共利益作为自己的价值取向；消费者利益的保护体现了经济法维护社会公共利益的价值取向，同时也是经济法法益目标的深入和具体化，它使经济法在立法的价值取向上更具针对性。日本有学者也认为："经济法上的社会公共利益是竞争秩序的维持和一般消费者利益的保护。"② 因此，消费者保护可以为经济法社会公共利益的立法主旨提供更为具体和集中的价值追求。在中国，消费者保护的重要

---

① 尽管被普遍认为是市场规制法或经济法核心的竞争法究竟以经济效率还是消费者保护为首要的立法价值仍有争议，但竞争法具有保护消费者的功能应是无争议的。日本学者甚至认为，公正自由之竞争固然为独占禁止法之直接目的，不过此一直接目的又是独占禁止法终极目的之达成（即消费者利益之确保国民经济之民主健全发展）的"手段的目的"。冰岛则干脆以一部新法典，将限制竞争、不正当竞争及保护消费者的法律全部规定在一起，说明这三法保护消费者之共同功能（赖源河：《公平交易法新论》，中国政法大学出版社，2002，第21、26页）。我国台湾地区在起草"公平交易法"和"消费者保护法"草案时也曾经设想将二者合并在一部法中，虽后来分别立法，但足见二者的密切关系（冯震宇：《消费者保护法解读》，月旦出版社股份有限公司，1994，第232页）。
② 王保树：《论经济法的法益目标》，《清华大学学报》（哲社版）2001年第5期。

程度也为学者所认识。"消费者保护，已经成为中国经济起飞和持续发展的一项前提条件，已经成为中国经济政策的一个必要环节，已经成为中国社会主义法律体系的一项基本任务和基本原则。"① 因此，消费者应该得到法律更为系统而全面的保护，消费者保护的法律应该在法的体系中占据更为重要的位置。以消费者保护为中心构造经济法的体系，就是以市场规制法为主体构造经济法的体系。因为市场规制法有着共同的主体（消费者、经营者和管理者），其调整市场的竞争关系和交易关系，以竞争秩序维护和消费者保护为主要目的，可以从规范经营者的竞争行为以及消费者与经营者的交易行为着眼，以消费者的保护为基本价值追求设计经济法的规范和体系；可以增强经济法的体系性和不同制度之间的内在一致性，提升消费者保护的力度。

以消费者保护为中心构造经济法的体系，宜将消费者做广义的理解。与经营者发生交易关系的"生活、生存的个人"② 都可以视为消费者，"生活、生存的个人"与经营者发生交易关系的问题亦可以作为消费者问题，利用消费者保护的方法加以解决。消费者不应局限于为生活消费购买商品或者接受服务的个人，因为"企业所掌握的信息与消费者所掌握的信息，从质到量都有很大差别，这就是消费者受害的主要原因"。③ 而除了发生在个人与经营者之间传统的消费品（商品或者服务）交易外，其他发生在个人与经营者之间的交易关系，诸如，个人储户在商业银行存款、个人投资者购买上市公司的股票或公司债券、个人投保人与保险公司订立保险合同，都存在信息不对称的问题，都存在交易双方地位和实力差异的问题，因此，此类交易关系的个人应视为消费者，此类问题也应作为消费者问题。在日本，"与

---

① 张严方：《消费者保护法研究》，法律出版社，2003，序言。
② 日本学者铃木深雪将消费者界定为"生活、生存的个人"。参见〔日〕铃木深雪《消费生活论——消费者政策》（修订版），中国社会科学出版社，2004，第11页。我们认为，这一界定似失之过宽，因此，加上"与经营者发生交易关系"作为限制。
③ 〔日〕铃木深雪：《消费生活论——消费者政策》（修订版），中国社会科学出版社，2004，第13页。

生活没有直接关系的投资"也基于"有助于确保将来健全而安定的生活"被包含在消费者问题之中。[①] 因此,从保护存款人、证券投资者、投保人等处于弱者地位的个人的角度而言,金融法应当作为经济法的组成部门,并应注重对投资者等广义消费者的保护。[②] 财政税收法体现了国家和纳税人财产的分配关系。整体而言,税赋的最终承担者仍是"生活、生存的个人",许多税收科目,诸如房屋买卖的契税、汽车购置税等和消费者直接相关,而且税收征纳过程中不仅应该保护征税机关的利益,也应重视对纳税人权利的保护。从保护最终纳税人权利的角度看,财政税收法也体现了对作为个人的消费者的保护;因此,亦可以作为经济法的组成部分。[③] 在日本,消费者问题以及消费者行政的对象都在逐渐扩大。有学者主张,消费者问题应包括以下三重结构:第一,与为生活的商品、服务进行的交易直接相关的核心及典型领域;第二,包括与交易有着间接关系的环境问题等在内的准消费者问题;第三,由于发生的主要原因相同,所以可以用同样方法进行解决的外延部分。[④] 由此可见,消费者问题不再局限于个人为生活进行的传统商品和服务交易的问题,消费者问题和消费者行政呈现出扩大的趋势。

在中国,以消费者的保护为中心构建经济法的体系,还源于中国

---

① 〔日〕铃木深雪:《消费生活论——消费者政策》(修订版),中国社会科学出版社,2004,第18页。
② 我国《银行业监督管理法》立法宗旨条款规定了"保护存款人和其他客户的合法权益"的内容;《商业银行法》的立法宗旨也包括保护"存款人和其他客户的合法权益";《证券法》也明确规定了"保护投资者的合法权益"的宗旨;因此,金融法的立法宗旨之一是保护金融投资者(广义消费者)应是无争议的。
③ 尽管如此,我们认为,从国外的经验以及未来发展的趋势看,金融法和财政税收法在未来作为相对独立的法律部门亦是较为可取的。经济法的内容不宜过于宽泛,过分庞杂的内容将使得在经济法的框架内无法抽象出能涵盖全部规范的基本制度和理念,从而难以建构经济法本身严密的理论体系;同时也不利于具体法律部门的深入研究。在我国,已有学者主张将财税法等传统上属于经济法组成部分的法律从经济法中独立出来。
④ 〔日〕铃木深雪:《消费生活论——消费者政策》(修订版),中国社会科学出版社,2004,第18页。

消费者保护的现状以及强化消费者保护的客观要求。我国假冒伪劣商品十分猖獗，不仅损害了消费者的利益，也影响了我国经济的发展和商品的国际竞争力。仅就工商行政管理部门的统计，2002 年，全国工商行政管理机关共查处制售假冒伪劣商品案件 15.99 万件；查处侵害消费者权益案件 16.13 万件；受理消费者申诉 70.49 万件。2003 年，全国工商行政管理机关共查处制售假冒伪劣商品违法案件 16.14 万件；查处侵害消费者权益案件 19.28 万件；受理消费者申诉 75.44 万件。[①]侵害消费者权益的案件呈上升势头，消费者保护的问题日趋严峻。而且，除了工商行政管理机关受理的申诉和查处的假冒伪劣产品案件外，质量监督检验、检疫机关受理的申诉和查处的假冒伪劣产品和侵害消费者权益的案件以及各级消费者协会受理的投诉的数量也不在少数。这表明我国产品（包括服务）的质量状况以及消费者利益受到侵害的严重程度，以及强化消费者保护的需求。经济法的重要特征是经济性和政策性，经济法和一国的经济形势和经济环境密切相关，在中国目前市场发育程度不高的背景下，在产品和服务质量存在严重问题、消费者利益受到严重侵害的背景下，如何促进和维护自由公平竞争、打破垄断，提高产品的质量以保护消费者的人身安全和经济利益并提升产品的国际竞争力，是我国经济法必须迫切加以解决的问题。目前，我国政府机关保护消费者的意识淡薄，保护消费者的专门行政机关刚刚建立，消费者组织的作用尚未完全发挥，消费者教育也未充分展开，消费者保护的法律体系有待完善，以消费者保护为中心构建经济法的体系具有重要的现实意义。

五　如何在经济法的框架中完善消费者保护的体系

消费者保护的核心任务是确保产品安全适用以及价格合理，以保证交易的公正。而产品的安全适用，需要国家规定产品本身的质量要

---

① 数据来源：国家工商行政管理总局网站，http://www.saic.gov.cn，2004 年 7 月 3 日。

求、制定产品的标准;在保证产品质量符合消费者目的的同时,对产品的包装、标示和广告行为进行规制,确保消费者的知情权;当产品出现危险时有相应的强制性救济措施(包括公告、召回等制度)。合理的价格需要价格法律制度加以保障。为提升产品的质量及维护合理的价格,确保市场的有效竞争和公平竞争是必不可少的,因此,消费者保护法律制度应该包括产品质量管理和信息披露法律制度、价格法律制度以及竞争法律制度三大基本制度。同时,针对特定种类的产品(如食品、药品、化妆品、保健品、汽车、住房、金融产品等),还应该有特殊的监管制度。此外,很多国家和地区都将消费者政策作为一国基本政策,并制定《消费者保护基本法》,明确政府保护消费者的职责、消费者组织的地位和作用以及消费者保护的基本框架。值得关注的是,有些国家或地区在最高行政部门之下,设置保护消费者的行政机构,制定、审议和实施消费者保护政策。例如,日本《消费者保护基本法》规定,总理府应设置消费者保护会议,作为附属机关,其职责为审议消费者保护有关基本政策之企划及指挥其政策实施之推进。消费者保护会议由会长及委员组成,会长由内阁总理大臣担任,委员由内阁总理大臣从有关行政机关之首长中任命。韩国《消费者保护法及施行令》也规定设立类似的机构。我国台湾地区"消费者保护法"第49条规定,"行政院"为研拟及审议消费者保护基本政策与监督其实施,设消费者保护委员会。消费者保护委员会以"行政院"副院长为主任委员,有关"部会"首长、"全国性"消费者保护团体代表、"全国性"企业经营者代表及学者、专家为委员。第39条规定,消费者保护委员会、"省(市)""县(市)""政府"各应置消费者保护官若干名。可见,消费者的保护已成为政府的一项重要任务。甚至有学者认为,消费者政策和产业政策、竞争政策是当今社会的三大基本经济政策和社会政策。[①] 因此,我们认为,构建我国消费者保护的

---

① 张严方:《消费者保护法研究》,法律出版社,2003,第164页。

体系，应该以消费者保护基本法（应包括消费者行政、消费者组织、消费者服务和教育的制度框架）为基础，以产品质量管理制度、价格法律制度、竞争法律制度三大制度为主要内容，以针对各类特殊产品的监管制度为补充。这是经济法体系的主要内容。当然，这种体系可以随经济和社会形势的变化做相应的调整，这样的体系可以达到提升消费者保护及增强经济法体系性的双重目标。

我国经济法经过二十几年的发展，已经呈现出繁荣状态。于此时刻，我们提出"消费者保护中心说"并非为了标新立异，而是基于我国消费者保护的现状，立足我国实践，结合新时期"以人为本"和新发展观的要求对理论所作的一种创新与尝试。概言之，以消费者保护为中心构建经济法的体系是现阶段中国消费者保护现状的需要，是"以人为本"理念在经济法中予以落实的需要，是推进消费者保护法律制度的完善和体系化的需要，也是促进经济法内在体系和谐的需要。消费者保护与经济法的关系是一个有待同人进一步深入探讨的重大课题，希望我们的研究能起到抛砖引玉的作用，引起学者对消费者保护的重视并完善经济法的体系。

（本文原载于《现代法学》2005年第4期）

中国的消费者政策和消费者立法

梁慧星[*]

一 中国的消费者政策概要

(一) 中国的消费者政策
1. 消费者问题的发生

中国在改革开放前长期实行计划经济体制，限制商品生产和交换，社会生活中长期存在的问题是消费品短缺，而不是消费者保护问题。在经历"文化大革命"造成的社会动乱和经济停滞之后，从1979年开始实行经济体制改革和对外开放政策，促进了市场经济（当时叫商品经济）的极大发展。各种家用电器、化学化纤制品、美容化妆品、各类饮料、食品和药品的大量生产、大量销售，在满足消费者生活需要的同时，却发生了损害消费者利益的严重社会问题。因产品缺陷对消费者人身、财产安全造成危害的情况日益突出，饮料瓶炸裂、电视机显像管喷火爆炸、燃气热水器煤气泄漏、食品中毒等事件时有发生；一些不法厂商大肆粗制滥造，生产伪劣商品，严重损害消费者利益；不少地方发现制造、贩卖假药、劣药和有毒食品、以工业酒精兑水作为饮用酒销售等严重危害消费者人身财产安全的犯罪活动。[①]在这种背景下，逐渐形成全国性的消费者保护运动。

1984年，中国消费者协会成立，开始受理消费者投诉，同损害消

---

[*] 梁慧星，中国著名民法学家，中国社会科学院法学研究所研究员。
[①] 1985年7月12日最高人民法院、最高人民检察院、公安部和司法部联合发布《关于从严打击制造贩卖假药、毒品和有毒食品等严重危害人民生命健康的犯罪活动的通知》，最高人民法院公报1985年第3号，第10～11页。

费者利益的行为作斗争。由于中国实行改革开放本身就带有危机对策和实用主义的性质,缺乏经济理论和经济政策的支持,突然面临损害消费者利益的严重社会问题,一时还难以形成明确的消费者保护政策。

2. 消费者政策的形成

中国消费者协会的成立,推动了对消费者保护政策和立法理论的研究,各地纷纷制定消费者保护的地方性法规,在此基础上,国家立法机关于20世纪90年代初开始进行消费者保护的立法。1993年10月31日颁布《消费者权益保护法》,标志中国消费者保护政策的形成。依据《消费者权益保护法》的规定,中国消费者保护政策的要点如下。(1)中国消费者政策的目的是,保护消费者的合法权益,维护社会经济秩序,促进社会主义市场经济健康发展(第1条)。(2)经营者与消费者进行交易,应当遵循自愿、平等、公平、诚实信用的原则(第4条)。(3)国家保护消费者的合法权益不受侵害。国家采取措施,保障消费者依法行使权利,维护消费者的合法权益(第5条)。(4)保护消费者的合法权益是全社会的共同职责。国家鼓励、支持一切组织和个人对损害消费者合法权益的行为进行社会监督。大众传播媒介应当做好维护消费者合法权益的宣传,对损害消费者合法权益的行为进行舆论监督(第6条)。(5)国家制定有关消费者权益的法律、法规和政策时,应当听取消费者的意见和要求(第26条)。(6)各级人民政府应当加强领导,组织、协调、督促有关行政部门做好保护消费者合法权益的工作。各级人民政府应当加强监督,预防危害消费者人身、财产安全行为的发生,及时制止危害消费者人身、财产安全的行为(第27条)。由上述要点可知,中国消费者政策的实质在于,承认市场经济条件下的企业与广大消费者之间,存在利益冲突,必然会有一些企业要不择手段地损害消费者的利益。鉴于企业为拥有强大经济力的组织体,分散的、经济力薄弱的消费者难以与之抗衡,因此需要由国家承担保护消费者的职责,通过立法、行政等给予消费者特殊保护，补救其弱者地位，维持企业与消费者之间的利益平衡，建立和维护健康有序的市场经济秩序。这一消费者政策的重心，是对市场经济消极面的补救和对受害消费者的救济。

3. 消费者政策的调整

90年代后期开始，两个因素导致了中国消费者政策的调整。一是受亚洲金融危机的影响，中国经济遭遇一定困难，主要表现是国内需求不足，国内市场疲软。对此，中国政府提出立足于扩大国内需求的对策，开始重视增加消费对促进国民经济增长的作用。[①] 强调在注重扩大投资的同时，要注重引导和鼓励消费，开拓城乡消费市场，开辟更多的消费渠道。实际是将消费者政策纳入经济政策，作为经济政策的重要一环。二是中国准备加入世界贸易组织，要求营造良好的消费环境和市场环境，导致对消费者政策的重视。

现今中国消费者政策，不仅是补救市场经济的消极面和救济受害消费者的保护政策，而且成为国家经济政策的一个重要环节，发挥其引导消费、促进消费、扩大内需，推动经济增长的重大作用。[②] 我们可以认为，现今中国消费者政策，已开始朝积极的消费者政策转化。

（二）中国的消费者行政与消费者诉讼

1. 消费者行政

中国政府并未设立保护消费者权益的专门行政机关。《消费者权益保护法》第28条规定，各级人民政府工商行政管理局，应当依照法律、法规的规定，在自己的职责范围内，采取措施，保护消费者的合

[①] 1999年3月6日国家发展计划委员会主任曾培炎在《关于1998年国民经济和社会发展计划执行情况与1999年国民经济和社会发展计划草案的报告》中指出："继续扩大国内需求，是当前应对亚洲金融危机和国际市场变化的正确选择，也是我国经济发展的基本立足点和长期战略方针"。见《中华人民共和国第九届全国人民代表大会第二次会议文件汇编》，人民出版社，1999，第46页。

[②] 国家工商行政管理局局长王众孚在中国消费者协会成立15周年纪念大会上的讲话中强调："加强消费引导、维护消费者权益，为扩大内需推动经济增长服务"，"各级消费者协会要深刻领会启动消费的重大意义，在实际工作中，注重教育广大消费者转变消费观念，改善消费心态"。引自中国消费者协会编《中国消费者》2000年第1期。

法权益。按照这一规定，保护消费者合法权益，属于各级工商行政管理局的职责之一。但各级工商行政管理局内部，长期未设置负责保护消费者合法权益的分支机构和部门。[①] 直到 90 年代后期，中国政府致力于扩大内需，强调优化消费环境，启动消费、启动市场，调整消费者保护政策，才开始在各级工商行政管理局设立保护消费者权益的专职机构。1998 年，经国务院批准，国家工商行政管理局增设消费者权益保护司[②]，其职责是：研究拟定消费者权益保护规章制度及具体措施、办法并组织实施；组织查处严重侵犯消费者权益的案件；组织查处市场管理中发现的经销掺假及假冒产品的行为。1999 年开始在各地方工商行政管理局设消费者权益保护处、科。工商行政管理局的消费者权益保护司（处、科），代表政府行使消费者行政执法职能，依据《消费者权益保护法》、《工商行政管理机关受理消费者申诉暂行办法》(1996 年 3 月 15 日发布) 和《欺诈消费者行为处罚办法》(1996 年 3 月 15 日发布) 的规定，受理消费者申诉，对消费者与经营者之间的争议进行调解，对经营者欺诈消费者的行为进行处罚。

2. 消费者诉讼

受害消费者起诉经营者的诉讼案件，由被告所在地的人民法院的民事审判庭受理。自 80 年代末开始，消费者协会致力于在商业繁华的地区设立小额诉讼法庭的努力，迄今未获得成功。各级人民法院审理消费者诉讼案件，根据《民法通则》、《产品质量法》和《消费者权益

[①] 在国家工商行政管理局的公平交易局内曾设有消费者权益保护处，在地方工商行政管理局的市场管理处曾设有受理消费者投诉的科室。1984 年至 1998 年 10 月，全国工商行政管理局系统共处理消费者投诉 265 万件，为消费者挽回经济损失 17.8 亿元。此统计数字引自国家工商行政管理局副局长甘国屏 1998 年 12 月 25 日在纪念《消费者权益保护法》实施 5 周年暨消费者权益保护工作理论座谈会上的讲话稿。

[②] 在全国人大批准国务院精简机构、裁减 50% 工作人员的背景下，工商行政管理局增设消费者权益保护司（处、科），这件事本身就体现了中国消费者政策的调整。参见《政府保护消费者权益的重大举措》，《工商行政管理》1999 年第 24 期。

保护法》的规定,保护受害消费者的合法权益。由于人民法院历来对于受理案件数只做刑事、民事和行政的分类,缺乏进一步的细分,因此没有消费者诉讼案件数的统计数字。[①]

3. 中国消费者协会

中国消费者协会是由国务院决定成立的全国性社会团体。《消费者权益保护法》第32条规定消费者协会履行七项职能:(1)向消费者提供消费信息和咨询服务;(2)参与有关行政部门对商品和服务的监督、检查;(3)就有关消费者合法权益的问题,向有关行政部门反映、查询,提出建议;(4)受理消费者投诉,并对投诉事项进行调查、调解;(5)投诉事项涉及商品和服务质量的,可以提请鉴定部门鉴定;(6)支持受害的消费者提起诉讼;(7)对损害消费者合法权益的行为,通过大众传播媒介予以揭露、批评。中国消费者协会,于1987年9月被国际消费者联合会(CI)吸纳为正式会员。据统计,截至1999年10月底,全国县级以上的消费者协会,已达3138个。另有消费者协会分会30845个,投诉站103182个。[②] 需说明的是,消费者协会不同于一般民间团体,它是由各级政府发起成立的半官方的组织,协会工作人员和经费由工商行政管理局配备和提供,在同级工商行政管理局的领导下开展工作,属于"官办的社会团体"。[③]

[①] 据消费者协会的统计,由各级消费者协会支持受害人起诉的案件,1998年为10192件,1999年为8000件。引自中国消费者协会编《消费者协会简报》第4期(2000年1月20日)。实际上,各级人民法院受理的消费者诉讼案件数,远远大于由消费者协会支持受害人起诉的案件数。

[②] 引自中国消费者协会会长曹天玷在中国消费者协会二届九次理事会上的工作报告,《中国消费者》2000年第1期。

[③] 中国消费者协会会长曹天玷于1999年12月23日在中国消费者协会二届九次理事会上的工作报告中说:中国消费者协会不同于一般民间团体,是"有法定名称、法定性质、法定职能、法定行为规范的官办社会团体"。见《中国消费者》2000年第1期。可见,中国消费者协会,还说不上是消费者依据《消费者权益保护法》第12条规定的"消费者结社权",所自愿成立的民间消费者团体。从比较法上考察,中国消费者协会相当于日本的国民生活中心和韩国的消费者保护院,后二者都是经费由政府拨给、干部由政府任命的实施消费者保护政策的准行政组织。地方消费者协会,相当于日本地方政府的消费生活中心。

二 消费者问题的现状

(一) 从消费者受害投诉[①]看消费者问题

1999 年全国消费者协会受理消费者投诉 720410 件,支持消费者起诉 8000 件,由政府对违法经营者罚款 2877 万元。本年度投诉按照性质分析,质量问题占 66.6%,价格问题占 6.6%,虚假广告占 1.9%,假冒商品占 5.4%,计量问题占 8.3%,欺诈行为占 1.9%,其他占 9.3%。[②] 可见,以产品质量问题最为严重。[③] 本年度投诉,因使用商品造成人身伤残和财产损失的重大案件 1860 件,致伤 2716 人,致残 102 人,死亡 30 人,财产损失 1501 万元。其中,电视机燃爆 153 人,致伤 68 人,致残 1 人,死亡 3 人;啤酒瓶爆炸 979 件,致伤 888 人,致残 88 人,死亡 1 人;燃气热水器泄漏 21 件,致伤 15 人,死亡 12 人;劣质机动车 110 件,致伤 11 人,死亡 2 人;劣质电器 59 件,致伤 7 人,致残 1 人,死亡 4 人。[④] 中国消费者协会公布的本年度消费者投诉十大热点:一是消费者在商场等被强行搜身、侮辱、殴打、非法拘禁甚至伤害致残,在社会上引起强烈反响,要求保障消费者人格尊严;二是啤酒瓶爆炸未能得到解决,致伤、致残消费者依然严重;三是对虚假广告的投诉激增(13932 件,比上年度增长 32.6%),消费者损失难以挽回;四是消费者对房屋、建筑材料的投诉激增(21235 件,比上年度增长 20.2%),纠纷久拖不决;五是医疗投诉数量大(17246 件,比上年度增长 29.1%),解决难度大;六是食品卫生、安全问题依旧(146646 件,占 20.4%,比上年度增长 3.4%);七是美容服务投诉突出(7201 件,比上年度增长 45%);八是对邮电

---

① 各级工商行政管理局的消费者保护司、处、科也受理消费者投诉,但缺乏统计资料,这里介绍的是消费者协会系统受理消费者投诉的统计资料。
② 引自《消费者协会简报》第 4 期。
③ 另据质量技术监督局的统计,1999 年全国质量技术监督部门共查处制假售假违法案件 22.46 万件,查获假冒伪劣产品标价总计 35.43 亿元。见《北京晚报》2000 年 3 月 13 日,第 16 版。
④ 引自《消费者协会简报》第 4 期。

服务的投诉（25456 件，比上年度增长 27%）；九是对房屋装修的投诉（16923 件，比上年度增长 13.1%）；十是对日用消费品质量投诉居高不下（213537 件，占总投诉量的 29.6%，比上年度增长 8%）。[①]

（二）从新闻媒体的报道看消费者问题

从新闻媒体的报道和讨论，可以看到以下消费者问题。（1）因消费者公开批评揭露产品质量低劣而被诉名誉侵权问题，法院作为一般名誉侵权案件审理，往往对消费者不利。（2）消费者购买商品后对商品质量和售后服务不满意，在互联网上公布"我的上当经过"，引起广泛讨论，被经营者起诉侵犯名誉权，法院判决侵权责任成立，引起争论。[②]（3）饭店、商场附设的免费休息、娱乐场所拒绝中国人使

[①] 引自《消费者协会简报》第 4 期。
[②] 1997 年 8 月 1 日王洪以其所在公司的名义购买一台恒生笔记本电脑，1998 年 4 月该电脑开始出现故障，6 月 2 日送修被告知须付 7300 元修理费，就售后服务发生争执。1998 年 6 月 9 日王洪在互联网上发布题为《买恒生上大当》的文章。7 月 2 日消费者协会通知王洪：恒生答应修理。但王洪与恒生联系时被告知必须先道歉。7 月 3 日王洪在网上发布《势不低头》一文，并申请个人主页，建立《声讨恒生维护消费者权益》网站（后改名为《IT315，诉说你的心酸事》）。短短的时间内，有数千人浏览。7 月 28 日《生活时报》以《消费者网上诉纠纷，商家 E-mail 律师函》为题进行了报道，8 月 10 日《微电脑世界周刊》以《谁之过？？？一段恒生笔记本的公案》做追踪报道。1998 年 9 月 7 日恒生集团起诉王洪和《生活时报》、《微电脑世界周刊》侵犯名誉权，索赔 240 万元。1999 年 12 月 15 日北京市海淀区人民法院做出一审判决，认定侵权行为成立，判决王洪向原告支付赔偿金 50 万元，《生活时报》和《微电脑世界周刊》支付 240356.8 元，责令三被告刊登道歉声明。笔者认为，本案不仅涉及消费者利益与企业利益冲突的衡量，也涉及个人行使权利的界限及如何建立互联网上的法律秩序问题。王洪在网上发布题为《买恒生上大当》文章，与在普通媒体如报刊发表文章，并无本质区别，只要内容属实，即使有损于企业的商誉，亦应属于正当行使对经销者批评监督的权利，不应构成侵权责任。但是，任何正当权利的行使均有其合理界限，权利行使超越此合理界限，致他人遭受重大损害的，即构成权利滥用。禁止权利滥用为现代法治国家一项基本原则。王洪在互联网建立《声讨恒生维护消费者权益》网站，显然超越权利行使的合理界限，构成权利滥用。再者，考虑到我国法律为消费者行使权利提供了各种途径，如再允许任何人以维护消费者权益为由在互联网开设针对某个具体的企业和个人的网站，不仅将使所针对的企业或个人遭受重大损害，且严重违背建立健康、有序、正常的网络秩序的目的，有害于社会公共秩序和善良风俗之维持。如果上诉审法院能够变更裁判理由，仅认定王洪开设针对原告的网站的行为超越权利行使的合理界限，构成权利滥用，并考虑原告未履行销售者根据法律和合同应尽的义务，适用过失相抵，责令王洪撤销网站，并发表认错道歉声明以消除影响，免于承担金钱赔偿责任，则不失为合法、合理、合情之判决。至于《生活时报》和《微电脑世界周刊》发表报道文章，关系新闻自由和人民了解权，如果内容基本属实，应不构成侵权行为。

用，被消费者以损害个人人格尊严和民族尊严起诉要求停止侵害、赔礼道歉的案件，引起社会关注。[①]（4）因医院和医师过错造成患者受害得不到公正判决的事件，引起社会广泛关注。[②]（5）输血感染肝炎、性病、艾滋病的事件时有发生，在医院和医师方面无过错时，受害人往往得不到赔偿。[③]（6）消费者人格权遭受损害的情形，可依《民法通则》第 120 条要求精神损害赔偿，而关于消费者生命、身体遭受损害场合的精神损害赔偿未有明文规定。日资企业屈臣氏对消费者无端搜身案一审判决赔偿 25 万元，二审改判为 1 万元，导致对精神损害赔偿有无一定标准的讨论。[④]（7）从报道的事件看，农民因购

[①] 徐高诉北京燕莎中心及凯宾斯基饭店一案，见《人民法院报》2000 年 1 月 23 日，第 3 版。

[②] 此前，这类案件被称为医疗事故案件或医疗事故损害赔偿案件，将是否构成"医疗事故"作为被告承担损害赔偿责任的条件，是不正确的。"医疗事故"，是医疗行政上的用语，是对医院或医师追究行政责任的根据。因此，《医疗事故处理办法》对"医疗事故"的构成，做了严格限定，必须是"因医务人员诊疗护理过失，直接造成病员死亡、残废、组织器官损伤导致功能性障碍"，才属于"医疗事故"。虽有诊疗护理过失，而损害后果未达到死亡、残废和功能性障碍，不构成"医疗事故"。严格限定"医疗事故"的构成条件，据以追究责任医院或责任医师的行政责任，是合理的和适当的。但不能将"医疗事故"作为判断医院或医师是否承担民事责任的根据。按照《民法通则》的规定，医院或医师对受损害的患者承担侵权责任的条件是：因诊疗护理过失造成患者人身遭受损害，而不论损害后果是否严重。按照《合同法》的规定，医院或医师对受损害的患者承担违约责任的构成条件是：因医院或医师的违约行为造成患者人身或财产遭受损害，同样不论损害后果是否严重。损害后果是否严重及严重程度，仅是决定医院或医师承担损害赔偿责任大小（赔偿金额多少）的根据。据说有关方面正在考虑修改《医疗事故处理办法》，笔者建议删除其中关于一次性经济补偿的第 18 条，同时尽快实行强制性的医疗损害保险。

[③] 河南省南阳市中级人民法院在一起因输血感染艾滋病的判决中，认定医院并无过错，判决医院不承担责任；认定血站具有过错，判决血站对受害人承担损害赔偿责任。所适用的法律是《民法通则》关于侵权责任的第 106 条第 2 款。笔者认为此判决是正确的。问题是，在医院因不具有过错而免责的前提下，如果血站亦无过错，将如何保护受害人的利益？此属于不可避免之风险，建议尽快实行社会保障性质的强制性保险。在此强制性保险实行之前，则应适用《民法通则》第 132 条关于公平责任原则的规定，使血站和受害人分担损害。

[④] 广东省制定地方性法规规定经营者对消费者无端搜身、侮辱应支付不低于 5 万元的精神损害赔偿金。涉及地方性法规规定赔偿标准，是否合法的问题。民事权利义务不得由行政规章和地方性法规予以设定和限制，是现代法治一项基本原则，已在新合同法上得到正确体现。损害赔偿属于民事权利义务关系，由地方性法规规定赔偿标准，是不合法的。

买劣质种子、劣质农药、化肥所遭受的损害，比一般消费者受害更为严重。① （8） 近年出现一些新的消费者问题，例如，消费者因有线电视台违章插播广告、球赛中踢假球、图书内容错误等要求赔偿的案件。②

（三） 当前消费者问题的严重性③

消费品市场上，假冒伪劣商品并未根除，缺陷产品给消费者造成人身伤害和财产损失的情况经常发生；虚假广告、不真实表示仍很普遍，消费者难以获得真实、充分的消费信息；商品销售和服务提供中，欺诈行为仍很严重；自选市场等商业场所无端对消费者搜身、殴打、限制人身自由的事件时有发生；经营者以格式合同、店堂告示、通知、声明等方式规定不公平、不合理的合同内容，或者加重消费者负担、免除经营者责任的现象，还很常见；农民的消费环境不容乐观，劣质种子、劣质化肥、劣质农药、劣质农机导致农民遭受损害的情况仍很严重；在医疗及电信服务领域，消费者遭受损害后往往难以获得公正、合理的赔偿；竞争比较充分的行业和领域，消费者保护状况近年有所改善，而在缺乏竞争的、垄断性的行业的领域，损害消费者权益的现象仍很突出；一些地方政府片面追求地方经济发展，致乡镇企业、个体企业生产销售假冒伪劣产品和严重危害消费者人身安全的缺陷产品，受到地方保护主义的庇护，受害消费者投诉难、打官司难、索赔难、取证鉴定难，消费者保护政策未得到认真执行。总括言之，中国当前消费者问题仍很严重，要切实贯彻执行消费者政策，营造良好的消费环境和公正竞争的市

---

① 《消费者权益保护法》未规定消费者的定义，该法第 2 条规定：消费者为生活消费需要购买、使用商品或者接受服务，其权益受本法保护。显然将农民购买生产资料排除在外。但考虑到广大农民属于小农经营，与发达国家作为农场主的农民不同，其经济力薄弱，难以与经营者抗衡，因此在附则设第 54 条规定："农民购买、使用直接用于农业生产的生产资料，参照本法执行"。

② 以上是笔者平时从阅读报刊、收看电视广播所了解的情况，难以一一注明出处。

③ 以下是笔者个人的判断。

场环境，达到引导消费，扩大内需，促进经济发展的政策目标，任务还十分艰巨，还有很长的路要走。

三　有关产品安全和消费者合同的法规概要

（一）有关产品安全的法律法规

1. 概说

鉴于20世纪80年代初期，接连发生缺陷产品造成消费者人身伤害、死亡的重大案件，产品责任法的制定受到重视，1986年制定的《民法通则》，在参考美国严格产品责任法和欧共体产品责任指令的基础上，设第122条规定生产者和经销者对消费者的严格责任。为各级法院裁判缺陷产品致损案件，提供了基准。但是，由于该条文字表述欠明确，且未使用"缺陷"概念，致解释适用发生歧义。于是，1993年制定了《产品质量法》。该法沿袭在一部法律中同时规定公法规范和私法规范的传统，既包含关于产品质量监督管理的公法规范，也包含关于缺陷产品致损的损害赔偿的私法规范。另外，相继制定了一系列的各种产品质量和安全的管理法规。

2. 民法通则（1986年4月12日）

《民法通则》第122条规定：因产品质量不合格造成他人财产、人身损害的，产品制造者、销售者应当依法承担民事责任。依通说，该条确立了缺陷产品致损的严格责任。

《民法通则》第119条规定：人身损害的赔偿范围，包括医疗费、因误工减少的收入、残废者生活补助费等费用；造成死亡的，并应当支付丧葬费、死者生前扶养的人必要的生活费等费用。对导致受害人死亡或残疾场合的精神损害赔偿（抚慰金）和逸失利益未明文规定。

3. 产品质量法（1993年2月22日）

第一章总则，其中第2条第1款规定产品的定义：本法所称产品是指经过加工、制作，用于销售的产品。① 第 2 款明示：建设工程不适用本法规定。② 第二章规定产品质量的监督管理，第三章规定生产者、销售者的产品质量责任和义务，均属于有关产品质量管理的公法规则。

第四章损害赔偿，第 28 条是关于产品质量瑕疵担保责任的原则规定，属于合同法规则。此规则在新《合同法》第七章第 111 条得到进一步的明确和完善。第四章第 29 条至 34 条，规定缺陷产品致损的严格责任制度。第 29 条：因产品存在缺陷造成人身、缺陷产品以外的其他财产损害的，生产者应当承担赔偿责任。生产者能够证明有下列情形之一的，不承担赔偿责任：（1）未将产品投入流通；（2）产品投入流通时，引起损害的缺陷尚不存在；（3）将产品投入流通时的科学技术水平尚不能发现缺陷的存在。显然是参考了欧共体产品责任指令关于责任原则和免责事由的规定。第 30 条规定销售者的过错造成缺陷的、销售者不能指明产品生产者也不能指明供货者的，由销售者承担赔偿责任。第 31 条规定生产者与销售者对受害人承担连带责任。第 32 条规定损害赔偿的范围，此规定与民法通则第 119 条相同。第 33 条规定诉讼时效期间为 2 年，并参考欧共体指令规定了 10 年除斥期

---

① 近年关于输血用血液是否属于"产品"、输血感染案件可否适用《产品质量法》规定的严格责任，发生分歧。笔者主张输血用血液不是"产品"、输血感染案件不应适用严格责任的主要理由是：缺陷产品致损的严格责任，所针对的是机械化的、批量生产的工业产品，不包括输血用血液；现今也没有发现哪个国家的法律规定对输血感染案件适用严格责任。《产品质量法》第 2 条规定"本法所称产品，是指经过加工、制作，用于销售的产品。"依据解释，"加工"是指工业加工，且必须改变原材料的某些基本特性。因此，将从供血者身体抽取的血液，进行分装、储存、保管、运输及加入抗凝剂等，均不构成"加工"。即使血站向供血者支付了代价，甚至包装袋上印有商品标记，也不能使血液成为"产品"。根本的理由在于，血液不是劳动的成果，迄今人类还不能生产、制造血液，制造血液是活人身体的机能。劳动可以生产产品、创造财富，但不能生产血液！输血也不同于产品销售，而类似于人体器官移植。由输血的目的决定，对输血用血液不能进行任何加工，哪怕是像一般药品那样做消毒和杀菌处理。从法政策上看，如果将血液纳入"产品"范围，对血站追究严格责任，将不利于输血和医疗事业的维持。

② 新《合同法》第 282 条规定：因承包人的原因致使建设工程在合理使用期限内造成人身和财产损害的，承包人应当承担损害赔偿责任。依解释，本条就建设工程规定了严格责任。

间。第 34 条规定：本法所称缺陷，是指产品存在危及人身、他人财产安全的不合理危险；产品有保障人体健康，人身、财产安全的国家标准、行业标准的，是指不符合该标准。该条前段显然采纳了《美国侵权法二次重述》第 402A 条关于缺陷即不合理危险的定义。后段规定留下的问题是，如果产品符合国家标准或行业标准，却仍然造成他人损害的，生产者能否免责，如果生产者免责，则是否应当由国家承担赔偿责任？①

第五章罚则，规定对生产、销售不符合保障人体健康，人身、财产安全的产品的生产者、销售者追究行政责任和刑事责任。

4. 刑法（1979 年 7 月 1 日通过、1997 年 3 月 14 日修订）

鉴于少数不法厂商生产、销售伪劣电器、药品、食品、化妆品等严重危害人民的生命、身体、健康，有必要对产品安全采用刑法规制。第八届全国人大第五次会议于 1997 年 3 月 14 日通过对刑法的修订，在分则第三章增设第一节生产、销售伪劣商品罪（第 140～150 条），共 11 个条文。②例如，第 140 条规定对故意生产、销售伪劣商品的，依销售金额处有期徒刑或者拘役，并处或单处罚金，最高可处 15 年有期徒刑或者无期徒刑，销售金额二倍以下罚金或者没收财产。第 141 条规定生产、销售假药，致人死亡或者造成特别严重危害的，可处 10 年以上有期徒刑、无期徒刑或者死刑。第 143 条规定生产销售不符合卫生标准的食品，造成严重食物中毒，后果特别严重的，最高可处 7 年以上有期徒刑或者无期徒刑。第 150 条规定单位犯本节之罪，对单位

---

① 笔者的意见是，在产品存在"不合理危险"的场合，法院不得认可生产者以产品符合国家标准或行业标准为由主张不存在缺陷或者要求免责。
② 修订前的刑法分则第三章破坏社会主义经济秩序罪，不分节，仅有 15 个条文。修订后的刑法分则第三章破坏社会主义市场经济秩序罪，分为八节，共 92 个条文：第一节生产销售伪劣商品罪（140～150 条）；第二节走私罪（151～157 条）；第三节妨害对公司、企业的管理秩序罪（158～169 条）；第四节破坏金融管理秩序罪（170～191 条）；第五节金融诈骗罪（192～200 条）；第六节危害税收征管罪（201～212 条）；第七节侵犯知识产权罪（213～220 条）；第八节扰乱市场秩序罪（221～231 条）。

判处罚金，并对其直接负责的主管人员和其他直接责任人员，依照各该条的规定处罚。

5. 其他

关于产品安全的行政法律，还有《药品管理法》（1984 年 9 月 20 日）、《食品卫生法》（1995 年 10 月 30 日）等。

（二）有关消费者合同的法律法规

1. 概说

中国在 20 世纪 80~90 年代，先后制定过三部合同法①，均不包括消费者合同；为了实现市场交易规则的统一和合同法的现代化，于 1999 年颁布的新《合同法》，不采消费者合同单独立法的模式，而统一规定商事合同和民事合同（包括消费者合同）。按照立法指导思想，合同当事人一方为消费者、劳动者的场合，应当优先考虑对消费者和劳动者利益的特殊保护，亦即对生产者和经销者一方的合同自由予以某种程度的限制。同时以《消费者权益保护法》中关于消费者合同的规定，作为《新合同法》的特别法，在适用上处于优先地位。因此，中国不存在单独的消费者合同法；有关消费者合同，应当适用《合同法》和《消费者权益保护法》。

2. 合同法（1999 年 3 月 15 日）

包括 23 章及附则，共 428 条。其中，有关消费者合同的特殊规则主要是：第 39~41 条关于格式合同的规则：第 39 条规定，提供格式条款的一方应当遵循公平原则确定当事人间的权利义务，违反公平原则构成显失公平的，受害方依第 54 条享有撤销权；同条规定，提供格式条款的一方，对于免责条款和限制责任的条款，负有提示义务和说明义务，依解释，不履行提示义务和说明义务的，该免责条款或限制责任的条款无效；第 40 条规定，格式合同中免除提供格式条款一方主

---

① 1981 年的经济合同法，1985 年的涉外经济合同法和 1987 年的技术合同法。

要义务①、加重对方责任、排除对方主要权利的条款无效；第41条规定格式合同条款有两种以上解释的，应当作出不利于提供格式条款一方的解释。第53条规定关于免责条款的规则：免除人身伤害的责任的免责条款无效②，免除故意和重大过失造成对方财产损失的责任的免责条款无效。

此外，在租赁合同、客运合同等章有少量保护消费者利益的特殊规则。

3. 消费者权益保护法（1993年10月31日）

包括8章：总则；消费者的权利；经营者的义务；国家对消费者合法权益的保护；消费者组织；争议的解决；法律责任；附则。共55条。须注意中国《消费者权益保护法》与日本保护消费者基本法的区别：日本法属于政策基准法，主要是规定消费者保护的政策目标、国家、公共团体、事业者的责任、消费者的作用及行政组织和保护消费者会议，并未规定具体的裁判规则③；中国《消费者权益保护法》除关于消费者政策的规定外，还包含具体的裁判规则，法院裁判案件时可以直接适用。

具体的裁判规则包括：第24条规定不公平、不合理的合同条款或免责条款无效；第25条规定经营者不得对消费者侮辱、诽谤、搜身，不得侵犯消费者人身自由；第35条规定消费者因商品缺陷造成人身、财产损害的，既可以向销售者要求赔偿，也可以向生产者要求赔偿，实质上是规定销售者和生产者对消费者承担连带责任；第41、42条补充了《民法通则》第119条关于人身伤害损害赔偿的规则，增加了

---

① 原文为"免除其责任"，与39条和53条冲突，应当解释为"免除其主要义务"。
② 原文为"造成对方人身伤害的"免责条款无效，文字表述欠准确。
③ 日本保护消费者基本法（昭和43年5月30日法律第78号），包括第一章总则、第二章关于保护消费者的措施、第三章行政机关、第四章保护消费者会议、附则，共20个条文。见辽宁大学日本研究所译《日本经济法概要》，地质出版社，1982，第248~251页。

残疾赔偿金和死亡赔偿金;① 第49条针对经营者的欺诈行为规定了惩罚性损害赔偿②,修正了民法关于损害赔偿责任的补偿性原则,目的在于刺激受害消费者同销售者的欺诈行为做斗争。

中国《消费者权益保护法》,从规定消费者保护的政策、消费者权利、经营者义务、国家责任和消费者组织的内容看,属于中国消费者保护的政策基准法;但上述条文,是特殊保护消费者利益的具体裁判规则,应属于民事特别法,在裁判上应当优先于民法通则和合同法适用。③ 是实质上的消费者合同法的内容。

中国《消费者权益保护法》未明文规定消费者和经营者的定义,但根据该法第2条和第3条的规定,可以得出下述解释:所谓消费者,是指为自己和家庭生活消费的目的而购买商品、接受服务的自然人;所谓经营者,是指为营利目的而生产、销售商品或者提供服务的自然人、法人和其他组织;所谓消费者合同,是指当事人一方为消费者、另一方为经营者的合同。④

4. 其他

《反不正当竞争法》(1993年9月2日)和《广告法》(1994年10月27日)等也有关于消费者合同的少量规定。

(本文原载于《法学》2000年第5期)

---

① 残疾赔偿金和死亡赔偿金的性质是精神损害赔偿抑或逸失利益,存在分歧,一些法院在裁判人身伤害的赔偿案件中,将残疾赔偿金解释为精神损害赔偿。例如,北京市海淀区法院1997年裁判的贾国宇案。

② 第49条:"经营者提供商品或者服务有欺诈行为的,应当按照消费者的要求增加赔偿其受到的损失,增加赔偿的金额为消费者购买商品的价款或者接受服务的费用的一倍。"据消费者协会的统计,1999年受害消费者依据该条获得的惩罚性损害赔偿金为1044万元。见《消费者协会简报》第4期,第1页。

③ 新《合同法》第122条规定:"因当事人一方的违约行为,侵害对方人身、财产权益的,受害方有权选择依照本法要求其承担违约责任或者依照其他法律要求其承担侵权责任。"认可合同责任与侵权责任的竞合。条文中所说"**其他法律**",当指民法通则关于侵权责任的规定和产品质量法第四章关于严格产品责任的规定。

④ 医院与患者之间的医疗服务合同不属于消费者合同,因为医院不是经营者。

劳动法和社会法

我国《劳动合同法》中的
倾斜保护与利益平衡

董文军[*]

2007年6月29日通过的《中华人民共和国劳动合同法》（以下简称《劳动合同法》）已于2008年1月1日起正式施行。该法是我国继1994年通过《中华人民共和国劳动法》（以下简称《劳动法》）之后调整劳动关系的又一部重要的立法。随着我国社会主义市场经济体制的进一步发展完善，劳动关系领域出现了很多新问题亟待法律的调整。《劳动合同法》针对这些新问题，进一步完善了劳动合同制度。《劳动合同法》第1条规定，为了完善劳动合同制度，明确劳动合同双方当事人的权利和义务，保护劳动者的合法权益，构建和发展和谐稳定的劳动关系，制定本法。本条规定明确了劳动合同法的立法宗旨，即完善劳动合同制度、保护劳动者合法权益、构建和发展和谐稳定的劳动关系。其中"保护劳动者合法权益"体现了对劳动者的倾斜保护，而"构建和发展和谐稳定的劳动关系"则需通过平衡劳动者和用人单位之间的利益关系来实现。本文拟针对《劳动合同法》在调整劳动关系过程中倾斜保护与利益平衡的典型制度设计，探讨倾斜保护与利益平衡的关系。

一 规章制度制定中的倾斜保护与利益平衡

《劳动合同法》第4条第2款规定，用人单位在制定、修改或者

---

[*] 董文军，吉林大学法学院副教授。

决定有关劳动报酬、工作时间、休息休假、劳动安全卫生、保险福利、职工培训、劳动纪律以及劳动定额管理等直接涉及劳动者切身利益的规章制度或者重大事项时，应当经职工代表大会或者全体职工讨论，提出方案和意见，与工会或者职工代表平等协商确定。用人单位制定规章制度、决定重大事项属于行使经营自主权的体现，《劳动合同法》赋予劳动者规章制度制定权和重大事项决定权其实质就是使劳动者参与到用人单位的经营管理过程中，这就涉及劳动者参与用人单位的民主管理问题。法律赋予劳动者参与用人单位的民主管理的权利，目的是保护劳动者的合法权益。

在我国，劳动者参与用人单位的民主管理虽然有明确的法律依据，但是无论是从理论还是从实践的角度分析，劳动者参与用人单位的民主管理确实存在一些难以解决的问题。第一，普通劳动者一般都不具备企业管理方面的知识，其没有能力胜任用人单位的经营管理工作。第二，劳动者参与用人单位的经营管理工作，但是其并不具备承担责任的能力。在主张职工参与制的论述中，普遍以人力资本理论作为理论基础，认为人力资本也是资本的一种形态，职工受雇于企业也是对企业进行投资，所以参与公司决策是理所当然的。然而从法学意义角度分析，人力资本并不具有担保性，如果劳动者以人力资本参与企业管理势必需要承担无限责任。这不仅使得现代公司作为融资手段而存在受到了挑战，而且也是不符合社会条件的。[①] 德国作为世界上劳工参与制最为完善的国家，其制度的实施陷入了困境之中。"虽然劳工参与制度并不会对德国厂商决定将生产基地转移到国外起了决定性作用，然而外国大公司在考虑设厂之地点时，因为不能忍受劳工参与会影响他们企业经营之决策权，而不愿在德国生产。任何外国厂商不愿在德国生产者，其对国民经济所造成之不利，其实是与德国厂商

[①] 冯彦君、邱虹：《职工参与制及其理论基础质疑》，《当代法学》2007年第5期。

将生产基地转移至国外相同的。"[1]

在立法的过程中,《劳动合同法》草案曾经规定:"规章制度涉及劳动者切身利益的,应当经工会、职工代表大会讨论通过,或者通过平等协商做出规定。"这样的规定曾经引起较大的分歧。一种意见认为,制定规章制度和决定重大事项是企业的经营管理自主权,是用人单位的"单决权"。用人单位在制定规章制度和决定重大事项时只要听取工会和职工的意见就可以了,规定经过工会、职工大会或者职工代表大会讨论通过,一旦意见不统一,势必造成规章制度或者重大事项久拖不决,限制了用人单位的经营自主权。另一种意见认为,用人单位制定规章制度应当有劳动者参与,从国外的情况看,涉及职工切身利益的事项,很多都是用人单位和职工双方共同决定的内容,属于"共决权"。最后,综合考虑各方的意见,《劳动合同法》才做出了第4条第2款的规定。[2] 由于劳动者参与用人单位的民主管理存在一定的问题,所以笔者并不赞同推广职工民主参与制。此次劳动合同立法规定了劳动者参与用人单位规章制度的制定以及重大事项的决策,是通过一定程度的限制用人单位的经营自主权实现了对劳动者利益的倾斜保护。但是此种倾斜保护并非完全无视用人单位的利益,劳动者的参与仅限于直接涉及切身利益的规章制度和重大事项。此规定是我国《劳动合同法》中通过倾斜保护协调劳动者和用人单位利益比较好的范例之一。

二 无固定期限劳动合同中的倾斜保护与利益平衡

无固定期限劳动合同是指用人单位与劳动者约定无确定终止时间的劳动合同,只要没有出现法定解除情形或者双方协商一致解除的,

---

[1] 杨通轩:《劳工参与企业经营在德国所引起之劳工法问题》,《人大报刊复印资料·台港澳及海外法学》1998年第5期。

[2] 信春鹰:《中华人民共和国劳动合同法释义》,法律出版社,2007。

劳动合同就需要继续履行。实践中，受经济利益的驱动，用人单位往往选择使用年轻的劳动者，等劳动者年老体衰之后就不再使用，完全不考虑劳动者在年轻时为单位做的贡献。从保障劳动者就业权的角度看，无固定期限劳动合同比固定期限劳动合同更有利于劳动者。所以，许多国家和地区在立法中积极主张无固定期限劳动合同的适用。

如我国台湾地区规定，临时性、短期性、季节性及特定性工作得为固定期限劳动契约，有继续性工作应为无固定期限劳动契约。德国规定，固定期限劳动合同如第二次续订，就要订立不定期劳动合同。① 针对我国劳动关系领域自实行劳动合同制度以来普遍存在的劳动合同短期化现象（实践中用人单位与劳动者一般签订一年的固定期限劳动合同），《劳动合同法》在1994年实行的《劳动法》的相关规定的基础之上，增加了劳动者与用人单位之间成立无固定期限劳动合同的情形，并修改了成立的条件。首先，增加了成立无固定期限劳动合同的情形。即除了在同一用人单位连续工作满十年外，还规定了用人单位初次实行劳动合同制度或者国有企业改制重新订立劳动合同时，劳动者在该用人单位连续工作满十年且距法定退休年龄不足十年和连续订立二次固定期劳动合同两种情形。其次，修改了《劳动法》中法定无固定期限劳动合同成立的条件。《劳动法》第20条规定成立无固定期限劳动合同的条件是当事人双方同意续延劳动合同的，如果劳动者提出订立无固定期限的劳动合同，应当订立无固定期限的劳动合同。而《劳动合同法》第14条则规定，只要劳动者提出或者同意续订、订立劳动合同的，除劳动者提出订立固定期限劳动合同外，应当订立无固定期限劳动合同。由此可见，只要符合成立无固定期限劳动合同的法定情形，则完全由劳动者的意愿决定是否订立无固定期限的劳动合同，用人单位没有任何发表自己意见的机会。

增加的情形以及修改的条件其实质是倾斜保护劳动者，由此却引

---

① 王全兴：《劳动法》（第二版），法律出版社，2004。

发了用人单位应对《劳动合同法》有关固定期限劳动合同的规定大量裁员的事件。[①] 可见，在倾斜保护劳动者的过程中，势必影响到用人单位的用工成本，从而再次触及劳动者和用人单位双方利益平衡问题。实践中，针对《劳动法》中规定的劳动者在同一用人单位连续工作满十年的情形，许多用人单位与劳动者每年只签订并履行十一个月的劳动合同来规避法律。针对实践中的情况，本次《劳动合同法》实施后，应通过相关法律制度来进一步完善这一规定，否则，此规定形同虚设，达不到倾斜保护劳动者的目的。而对于连续订立两次固定期限劳动合同，就可以订立无固定期限劳动合同的情形的合理性却有待探讨。从理论上讲，此规定是为了保护劳动者，使其与用人单位之间可以形成长期的固定用工关系。但是在实践中引发的法律后果却恰恰是相反的。对于社会生活中存在的大量的替代性很强的职业，如送报工，用人单位与其签订一次固定期限劳动合同后，就不会再与其连续签订劳动合同。此处的倾斜保护实质上恰恰不利于劳动者。而对于用人单位和劳动者来讲，如果没有法律的这种规定，二者之间建立相对持续性劳动关系的可能性要大得多。用人单位也愿意使用熟练工人，毕竟招用新工人需要增加上岗前培训的成本。由于没有充分地考虑利益平衡问题，使得倾斜保护流于形式，用人单位与劳动者双方的利益

---

① 比较典型的、引起社会反响较大的就是华为公司员工辞职事件。据报道，华为公司所有工作满八年的华为员工，在 2008 年元旦之前，都要先后办理主动辞职手续（即先"主动辞职"，再"竞业上岗"），再与公司签订 1～3 年的劳动合同；废除现行的工号制度，所有工号重新排序。华为官方人士对此不愿过多置评，但认为正在实施的人力资源体系调整相对提高了员工的福利，"员工们都非常满意"。而记者采访华为员工时，他们大都表示对方案表示理解，同时薪金的确有所增加。知情人士表示，华为此举意在规避即将于 2008 年 1 月 1 日起实施的新《劳动合同法》"规范劳动用工以及保持企业的竞争力采取的做法"中对企业未来用人制度带来的挑战。今年 6 月经全国人大常委会审议通过的新劳动法规定：劳动者在满足"已在用人单位连续工作满十年的"或"连续订立二次固定期限劳动合同"等条件后，便可以与用人单位订立"无固定期限劳动合同"，成为永久员工。记者采访深圳外商投资行业协会等机构后得知，新劳动法目前已在很多大公司内部引起较大反应，不少公司已在酝酿和调整自己的人力资源管理政策。参见《华为应对新〈劳动合同法〉万名员工自选去留》，http://tech.sina.com.cn/t/2007.10.27/001818-17070.shtml，2007 年 11 月 1 日。

在倾斜保护的名义之下均未获得实现。

三 劳动合同解除中的倾斜保护与利益平衡

劳动合同的解除是指劳动合同当事人依法提前终止劳动合同法律效力的行为。我国《劳动合同法》规定了劳动合同双方协商一致解除和单方解除,并明确规定了用人单位和劳动者可以单方解除劳动合同的情形。在劳动合同解除的相关法律规定中也体现了对劳动者的倾斜保护,赋予了劳动者单方预告解除权。《劳动合同法》第37条规定,劳动者提前三十日以书面形式通知用人单位,可以解除劳动合同。劳动者在试用期内提前三日通知用人单位,可以解除劳动合同。

早在1994年实施的《劳动法》中就已经规定了劳动者的单方预告解除权,针对这一规定,学者们提出了不同的见解。争论的焦点主要在于此条规定是否公平以及其具体的适用范围。有的学者认为,法律只规定劳动者单方预告解除权,导致用人单位与劳动者严重利益失衡,违反公平原则。法律也应该赋予用人单位这种单方预告解除权,但其应该为劳动者提供经济补偿。[①] 有的学者认为,恰恰是由于劳动合同的特殊性决定法律需要赋予劳动者单方预告解除权。[②] 有的学者认为单方预告解除权适用于固定期限劳动合同,与合同法原理不符,应当借鉴国外的立法例,规定单方预告解除权只适用于无固定期限的劳动合同。[③] 笔者认为,此处对劳动者的倾斜保护从鼓励劳动力自由流动、保障劳动者的择业自由权的角度考虑具有合理性。但是在具体适用范围上应仅限于无固定期限的劳动合同。对于固定期限的劳动合

[①] 此观点可参见马强《劳动合同若干问题研究》,《中国人民大学学报》2001年第1期;杨凯《单方解除劳动合同的若干实体法难题探讨》,《法商研究》2001年第1期。

[②] 此观点参见胡晓楠《劳动者辞职权探悉》,《中国劳动》2003年第8期。

[③] 此观点可参见冯彦君《解释与适用——对我国劳动法第31条规定之检讨》,《吉林大学社会科学学报》1999年第2期;马强《劳动合同若干问题研究》,《中国人民大学学报》2001年第1期;杨凯《单方解除劳动合同的若干实体法难题探讨》,《法商研究》2001年第1期。

同而言，合同的期限是双方当事人自由协商的结果，在合同的期限内享有合同规定的权利、履行合同规定的义务，是双方当事人的合理预期。如果在固定期限的劳动合同履行过程中，允许劳动者行使单方预告解除权，首先就违背了诚实信用原则，法律认可劳动者这种出尔反尔的行为，使其具有了合法性。其次，使得用人单位依据劳动合同期限所产生的合理预期落空，损害用人单位的合法利益。此处对于劳动者的倾斜保护是在损害用人单位利益的基础上进行的，对于其合理性值得探讨。

四 倾斜保护与利益平衡的关系

劳动合同立法体现出对劳动者的倾斜保护，其基本价值取向是对实质平等的追求。平等是法律的基本价值追求之一，是合同制度存在的前提。劳动合同作为规范劳动者和用人单位之间权利义务关系的协议，自然也是以平等作为其存在的前提条件的。但是，劳动者在与用人单位签订劳动合同的过程中，虽然法律地位在形式上是平等的，但实质上却是不平等的。与用人单位相比，劳动者处于弱势地位，其原因在于：其一，在劳动力要素市场上，劳动力的供给往往大于需求，就业机会稀缺形成"买方市场"。在"买方市场"结构中，劳动者之间的就业竞争加剧，劳动者的选择余地和谈判能力都大为减弱；其二，劳资关系是一种对立统一的关系，劳资双方处于利益共同体之中，但也存在着利益矛盾，在二者的抗衡与较量中，劳动者常常不得不做出让步；其三，劳动关系是一种兼有财产和人身双重因素的社会关系，在这种混合关系中，劳动者隶属于劳动组织（单位），必须接受单位的组织安排，居于一种单向服从的地位。[①] 劳动合同制度在劳动者和用人单位之间进行权利和义务分配的实质是对双方的权利义务做出了差别安排，而这种差别安排体现了对劳动者的特殊保护，这种特殊保

---

① 冯彦君：《民法与劳动法：制度的发展与变迁》，《社会科学战线》2001 年第 3 期。

护意在改善在交易中处于不利地位的劳动者的状况,反映了法律对弱者的一种特别关注。①

我国《劳动合同法》的具体制度设计中清晰地体现出倾斜保护的立法宗旨,但对劳动者的倾斜保护是通过限制用人单位的生产经营自由实现的。倾斜保护的合理性就在于劳动者的弱者地位,正当性就在于保障社会经济稳定健康地发展。但是,对劳动者的倾斜保护、对用人单位的限制并非没有限度。"人类之所以有理有权可以个别地或者集体地对其中任何分子的行动自由进行干涉,唯一的目的只是自我防卫。这就是说,对于文明群体中的任一成员,所以能够施用一种权力以反其意志而不失为正当,唯一的目的只是要防止对他人的危害。若说为了那人自己的好处,不论是物质上的或者是精神上的好处,那不成为充足的理由。"② 对劳动者的倾斜保护并非是以牺牲用人单位的利益为代价的,其目的是尽可能使劳动者具有与用人单位平等的对话能力。如果过分强调对劳动者的保护,将会使通过倾斜保护劳动者所建立起来的平等再度被打破,损害用人单位的利益。我国《劳动合同法》关于法定的成立无固定期限劳动合同的情形的规定以及劳动合同解除中对于劳动者单方预告解除权的规定均体现了对劳动者的倾斜保护,但是如前文所分析的,此种倾斜保护是以牺牲用人单位的利益为代价的,破坏了劳动者与用人单位之间的利益平衡,从而使得此种制度设计失去了正当性。而关于规章制度制定的相关规定则较好地处理了劳动者与用人单位之间的关系,通过倾斜保护实现了利益平衡。在调整劳动关系的过程中,倾斜保护的目的是改善劳动者的弱势地位,实现其与用人单位的实质平等,最终实现二者之间的利益平衡。失去了利益平衡的目标,倾斜保护就不符合正义的要求,不具有正当性。

---

① 董文军:《劳动合同立法中的平等观》,《当代法学》2006 年第 6 期。
② 〔英〕约翰·密尔:《论自由》,程崇华译,商务印书馆,1959。

2004年,中国共产党十六届四中全会明确提出构建社会主义和谐社会的目标。2006年10月11日,中国共产党十六届六中全会做出了《中共中央关于构建社会主义和谐社会若干重大问题的决定》,指出了实施积极的就业政策,发展和谐劳动关系是构建社会主义和谐社会的重要组成部分。劳动者与用人单位之间由于存在着利益上的冲突,用人单位必然会利用自己的强势地位谋取利益,由此就会产生损害劳动者利益的问题。而损害劳动者利益的问题严重到一定程度势必会影响社会经济的发展。正确处理劳动者和用人单位之间的利益关系,通过倾斜保护实现利益平衡是构建和谐稳定劳动关系、促进经济发展的必然要求。

(本文原载于《当代法学》2008年第3期)

《社会保险法》的价值与创新

林 嘉[*]

一 《社会保险法》之价值与功能

(一)《社会保险法》之价值

我国社会保险立法价值可以分为两个层次：一是社会保险法在立法技术上所要实现的规范价值，即明确社会保险法律关系以及法律关系主体的权利、义务及其责任；二是社会保险立法在宏观上要实现的目的价值，即要实现社会公平与实质正义的价值。我国《社会保险法》第1条规定："为了规范社会保险关系，维护社会保险参加人的合法权益，使公民共享发展成果，促进社会和谐稳定，根据宪法，制定本法。"本条文体现了上述两种立法价值。

立法的规范价值和目的价值有密切的联系，规范价值是目的价值实现的前提，其对于目的价值的实现具有重要影响；而目的价值是规范价值形成的指引，并在终极意义上评价规范价值的确立与否。

1. 法的规范价值

法的规范价值，即法作为一种具有法律拘束力的规范，在明确权利、义务及责任方面所体现的价值。法作为一种社会现象，固然有其内在的价值和规律，但在现代社会，它更多的是作为社会秩序的调节器。法对社会关系的调节作用，是法存在并发展的重要价值。如果将权力和权利视为一种社会资源，法律则是一种特殊的资源配置机制。法

---

[*] 林嘉，中国人民大学法学院教授、博士生导师。

律是关于权利义务的规范，相应地，一切法律关系都可以用权利义务的模式来加以表述，法律在一定意义上就是对权利义务的一种确定性分配。法律关系是被用作整理法律及展示法律的技术工具。[1] 法的规范价值主要就是通过法律关系这一工具对权利义务进行明确而体现出来的。

　　社会保险法律关系是社会保险主体在参加社会保险活动中形成的权利义务关系。社会保险法律关系的主体包括（1）劳动者和城乡居民——社会保险的受益主体，同时也是缴费主体；（2）用人单位——社会保险的主要缴费主体；（3）国家或者政府——社会保险的责任主体、行政主体；（4）社会保险管理和经办机构——社会保险的服务主体。社会保险法律关系的内容主要体现为社会保险费用缴纳请求权、社会保险费用缴纳义务、社会保险待遇给付请求权、社会保险待遇给付义务。社会保险法就是要通过立法的规范，明确社会保险法律关系主体的权利、义务和责任。作为社会保险的受益主体的劳动者，有权要求用人单位为其缴纳社会保险费，并请求社会保险机构给付社会保险待遇。城乡居民参加基本养老保险和医疗保险也有权获得相应的社会保险待遇。作为用人单位而言，必须依照法律规定，为劳动者办理社会保险登记并承担缴纳社会保险费的义务，目前我国实行的养老、医疗、工伤、失业、生育五个保险项目中，用人单位都必须承担缴费义务，否则要承担相应的法律责任。作为国家或政府而言，负有建立社会保险制度，承担社会保险制度的运行，提供政府财政支持的责任。社会保险经办机构负责办理社会保险的登记、保险金的缴纳和发放等各种社会保险方面的管理和服务工作。一旦主体的权利义务被法律确定下来，就须依法律规定履行义务行使权利，而公民的社会保险请求权就有了法律依据。同时，法律的稳定性和连续性可以使社会保险主体的权利义务获得确定性，使社会保险制度具有连续实施的生命力。

---

[1] 林海权：《社会保险法律关系的理论分析》，载林嘉主编《社会法评论》第 4 卷，中国人民大学出版社，2009，第 159 页。

而且，透过这些稳定、不会轻易被改变并有法律保障的制度安排，社会保险主体各自的权利义务明确了然，社会成员对自己享有的社会保险权有了合理的预期，这种明确合理的预期能够有效地减少社会保险各项制度在实施过程中的纠纷和摩擦，使制度在社会中的运作更加自如。

2. 法的公平价值

法律具有多层次的价值体系，在社会保险法律制度中，公平和效率价值之间的序列关系一直是争议的焦点。我们认为，社会保险法首先应当以社会公平为其价值追求，在公平的前提下兼顾效率。实现社会公平是建立社会保险制度的基本理念。实现社会公平源于人们对平等的追求，罗尔斯（John Rawls）在其《正义论》中，明确提出社会正义是人类追求的目标，所有社会价值——自由和机会、收入和财富、自尊的社会基础——都要平等地分配，除非对其中的一种价值或所有价值的不平等分配合乎每一个人的利益。[①]罗尔斯认为，社会正义是人类追求的目标，而平等和公平是达到该目标的工具。社会保险是对国民收入进行分配和再分配的一种方式，社会保险的运作是国民收入的一种转移，即从高收入者转移到低收入者，从健康者转移到疾病者和残疾者，从家庭负担轻者转移到家庭负担重者等，这种转移的理论基础之一就是建立在社会公平之上。因此，社会保险法以追求社会公平为其价值目标，通过立法以保障公民的社会安全和经济安全，谋求人们对美好生活期待的实现，既保障了人们在各种意外风险出现时的基本生活，又能保障社会大众共同分享社会发展成果，使人类社会共同迈向文明与进步。

社会保障是为了满足社会公平的目标而采取的一种社会机制，用以弥补市场分配的不足，本身带有浓厚的公平色彩。就公平和效率的关系来说，既有相互矛盾的一面，但又有相互促进的一面。社会保障追求公平的目标，主要是通过对国民收入的再分配以实现一种相对的

---

① 〔美〕约翰·罗尔斯：《正义论》，何怀宏译，中国社会科学出版社，2009，第54页。

社会公平，这需要有大量的资金来支撑该制度的运作，在一定程度上来说是以牺牲效率来实现的。但同时应当看到社会保障对经济效率起到的独特作用，这表现为公平对效率能产生直接的影响。比如，当人们认为社会制度的设计是公平的，他们会安于现状，勤奋工作，并激发出极大的热情和积极性，为社会创造出更多的财富，从而创造出高效率。相反，当人们认为社会制度是不公平的，则他们会对社会产生抵触心理，结果导致生产效率低下，难以创造出高效的劳动成果。

总之，在公平和效率的协调上，中国的社会保险立法应当立足于中国的实际，与中国的社会经济发展水平相适应。《社会保险法》第3条规定："社会保险制度坚持广覆盖、保基本、多层次、可持续的方针，社会保险水平应当与经济社会发展水平相适应。"广覆盖、保基本体现了社会公平的思想，贯彻了社会保险普遍性和生产保障的原则，将我国境内所有用人单位和个人都纳入了社会保险的覆盖范围，其中基本养老保险和基本医疗保险覆盖了我国城乡全体居民，以实现"老有所养、病有所医"，工伤保险、失业保险和生育保险覆盖了所有用人单位及其职工。而多层次、可持续、社会保险水平与经济社会发展水平相适应则体现出兼顾效率的思想。在社会保险制度中，必须把公平和效率有效地协调，以实现市场经济的有序发展与和谐社会的稳步构建。

（二）《社会保险法》之功能

社会保险法的功能可以分为经济功能和社会功能两大方面。

1. 经济功能

（1）收入再分配功能

作为收入再分配的一种形式，社会保险的基本功能就是对社会分配的参与，通过其分配机制的特有功能，缓解社会分配不公平所造成的影响，为社会成员提供基本生活保障。在现实经济生活中，社会成员在国民收入分配和再分配（除社会保障分配外）中形成的收入水平存在着很大的差异，这种差异取决于很多因素，包括人的智力、体力的不同，分配准则的不同，以及机会的不同等。社会保险以向单位和劳动者个人收费的方式建立社会保险基金，实行统筹使用，对于有困难和需要的人予以救助，由此对收入差异进行调整。收入分配不公是当今中国存在的一个极大的社会问题，分配不公导致收入分配差距拉大。目前我国的基尼系数已超过了警戒线，不同人群、不同行业之间的收入差距正在拉大，而劳动报酬占国内生产总值（GDP）的比重持续下降，劳动收入跟不上经济增长和财政收入的步伐，低端劳动者的收入普遍偏低，导致劳资双方的矛盾和对立加大。社会保险分配是国民收入分配的重要组成部分，其分布在国民收入分配和再分配的全过程，应当加大社会保险的收入再分配功能，发挥其分配机制中公平调节器的作用。

(2) 宏观经济运行的平衡功能

宏观经济运行的平衡，主要指国民经济总供给和总需求的均衡。社会保险收支对于平衡国民经济总供给和总需求有重要影响。由于社会保险制度要求有巨额的资金作保证，因此，通过社会保险的运作，则能够很好地调节市场的供求关系。当经济处于强劲增长时，失业率下降，社会保险支出相应减少，社会保险基金的储存规模因此而增大，从而抑制社会需求的膨胀；当经济处于衰退时，失业率上升，更多的人符合了领取失业保险金的条件，社会保险基金的支出自动增加，从而抑制了个人收入水平的下降，加大社会的有效需求。在扩大市场需求方面，社会保险是一个重要的影响因素。

(3) 扩大内需和拉动经济增长

从经济增长的角度分析，扩大消费市场是经济增长的一个重要因素，"十二五"规划提出了"要加快形成消费、投资、出口协调拉动经济增长新局面"。要刺激消费，扩大内需，需要建立一个有效的社会保障制度，使人们在消费之余免去为生老病死进行积累的后顾之忧，从而保持社会的供给和有效需求之间的平衡，促进经济的良性循环。

目前，由于我国社会保险法律尚不完善，社会保险制度的功能尚未得到充分的发挥。改革开放以来，我国在取得经济发展奇迹的同时也存在严重的问题，其中，突出的问题之一是拉动经济增长和发展的消费需求不足，经济发展主要依赖投资和出口，长期以来，我国的储蓄率很高，而消费需求不足。消费需求不足的重要原因有两方面：一是社会贫富差距大，导致"富人没地方花钱，穷人没钱花"；二是社会保障制度不完善，尤其是养老、医疗等社会保险制度不完善，导致"人们不敢花钱"。① 世界银行（World Bank）的数据显示，最近几年，中国储蓄占 GDP 的比重已升至高达 50%，其中包括国有企业的留存利润，甚至连年收入不到 200 美元的家庭也会把 18% 的收入存入银行。主要原因之一在于中国社保体系的不完善。许多中国人之所以将工资的很大一部分存入银行，是因为他们对养老金、教育开支以及——最为重要的——如果家人患重病可能将面临的巨额医疗费用感到担心。② 因此，要扩大内需，拉动经济增长，一方面要不断调整经济结构和产业结构，降低对出口的依赖，培育发达的内需市场；另一方面，要建立完善的社会保障制度，消除人们的后顾之忧。

2. 社会功能

社会保险法的社会功能，主要体现为社会保险对稳定社会秩序所起的作用。从该角度来说，社会保险具有社会"安全网"和"稳定器"的功能，主要表现为以下几个方面。

---

① 目前在中国，医疗、教育、养老支出被比喻为压在人民身上的三座大山。以医疗为例，2009 年 3 月 17 日发布的《中共中央国务院关于深化医药卫生体制改革的意见》明确承认："当前我国医药卫生事业发展水平与人民群众健康需求及经济社会协调发展要求不适应的矛盾还比较突出。城乡和区域医疗卫生事业发展不平衡，资源配置不合理，公共卫生和农村、社区医疗卫生工作比较薄弱，医疗保障制度不健全，药品生产流通秩序不规范，医院管理体制和运行机制不完善，政府卫生投入不足，药费用上涨过快，个人负担过重，对此，人民群众反映强烈。"

② 〔英〕杰夫·代尔（Geoff Dyer）：《中国全民医保推动消费》，梁艳裳译，http://www.ftchinese.com/story.php?storyid=001026474，访问日期：2009 年 7 月 16 日。

（1）为社会成员在遭受各种风险时提供必要的生存保障

社会保险法具有生存保障功能。每个人在社会生活中都不可避免地会遭遇各种风险，如疾病、年老、伤残、失业等，这些社会风险使得人们因丧失生活来源陷入贫困，从而面临生存危机。而社会保险制度通过建立社会保险基金，为面临生存困难的人们提供各种社会保险金，化解社会风险，保障社会成员的基本生活。

（2）实现社会稳定

社会稳定是一个国家发展的基本前提，没有社会稳定，就没有经济的发展和社会的进步。社会稳定的基础主要取决于人们心态的稳定，而心态稳定又来源于人们的安全感，健全和完善的社会保险能够为人们提供这种安全感。社会保险通过满足社会成员的基本生活需要，解除了人们的后顾之忧；通过尽可能地消除贫富之间的差距，能够创造一个公平和合理的社会环境，最终使每个社会成员都能从社会保障制度获得利益，并对未来的生活有良好的心理预期，安居乐业，实现社会的稳定和发展。个体作为社会成员而存在，社会风险往往因威胁到社会成员的生存安全，进而威胁社会秩序的安定，而社会保险作为社会安全网，其通过对个体生存的保障，可以实现对社会秩序的维持。

（3）具有激励自足功能

社会保险具有社会安全网的功能，其对个体的生存保障和社会秩序的维持起到重要作用。同时，社会保险制度也具有激励社会成员的独立，提升社会成员的经济机会的功能。因为，社会保险制度不仅通过保险机制将社会风险外部化，而且要强化社会成员的责任意识，即社会成员不仅要对自己和家庭成员的福利承担更大的责任，还要为维持新的制度和防止欺诈承担更多的责任。如：失业保险制度不仅仅为失业劳动者提供生存保障，而且鼓励和帮助处于工作年龄的社会成员到其有能力工作的岗位工作，因此，失业保险的对象规定为非自愿失业者，失业保险待遇的给付标准的基本原则为低于舒适（less eligibility），并且确立了等待期等制度。

二 我国《社会保险法》的制度创新

《社会保险法》共 12 章 98 条，规定了总则、基本养老保险、基本医疗保险、工伤保险、失业保险、生育保险、社会保险费征缴、社会保险基金、社会保险经办、社会保险监督、法律责任等。相比以往社会保险制度，《社会保险法》作了许多新的规定，主要包括以下方面。

（一）扩大《社会保险法》的适用范围，确立城乡统筹的社会保险法律体系

覆盖范围涉及社会保险制度的受益人群。党的十七大报告明确提出了到 2020 年基本建立覆盖城乡居民的社会保障体系的目标。要实现这个目标，需要在制度设计上将社会保险覆盖各种人群。《社会保险法》规定了广覆盖的原则，在具体的制度设计上，基本养老保险和基本医疗保险覆盖了所有职工和城乡居民，工伤保险、失业保险和生育保险覆盖了所有用人单位及其职工。关于基本养老保险制度，《社会保险法》规定了职工基本养老保险、新型农村社会养老保险、城镇居民社会养老保险三项制度。城镇职工参加基本养老保险，无雇工的个体工商户、未在用人单位参加基本养老保险的非全日制从业人员以及其他灵活就业人员可以参加职工基本养老保险；农村居民参加新型农村社会养老保险；城镇居民参加城镇居民社会养老保险。而对于公务员和事业单位工作人员的养老保险问题一直存有争议，是将公务员和事业单位工作人员的养老保险并入职工的基本养老保险制度，还是将公务员和事业单位工作人员分别规定，或者仅将事业单位工作人员并入职工基本养老保险而将公务员单独规定？《社会保险法》第 10 条第 2 款规定，"公务员和参照公务员法管理的工作人员的养老保险的办法由国务院规定"。依照本条规定，公务员的养老保险由国务院单独规定，事业单位工作人员的养老保险应当是纳入职工的基本养老保险制度中。

关于基本医疗保险制度，《社会保险法》规定了基本医疗保险、新型农村合作医疗保险、城镇居民基本医疗保险三项制度。城镇职工参加基本医疗保险，无雇工的个体工商户、未在用人单位参加基本医疗保险的非全日制从业人员以及其他灵活就业人员可以参加基本医疗保险；农村居民参加新型农村合作医疗制度；城镇居民参加城镇居民基本医疗保险制度。通过不同的制度设计，将全体社会成员都纳入基本医疗保险体系。工伤保险、失业保险和生育保险是与职业相关的社会保险制度，是针对劳动领域的风险而建立的制度。按照规定，所有职工都应参加到这几项保险中，其中，失业保险由用人单位和职工共同缴费，工伤保险和生育保险由用人单位缴费，职工不缴纳工伤保险费和生育保险费。

（二）明确了社会保险的国家责任（义务）

社会保险权作为基本人权，首先是一种应然的权利，经我国宪法确认而成为法定的权利。[①] 我国《宪法》第45条规定："中华人民共和国公民在年老、疾病或者丧失劳动能力的情况下，有从国家和社会获得物质帮助的权利。国家发展为公民享受这些权利所需要的社会保险、社会救济和医疗卫生事业。"《宪法》对公民基本权利保障的这些纲领性规定，使得公民的作为一种政治宣示性的社会基本权利得以纳入法制的轨道，转化为一种社会权。然而，仅仅停留在这种纲领性的规定之上而没有一系列部门法的具体落实，公民的这种权利仍然会徒具形式。因此，社会保障法就是规定国家应给予公民一系列的积极给付的实体性规定。[②]

国家或政府是社会保险的责任主体，国家或政府负有社会保险责任是现代国家应有之义。作为国家或政府而言，负有建立社会保险制

[①] 郑尚元、扈春海：《中国社会保险立法进路之分析——中国社会保险立法体例再分析》，载中国社会保障论坛组委会《第三届中国社会保障论坛文集》，中国劳动社会保障出版社，2009，第561~562页。

[②] 林嘉：《社会保障法的理念、实践与创新》，中国人民大学出版社，2002，第49页。

度、承担社会保险运行、提供社会保险财政支持的责任。社会保险是一种公共产品，国家有义务为每一个公民提供必要的生存保障，解决公民的生存之忧，从而促进社会的稳定和发展。

《社会保险法》规定国家或政府的责任包括以下三个。（1）提供资金支持和财政补贴的义务，根据《社会保险法》的规定，县级以上人民政府对社会保险事业给予必要的经费支持。国家通过税收优惠支持社会保险事业（第5条）。县级以上人民政府在社会保险基金出现支付不足时，给以补贴（第65条）。国有企业、事业单位职工参加基本养老保险前，视同缴费年限应当缴纳的基本养老保险费由政府承担。基本养老保险基金出现支付不足时，政府给予补贴（第13条）。国家设立全国社会保障基金，由中央财政预算拨款以及国务院批准的其他方式筹集的资金构成，用于社会保障支出的补充、调剂（第71条）。此外，在新型农村社会养老保险、新型农村合作医疗、城镇居民社会养老保险、城镇居民基本医疗保险等制度，政府也要承担财政补贴义务。(2) 提供社会保险服务的义务，《社会保险法》规定，社会保险经办机构提供社会保险服务，负责社会保险登记、个人权益记录、社会保险待遇支付等工作（第8条）。(3) 监督管理义务，《社会保险法》规定，国家对社会保险基金实行严格监管。国务院和省、自治区、直辖市人民政府建立健全社会保险基金监督管理制度，保障社会保险基金安全、有效运行。县级以上人民政府采取措施，鼓励和支持社会各方面参与社会保险基金的监督（第6条）。

（三）提高社会保险基金的统筹层次，明确了社会保险关系的转移接续制度

长期以来，由于社会保险统筹单位多和统筹层次低，带来了实践中的许多问题。一是使得社会保险的保障能力弱；二是社会保险基金运行的风险加大，保值、增值更加困难；三是社会保险基金的运行、监管成本高。统筹层次低既不符合社会保险的"大数法则"，也容易

形成地方政府利益，同时带来社会保险转移接续的困难。一些地方明确规定，社会保险关系转移只能带走个人账户积累的部分，用人单位缴纳部分不能转移，这样的做法使劳动者跨地区转移时，社会保险关系无法续接，个人缴费年限无法连续计算，也就难以符合养老保险需连续缴费15年才能享受养老保险待遇的要求。因此，许多农民工离开一个城市时，不得不选择退保，社会保险关系被迫中断。这不利于社会保险制度的持续运行，也难以发挥社会保险制度预设的经济功能和社会功能。为了解决社会保险转移接续困难的问题，《社会保险法》规定了基本养老保险、基本医疗保险和失业保险关系的跨地区转移接续制度。按照《社会保险法》的规定，个人跨统筹地区就业的，其基本养老保险关系随本人转移，缴费年限累计计算。个人达到法定退休年龄时，基本养老金分段计算、统一支付（第19条）。个人跨统筹地区就业的，其基本医疗保险关系随本人转移，缴费年限累计计算（第32条）。职工跨统筹地区就业的，其失业保险关系随本人转移，缴费年限累计计算（第52条）。

关于统筹层次问题，《社会保险法》明确规定，基本养老保险基金逐步实行全国统筹，其他社会保险基金逐步实行省级统筹，具体时间、步骤由国务院规定（第64条）。

（四）完善了基本养老保险的领取条件并建立了不同养老保险制度的对接

领取养老保险待遇必须满足法定的条件，一是达到法定退休年龄，二是缴费符合法定年限。关于退休年龄，我国法律规定一般条件下职工退休年龄是男年满60周岁，女工人年满50周岁，女干部年满55周岁。尽管退休年龄存有很大的争议，但目前仍执行该标准。关于领取养老金缴费年限的长短，在立法过程中有很大争议。缴费年限长短的确定要考虑多种因素，一方面，从养老保险精算的角度，缴费年限的设置需要实现缴费与待遇给付之间的平衡；另一方面，养老保险缴费年限的确定与人均寿命以及退休年龄都有密切关系。因此，领取养老保险待遇必须以缴费年限作为支付条件。

我国《社会保险法》规定参加基本养老保险制度的个人，达到法定退休年龄时累计缴费满 15 年的，可以按月领取养老保险待遇。因此，缴费满 15 年是领取基本养老金的基本条件。但是由于种种原因，部分达到退休年龄的参保人缴费未满 15 年，这种情况如何处理？过去许多地方规定只能将个人账户储存额一次性支付给个人，而不能按月领取养老保险金。《社会保险法》对此作了新的规定，允许参保人缴费至满 15 年，即达到法定退休年龄时累计缴费不足 15 年的，可以延长缴费至满 15 年。至于不愿意延长缴费至 15 年的，可以申请转入新型农村社会养老保险或者城镇居民社会养老保险，这个规定有效地解决了职工基本养老保险与农村社会养老保险和城镇居民社会养老保险制度之间的对接。

（五）规定了医疗保险基金和工伤保险基金先行支付和追偿权制度

医疗保险基金的先行支付和追偿权主要涉及医疗费应当由第三人负担，但第三人拒不支付或者无法确定第三人时，为了确保受伤害的参保人员得到及时救治，规定可以由基本医疗保险基金先行支付，基本医疗保险基金先行支付后，有权向第三人追偿。工伤是劳动者在劳动过程中面临的职业风险，职工因工作原因受到伤害或者患职业病，且经工伤认定的，享受工伤保险待遇。在工伤保险实践中，如果用人单位未为职工缴纳工伤保险费，受伤职工是否可以向工伤保险机构主张工伤赔付、享受工伤社会保险待遇？如果因第三人原因造成伤害，工伤职工可否获得民事赔偿和工伤保险的双重赔付？工伤保险机构向工伤职工支付工伤保险待遇后可否获得对第三人的追偿权？这些都是实践中存在争议的问题。

对于用人单位未依法缴纳工伤保险费，发生工伤事故的，按照《工伤保险条例》的规定，应当由该用人单位按照条例规定的工伤保险待遇项目和标准支付费用。但在实践中，如果用人单位没有偿付能力，这会使受伤职工无法获得赔偿。用人单位为职工参加工伤保险缴纳工伤保险费用，是用人单位的法定义务，同时，劳动行政部门也有义务监督用人单位为职工缴纳各种社会保险。如果因用人单位没有履行其法定义务，或者劳动行政部门怠于履行其行政监察职责，而由劳动者个人来承担不利利益的后果，这是不公平的。因此，不管用人单位是否为职工缴纳工伤保险费，受伤职工都有权享受工伤保险待遇。《社会保险法》明确规定，职工所在用人单位未依法缴纳工伤保险费，发生工伤事故的，由用人单位支付工伤保险待遇。用人单位拒不支付的，从工伤保险基金中先行支付。从工伤保险基金中先行支付的工伤保险待遇应当由用人单位偿还。用人单位不偿还的，社会保险经办机构可以依法追偿。此条文明确规定了用人单位未为职工缴纳工伤保险费用，职工未加入工伤保险，一旦发生工伤，用人单位不予赔付，则工伤职工可以获得工伤保险救济，同时社会保险机构享有对用人单位的追偿权。此规定既保证了受伤职工可以获得法律救济，又利于维持工伤保险基金的正常运行。

  对于因第三人原因造成的工伤，工伤职工可否获得民事赔偿和工伤保险的双重赔付，对此问题一直是学界热议的焦点。从民法角度看此问题主要涉及侵权损害赔偿的数额问题，从社会法角度看却事关工伤救济的模式选择问题。由于长期以来立法者对此问题一直未有明确表态，导致各地遵循各自不同的标准进行操作，由此引起实践中的混乱与矛盾。凡建立起工伤保险制度的国家，都面临着如何妥善处理侵权损害赔偿与工伤保险之间的关系这一课题。对此，"各国规定不同，深受劳灾补偿制度之结构、给付水准、工会运动、社会哲学及经济发展程度之影响。"[①] 归纳言之，主要有四种模式。（1）选择模式，即工

[①] 王泽鉴：《劳灾补偿与侵权行为损害赔偿》，载《民法学说与判例研究》（第3册），中国政法大学出版社，2005，第252页。

伤事故发生以后，受害雇员只能在侵权损害赔偿与工伤保险给付之间择一行使，即要么选择侵权损害赔偿，要么选择工伤保险给付。（2）免除模式，又称替代模式，即以工伤保险取代侵权责任，指劳动者在遭受工伤事故后，只能请求工伤保险给付，而不能依侵权法的规定向加害人请求损害赔偿。换言之，即完全免除侵权行为人的责任，由工伤保险取而代之。[①]（3）相加模式，又称兼得模式，系指允许受害雇员接受侵权行为法上的赔偿救济，同时接受工伤保险给付，即获得"双份利益"（double re-covery）。（4）补充模式，系指发生工伤事故以后，劳动者可同时主张侵权行为损害赔偿和工伤保险给付，但其最终所获得的赔偿或补偿，不得超过其实际遭受之损害。

对于民事赔偿和工伤保险双重赔付如何处理的问题，《社会保险法》没有作出正面回答，但规定了因第三人原因造成的工伤先行支付和追偿权问题。因第三人原因造成的工伤，原则上应由第三人承担工伤医疗费用。但如果第三人不支付工伤医疗费用或者无法确定第三人的，可以由工伤保险基金先行支付。工伤保险基金先行支付后，有权向第三人追偿。[②]

（六）规定了社会保险监督制度

社会保险是一项庞大的系统工程，要保证制度能够良好运行，除

[①] 然而此种侵权责任的排除并非绝对的，而是相对的，仅适用于特定人（雇主或受雇于同一雇主之人）、特定事故类型（意外事故、职业病或上下班交通事故）、特定损害（通常限于人身损害）及特定意外事故发生原因（通常限于轻过失）。

[②] 对于工伤赔偿和民事赔偿的关系问题，笔者认为，由于我国目前工伤保险待遇总体水平较低，以工伤保险完全替代民事侵权责任并不可行，可考虑在不断完善工伤保险制度、提高工伤赔付标准的前提下，以工伤保险为主，以民事赔偿为补充，如果因雇主有重大过失造成的伤害，雇主并不能完全行使豁免权，可以赋予受伤职工对工伤赔偿不足以补偿部分请求民事赔偿。对于因第三人原因造成的伤害，受伤职工可以向第三人请求损害赔偿，也可以选择向工伤保险机构请求赔偿。根据一个伤害不应获得相同的双份赔偿的原则，对于工伤保险和民事赔偿都可能赔付的工伤医疗费用和康复费用等，不应当采取双重赔偿，如果第三人已经赔付的，工伤保险机构不应再支付，如果第三人没有支付而由工伤保险机构支付的，则应赋予工伤保险经办机构就其赔付的范围内对第三人行使追偿权。这样，能够比较好地处理同一伤害带来的责任竞合问题，既有利于补偿受伤职工，也符合公平原则。

了在制度设计层面的精心规划和在制度实践层面的切实执行外，还需要建立完善的监督机制，从多角度、多层面对制度运行进行监督。《社会保险法》专章规定了社会保险监督，构建起了我国社会保险监督机制的基本框架。

社会保险监督包括三个层面。

一是各级人民代表大会常务委员会的监督。各级人民代表大会常务委员会听取和审议本级人民政府对社会保险基金的收支、管理、投资运营以及监督检查情况的专项工作报告，组织对本法实施情况的执法检查等，依法行使监督职权。

二是各级人民政府社会保险行政部门的行政监督。县级以上人民政府社会保险行政部门负责对用人单位和个人遵守社会保险法律、法规情况的监督检查；负责对社会保险基金的收支、管理和投资运营情况依法进行监督检查。社会保险行政部门对社会保险基金实施监督检查时，有权采取下列措施：第一，查阅、记录、复制与社会保险基金收支、管理和投资运营相关的资料，对可能被转移、隐匿或者灭失的资料予以封存；第二，询问与调查事项有关的单位和个人，要求其对与调查事项有关的问题作出说明、提供有关证明材料；第三，对隐匿、转移、侵占、挪用社会保险基金的行为予以制止并责令改正。

三是由专门设立的社会保险监督委员会实行社会监督。社会保险监督委员会，是指由用人单位代表、参保人员代表，以及工会代表、专家等组成的，对社会保险政策、法规执行情况和基金管理工作进行专门监管检查的社会化监督机构。《社会保险法》规定由统筹地区人民政府成立社会保险监督委员会，社会保险监督委员会主要就社会保险经办机构执行职务的情况以及社保基金的运行情况进行监督。

除上述主要的制度创新外，《社会保险法》在社会保险经办、社会保险费的征缴、社会保险信息系统建立及信息保护等方面还有许多新的规定。

三 进一步完善社会保险法律制度

《社会保险法》的出台，对于构建社会保险法律制度具有重要的意义，但作为一部规范社会保险法律关系、涉及养老、医疗、工伤、失业、生育五大险种的社会保险基础性法律，《社会保险法》的条文仅有98条，总体而言规定的较为原则，其中规定养老保险的法律条文13条，生育保险10条，工伤保险11条，失业保险9条，生育保险最少，仅有4个条文。在立法过程中，由于对许多问题争议较大，一些难以形成共识的问题就搁置了，还有一些问题授权国务院制定具体的实施办法。因此，要使《社会保险法》能够有效实施，下一步还需要制定大量的行政法规、部门规章作为配套，比如关于新型农村社会养老保险制度和合作医疗制度，城镇居民社会养老保险制度和基本医疗保险制度，公务员和参照公务员法管理的工作人员的养老保险制度，社会保险费统一征收办法，社会保险信息系统的建立和保护、社会保险基金的运营管理等制度都需要进一步细化，做出明确的规定。

除了要制定《社会保险法》配套的规定和出台相关的实施细则外，未来的社会保险法律体系的完善和法律制度的实施，还需要处理好以下关系。

（一）要处理好中央与地方、城镇与农村、发达地区与欠发达地区的关系

我国是一个地域辽阔、人口众多的国家，在发展过程中存在着东西部地区发展不平衡、城乡二元结构等问题。社会保险是一项由国家主导而建立的制度，惠及社会的全体成员，而制度的运行需要大量的资金支持，因此，不可避免地与各地经济发展、中央与地方的财政收入分配等问题有密切的关系。社会保险既要由地方政府承担财政补贴责任，也要由中央政府承担中央财政补贴的责任，中央财政主要是根据各地方财政状况，对欠发达地区进行社会保险的转移支付，以保证欠发达地区社会保险制度的有效运行。因此，在中央和地方关系上，

要充分考虑地方财政对社会保险财政补贴的负担,特别是一些转制成本较大的地方,中央财政要给予更大的支持力度。此外,我国正在推进城乡一体化进程,要尽可能缩小城乡差异,在城镇居民社会养老保险和基本医疗保险以及农村居民的新型农村社会保险和合作医疗制度的建设中,应当考虑将二者合二为一,建立统一的适用于城乡居民的基本养老保险制度和基本医疗保险制度。

(二)要处理好社会保险五个险种之间的关系

社会风险制度针对年老、疾病、工伤、失业以及生育等五种不同的风险分别建立起了养老保险、医疗保险、工伤保险、失业保险以及生育保险等五种不同的险种。五种不同的险种之间虽然所预防的社会风险不同,但是相互之间依然具有密切的联系,尤其是当被保险人同时面临数种社会风险时,则可能涉及不同险种之间的协调,如:失业期间患病,因工伤导致的治疗,或者退休之后患病等,因此,应该对社会保险五种不同险种进行合理的安排和协调,以确保当同时存在两种以上社会风险时,一方面要避免不同险种的重复给付;另一方面又要确保被保险人能够及时获得足够的保险给付。

(三)要处理好不同人群的社会保险制度的设置和协调问题

社会保险制度的目标是尽可能地覆盖全体社会成员,由于社会成员有不同的职业特点,尤其受传统的户籍制度和用工形式的影响,存在城乡差别和体制差别,在社会保险制度设计中,既要考虑制度的统一性也要考虑人员的差异性,应该根据不同社会成员的特点,建立起面向全民的、多层次的、适用于不同人群的社会保险法律体系。以养老保险制度为例,目前世界各国呈现出由职业养老保险向全民养老保险转变的趋势,但是通常要对公民所处的社会阶层进行适当的区别对待,如德国规定受雇的劳动者以及特定的自雇者被强制加入养老保险制度,而对于其他公民则可以自愿加入。我国目前还有许多灵活就业人员没有参保、一些岗位流动性较强的餐饮业、服务业人员参保率也很低，应当采取强制措施将职业劳动者都纳入社会保险，而对于其他人员则可以建立自愿参保的机制。在保费的缴纳上也可以根据不同的群采取不同的计算方法。此外，对进城务工人员的社会保险，应当在职工社会保险和农村居民养老和医疗保险制度之间建立起一个有效的对接机制，这部分人员不管在城市就业还是回农村务农，他们必要的社会保险不因此而中断。

（四）要处理好基本社会保险、补充保险以及商业保险之间的关系

基本社会保险是由《社会保险法》规定的，广覆盖、保基本的一种强制性社会保险制度。补充保险是企业根据自身的经济能力为企业职工建立的一种非强制性的保险制度，主要是企业的养老保险制度。它一般从企业自有资金中的奖励、福利基金内提取，典型的如企业年金制度。商业保险是由商业保险公司与投保人订立保险合同，以商业运作的模式、以赢利为目的而建立的商业保险形式。

在我国，补充保险是基本保险的重要补充。我国从1991年开始建立企业补充养老保险制度，2000年国务院决定将企业补充养老保险更名为企业年金，并规定对企业年金实行市场化管理运营。2004年原劳动和社会保障部制定颁布了《企业年金试行办法》。但总体而言，我国的企业年金制度发展得并不理想，只有极少数的企业建立了企业年金制度，企业年金并没有成为我国养老保险体系的重要组成部分，这与建立多层次的社会保险制度是不相符的。企业年金或职业年金是养老保险三大支柱的重要组成部分，目前许多国家强行推行职业年金制度，将职业年金作为养老保险的重要来源。基本养老保险保基本，而职业年金保障的是更高的水平。我国在建立基本保险制度的同时，应当加快建立企业年金制度，尽早制定企业年金法律，在适用人群、筹资模式、待遇计发、安全运行等方面做出明确规定，真正发挥企业年金在职工养老方面的功能。

（五）还须积极发挥商业保险的作用

社会保险与商业保险除具有相同性和相异性之外，两者还具有整合性，具有相辅相成的功能。由于社会保险和商业保险各具特点，两者在各种运作中可以互补不足。通常社会基本保险仅提供最低需要或给付，保障劳动者的最基本生活；商业保险则可以基于个人的经济能力和需要来投保，以获取较高的给付，以补充社会保险之不足。目前不少国家有关社会保险的项目也由商业保险机构经办，这使得社会基本保险的理念也开始影响商业保险，商业保险在考虑商业利益之外，也开始兼顾社会公益，如在为特困人群办理的一些保险项目上，采取一些倾斜措施。此外，商业保险可以通过设置更为灵活的险种来弥补社会保险的局限，社会保险通常限于法定的几种险种，而商业保险可以因各种风险和意外来设置，使风险造成的损失降到最低，这有利于保障社会成员的安全。

在现代社会保险体系中，处理好基本保险制度、补充保险制度和商业保险之间的关系是非常重要的。在我国社会保险立法中，一方面应当加快建立和完善基本社会保险制度，同时，应当鼓励企业建立补充保险制度，对参加补充保险的企业和个人提供必要的税收减免和优惠政策，并注重发挥商业保险的作用。

（本文原载于《法学杂志》2011 年第 9 期）

环境法

中国环境资源法、能源法的现在与未来

曹明德[*]

中国在 1978~2003 年的 GDP 年均增长率为 9.4%，世界上污染最严重的 10 个城市有 7 个在中国。中国目前的温室气体排放量位居世界第二，仅次于美国。据世界银行预测，至 2015 年中国的温室气体排放量将超过美国，名列世界第一。中国作为一个负责任的国家，是《联合国气候变化框架公约》（LNFCCC）以及《京都议定书》（The Kyoto Protocol）的缔约国。中国的环境法、能源法的发展走向已经引起并将继续受到世界各国的关注。那么，如何判断中国环境法、能源法现在及将来的发展趋势呢？笔者试就这一问题谈几点看法。

一 中国环境资源法、能源法已经开始从第一代向第二代过渡

何谓第一代环境法、第二代环境法，学者们尚未达成共识。笔者认为，第一代环境法主要是污染法、资源利用法，环境法的特征主要是污染的事后防范、末端治理，是对经济发展过程中产生的环境后果的消极防范，它是反应性的法律和政策体系。第二代环境法在引入"可持续发展"这个新理念的同时，还引入了全新的、先进的保护理念。它超越了传统的"围栏公园"（parks with fences）模式，取而代之的是"生态系统"（ecosystem）或者"无围栏公园"（beyond parks）模式。第二代环

---

[*] 曹明德，中国政法大学民商经济法学院教授、博士生导师。

境法还体现《地球宪章》所提出的"所有生命形式都有生存和存在的权利",以及"人与自然和谐相处"的法律精神。

著名的环境法学者 NicholasA. Robinson 在其《第二代环境法不断发展所面临的挑战》一文中,一开始就强调环境法是可持续发展的前提。随后分析了第一代环境法发展的五个阶段,即从传统侵权法的规则包括罗马法中的公共信托发展到保护法,再到污染治理法,再到旨在整体保护和强化保护的框架立法或程序,例如环境影响评价规则,再到环境的宪法保护,最后发展到公民基本环境权的确认。

Robinson 教授强调在各个层面上提高制定有效的环境法的能力是应极为优先解决的问题,与此同时,他还提出了在制定第二代环境法时应当考虑的七个问题。第一,要有基本价值观和伦理准则——"环境伦理是下一代环境法的法理基础"。第二,法律要有关联性,要超越国家、地区甚至国际法律之间的界限,并且在各级政府之间建立联系。第三,环境法要以科学技术为基础,为使法律与科学相结合,下一代环境法应当与科学一起讲授,以实现"地球系统科学"以及"可持续发展的科学"。第四,环境法不是一个单一部门的问题,而是一个网络系统,同一法律工具应当能够被每个领域全面理解和使用。第五,除了目前所关注的功利的价值观以外,还应当尊重不同国家的自然文化传统和对生命的尊重并增进不同社会之间的理解。第六,环境法应当建立消除废物、循环利用废物的制度。第七,Robinson 教授提出需要用新的方法来保护我们共同的环境,例如生态系统管理。

中国环境法从 2000 年以后开始从第一代迈向第二代,其典型标志是《中华人民共和国环境影响评价法》(2002 年)、《中华人民共和国清洁生产促进法》(2002 年)和《中华人民共和国可再生能源法》(2005 年)等几部重要法律的颁布。

二 中国环境资源法、能源法的发展趋势

中国环境资源法、能源法现在及未来的发展态势体现在以下几个

方面：在人与自然之间的关系上，从以狭隘的人类利益为中心转向寻求人与自然之间的和谐，这是中国第二代环境资源法、能源法新的伦理学基础；在环境法的立法目的上，从经济增长优先转向循环经济和清洁生产；中国能源法也呈现出进一步限制不可更新能源资源的开发利用，激励可更新能源资源的投资、生产、经营和消费的趋向。

（一）环境伦理的转变：从狭隘的人类中心主义转向人与自然和谐相处

2000年以前的中国环境资源法、能源法是建立在狭隘的人类中心主义的伦理学基础之上的，其立法理念、宗旨均体现出功用主义的自然观，在人与自然之间的关系上，强调人对自然资源的开发利用。尽管法律也规定应对自然资源加以保护以及节约利用，但是，保护自然资源的目的是为了更好地利用自然资源，其立法重心和精髓在于注重自然资源对人的功用性、实用性，在人与自然的关系上，人是主体和目的，具有权利和内在价值，自然是客体和工具，无生存或存在的权利和内在价值。在污染防治法方面，反映出被动治理、事后补救的特点。其后果是人与自然之间的关系出现对立、冲突、不和谐，人类本身的生存也面临着严重威胁。狭隘的人类中心主义是当代生态危机的思想根源，其环境伦理观表现为将非人类生命形式排斥在伦理学的范围之外，其法律观表现为将非人类生命形式视为物、客体、财产，拒绝承认其具有生存和存在的权利，而这种权利在本质上也是不可让与的、天赋的。

新的和谐自然观则是以追求人与自然相和谐为目标，这本身就包涵着对自然、非人类的生命存在形式的尊重，其法律观应当表现为对其他物种的内在价值、生存和继续存在的权利的认可。在方法论上弃绝了主体、客体二分法的分析实证主义分类方法，相反，它采用了生态系统和整体主义的方法，并认为，人类在本质上是作为一个物种而存在的。在生态伦理观上表现为将其他生命形式纳入环境伦理学的领域。在法律观上的具体体现为,自然资源法上对野生生物的保护从重开发利用转变为对生态系统、物种及其生存环境的保护,从强调野生生物对人类的功用性转变为注重物种、其他生命形式的生存、继续生存权利的尊重。这理应成为我国野生生物保护法发展的一个新动向,不过,1989年的《中华人民共和国野生动物保护法》并未反映出这一发展趋势,希望该法修改时能够顺应这一潮流。

事实上,和谐自然观在中国是有深厚文化传承的。中国传统文化具有深厚的绿色主义本土资源,这一优秀的文化传统应当予以继承。中国传统的自然观对自然持一种容纳、忍受的态度,不是控制和征服自然,而是将自然作为神加以崇拜,主张与自然亲和、与自然共生,从而形成中国"自然亲和型、自然共生型自然观"。例如,儒家主张"天人相通"、"天人合一"的自然观,道家主张"道法自然"的"无为自然观"、"虚无自然观",公元1世纪自印度传入中国并加以本土化改造的佛教更是主张素食、不杀生,这与西方思想家阿尔伯特·施韦泽(Albert. Schweitzer)所主张的"敬畏生命"尤其是动物的生命的环境伦理观是不谋而合的,佛教的教义和信条中包含对其他生命形式生存和存在的权利的尊重及其自身价值的认可。可以说,在中国的传统文化中,儒、释、道在对待人与自然之间的关系问题上是殊途同归、三教合一的。这一优秀文化遗产和自然观应当加以继承和发展。

(二)环境资源法从经济发展优先转向循环经济和清洁生产

我国第一代环境法以促进经济增长为立法目的。1989年的《中华人民共和国环境保护法》第1条规定:"为保护和改善生活环境与生态环境,防治污染和其他公害,保障人体健康,促进社会主义现代化建设的发展,制定本法。"这种立法目的上的二元论观点,即环境保护法既要保护生态环境、防治污染,又要促进经济发展,事实上是模棱两可或含混不清的，在该法的实施过程中，经济增长这个目的成为首要目标。今天，世界上污染最严重的10个大城市中，7个在中国，这就是该法执行效果的明证。

我国《环境保护法》第4条规定："国家制定的环境保护规划必须纳入国民经济和社会发展计划，国家采取有利于环境保护的经济、技术政策和措施，使环境保护工作同经济建设和社会发展相协调。"这一规定意味着双重立法目的在我国环境基本法中已经得到确认，成为我国环境法的基本原则之一。这一法律原则的实施效果如何呢？我国现在日趋严峻的生态形势已经从反面进行了回答。因此，建议修改《中华人民共和国环境保护法》时，应确立环境优先的立法宗旨。

实际上，不少国家已在立法上将环境优先确立为环境法的立法目的、宗旨和法律原则。例如，美国1969年的《国家环境政策法》（NEPA）第1条开宗明义地指出："鉴于人类活动对于自然环境的一切构成部分的内在联系具有深远影响……并鉴于恢复和保持环境质量对于人类的普遍幸福和发展具有极端重要性，国会兹宣布：联邦政府将与各州和地方政府以及有关的公共和私人团体进行合作，采取一切切实可行的手段和措施……创造和保持人类与自然得以在一种建设性和谐中生存的各种条件，实现当代美国人及其子孙后代对于社会、经济和其他方面的要求，这乃联邦政府一如既往的政策。"该法第2条规定："履行其每一代人都要做子孙后代的环境保管者的职责。保证为全体美国人创造安全、健康、富有生产力并在美学和文化上优美多姿的环境。"可见，早在36年前，美国已经把环境优先确立为美国环境法的立法宗旨和一个基本原则。日本在饱尝了"四大公害"的严重恶果之后，于1970年修改《公害对策基本法》时，修改了原先的二元立法目的，确立了环境优先的立法宗旨和原则。进而言之，环境法应当以维护生态环境和保护公民健康为己任，并无促进经济增长之义务，正如这一部门法的名称所表明的那样，它并非是产业法或经济促进法。

进入 21 世纪后，尽管现行有效的《中华人民共和国环境保护法》依然将促进经济发展作为一个优先实现的目标，但是，全国人大常委会已经考虑对这一部重要法律进行修改，相信最高立法机关必将人与自然和谐相处的思想——这也是和谐社会的重要内容之一——体现在环境法的立法上。具体表现为环境资源法从 20 世纪 80 年代以来强调经济发展优先的立法旨趣，转向鼓励和促进循环经济和清洁生产。2002 年《中华人民共和国环境影响评价法》、《中华人民共和国清洁生产促进法》的出台就是明显的例证。清洁生产在本质上是一种同时具有技术可行性与经济合理性、富有生态效率（ecn-efficiency）的工业生产新模式，是实现工业生态化即按照生态原则组织工业生产、实现物料闭合循环的核心内容。它是相对于传统环境法或者第一代环境法所奉行的"末端治理"方式而言的。从其自身内容来看，它包含清洁能源、清洁生产过程以及清洁产品，强调首端治理和全过程控制，体现出预防为主和"源头控制"的原则，这些都是与传统的末端控制的环境政策与法律以及现行的能源供给、生产过程和产品有重大区别的。我国 2002 年的《环境影响评价法》、《清洁生产促进法》，不仅对建设项目进行环境影响评价，而且对规划也要求进行环境影响评价，鼓励清洁生产，这在很大程度上解决了重污染治理、轻预先防范的问题，在环境资源立法上基本确立了全过程控制的思想，走出了末端治理的误区，转向首端治理、源头控制和生产控制的全过程控制轨道，旨在确立循环经济和建立资源节约型社会。

（三）能源法转向抑制不可更新能源资源的开发利用，激励可更新能源的投资和运营

2000 年以前，中国的能源法律与政策重心在于开发利用能源资源服务于中国的经济增长，同时，鉴于中国能源资源的严重短缺和环境的严重污染，立法与政策鼓励节约和有效利用有限的能源资源。其伦理学蕴意是开发利用能源资源以满足当代人对能源的需求。自 20 世纪

90年代末期以来，中国的能源法转向抑制不可更新能源的开采，逐渐取消对石化燃料，如煤炭的补贴，并用经济激励措施扶持和促进可更新能源的投资和经营。特别是2005年颁布的《中华人民共和国可再生能源法》，在第6章规定了经济激励措施，第24条规定：国家财政设立可再生能源发展专项资金，用于支持以下活动：（1）可再生能源开发利用的科学技术研究、标准制定和示范工程；（2）农村、牧区生活用能的可再生能源利用项目；（3）偏远地区和海岛可再生能源独立电力系统建设；（4）可再生能源的资源勘查、评价和相关信息系统建设；（5）促进可再生能源开发利用设备的本地化生产。

该法还规定，对列入国家可再生能源产业发展指导目录的可再生能源开发利用项目，国家给予税收优惠；符合信贷条件的，金融机构可以提供有财政贴息的优惠贷款。

可以说，这一法律的出台，标志着我国能源法已经从第一代迈向第二代，其伦理学蕴意是，第二代能源法体现能源的可持续利用和代际公正，同时还反映出中国是一个负责任的国家，正在积极寻求减少导致全球变暖的温室气体的排放。而且，中国作为（《联合国气候变化框架公约》（UNFC-CC）以及《京都议定书》（The Kyoto Protocol）的签约国，虽然现在没有强制性的削减温室气体排放量的义务，但在2012年过渡期满之后，中国应当履行《联合国气候变化框架公约》（UNFCCC）以及《京都议定书》（The Kyoto Protocol）的国际承诺，完成国际公约及其议定书规定的削减温室气体排放量目标，形势不容乐观。因此，可以预见，中国的能源法将会进一步激励可更新能源资源的开发利用、消费，以市场手段为基础，运用财政补贴、金融支持、税收优惠、政府购买、市场营销、绿色消费等多种方法，对可更新能源产业和投资进行扶持。与此同时，法律和政策将对不可更新能源产业和投资施加更多的限制，创造更加有利于可更新能源资源公平竞争的市场条件。

三 结论

中国要满足 13 亿人口的生存发展需求，环境和自然资源的承载力将不断面临巨大的挑战。寻求人与自然之间的和谐共存，坚持可持续发展、循环经济和清洁生产是唯一的选择。另外，中国的环境污染及资源消耗问题，将面临国内和国外的双重压力，国内公众环境权利意识的觉醒以及对良好生存环境的要求将会不断提高，国际社会也会要求中国承担削减温室气体排放量及其其他国际环境义务。所以，中国必须妥善地解决环境污染和能源消耗等重大课题。因此，中国环境资源法、能源法必将面临巨大的挑战和变革。笔者将中国环境资源法的未来发展态势概括为三句话：绿色生产、绿色消费、绿色投资将会进一步受到鼓励；可更新能源资源前景十分广阔；环境资源法、能源法将会进一步绿色化。

（本文原载于《法学论坛》2006 年第 2 期）

丛书后记

受社会科学文献出版社谢寿光社长、恽薇分社长、芮素平主任的信任和邀请,我担任了本丛书的执行主编,统筹了本丛书的出版工作。

本丛书各卷的主编都是我非常尊重的前辈。事实上,就我这一辈法科学生来说,完全是在阅读他们和他们那一辈学者主编的教材中接受法学基础教育的。之后,又因阅读他们的著作而得以窥法学殿堂之妙。不知不觉,时光已将我推到不惑之年。我以为,孔子所讲的"而立""不惑""知天命""耳顺""从心所欲不逾矩",都是针对求学而言。而立,是确立了自己的方向;不惑,是无悔当下的选择;知天命,是意识到自己只能完成这些使命;耳顺,是指以春风般的笑容迎接批评;从心所欲不逾矩,指的是学术生命的通达状态。像王弼这样的天才,二十来岁就写下了不可磨灭的杰作,但是,大多数人还是循着孔子所说的这个步骤来的。有意思的是,在像我这样的"70后"步入"不惑"的同时,中国的法律发展,也开始步入它的"不惑"之年。法治仍在路上,"不惑"非常重要。另一方面,法律发展却与人生截然不同。人生是向死而生,法律发展却会越来越好。尤其是法治度过瓶颈期后,更会越走越顺。尽管改革不易,但中国法治必胜。

当代中国的法治建设是一颗浓缩丸,我们确实是用几十年走过了别的国家一百年的路。但是,不管是法学研究还是法律实践,盲目自信,以为目前已步入经济发展的"天朝大国",进而也步入法学和法律实践的"天朝大国",这都是非常不可取的态度。如果说,改革开放以来的法律发展步入了"不惑",这个"不惑",除了坚信法治信念之外，另一个含义就应该是有继续做学生的谦逊态度。"认识你自己"和"认识他者"同等重要，由于学养仍然不足，当代人可能尚未参透中国的史与今，更没有充分认识世界的法学和法律实践。中国的法律人、法学家、法律实践的操盘手，面对世界法学，必须有足够的做学生的谦逊之心。

除了郑重感谢各位主编，丛书的两位特约编辑张文静女士和徐志敏女士，老朋友、丛书责编之一李晨女士也是我必须郑重致谢的。

董彦斌

2016年早春

图书在版编目（CIP）数据

经济法治/王卫国主编.—北京：社会科学文献出版社，2016.3
（依法治国研究系列）
ISBN 978-7-5097-8957-5

Ⅰ.①经… Ⅱ.①王… Ⅲ.①经济法-研究-中国 Ⅳ.①D922.290.4

中国版本图书馆CIP数据核字（2016）第059793号

·依法治国研究系列·

经济法治

主　　编 / 王卫国
出 版 人 / 谢寿光
项目统筹 / 芮素平
特约编辑 / 张文静　徐志敏
责任编辑 / 陈　荣　芮素平　尹雪燕
出　　版 / 社会科学文献出版社·社会政法分社（010）59367156
地址：北京市北三环中路甲29号院华龙大厦　邮编：100029
网址：www.ssap.com.cn
发　　行 / 市场营销中心（010）59367081　59367018
印　　装 / 北京季蜂印刷有限公司
规　　格 / 开本：787mm×1092mm　1/16
印张：29.75　字数：383千字
版　　次 / 2016年3月第1版　2016年3月第1次印刷
书　　号 / ISBN 978-7-5097-8957-5
定　　价 / 119.00元

本书如有印装质量问题，请与读者服务中心（010-59367028）联系

版权所有 翻印必究